Gordon Brook-Shepherd • Otto von Habsburg

FÜR WALBURGA

Seine Tochter und politisches
Alter Ego

Gordon Brook-Shepherd

OTTO
VON
Habsburg
BIOGRAFIE

:STYRIA

Die Deutsche Bibliothek – CIP-Einheitsaufnahme

Brook-Shepherd, Gordon:
Otto von Habsburg : Biografie / Gordon Brook-Shepherd.
[Aus dem Engl. von Andrea Kraus]. –
Graz ; Wien ; Köln : Verl. Styria, 2002
ISBN 3-222-12971-1

Aus dem Englischen
von Andrea Kraus, Graz

2. Auflage 2003

Layout und Umbruch: Helmut Lenhart, Graz.
Umschlaggestaltung: Andrea Malek, Graz.
Umschlagbild groß: BIG SHOT/Christian Jungwirth; klein: ÖNB.
Druck und Bindung: Wiener Verlag, Himberg.
ISBN 3-222-12971-1

Inhalt

Einleitung ………………………………………………………… 7

Teil 1: Kronprinz

Kapitel eins: Ein unsicheres Erbe …………………………… 18

Kapitel zwei: Die perfekte Partie …………………………… 39

Kapitel drei: Der Zerfall: Mit den Augen eines Kindes ……… 54

Kapitel vier: Zu Hause im Exil: Eckartsau ………………… 76

Teil 2: Thronfolger im Exil

Kapitel eins: Schweizer Dramen …………………………… 92

Kapitel zwei: „Majestät" …………………………………… 111

Kapitel drei: Das Rätsel der Krone ………………………… 130

Teil 3: Habsburg gegen Hitler

Kapitel eins: Kernschmelze in Wien ……………………… 154

Kapitel zwei: Auge in Auge ………………………………… 170

Kapitel drei: Übernahme per Telefon ……………………… 181

Kapitel vier: Die Heimkehr ………………………………… 204

Teil 4: Flucht nach Amerika

Kapitel eins: Neue Horizonte ……………………………… 220

Kapitel zwei: Über den Ozean ……………………………… 241

Teil 5: Die Kreise schließen sich

Kapitel eins: Ankerwurf …………………………………… 264

Kapitel zwei: „Mister Europe" …………………………… 285

Kapitel drei: Bilanzen ……………………………………… 299

Kapitel vier: Königliche Endspiele ………………………… 315

Anmerkungen ……………………………………………… 327

Personenregister …………………………………………… 351

Bibliografie ………………………………………………… 358

Der Autor …………………………………………………… 360

Einleitung

Als vor einigen Jahren *Österreich – Eine tausendjährige Geschichte* veröffentlicht wurde, hielt ich nachdrücklich fest, dass dies das Letzte wäre, das ich zu diesem Thema sagen würde. Diesem Buch gingen zwei andere Bücher über die Erste Republik der Zwischenkriegsjahre und drei über die Habsburgdynastie voraus, die zuvor mehr als sechs Jahrhunderte lang in Wien regiert hatte. Schließlich erschien oben genannte Chronik über die Identitätssuche dieses faszinierenden (wenn auch oft unergründlichen) Volkes während seiner ersten tausend Jahre.

Das Buch wurde von den Kritikern wohlwollend aufgenommen. Einer der Schwergewichte unter ihnen schien meinen Vorsatz gutzuheißen, indem er es „die Zusammenfassung eines Lebenswerkes" nannte. Ein anderer, nicht minder namhafter Kritiker drückte jedoch sein Bedauern aus, dass ich nicht mehr zu diesem Thema zurückkehren würde, da ich „mehr über Österreich und über die Österreicher wisse als kein zweiter lebender Engländer".

Dieses Urteil erstaunte mich. Diese Behauptung war mir einfach noch nicht bewusst geworden; und selbst wenn, hätte ich niemals die Kühnheit besessen, damit aufzuwarten. Wenn sie aber irgendetwas bewirkte, so stärkte sie meinen Entschluss nur noch mehr, mich mit diesem Thema nicht mehr zu befassen. Mit solchem Lob ausgestattet, wäre jeglicher Schnitzer zweimal so tief gesessen.

Stattdessen kehrte ich zu einem anderen der Themen zurück, mit denen ich mich in den letzten 50 Jahren, sowohl als bescheidener Teilnehmer wie auch als Historiker, beschäftigt habe, nämlich dem Kampf zwischen den sowjetischen und westlichen Geheimdiensten, vor allem während der Jahre des Kalten Krieges. Erst als *The Iron Maze*, das letzte Buch der Trilogie, erschien, bereitete ich mich darauf vor, meine Füllfeder – und das meine ich wörtlich, denn mit ihr wurden alle meine Bücher geschrieben – ein für alle Mal aus der Hand zu legen.

Wenn man versucht, alle Türen im Leben zu schließen, sollte man sich jedoch immer einen Spalt für das Schicksal zum Durchschlüpfen offen lassen. Diesen Spalt entdeckte ich 1999 wieder. Ich nahm an einer Gründungsfeier einer internationalen Kinderwohltätigkeitsorganisation in der Nähe von Innsbruck teil, als ich hörte, dass Otto Habsburg – den ich sowieso vorhatte, auf meiner Heimreise nach London in seinem bayrischen Wohnort zu besuchen – mit einer gebrochenen Schulter im Spital lag. Der Erzherzog zählt seit vielen Jahren zu meinen persönlichen Freunden, und wir hatten viele gemeinsame Ziele verfolgt, jeder für sich allein, aber dennoch oft in Kontakt zueinander. Sobald die Wohltätigkeitsveranstaltung zu Ende war, fuhr ich also an sein Krankenbett ins Kreiskrankenhaus Starnberg (dessen Pracht selbst eines unserer besten privaten Krankenhäuser in den Schatten stellte).

Er schob jegliche Gespräche über Krankheit beiseite und tauchte direkt in die internationale Politik ein, die schon immer die Leidenschaft seines langen Lebens war (zu diesem Zeitpunkt zählte er fast 88 Jahre). Erst vor kurzem hatte er sein Mandat für Oberbayern im Europäischen Parlament niedergelegt, eine Position, die er in den letzten 20 Jahren ohne Unterbrechung innehatte. In dieser Zeitspanne wurde er zum „Vater dieses Hauses" (er war tatsächlich der einzige Abgeordnete, der vor dem *Ersten* Weltkrieg geboren wurde).

Ich wurde mir bewusst, dass dies das Ende seines politischen Lebens bedeutete, was auch immer er in seinem Privatleben noch angehen mochte. War es deshalb nicht an der Zeit, dieses Leben in Form einer Autobiografie aufzuzeichnen? Er erwiderte, dass er sich nicht imstande fühlte, dies in Angriff zu nehmen, nicht zuletzt deshalb, weil vieles von dem, was er mit Generationen von Weltführenden diskutiert hatte, vertraulich war und weil es, zumindest von seiner Seite aus, keine Aufzeichnungen gab, die die zitierbaren von den streng „geheimen" Aussagen trennen würden. Es gab jedoch nichts, was mich von dieser Arbeit hätte abbringen können. Er stellte sich bereitwillig zur Verfügung für jegliche Fragen zu den Themen, die ich in Hinblick auf seine Erfahrung über die Jahre anschneiden würde. Weiters gab es da auch die Familienarchive, die ich schon von früheren Recherchen her kannte; er warnte mich jedoch davor, dass sie sich nun in einem „sehr unordentlichen" Zustand befänden. Mir tat sich also die einmalige Gelegenheit auf, das authentische Leben einer einzigartigen europäischen Persönlichkeit zu Papier zu bringen. So kehrte ich also einmal mehr in die Welt der doppel- und einköpfigen österreichischen Adler zurück.

Es war eine Welt, die ich noch einmal fast blind zu durchqueren vermeinte. Ich irrte mich aber gewaltig, und hier komme ich zum Punkt dieses persönlichen Geleitwortes. Seine Erinnerung ist so bemerkenswert wie das Leben und die Zeiten, die er durchlebt hat, und auf diese Weise kann die bekannte Geschichte des Schicksals Europas im 20. Jahrhundert aus neuer Perspektive wiedergegeben werden. In diesem Fall sprechen wir von fast einem ganzen Jahrhundert.

Grobkörnig flimmernde Wochenschaubilder einer Prozession durch die Straßen Wiens am 30. November 1916 zeugen von seinem Debüt auf der öffentlichen Bühne. Es handelt sich um den Begräbnistrauerzug für den dynastischen Halbgott Kaiser Franz Joseph. Als winzige Figur in einer weißen Tunika geht Otto, der vier Jahre und zehn Tage alte neue Kronprinz des Habsburgerreiches, direkt hinter dem riesigen schwarzen Leichenwagen. Zu jeder Seite seine jungen Eltern, Prinzessin Zita von Bourbon-Parma, und Karl I., der unglückselige letzte Herrscher der Doppelmonarchie.

Otto hat sogar vage Erinnerungen an diesen betäubenden Tag, und diese werden viel schärfer, als er einen Monat später in Budapest der prunkvollen Krönung seines Vaters zum König von Ungarn beiwohnt. Noch schärfer werden sie, wenn er an den Herbst des Jahres 1918 denkt, als sich als Folge der militärischen Niederlage das Habsburgerreich um sie herum in Fragmente auflöst. Er und seine Geschwister wurden gerade noch rechtzeitig vor einer kurzen Revolution in Budapest gerettet, um ihre Eltern auf einer nächtlichen Flucht aus ihrem verlassenen Schloss Schönbrunn in Wien zu begleiten.

Er hat lebhafte, wenn auch unpassenderweise angenehme Erinnerungen an die erste Etappe ihres Exils: vier Monate, die sie, noch immer auf österreichischem Boden, im Jagdschloss seines Vaters in Eckartsau verbrachten. Hier wurden sie abermals von revolutionären Marodeuren bedroht – diesmal österreichische – und wurden in der Folge von Oberstleutnant Edward Lisle Strutt, einem britischen Offizier, der seit damals seinen Platz als Held in der Erinnerung des Kindes hat, gerettet und in Windeseile in die Schweiz gebracht. (Der Engländer wurde auf eine der außergewöhnlichsten Missionen jener Nachkriegsmonate entsandt: Als persönlicher Bote König Georgs V. wurde er mit der Aufgabe betraut, für die Sicherheit eines ehemals feindlichen Herrschers und dessen Familie als Geste der Solidarität zwischen Monarchenkollegen zu sorgen.)

Die Kindheitsjahre im ausländischen Exil waren für ihn vor allem durch den frühzeitigen Tod seines Vaters im zweiten Zufluchtsort, der portugiesischen Insel Madeira, geprägt. An diesem unvergesslichen 1. April 1922 wurde Otto zu „Seiner Majestät" für den winzigen und verarmten Hof im Exil und für verbliebene Gefolgsleute in den fernen Heimatländern. Er erinnert sich an die Gespräche mit seinem Vater, die, gleich einem politischen Testament, vom Vater an den Sohn während vieler Spaziergänge auf der Insel weitergegeben wurden. Zeit seines Lebens sollte sich Otto an das zentrale Thema der Versöhnung halten.

Es begab sich auf dem etwas düsteren und mit einem Wassergraben umgebenen Schloss Hams in Belgien – nach Spanien ihrem vierten Exilland –, dass Otto, mittlerweile 18 Jahre alt, zum offiziellen Oberhaupt der Dynastie wurde. In Deutschland sollten die Nazis schon bald die Macht an sich reißen, und die folgenden Jahre können wahrlich als die Jahre „Habsburg gegen Hitler" beschrieben werden, was das Schicksal seiner Heimat anlangt. Zwangsläufig wurde Otto zur Hauptfigur in dieser Auseinandersetzung. Seine Bemühungen, Widerstand zu mobilisieren, gipfelten im Angebot, nach Wien zu fliegen, solange es danach ausschaute, als gäbe es noch ein österreichisches Rückgrat zu stärken. Er schlug vor, die

Amtsgeschäfte aus den Händen des nervenschwachen letzten Kanzlers, des erklärten Monarchisten Kurt Schuschnigg, zu übernehmen. (Das Angebot wurde abgelehnt, vielleicht sogar zum Glück des jungen Thronanwärters, da Hitler nur einen Monat später ungehindert einmarschierte.)

Die Familienarchive wurden zu diesem krisenhaften Anschluss herangezogen, doch Ottos eigene lebhafte Erinnerungen dienen als Hauptquelle für neues Material. Das trifft auch auf die Ereignisse zu, die folgten: die abenteuerliche Flucht der Familie in den Süden nach der Invasion der Deutschen in Belgien (Otto stand bereits ganz oben auf der Fahndungsliste der Gestapo). Es gab riskante Zwischenstopps in Bordeaux und Lissabon, bis die Familie endlich und dank der mächtigen Hilfe Präsident Roosevelts rasch mit Clipper-Flugbooten in den sicheren Hafen von New York gebracht wurde.

Dort verbrachte Otto, zusammen mit drei seiner vier Brüder, die meiste Zeit während des Krieges. Auch wenn er sich jetzt auf der Weltbühne befand, so ermöglichte erst eine bemerkenswerte persönliche Freundschaft zwischen Otto und dem kränkelnden Präsidenten, nicht nur mit Anti-Hitler-Einheiten in Zentraleuropa geheimen Kontakt aufrechtzuerhalten, sondern auch ein letztes Mal verzweifelt zu versuchen, Ungarn aus Hitlers Griff zu lösen.

Er kehrte in ein Nachkriegseuropa zurück, in dem die deutsche Umklammerung entlang des Donaubeckens durch eine russische ersetzt worden war. Ungarn war nun unerreichbar und sollte in diesem Zustand bis zur Implosion des sowjetischen Reiches verweilen. Österreich tauchte jedoch wieder aus dem Dritten Reich auf, glücklich aufgeteilt unter den befreiten Nationen, wenn auch unter Kontrolle der vier Alliierten. Dieser Phönix einer Zweiten Republik hatte jedoch abermals alle Anti-Habsburg-Gesetze der Ersten Republik bestätigt, und als Otto zu einem höchst politischen Kurzbesuch im französisch besetzten Tirol eintraf, hatten die Alliierten keine andere Wahl, als ihn auszuweisen.

Nun kam der erste wirkliche Tiefpunkt in seinem Leben. Er hatte keinen gültigen Pass, keine Arbeit, keine Geldmittel, kein Zuhause und keinen mächtigen Beschützer. In den nächsten fünf

Jahren änderte sich das alles. Er klemmte sich hinter eine anstrengende Karriere als Autor, Zeitungskolumnist und Vortragender. Dies brachte ihm, vor allem auf seinen Reisen durch die Vereinigten Staaten, so viel Geld ein, dass er im Jahr 1950 bis auf den letzten Cent alle Schulden aus der Kriegszeit zurückgezahlt hatte und über ein solides Einkommen verfügte, das verlässlich genug war, um an die Gründung einer eigenen Familie denken zu können. Eine Zufallsbegegnung in einem Hilfszentrum für ungarische Flüchtlinge in München machte ihn mit einer deutschen Prinzessin – auch sie ein Flüchtling – bekannt, und sie wurde die ideale Partnerin in Hinblick auf Aussehen, Alter, Herkunft und Temperament. Die Ehe, der zunächst fünf Töchter und dann zwei Söhne entsprangen, wurde mit einer strahlenden Feier anlässlich der goldenen Hochzeit gekrönt.

Seine Wahl ins Parlament in Straßburg verdankt er auch teilweise einem glücklichen Zufall, wie sehr dieser Kreis sich auch immer durch Vorherbestimmung zu schließen schien. Otto, der als Kind das Erbe eines elf Nationen umspannenden europäischen Reiches antrat, schloss seine politische Laufbahn als ältestes Mitglied einer 15 Nationen umfassenden Europäischen Union ab. Das ausgezeichnete Archivangebot des Parlaments ermöglichte es mir, jedes Thema zu studieren, das ich aus den zahlreichen von ihm verfassten Reden, den schriftlich eingebrachten Anfragen und Anträgen und Spezialberichten auswählte. Sie offenbarten eine enorme Vielfalt an Interessen; erwiesen sich in einigen Fällen als prophetisch (wie z. B. Warnungen vor dem katastrophalen Potential des internationalen Terrorismus); waren erwartungsgemäß prägnant und sachlich und – trotz seines Hanges, leicht zu „explodieren" – immer im höflichsten parlamentarischen Umgangston gehalten. (Mit einer Ausnahme: als jener protestantische Fanatiker aus Nordirland, Ian Paisley, dem Haus mit erhobener Faust eine antikatholische Brandrede hielt. Das war zu viel für den Sohn einer apostolischen Majestät, und Otto eilte auf Hochwürden zu, um dessen Arm hinunterzudrücken.)

Er spielte eine führende Rolle in der Einführung eines europäischen Passes. Etwas prosaischer lancierte er eine hartnäckige Kampagne, die die übrigen Abgeordneten überzeugen sollte, die Fünftagewoche, für die sie bezahlt wurden, einzuhalten, statt sich schon Donnerstag abends heimlich davonzustehlen. Seine größte Errungenschaft ist aber in seinen frühen Jahren zu finden, als er erfolgreich bekämpfte, was er das Jalta-Syndrom nannte, nämlich die Teilung Europas in Ost und West als „fait accompli" zu akzeptieren. Die Interessen seiner mitteleuropäischen Heimat hatten in seinem Herzen oberste Priorität.

So wertvoll diese offiziellen Dokumente auch waren, sie wären ohne seine persönlichen Kommentare und Erinnerungen ohne Leben geblieben. Über die Jahre hinweg habe ich viele Diskussionen mit ihm geführt: in Straßburg, Wien, Brüssel, London und vor allem in der „Kaiservilla" in Pöcking, seinem bayrischen Zuhause über knapp ein halbes Jahrhundert lang, wo ich auch gesehen habe, wie die Kinder aufwuchsen und ihre eigenen Wege einschlugen. Für die vorliegende Arbeit hat er dem bisherigen Material mehr als 20.000 Wörter an detaillierten Antworten auf meine vielen Fragen, die von seiner Kindheit bis zur Gegenwart reichten, hinzugefügt. Fast alle liefern zusätzliche Nuancen und manchmal sogar neue Einblicke in die Dramen eines bewegten Jahrhunderts.

Nach eigenem, heiterem Eingeständnis ist er „ein politischer Workaholic" und scheint mit dem Umstand zufrieden zu sein, dass die Politik sein ganzes Leben bestimmte. Das hatte seinen Preis. In Hinblick auf die Familie bedeutete es, dass er aufgrund seiner ständigen Reisen als Vater nur wenig Zeit hatte, sich um seine jungen Kinder zu kümmern (in seiner Abwesenheit meisterte seine Frau Regina den Haushalt auf heroische Weise). Für ihn persönlich bedeutete es, dass es ihm unmöglich war, sich stark genug in die europäische Kultur zu vertiefen, die er als den größten Schatz des Kontinents erachtet. Im Besonderen bereut er, keine Zeit gehabt zu haben, erbauende Musik zu studieren und zu genießen.

Notwendigerweise lebte er ein Leben, in dem für Hobbys oder Sport keine Zeit blieb (mit Ausnahme, nämlich des Jagens: Eine Wand seines großen Arbeitszimmers im ersten Stock zieren Reh- und Gamstrophäen, darunter einige preisgekrönte Exemplare). Er ist auch weder Weinkenner noch Gourmet. All dies lässt ihn jedoch nicht farblos und schon gar nicht ohne Charme dastehen; im Gegenteil. Es gibt einfach nur ein paar Themen mehr, außerhalb des faszinierenden Reiches der Weltpolitik, zu denen er nicht sofort in ein Gespräch eintreten kann. Selbst sein Sinn für Humor ist politisch ausgerichtet. Eines seiner besten „bonmots" war z. B., nach einem „Kir Republican" zu fragen, als ihm ein „Kir Royal" angeboten wurde. Niemals hörte ich ihn einen gewöhnlichen Witz erzählen, einfach nur so zum Spaß. Er besitzt scharfen Verstand, der sich eher spitz als jovial präsentiert.

All dies bedeutet, dass er, obwohl sehr zugänglich, zur gleichen Zeit auch für alle unnahbar wirkt, außer, wie ich annehme, für seine nahen Bekannten. Seine engste Familie und der große Habsburgclan, der sich um das „Erzhaus" tummelt, scheinen sicherlich den größten Teil seiner menschlichen Zuneigung aufgesogen zu haben, welche er (im Gegensatz zu bloßer Wärme) aufbringen kann. Hier steht er im totalen Gegensatz zu seiner Mutter, der verstorbenen Kaiserin Zita. Seit den sechziger Jahren des vorigen Jahrhunderts stattete ich dieser wundervollen alten Matriarchin regelmäßige Besuche ab. Immer schien sie ebenso an dem Wohlergehen der Familien anderer interessiert zu sein wie auch an ihrer eigenen. Und ich werde mich immer an die Größe jenes Sandwichs erinnern, das sie selbst mir einmal zubereitete, als sie hörte, dass ich womöglich den Zug mit dem Speisewagen nach Zürich verpasst hatte.

Es gibt noch einen Faktor, der ihren Sohn buchstäblich unnahbar macht, und dieser gereicht ihm nur zu Ehren. Nicht die leiseste Andeutung eines Skandals hat ihn jemals begleitet, weder in familiären noch in finanziellen Angelegenheiten. Hätte es jemals einen Verdachtsmoment gegeben, so kann man sicher sein, seine eingefleischten und unermüdlichen Gegner hätten diesen wohl erschnüffelt.

Was also folgt, ist die Geschichte jener seltenen Gattung, eines durch und durch politischen Dynasten, der mehr Interesse an der zeitgenössischen internationalen Bühne zeigt als an seiner eigenen historischen Herkunft (obwohl letztere zwangsläufig ins Spiel kommt). In manchen Teilen des Buches habe ich mich auf drei meiner früheren Werke gestützt, von dem jedes als Nachschlagewerk angesehen werden kann. *Um Krone und Reich – Die Tragödie des letzten Habsburgerkaisers*, die Biographie über seinen Vater, liefert das allgemeine Szenario für den Zerfall der Habsburgermonarchie und die ersten Jahre des Familienexils. Sowohl *Engelbert Dollfuß* wie auch *Der Anschluss* schildern Österreichs zögernde Kapitulation vor der Swastika (Hakenkreuz) der Nazis in den dreißiger Jahren.

Es ist klar, dass sein enormer Beitrag zum Buch die Hilfe anderer bei weitem in den Schatten gestellt hat. Ein Großteil dieser Hilfe kam von seiner jüngsten Tochter Walburga. Sie hat nicht nur für mich diese „sehr unordentlichen" Familienaufzeichnungen bearbeitet, sondern eine Fülle an Informationen über verwandte Themen, wie z. B. die paneuropäische Bewegung, beigesteuert. Sie ist schon seit langem die treibende administrative Kraft hinter dieser unendlich aktiven Gruppe, der bereits ihr Vater als ebenso aktiver Präsident gedient hat – für mehr als dreißig Jahre!

Mein besonderer Dank gebührt einem alten österreichischen Freund, dem überaus sachkundigen Martin Pfundner. Jeder anfallenden Frage, die ich ihm stellte, nahm er sich mit großer Geschwindigkeit und Energie an. Diese Fragen handelten von Unklarheiten über eine Ahnentafel oder die Anzahl der motorisierten Vehikel im Wien zu Zeiten Franz Josephs, bis zu den Problemen zeitgenössischer österreichischer Politik. Er hat mich zumindest vor einem groben chronologischen Fehler bewahrt.

In London geht mein besonderer Dank an Adam Fergusson, einem Vertrauten Otto Habsburgs und ebenfalls Abgeordneter des rechten politischen Flügels im Europäischen Parlament in Straßburg. Er äußerte viele scharfsinnige Gedanken über unseren gemeinsamen Freund – sowohl über die Person als auch den Politiker. Ich bin auch Avis Furness, dem Bibliothekar des britischen Büros der Europäischen Union, dankbar, der alle „Dr.-Habsburg"-Aufzeichnungen ausgegraben und mir zur Verfügung gestellt hat. Ich muss auch einem alten Freund der Familie, Graf Mark Pejacsevic, dafür danken, dass er mir nützliches Material aus dem Ungarischen übersetzte – die einzige Sprache in diesem sehr vielfältigen Forschungsmaterial, die mich wirklich zu Fall bringt.

Zum Schluss möchte ich wieder meinen Dank an Susan Bunker, meine jahrelange Sekretärin und Helferin, aussprechen, die einmal mehr eines meiner zunehmend unleserlichen Manuskripte in einen fast perfekt getippten Text für den Verleger verwandelt hat. Kein Schreiberling könnte sich eine bessere Unterstützung wünschen. Jeder Fehler, der trotz all dieser Hilfe überlebt hat, ist zur Gänze seine Schuld.

London, Paziols, SW1 Languedoc

Gordon Brook-Shepherd
2002

Kronprinz 1

KAPITEL EINS

Ein unsicheres Erbe

Das Reich, in das er hineingeboren wurde – und welches sein unglückseliger Vater bald regieren würde –, spürte, dass seine Tage gezählt waren. Dennoch hatte niemand, nicht einmal die wenigen weisen Ratgeber am Hof, auch nur die geringste Vorstellung davon, wie viele es noch sein würden. Am allerwenigsten konnten sie sich vorstellen, welch schreckliches Ende sie nehmen würden. So konnte, trotz der Vorzeichen, die Furcht unterdrückt, ja erstickt werden durch die verschiedenen Fluchtwege, die von der Realität in die Illusion führten. In der Tat konnten einige dieser Intellektuellen – welche als Gruppe die Verantwortung für den Aufruhr und die Umwälzung übernommen hatten – in späteren Jahren auf die Habsburgmonarchie als eine Festung der Stabilität und des Friedens zurückblicken.

Ein gutes Beispiel ist Robert Musil, der nicht nur zu den Größten der österreichischen Romanautoren zählt, sondern auch zu den Größten des 20. Jahrhunderts in allen Sprachen. Zu Beginn der dreißiger Jahre hatte er in der Schweiz begonnen, an seinem gewaltigen Meisterwerk „Der Mann ohne Eigenschaften" zu arbeiten, dessen Titel im Englischen direkt mit „The Man without Qualities" übersetzt wurde. Er hob noch einmal die versunkene Monarchie „Kakanien" aus der Taufe, ein Wortspiel, das sich mit den vielfältigen Möglichkeiten beschäftigt, in denen die alten kaiserlichen und königlichen Initialen „k. u. k." kombiniert oder getrennt angeordnet werden konnten, je nachdem, welcher Teil dieses Vielvölkerstaates etikettiert wurde. Der Name könnte respektlos klingen; doch es mangelt nicht an Zuneigung und Respekt bei der Art, wie sich Musil seiner großartigen Heimat aus elf Nationen erinnert, eine Heimat, die nun zur winzig kleinen österreichischen Republik

zusammengeschrumpft war. Tatsächlich wird sein fiktives Kakanien, das in Erinnerung an das wahre Reich einer Reinkarnation
gleichkommt, als das Modell für zivilisiertes Leben in der westlichen Welt präsentiert:

„Dort gab es auch Tempo, aber nicht zuviel Tempo. [...] Natürlich rollten auf diesen Straßen auch Automobile; aber nicht zuviel
Automobile![1] Man bereitete die Eroberung der Luft vor, auch hier;
aber nicht zu intensiv. Man ließ hie und da ein Schiff nach Südame-
rika oder Ostasien fahren; aber nicht zu oft. Man saß im Mittelpunkt Europas, wo die alten Weltachsen sich schneiden; die Worte
Kolonie und Übersee hörte man an wie etwas noch gänzlich
Unerprobtes und Fernes. Man trieb Sport; aber nicht so närrisch
wie die Angelsachsen. Man gab Unsummen für das Heer aus; aber
doch nur gerade so viel, dass man sicher die zweitschwächste der
Großmächte blieb."[2]

Sein Rückblick auf das innerpolitische Durcheinander in der
Monarchie fällt sogar noch schärfer aus:

„Man hatte ein Parlament, welches so gewaltigen Gebrauch
von seiner Freiheit machte, dass man es gewöhnlich geschlossen
hielt; aber man hatte auch einen Notstandsparagraphen, mit dessen Hilfe man ohne das Parlament auskam, und jedesmal, wenn
alles sich schon über den Absolutismus freute, ordnete die Krone
an, dass nun doch wieder parlamentarisch regiert werden müsse.
Solcher Geschehnisse gab es viele in diesem Staat, und zu ihnen
gehörten auch jene nationalen Kämpfe, die mit Recht die Neu-
gierde Europas auf sich zogen und heute ganz falsch dargestellt
werden. Sie waren so heftig, dass ihretwegen die Staatsmaschine
mehrmals im Jahr stockte und stillstand, aber in den Zwischen-
zeiten und Staatspausen kam man ausgezeichnet miteinander aus
und tat, als ob nichts gewesen wäre. Und es war auch nichts Wirk-
liches gewesen."[3]

Andere nicht-polemische Schriftsteller fällten im Nachhinein
dasselbe freundliche Urteil. Der österreichische Romanschriftstel-
ler Stefan Zweig, dessen Bekanntheitsgrad viel größer als der von
Musil ist (obwohl er von der Größe her diesem nur bis zur Schulter
langte), blickte auf die frühen Jahre des 20. Jahrhunderts sogar als

ein vor allem goldenes Zeitalter der Sicherheit zurück und auf die Monarchie als „den wichtigsten Bürgen für diese Dauerhaftigkeit". Trotz des zugrunde liegenden Mulmigkeitsgefühls handelte es sich hierbei um das beliebte Motto dieser Zeit: „Sich-Fortwursteln" gehörte schon immer zu den Spezialitäten der Österreicher. Warum konnte nicht auch die Habsburgdynastie, die selbst oft während ihrer Regentschaft über sechseinhalb Jahrhunderte nach diesem Prinzip gehandelt hatte, noch ein bisschen länger weitermachen? Warum nicht sogar bis in alle Ewigkeit?

Dieses Gefühl, dass man zwar die Zeit nicht besiegen, indem man sie einfach ignorierte, aber damit eine ganze Weile zurechtkommen konnte, konzentrierte sich natürlich auf den höchsten Herrscher, Franz Joseph. Zum Zeitpunkt der Jahrhundertwende hatte er den Thron bereits seit fast 52 Jahren innegehabt, länger als die durchschnittliche Lebenserwartung seiner 49 Millionen Untertanen. Auf den Stufen dieses Thrones mussten die nationalistischen Streitereien beendet und durch Kompromisse oder Zugeständnisse gelöst werden. Wenn Musil behauptete, dass in all dem Chaos nichts Echtes jemals von Belang war, dann hatte er in diesem einen Sinne Recht: Einer großen Mehrheit dieser Streithähne ging es lediglich um höheres Ansehen und mehr Privilegien innerhalb des Reiches. Bis zum nahenden Ende dachten die Nörgler, mit einer Ausnahme[4], nie an ein Leben außerhalb des Reiches. Selbst die Ungarn, die 1867 volle innenpolitische Autonomie erlangt hatten, erkannten, dass sie nun die beste der beiden Welten besaßen: eine eigene Regierung durch ihr Parlament in Budapest, kombiniert mit einer gleichgestellten Partnerschaft in der von nun an österreichisch-ungarischen Doppelmonarchie. Somit waren sie gleichzeitig Bürger einer großen europäischen Macht mit all dem damit verbundenen Prestige und dem Schutz und doch so gut wie frei, ihren eigenen Staatsgeschäften nachzugehen, als wäre Ungarn in Wirklichkeit ein unabhängiger Staat.[5] Franz Joseph war zum metronomischen Herzschlag eines Reiches geworden, welches nur durch seine Krone vereint war. Niemand wagte, daran zu denken, was passieren würde, wenn dieser Herzschlag ausbliebe, und so verbannten sie diesen Gedanken aus ihren Köpfen.

Anzeigen, die den Anbruch des 20. Jahrhunderts begrüßten, stellten ihn sehr prägnant in dieser Schlüsselrolle dar. Die Listen der Neujahrstermine und Auszeichnungen, die er an seine Untertanen vergab, waren für jede Monarchie typisch. Der Stapel an kaiserlichen Dekreten (als Gegensatz zu den parlamentarischen Beschlüssen), die am Neujahrstag veröffentlicht wurden, bewies, dass es sich um ein Reich handelte, dessen Kaiser sowohl regierte als auch herrschte. Ein Beispiel zeigt auch, dass diese Herrschaft als nahezu absolut bezeichnet werden konnte. Wie üblich hatten sich die österreichischen und ungarischen Finanzbeauftragten in den letzten Monaten des vorletzten Jahrhunderts darüber gestritten, wie die gesamten Budgetkosten des Reiches auf seine zwei Hälften aufgeteilt werden sollten. Und wie schon so oft zuvor kam es auch diesmal zu keiner Einigung. Also benutzte der Kaiser seine Machtreserven als oberste persönliche Autorität und gab am 1. Januar 1900 einfach einen Beschluss in deren Namen ab: Durch einen Erlass an sein Kabinett verfügte er, dass die österreichische Hälfte in den ersten sechs Monaten des Jahres 1900 zwei Drittel des gesamten Budgets und das ungarische Königreich das verbleibende Drittel begleichen werde.

Der Neujahrstag war auch bedeutsam für etwas anderes: für den Gegensatz zwischen dem Stil, in dem Franz Joseph und sein deutsches Pendant, Wilhelm II., diesen Tag zu verbringen pflegten. An jenem Morgen nahm der österreichische Kaiser in seiner Hofburg zunächst die Neujahrswünsche seiner persönlichen Mitarbeiter entgegen und hieß dann alle habsburgischen Erzherzöge, die zufällig zu einem kleinen Familienmittagessen in Wien zusammentrafen, willkommen. Danach machte er sich auf den Weg zu einem dreitägigen Jagdausflug, zu dem er von einem der Erzherzöge, Franz Salvator, begleitet wurde. Das neue Jahrhundert wurde still und *en famille* begrüßt, ohne öffentliche Erklärungen und ohne üppige Empfänge. In Berlin sorgte der 40-jährige Wilhelm jedoch dafür, dass sich die Elite seines bunten und geschäftigen Reiches in seinem Palast versammelt, um ihm zur Jahrhundertwende seine Aufwartung zu machen. Das gesellschaftliche Ereignis betraf die gesamte Regierung, vom damaligen Kanzler Prinz Hohenlohe angeführt, alle

Ritter des Ordens des Schwarzen Adlers, alle königlichen Prinzen und alle Oberhäupter der ausländischen Botschaften, die jeweils ihre Militärattachés mitbrachten. Der Kaiser hatte auch alle seine führenden Generäle und Admiräle zusammengerufen sowie die Kommandanten jener Regimenter, die in der Hauptstadt stationiert waren. Nach einem mitternächtlichen Gottesdienst zog die Gesellschaft zum berühmten Weißen Salon im kaiserlichen Palast weiter, um ihrem Herrscher die Neujahrswünsche zu überbringen.

Dass dieser Herrscher auch ihr oberster Befehlshaber im Krieg war (ein Titel, den er genoss, dem er aber, wie sich später herausstellen sollte, nicht gewachsen war), drückte sich in einer bombastischen Rede aus, die er schon zu einem früheren Zeitpunkt an diesem Tag vor den Offizieren seiner Berliner Garnison zum Besten gegeben hatte. Er pries die Wiedergeburt einer mächtigen und ergebenen deutschen Armee, von seinem Großvater Wilhelm I. angeführt, und lobte die großen Siege, die sie im soeben zu Ende gegangenen Jahrhundert errungen hatte. Er gelobte, dass er dieselbe Expansionspolitik nun bei der deutschen Marine einsetzen werde, um sie den Landstreitkräften gleichzustellen. Dies sollte garantieren, dass das Reich im neuen Jahrhundert „für sich jenen Platz in der Welt sichern könne, den es bis jetzt noch nicht erreicht hatte". Das Ende seiner Rede, wie schon so oft zuvor bei diesem kaiserlichen Blender, fiel theatralisch aus: „Wenn jemand in dieser Welt etwas erreichen will, wird es nicht allein durch die Füllfeder gelingen, außer sie wird durch die Kraft des Schwertes unterstützt."[6]

Die Schaffung einer großen deutschen Flotte und die Ausweitung der deutschen Macht in Übersee entwickelten sich zu einer jener Zeitbomben, die letztlich alle zugleich explodieren und Europa auseinandersprengen sollten. Es war aber auch der Hinweis auf Deutschlands siegreiche Feldzüge im letzten Jahrhundert, die das größte Unbehagen in Wien auslösen mussten. Diese schlossen immerhin den äußerst schnellen Sieg über die Österreicher im Jahr 1866 ein, gefolgt von deren Ausschluss aus dem Deutschen Bund – alles Teile von Bismarcks Plan, ein rein teutonisches Reich der Hohenzollern zu schaffen, welches frei war von all der slawischen Bürde, die die Monarchie mitzuschleppen verpflichtet war. Die Auswirkungen dieser Überzeugung sollten von der habsburgischen Dynastie bis an das Ende ihrer Tage gespürt werden und danach um noch einiges intensiver von ihren deutschsprachigen Untertanen.

Während das hohenzollernsche Berlin des Jahres 1900 also wusste, wo es hin wollte, indem es das neue Jahrhundert als starke Verlängerung des alten betrachtete, so war die Stimmung im habsburgischen Wien, wo das Neue und das Alte in entgegengesetzte Richtungen zogen, um einiges unsicherer. Rein äußerlich hatte das Alte noch nie stärker, unverletzbarer oder kaiserlicher gewirkt. Die Ringstraße, dieser fünf Kilometer lange Boulevard, der das dicht verbaute Zentrum der Hauptstadt umringt, stand nach jahrzehntelangen Bauarbeiten vor ihrer Fertigstellung. Es handelte sich um eines der eindrucksvollsten Spektakel urbaner Planung, das man in Europa bewundern konnte, und die unterschiedlichen Bauten, die den Ring zu beiden Seiten säumten, waren ebenso prachtvoll: das hellenistische Parlament, das neugotische Rathaus, das im Renaissancestil gehaltene Burgtheater, und am Haupteingang zur Altstadt das imperiale Opernhaus.

Es war angemessen, dass dieses Haus das gigantische Unternehmen krönen sollte, nicht nur weil Musik das kulturelle Leben Österreichs krönte, sondern auch weil es der Kaiser selbst gewesen war, der diesen Bau angeregt hatte. Im Jahr 1857, schon neun Jahre nach der Thronbesteigung, gab er die persönliche Order, dass der alte Gürtel aus Steinmauern, der das Herz seiner Hauptstadt umschloss, niedergerissen und der flache, so genannte *Glacis* an Wiesen außerhalb der Mauern für den neuen Boulevard geräumt werden sollte. Er war gezwungen, den größten Teil eines halben Jahrhunderts lang zu warten, bis das Endergebnis zu sehen war. Doch nun sah sein Wien wirklich wie eine mächtige Metropole aus, eine, die die Bauern vom Land begafften und die kultiviertesten Ausländer bestaunten. Die Monarchie, deren großartiger Stadtpalast, die Hofburg, innerhalb dieses Ringes lag, schien nun sicherer als zu jenen Zeiten, als diese sich noch innerhalb der Festungsmauern befand. Mit der ihr zugrunde liegenden politischen Realität verhielt es sich natürlich ganz anders. Paradoxe traten sogar an der Oberfläche in

Erscheinung. Alles, was die Ringstraße umsäumte, ob mit kannelierten Säulen oder barocken Fresken, war ornamental. Nun kam jedoch eine neue Generation von Architekten, deren Hoher Priester, Adolf Loos, nicht nur die ungeheure Maxime „Ornament ist Verbrechen" ausgab, sondern seine Worte in die Tat umsetzte, indem er direkt gegenüber dem kunstvoll, mit Figuren verzierten Eingang zum kaiserlichen Palast ein Gebäude mit geraden Linien und Ecken erbaute, aus dem Fenster als schlichte Quadrate starrten. Das bedeutete sowohl eine soziale als auch eine architektonische Herausforderung.

Dies war jedoch nicht die einzige Herausforderung, der man sich zu dieser Zeit zu stellen hatte; tatsächlich ließ dieser Kampf zwischen der Hingabe zum Alten und der Suche nach dem Neuen das ganze künstlerische und literarische Spektrum erbeben. In der Malerei sah sich z. B. der Kult des Hans Makart aus dem 19. Jahrhundert, die Verkörperung der „alten deutschen" Solidität verbunden mit kunstvoller Verzierung, mit dem Spott der berühmten „Secessions"-Bewegung konfrontiert, die vom Impressionisten Gustav Klimt[7] angeführt wurde. Schon allein der Name der Bewegung legte deren Ziele fest: sich nicht nur von den alten Kunstgemälden abzuspalten, sondern von der gesamten etablierten Gesellschaft, die diese porträtiert haben. Das reiche Bürgertum, das dem Adel bereits das Ruder des Reiches abspenstig machen wollte, galt als Hauptziel der Verachtung. Sie hatten den Makartkult finanziert; nun wurden sie durch ihn gebrandmarkt.

Die Philosophen setzten dieses Niederreißen von Toren fort: Sigmund Freud, dessen Hauptwerk *Die Traumdeutung* zur Jahrhundertwende erschien, gab den Österreichern das, was man als formelle Einführung zu ihren verborgenen Egos bezeichnen könnte (andere Hinweise waren schon zuvor aufgetaucht). Ludwig Wittgenstein legte die Bedeutung der Sprache neu fest – allerdings nur für diejenigen, die diesem komplexen Genie in seinen Ausführungen folgen konnten. Wie bei Freud, so handelte es sich auch bei dessen Werk um keinen gezielten Angriff als vielmehr um ein Aufstoßen der Fensterläden des Hauses Habsburg und aller umliegenden Gebäude.

In dieser Hinsicht gaben die Schriftsteller eine Mischung politischer Launen wieder. Wir sprachen schon über die Zuneigung, die sowohl Musil als auch Zweig dem Reich entgegenbrachten – zumindest nach seinem Untergang. Auf der anderen Seite widmete Karl Kraus (eine weitere großartige und weit unterschätzte Person) sein ganzes Leben einer bissig sarkastischen Schimpftirade gegen die Monarchie und jeder Facette ihrer Existenz. Die Attacken erschienen in journalistischer Form in der Schmähschrift *Die Fackel*, jener 14-täglichen Zeitschrift, deren Herausgeber er war und die er gegen Ende allein verfasste. Seine Angriffe gegen das Wien seiner Zeit fanden ihren Höhepunkt in seinem Meisterwerk „Die letzten Tage der Menschheit", welche er mit dem Zusammenbruch des Habsburgerreiches gleichsetzte. Unter den anderen befand sich Hugo von Hofmannsthal (berühmt geworden, als eine seiner vielen Inkarnationen, als Librettist von Richard Strauss), der im Jahr 1905 seine Bewegung des „Jungen Wien" gründete; hierbei handelte es sich jedoch um den Versuch, frische Samen zu säen, ohne dabei alte Wurzeln auszureißen. Was den Dramatiker Arthur Schnitzler betrifft, den wir später noch treffen werden, so hatte dieser sicherlich seine eigenen Einblicke in die Malaise der Monarchie; obwohl sie durchdringend waren, so schnitten sie dennoch nur mit leichter Ironie ins Fleisch.

Die Jahrhundertwende war natürlich eine Zeit des intellektuellen Aufruhrs, sowohl in Europa wie auch in den Ländern der Habsburgermonarchie. Doch hier kann man nicht von einem „goldenen Zeitalter" sprechen, zumal dies die krönende Reife, die eine Frucht während ihres Wachstums anstrebt, mit einschließen würde. Der kulturelle Ausbruch im Wien zur Zeit des *Fin de Siècle* erinnert eher an ein spontanes Sprießen einer bunten Saat aus „fleurs du mal". Das Geheimnis liegt darin, wie diese vor Leben strotzenden neuen Triebe in solch trockener und ausgelaugter Erde gedeihen konnten. Was die Österreicher betrifft, so wäre eine Antwort auf diese Frage, dass die Heimaterde wenig damit zu tun hatte, da dieses Volk selbst eine seltsam wurzellose Nation darstellte – wenn sie überhaupt eine Nation war. Als Franz Joseph im Jahr 1867 dazu überredet werden konnte, den Reichsapfel seines Reiches mit Budapest zu teilen, fanden die jubelnden Magyaren einen offensichtlichen und einfachen Namen für ihren Teil: die Länder der ungarischen Krone (welche, nebenbei bemerkt, dem Auftreten der Habsburger auf der europäischen Bühne um genau 374 Jahre vorausgegangen war).

Wie lässt sich nun aber die westliche Hälfte beschreiben? In diesem Teil übertraf die Anzahl der Tschechen, Mähren, Slowaken, Polen, Ruthenen, Slowenen, Serbokroaten, Italiener und Rumänen bei weitem jene der deutschsprachigen Österreicher.[8] Sowohl der Mischung als auch dem Gleichgewicht musste ein Name Genüge tun. Nach einigem Ringen wurde die Hälfte also als „die im Reichsrat vertretenen Königreiche und Länder" getauft, und dieser unverdauliche Brocken blieb die verfassungsmäßige Bezeichnung für das letzte halbe Jahrhundert, in der die Dynastie weiter bestehen sollte.

Es gab eine kürzere Bezeichnung, die aus dem Umstand hervorging, dass die Leitha, ein unscheinbarer kleiner Fluss, der auf seinem Weg von Wien in den Süden gemütlich dahinplätscherte, von den nationalistischen Kartographen als Trennlinie zwischen der neuen Doppelmonarchie auserkoren wurde. Keinem Ungarn östlich dieser Linie wäre es im Traum eingefallen, sich als „Transleithanier" zu bezeichnen. Das Etikett „Cisleithanier" passte besser für einen Bürger aus der westlichen Hälfte, der in diesem Gemisch von Völkern, das sich in einem riesigen Bogen von Krakau in Nordgalizien bis nach Ragusa an der südlichen Adria erstreckte, lebte. Es passte zwar besser, war aber dennoch nicht leichter auszusprechen. Niemandem gefiel es, mit solch einem Namen zu leben, und schon gar nicht waren die Leute stolz genug, für solch einen Namen zu sterben. Also nannte sich die westliche Hälfte weiterhin Österreich, was nicht nur verfassungswidrig, sondern auch bedeutungslos war. Viktor Adler, der Vorsitzende der Sozialdemokratischen Partei, verkündete einmal ungefähr Folgendes: „Wir Österreicher haben ein Land, aber keine Heimat. Es gibt keinen Staat Österreich."

Der Gegensatz zu den slawischen Völkern im Reich war stark ausgeprägt. Sie nährten ihre Kultur mit nationalistischer Leidenschaft. Speziell für die Tschechen und Polen *war* Kultur im

19. Jahrhundert tatsächlich die Triebkraft. In der Musik, im Schauspiel und ebenso in der Literatur diente sie ihnen als spiritueller Ersatz für politische Autonomie. Österreichs Intellektuellen mangelte es an solch einer Symbiose. Mit einer Ausnahme: die kleine, aber virulente Minderheit der „Großdeutschen" Partei, die nichts anderes erreichen wollte, als die Integration der Doppelmonarchie in das hohenzollernsche Reich. Diese Österreicher wussten zumindest, was sie wollten, und hatten ein klares Ziel vor Augen: die Opferung ihres Landes auf dem teutonischen Altar.

Sie waren sich ebenso ihrer Kulturhelden sicher, die Deutsche und keine Österreicher waren. Im Jahr 1909 feierten sie den 150. Jahrestag von Schillers Geburtstag mit einem Nationalfeiertag. In der Philosophie erwählten sie als ihren Anführer einen weiteren deutschen Giganten des 19. Jahrhunderts, Friedrich Nietzsche mit seinem Glauben an die höchste und reinigende Herrlichkeit des Krieges. All das hätte das österreichische Volk, das standhaft an sich selbst glaubte, nicht erschüttert. Es bot gewissermaßen eine verführerische und schicksalhafte Vision von jenem Ort, wo ihre Heimat liegen könnte. Eines Tages sollte die Vision schreckliche Realität werden; aber das trat ein, nachdem die Monarchie, die den Österreichern den einzigen alternativen Glauben gegeben hatte, hinweggefegt worden war.

Typischerweise verwarfen die Großdeutschen jenen Eskapismus, der so viele Facetten des zeitgenössischen Lebens in Österreich charakterisierte, als „dekadent" (d. h. abgetrennt von den natürlichen Wurzeln des Volkes). Der mächtigste Aspekt an dieser Flucht vor der Realität war die Obsession mit Sex, die die gesamte Avantgardekultur erbeben ließ. Dies war natürlich auch ein europäisches Phänomen: So wurde z. B. die Oper „Salome" 1905 vom Deutschen Richard Strauss nach einem Text von Englands *homme de scandale*, Oscar Wilde, komponiert. Die Angst des Wiener Beamtentums vor den Auswirkungen, die dieses lüstern-blutrünstige Werk auf eine verletzbare Bevölkerung haben könnte, war so groß, dass sie die Oper als pornographisches Werk unverzüglich mit Spielverbot belegten. Wie viele andere solcher Verbote entpuppte sich auch dieses als kontraproduktiv. Als die Oper schließlich doch fünf Jahre später in Wien aufgeführt wurde, wurde sie ekstatisch als das Symbol des neuen Zeitalters der moralischen Freiheit begrüßt.

Die Wurzeln und die meisten Zweige des Freudianismus waren sexueller Natur; Träume repräsentierten die unterdrückten Phantasien der Begierde. Darüber sollte sich der Intellektuelle den Kopf zerbrechen. Für das gewöhnliche Volk erschien ein Jahr nach dem Buch *Die Traumdeutung* ein einfacheres und überaus erotisches Werk, welches von einer minder bedeutenden Figur im Wiener Pantheon zur Zeit des *Fin de Siècle* geschrieben wurde. Es handelte sich um Schnitzlers „Der Reigen", ein Titel, der sich mit „La Ronde" elegant ins Französische übersetzen lässt, was im Englischen nicht so leicht zu bewerkstelligen ist. Das Thema des Stückes hinterließ jedoch in allen Sprachen einen starken Eindruck: die Geschichte der bunt gemischten Klientel einer Prostituierten, vom Aristokraten bis zum einfachen Soldaten, die einzig und allein die schnelle Erleichterung verbindet, die jeder von ihnen zwischen denselben Oberschenkeln findet – Erleichterung, aber keine Rettung vor Langeweile und Frustration. Im Gegensatz zu Freud bot Schnitzler keine Erklärungen und keine Heilung für die ihn umgebende „Malaise" an. Er stellte lediglich die kranke Gesellschaft dar, die der Behandlung bedurfte. Auch sein Werk wurde als Pornographie verboten, doch wie die Oper „Salome" erfreute es sich später eines weltweiten Erfolges.[9]

„Der Reigen" war eine Art Todestanz auf dem Körper einer Hure, vor der alle gleich waren. Wenn Schnitzler irgendeine Botschaft vermitteln wollte, so jene, dass das Leben selbst, wie er es um sich herum wahrnahm, nur wenig Wert und noch weniger Bedeutung hatte. Dies schloss sich an den anderen Ausdruck von Eskapismus an, den die Österreicher vom 19. ins 20. Jahrhundert mit sich hinübertrugen: die Besessenheit vom Tod. Tatsächlich spielte sie genau zur Zeit des Wandels eine große Rolle. Das Phänomen wurde bekannt als „das große Sterben". Es betraf dutzende von Führenden der intellektuellen Elite in Österreich, die sich (wie es scheint) dazu entschlossen hatten, das neue Jahrhundert nicht mehr abzuwarten und Abschied zu nehmen, solange ihre Erinnerungen an das Alte noch intakt waren.

Die Liste der bekannten Persönlichkeiten, die allein im Jahr 1899 starben (laut Aufzeichnungen glaubwürdiger Zeitungen), zählte einige hundert Namen auf, alle nach Kategorien geordnet, die die vertikalen Linien der sozialen Struktur der Monarchie widerspiegelten. Die oberste Gruppe, vielleicht überraschend, machten die Wissenschaftler und Akademiker aus; die zweite war den verstorbenen Staatsbeamten, Doktoren und Rechtsanwälten gewidmet; die dritte den Dichtern, Schriftstellern und Journalisten; die vierte den Persönlichkeiten aus Theater und Musik[10]; die fünfte den Malern, Bildhauern und Architekten; die sechste den Ingenieuren, Industriellen und Kaufmännern (die Letztgenannten standen auf sehr niedrigem Rang, trotz der Tatsache, dass viele der reichen *grande bourgeoisie* aus ihren Reihen stammten). In den meisten Kategorien fanden sich Namen mit Titeln; diese wurden jedoch aufgrund dessen angeführt, was die verstorbene Person in ihrem Leben und nicht von Geburt her erreicht hatte, und diese Errungenschaft wurde immer genau hinter dem Namen angegeben. Von besonderer gesellschaftlicher Bedeutung war die letzte Gruppe, die schlicht mit „Frauen" betitelt wurde. Sie enthielt nur neun Namen, von denen drei aufschienen, weil sie die Witwen oder weiblichen Anverwandten von berühmten Männern waren. Die Monarchie war klar und deutlich eine Männerwelt.

Dieser Kult um den Tod hatte sich natürlich schon vor der Jahrhundertwende entwickelt, fest eingraviert auf den Friedhöfen der Hauptstadt. Die meisterhaft gearbeiteten Grabsteine wurden beinahe zur bildhauerischen Kunstform, und sobald die Verstorbenen oder deren Familien eine Rolle – auch nur die kleinste Rolle – in der Maschinerie des Reiches gespielt hatten, wurde dies in Stein gehämmert, so wie es auch bei den Todeslisten in den Zeitungen geschah. So wurde z. B. eine ehrwürdige Frau auf dem Wiener Zentralfriedhof als die „Witwe eines Zugführers der k. u. k. Bahn" verewigt.

Obwohl die Ästhetik des Todes schon etabliert war, schien die Jahrhundertwende dennoch neue Akzente zu bringen. Hier tat sich die Avantgarde – ausnahmsweise – manchmal mit der allgemeinen Stimmung zusammen, vielleicht weil diese Stimmung von Verzweiflung geprägt war. Im Jahr 1901 begann z. B. Gustav Mahler mit der Komposition seiner monumentalen „Kindertotenlieder". Freuds Todessehnsucht geht klar aus einigen von Klimts Sezessionsgemälden hervor. Und schließlich sangen in der Kultoper „Salome" Eros und Thanatos Seite an Seite.

Die einzige Person, der es nicht erlaubt war, zu sterben, war natürlich Franz Joseph selbst. Man könnte sich tatsächlich vorstellen, dass sogar der Todesengel selbst noch höflich gehüstelt hätte, bevor er an die Tür des alten Souveräns klopfte. Jetzt war er der einsame Bewohner einer Welt, die über den Höchsten seiner Adeligen stand. Er wurde für seine gemeinen Untertanen genau deshalb unentbehrlich, weil er von ihnen so weit entrückt war, dass er auf alle gleichermaßen hinunterschauen konnte. Die Treue zur Krone, ob widerwillig oder uneingeschränkt, war die einzige Empfindung, die alle elf Nationen des Reiches miteinander teilen konnten. Sie war bei jenen am stärksten ausgeprägt, die am verletzbarsten waren. Die Juden waren z. B. bis zum letzten Mann Monarchisten (abgesehen von einigen dieser Avantgarde-Rebellen), da sie den Schutz der allgemeinen Staatsbürgerschaft teilten, der allen anderen Untertanen gewährt wurde. Die Kroaten, die seit 1867 zu „Transleithanien" gehörten (und von den Magyaren dementsprechend marginalisiert wurden), klammerten sich auch hartnäckig an die Hofburg mit der Bitte um Hilfe.

Was die Österreicher in „Cisleithanien" betraf, so war die große Mehrheit derjenigen, die nicht den Großdeutschen angehörten, in ein stillschweigendes Abkommen mit der Krone hineingerutscht. Sie leiteten die ganze Skala an Staatsaufgaben und besetzten viele der höchsten ministeriellen und juristischen Ämter, doch nur als strikte Verwalter und Wildheger eines großen feudalen Gutes. Im Gegenzug dazu akzeptierten sie die Beschneidung ihrer Männlichkeit, d. h. ihrer nationalistischen Virilität. Nachdem sie sowieso keine klare Vorstellung davon hatten, wer sie eigentlich waren, stellte dies kein allzu großes Opfer dar. Es brauchte einen Weltkrieg, um diese pragmatische Loyalität zu untergraben. Es bedurfte einer endgültigen Niederlage auf den Schlachtfeldern, um sie auszulöschen.

Das alles schien jedoch undenkbar, als Franz Joseph – der größte Pragmatiker unter ihnen – sein Reich ins erste Jahrzehnt des neuen Jahrhunderts geleitete. Es war eine gelassene Vorstellung. Im November 1905 führte er z. B. eine dieser abrupten Transformationen zwischen Absolutismus und Demokratie herbei, über die Musil Generationen später lächeln sollte. Der Kaiser kündigte plötzlich per persönlichem Dekret an, dass das „allgemeine Wahlrecht" in der ganzen Monarchie eingeführt würde. Wie schon zuvor bei jener Neujahrserklärung zum Budget, hatte er gehandelt, um eine lang anhaltende Debatte zwischen Wien und Budapest kurzerhand zu beenden. Und einmal mehr erhob Ungarn Einwände. Die Hand voll an Magnaten, die jenes Land noch immer im Stil mittelalterlicher Barone regierten, waren ganz und gar nicht gewillt, auch nur ein wenig an politischer Macht an das Volk abzutreten. Sie dürften sich wohl selbst zu ihrem Widerstand gratuliert haben, als sie das zirkusähnliche Spektakel verfolgten, das entstand, als das neue kaiserliche Parlament zum ersten Mal im Mai des Jahres 1907 tagte. Es wurde kaum mehr als ein Schlachtfeld für ethnische und nationalistische Rangeleien mit Tintenfässchen und Beleidigungen, die freimütig im Sitzungszimmer in die Gesichter der Gegner geschleudert wurden.

Im folgenden Jahr kam es zum Höhepunkt in Franz Josephs Regentschaft und damit auch zum multinationalen Konzept des Reiches: das 60-jährige Jubiläum seiner Regentschaft. Dieses Ereignis sollte mit besonderem Pomp und großer Inbrunst gefeiert werden, nachdem die Festivitäten, die für sein 50-jähriges Thronjubiläum angesetzt worden waren, aufgrund einer großen Familientragödie ausfallen mussten.[11] Zehn Jahre später fanden sich der Hof, der Adel, die Minister, alle Provinzgouverneure, die Militärkommandantur und seine Garnisonen, selbst aus den entferntesten Posten, und der riesige bürokratische Apparat ein, um zusammen mit den Künstlern, Kostüm- und Bühnenbildnern und nicht zuletzt mit den Geschäftsleuten, Zimmermännern und gewöhnlichen Arbeitern der Hauptstadt, eine 13 Kilometer lange Prozession zu veranstalten, die entlang der Ringstraße stattfand und die Geschichte der Habsburgermonarchie und die Vielfalt seiner Völker darstellte.

Der 12. Juni, jener Tag, der für diesen Festumzug gewählt wurde, erwies sich als herrlicher Sommertag – es herrschte „Kaiserwetter", wie man es pflichtbewusst nannte, wenn es sich bei Staatsanlässen zeigte.

Trotz der Hitze ließ der alte Kaiser seine Schultern in seiner Feldmarschallsuniform keinen Zentimeter hängen, als der scheinbar unendliche Festzug vorbeizog: 19 originalgetreu uniformierte Gruppen stellten die Tapferkeit des Militärs aus früheren Tagen dar, darunter die Siege gegen die Türken und Napoleon. Dann kam die Gegenwart: 8000 Marschierende aus allen Teilen der Monarchie gingen an der kaiserlichen Tribüne vorbei – jeder von ihnen trug die charakteristische Tracht seiner Provinz, und jeder grüßte den Kaiser in seiner Landessprache. An jedem anderen Tag hätte es sich sicher wie ein babylonisches Stimmengewirr angehört, doch an diesem Tag herrschte sprachliche Übereinstimmung. Es wäre nicht Österreich, wenn sich die Risse nicht im unvermeidlichen Murren danach gezeigt hätten: Die Großdeutschen kritisierten z. B. das multinationale loyalistische Thema, welches für sie ein Anathema darstellte. Die Slawen bemängelten, dass es nicht slawisch genug war; die pazifistischen Sozialisten beklagten die kriegerischen Inhalte. Die Ungarn für ihren Teil lehnten den Festzug verächtlich als irrelevant ab. Dennoch hatte sich das Reich in dieser Prozession auf alle Fälle für einige wenige Stunden als Einheit dargestellt, in Hommage an die einzige Person, die diesen Anschein von Geschlossenheit möglich machte.

Wie gerührt Franz Joseph auch immer gewesen sein mag an diesem 12. Juni (so wenig er den öffentlichen Pomp auch leiden mochte)[12], eine private Feier, die in seinem Sommerpalast fünf Wochen zuvor stattgefunden hatte, hatte ihn sicher mehr berührt. Zu Mittag des 7. Mai versammelten sich die regierenden Prinzen des Deutschen Reiches im großen rosa Salon in Schönbrunn, um dem Habsburgmonarchen, den Bismarck aus diesem aufkeimenden Reich vor weniger als einem halben Jahrhundert vertrieben hatte, ihre Aufwartung zu machen. Fast alle waren sie gekommen, auf welcher Seite ihre Sympathien oder Soldaten in Königgrätz auch immer gestanden haben, in jener Schlacht, die 1866 die Niederlage der Monarchie gegen die Preußen besiegelt hatte.

Der willkommenste Gast für Franz Joseph dürfte wohl der älteste unter seinen Besuchern gewesen sein, der 88-jährige Prinzregent von Bayern, ein Blutsverwandter und treuer Verbündeter, der in der Tat eine bayrische Division auf seiner Seite im kurzen Krieg gegen Preußen kommandiert hatte. Unter den anderen Gästen befanden sich König Friedrich August von Sachsen, König Wilhelm II. von Württemberg, die Großherzöge von Baden, Oldenburg und Mecklenburg, der Herzog von Anhalt, die Prinzen von Lippe und Schaumberg-Lippe und, um die Schlusslichter des Protokolls zu nennen, der Bürgermeister von Hamburg, Dr. Buchard, im Uniformrock, der die drei Hansestädte, Bremen und Lübeck sowie seine eigene, vertrat. An erster Stelle der Protokollliste und an der Spitze des Zeremoniells stand zwangsläufig Wilhelm II., König von Preußen und seit 1888 Herrscher über jenes Deutsche Reich, das sein Großvater, Wilhelm I., nur zögernd 17 Jahre zuvor gegründet hatte.

Wilhelm, der mit seiner Frau auf Korfu auf Urlaub weilte (eine gute Wahl, da es sich bei dieser Insel um das geliebte Sommerdomizil der verstorbenen Kaiserin Elisabeth handelte), hatte sich entschieden, die Grenzen der Monarchie im bedeutenden Hafen Pula auf Istrien zu überschreiten. Hier hatte er die österreichisch-ungarische Flotte inspiziert und einige undiplomatische Worte über die Bedeutung der Zusammenarbeit auf See gesprochen. Ein ähnliches Thema zog sich durch die Ansprache, die er nun in Schönbrunn hielt.

Es war, als ob Königgrätz niemals passiert wäre; Auseinandersetzungen in der Vergangenheit wurden mit keinem Wort erwähnt. Sobald die obligaten Komplimente „Ihrer erlauchten kaiserlichen und königlichen apostolischen Majestät" (auf der ganzen Welt verehrt, wie er behauptete) dargebracht waren, lag das Hauptaugenmerk stattdessen auf dem Militärvertrag, der nur 13 Jahre nach dem Bruderkrieg zwischen den zwei deutschsprachigen Reichen unterzeichnet wurde. Im Namen der drei Generationen von deutschen Herrschern, die sich um ihn scharten, huldigte er dem noblen Souverän, der auch ihr „treuer Verbündeter und eine mächtige Kraft des Friedens" war, indem er um Gottes Segen auf dessen Haupt betete.

Franz Josephs Antwort könnte von einem jener scharfsinnigen Berater vorgefertigt worden sein, die gegen Ende des Jahrhunderts als so genannte „spin doctors" bekannt geworden sind. Vor allem betonte er die Bedeutung des Grundsatzes der Monarchie, die ihm die „Loyalität und die unerschütterliche Liebe" seiner Völker zusicherte. Weiters wies er darauf hin, dass auch Deutschland seine derzeitige „Macht und Größe" dieser Doktrin verdanke, die bis dahin noch nicht erwähnt worden war. Zu guter Letzt betonte er vielmehr das Thema des Friedens. Das Bündnis zwischen den deutschsprachigen Völkern verfolge nur friedliche Ziele, und er hoffe, dass „die anderen Mächte"[13] nach denselben Zielen strebten.

So viele Reden über den Frieden in Schönbrunn; doch noch bevor dieses Jubeljahr zu Ende ging, war es die Monarchie selbst, die in einer Zurschaustellung prahlerischer Torheit eine dieser langen und verwickelten Zündschnüre gelegt hatte, die zum Krieg führen sollte. Ironischerweise wurde der Grundstein dafür inmitten der Jubiläumsfeierlichkeiten gelegt.

Am 5. Oktober 1908 verkündete Franz Joseph, zum Erstaunen seiner Völker in der Heimat und seiner Monarchenkollegen im Ausland, dass er die zwei südslawischen Provinzen Bosnien und Herzegowina annektiert hatte, „die von nun an unter die vererbbaren Besitztümer des Hauses Habsburg fielen". Von einer Invasion konnte nicht die Rede sein. Die zwei Provinzen waren in den letzten 40 Jahren von der Monarchie „besetzt und verwaltet" worden, als Teil der allgemeinen europäischen Regelung, der man 1878 nach Ende des russisch-türkischen Krieges zugestimmt hatte. Nach 30 Jahren problemloser Besetzung hatten die Österreicher begonnen, diese in eine Annexion umzuwandeln, und auf beiden Seiten der Trennlinie hatten die Großmächte Europas stillschweigend akzeptiert, dass diese Umwandlung eines Tages wohl vollzogen würde. Dennoch blieben die Provinzen de iure, wenn schon nicht de facto, Teil des türkischen Reiches, und es wurde als Selbstverständlichkeit angesehen, dass jeder offiziellen Souveränitätsübergabe von allen Mächten zugestimmt werden müsse und die Türken dafür entschädigt würden. Nun war Franz Joseph mit einem Federstrich jeder internationalen Einigung zuvorgekommen und bot den Türken im Gegenzug rein gar nichts als Entschädigung an.

Der psychologische Beweggrund für seine Handlung war nicht schwer zu verstehen. Während der sechzig Jahre, die er auf dem Thron gesessen hatte, war die Monarchie an Größe und Bekanntheit nur geschrumpft. Zuerst mussten die Lombardei und Venedig in den italienischen Einigungskriegen abgetreten werden, und zusätzlich hatte man auch die Führung der germanischen Welt auf dem Schlachtfeld zu Königgrätz an Preußen verloren. Die Versuchung, die Grenzen des Reiches auszudehnen – selbst wenn es sich nur um eine erbärmlich arme Region mit einer Bevölkerung von weniger als zwei Millionen Südslawen handelte –, war verständlich. Darüber hinaus: Welch günstigeren Zeitpunkt gab es als dieses Jubiläumsjahr? In Wirklichkeit stellte sich heraus, dass es einer seiner verhängnisvollsten Schachzüge während seiner Herrschaft werden sollte.

Anstatt patriotische Herzen höher schlagen zu lassen (wie man gehofft hatte), schürte die Annexion innenpolitisch nur jene nationalistischen Flammen, die schon immer zum Scheiterhaufen der Monarchie zu werden drohten. Die Großdeutschen in der Monarchie schäumten vor Wut über diese Ausweitung der Reichsgrenzen gegen den slawischen Süden – es war sowohl die falsche Richtung als auch die falsche ethnische Wahl für ihre Doktrin. Die äußerst empörten Sozialisten attackierten des Kaisers Dekret als absolutistisch und gegen alle internationalen Gesetze verstoßend. In Prag, wo sich die Tschechen mit Wien bereits in anderen Dingen uneinig waren, trug die Annexionskrise derart zur Anspannung bei, dass das Kriegsrecht ausgerufen werden musste – und dies am 2. Dezember 1908, genau am Jahrestag des Jubiläums.

Um einiges ernster war auf lange Sicht die Reaktion aus dem Ausland. Nach diesem Oktober-Dekret trauten weder die Verbündeten noch die vermeintlichen Gegner der Monarchie zu, dass sie sich in einer gefährlichen Welt wohlüberlegt verhalten würde. England, noch immer die führende Macht in Europa, erwartete z. B. vom habsburgischen Reich vor allem, dass es nichts überstürze und mehr oder minder still und brav auf seinem Pulverfass am Balkan sitzen blieb, das jedermann in die Luft zu sprengen imstande war. Nun hatte diese aber genau das Gegenteil gemacht, und das auf solch gebieterische Weise, dass alle Gepflogenheiten monarchistischer Diplomatie schwerst missachtet wurden. König Edward VII., der großen Einfluss auf die Außenpolitik seiner Regierung besaß, konnte die Kunde aus Wien zunächst nicht glauben.[14] Weniger als zwei Monate zuvor, vom 12. bis zum 13. August, auf seiner Reise zu seiner alljährlichen Kur (und Unterhaltung) in Marienbad, hatte er dem Kaiser in Ischl seinen üblichen Besuch abgestattet, und sie hatten über Politik gesprochen. Daher empfand es der König als unfassbar, dass er nicht vorgewarnt worden war, nicht einmal im Vertrauen zwischen zwei Souveränen.[15]

Am folgenschwersten für die Zukunft waren die Auswirkungen auf das Königreich Serbien, welches schon seit langem die Provinzen als Teil seines Traumes von einem „Großserbischen Reich" für sich haben wollte. Die Reaktionen reichten über offizielle Verärgerung weit hinaus. Im ganzen Königreich wurden Rufe nach einem Krieg gegen Österreich laut, welches schon immer als großer Feind angesehen worden war. Der extreme Flügel des Panslawismus erhielt frischen Aufwind und neue Freiwillige. Nur sechs Jahre später, in Sarajevo, sollten junge Attentäter aus eben diesen Reihen für das Todesurteil aller drei kontinentalen Reiche verantwortlich zeichnen.

Das Groteske an dieser Krise war, dass sie durch gesellschaftlichen Machthunger beschleunigt, ja vielleicht sogar initiiert wurde. Nur eine Person war darin involviert, doch dabei handelte es sich immerhin um den Reichsaußenminister: Freiherr Aloys von Aehrenthal galt als Sohn eines adeligen jüdischen Getreidehändlers in Prag. Der Titel „von Aehrenthal" war passend zum Beruf gewählt, zählte jedoch auf der archaisch aristokratischen Rangliste dieser Zeit, die erst ab dem Titel eines Grafen Bedeutung erlangte, nur wenig. Diese Würde konnte nur von einem dankbaren Souverän verliehen werden. Um sich diese Dankbarkeit nun also zu verschaffen, plante Aehrenthal über den Sommer den Annexionscoup in enger Beratung mit seinem russischen Pendant, Alexander Iswolski.[16] Nachdem Deutschland den Kuchen für die Monarchie gerettet hatte, indem sie die Türkei zwang, einer Beilegung der Krise zuzustimmen, wurde Aehrenthal ordnungsgemäß die neunzackige Krone überreicht. Dennoch hatte er die kaiserliche Krone in der Folge erschüttert.

Inmitten der Ereignisse, am 2. Dezember 1908, fand der genaue Jahrestag der Niederlegung eben dieser Krone auf das Haupt des achtzehnjährigen Franz Joseph statt. In jeder Garnisonsstadt des Reiches wurden Paraden abgehalten; in jedem Offizierskasino wurde auf den Kaiser und die Treue zu ihm angestoßen. In allen Dörfern wurden die Flaggen und Wimpel ausgehängt, die Kirchenglocken läuteten und die Freudenfeuer erleuchteten die Hügel. Die spektakulärste Feier blieb jedoch der Hauptstadt vorbehalten: Der Boden glühte förmlich vor speziellen Beleuchtungen, und der Himmel darüber erstrahlte durch ein Riesenfeuerwerk. An diesem Tag nahm der Kaiser auch die letzten der scheinbar endlosen Grußbotschaften ausländischer Herrscher und Könige entgegen. Der König von Schweden war gekommen, um seine protestantische Aufwartung zu machen. Der Kaiser zog sich schließlich erschöpft zurück und brauchte diesmal wohl mehr als nur jene eine Stunde an Extraschlaf (er stand um 5 Uhr morgens statt um 4 Uhr auf), die er sich nach der Abreise der deutschen Prinzen im Mai gegönnt hatte.

Das Jahr hallte wider gleich einer langen Hymne über traditionalistische Loyalität. Oder war es ein Requiem? Der Vergleich ist passend, da weniger als drei Wochen, nachdem das Feuerwerk zischend verloschen war, die *Avantgarde* in Form von Musik ihren Überraschungsangriff startete. Am Abend des 21. Dezember 1908 wurde die Atonalität geboren. Die Geburt fand im Bösendorfersaal in Wien statt, wo Arnold Schönbergs Zweites Streichquartett seine Uraufführung hatte. Das *Rosa Quartett* und die Sopranistin Maria Gutheil-Schoder schafften es, sich durch das Werk zu pflügen, obwohl wahrscheinlich aufgrund der Missfallenskundgebungen aus dem Publikum nicht viel zu hören war. Das Crescendo erlangte seinen Höhepunkt nach der Eröffnung des letzten Satzes, als der Komponist sogar die Tonartvorzeichnung verweigerte, um seiner Ablehnung der Harmonie Nachdruck zu verleihen.

Das bedeutete tatsächlich das Ende einer Welt. Revolutionäre neue Techniken in Malerei und Architektur dürften zwar die Experten fasziniert haben, die allgemeine Öffentlichkeit blieb davon jedoch unbeeindruckt und verhielt sich gleichgültig. In der Dichtkunst galt es den Reim zu demontieren und das Narrative aus dem Roman zu verbannen. Die Musik hatte ihren Platz jedoch im Innersten der österreichischen Seele, war zugleich ihr Stolz und ihre Nahrung im Alltag, von der die Dorffeuerwehrkapelle ebenso wie die berühmten Opern und Konzerte in der Hauptstadt zehrten. Die Harmonie war immer ihr wesentlichster Bestandteil gewesen, und obwohl Wagner und Richard Strauss manchmal an diesen Grenzen gerüttelt hatten, so hatte sie bis jetzt doch noch niemand überschritten.

Schönberg hatte die größte der Abtrünnigkeiten des *Fin de Siècle* von der Tradition angeführt und wurde daher auch zum Träger einer sozialen Botschaft. Die Musik kreischt sogar dort mit Desillusionierung auf, wo die Harmonie hereingelassen wird. An dieser Stelle singt der Sopran, gegen alle Dissonanz, das alte Wiener Straßenlied vom „Lieben Augustin" und seinem traurigen, wiederkehrenden Refrain: „Alles ist hin, alles ist hin."

Kapitel zwei

Die perfekte Partie

Drei Jahre nach diesem Jubiläum und all seinen widersprüchlichen Signalen fand innerhalb der Familie Habsburg ein Ereignis statt, das nicht im Geringsten darauf schließen ließ, dass „alles aus" sei; tatsächlich gab es für die Dynastie einen neuen Hoffnungsschimmer. Anlass dazu gab die Heirat Erzherzog Karls, des Kaisers Großneffen, mit der 19-jährigen Prinzessin Zita von Bourbon-Parma am 21. Oktober 1911. Für die Zeremonie, die auf Schloss Schwarzau, dem Sitz der Brautfamilie im flachen Waldland des Steinfeldes südlich von Wien, abgehalten wurde, übernahm Franz Joseph persönlich den Vorsitz. Dies war das erste und das letzte Mal, dass der alternde Monarch sich so fröhlich in der Öffentlichkeit zeigte. Während der Messe gluckste er sogar einmal laut auf (ein im wahrsten Sinne des Wortes unerhörter Laut) und übernahm im Anschluss an die Hochzeit persönlich die Aufgabe, die erlauchte Gesellschaft für das offizielle Hochzeitsporträt zu positionieren.

Er hatte auch guten Grund zur Freude. Innerhalb seines riesigen Reiches hatte er bis dahin im Hause Habsburg fast nur Heiraten erlebt, die entweder in einer Katastrophe oder in der Entfremdung geendet hatten. In der Familie des Bräutigams gab es da selbst zwei heilsame Beispiele: Sein Vater Otto, ein gut aussehender und charmanter Mann wie kein anderer in der Wiener Gesellschaft, wurde im Laufe der Zeit zu einem der verderbtesten Ehemänner. Schon früh zog es ihn von seiner schlichten und friedfertigen Braut Prinzessin Maria Josefa von Sachsen weg, und er schlitterte in einen Strudel von Maßlosigkeit, die ihn mit knapp 40 einen qualvollen Tod erleiden ließ. So blieb er der Monarchie als zukünftiger Souverän ebenso erspart wie auch das britische Empire glücklich davongekommen war, als der widerwärtige und perverse Herzog von Clarence 1892 im Alter von 28 Jahren starb.[17]

Was Ottos jüngeren Bruder Ferdinand anlangte, so wurde seinen fleischlichen Begierden ein Ende gesetzt, indem er gänzlich vom Familienstammbaum ausgeschlossen wurde. Nichts konnte ihn davon abbringen, eine gewisse Berta Czuber, die Tochter eines Wiener Universitätsprofessors, zu heiraten. Für den Kaiser (der die gesellschaftlichen Normen der vornehmen Schicht verkörperte) war eine Heirat zwischen einem Erzherzog und einem einfachen Fräulein nicht nur undenkbar, sondern auch nicht herzeigbar. Ferdinand und seine Braut mussten außer Sichtweite gebracht werden. Nachdem er ihm erfolgreich und sukzessive seine Titel, seinen militärischen Rang und sein Einkommen aberkannt hatte, zerstörte Franz Joseph letztlich auch die Identität seines jüngsten Neffen. Im Jahr 1912 wurde sein Name von den kaiserlichen Stammtafeln gestrichen, und er wurde für die Habsburger zur „persona non grata". Überflüssig zu sagen, dass ihn dieses genealogische Attentat aus Wien vertrieben hatte – was ja schließlich die Absicht der ganzen Sache war. Nach Jahren des Umherziehens mit seiner geliebten „Milly", starb Ferdinand 1915 und wurde in München als ein gewisser „Herr Burg" begraben. Bis zu seinem Tod hing er pathetisch (oder triumphierend?) an einer Hälfte jenes großen Namens.

So viel zu den Ehekatastrophen in der Verwandtschaft des Bräutigams. Doch jene des Kaisers und seiner engsten Familie waren nicht viel rosiger. Seine eigene Heirat im Jahr 1854 mit der attraktiven bayrischen Prinzessin Elisabeth, in die er sich auf den ersten Blick und Hals über Kopf verliebt hatte, mutete wie eine märchenhafte Romanze an. Doch die Ehe glitt langsam in die „Entfremdung" ab, als Sisi gleich einer ruhelosen und neurotischen Seele in Europa herumreiste, um Frieden und Erfüllung zu suchen, die sie an der Seite ihres Mannes im kaiserlichen Wien nicht mehr finden konnte.

Die schwere Tragödie um ihren einzigen Sohn hatte viel dazu beigetragen, dass sie beinahe den Verstand verlor. Erzherzog Rudolf besaß einen lebhaften Geist, geradezu königliches Aussehen, ein charmantes Auftreten und einen inbrünstigen Glauben an die habsburgische Mission – alles in allem viel versprechende Qualitäten für den Thronfolger. Doch in seinem Innersten tobte stets ein Dämon der Selbstzerstörung. Dessen letzter Triumph war der Todespakt, den Rudolf zwischen sich und seiner 17-jährigen Geliebten, Mary Vetsera, kurz vor Sonnenaufgang des 30. Januar 1889 in seinem Jagdschloss in Mayerling einlöste.

Es ist vorstellbar, dass die richtige Ehepartnerin den Dämonen im Zaum und den Ehemann von den Betten seiner zahllosen Geliebten fern halten hätte können, von jener wollüstigen Kette, in der Mary unglücklicherweise das letzte Glied war. Rudolf, der einer Tigerin bedurft hätte, um ihn im ehelichen Gemach halten zu können, landete stattdessen bei einer Maus – gemäß einer dynastischen *mariage de convenance*. Prinzessin Stephanie von Belgien war mit ihrem fliehenden Kinn und ihrer hageren Statur genau die Sorte von Ehefrau, die einen sinnlichen Menschen wie Rudolf sofort nach Vollzug der Ehe aus der Bettkammer fliehen ließ.[18] Ein ähnliches Schicksal war in späteren Jahren auch Erzherzog Otto bestimmt, wenn auch mit viel düstererem Ausgang.

Nicht zuletzt gab es da in der habsburgischen Galerie der kaiserlichen Ehedramen auch die Geschichte über seinen Neffen Franz Ferdinand, der nach Rudolfs Tod zum Zweiten in der Erbfolge aufstieg. Aufgrund dieses hohen Ranges mussten seine Eheprobleme genau auf den Stufen des Throns gelöst werden, und im zu Ende gehenden Jahrhundert hätten diese Auseinandersetzungen fast zur Spaltung der Dynastie geführt. Der Erzherzog war damals bereits in seinen Vierzigern, und es war allerhöchste Zeit für ihn, häuslich zu werden und einen eigenen Erben in die Welt zu setzen. Franz Ferdinands Charakter erleichterte das Unterfangen jedoch in keiner Weise. Er war herrisch, aufbrausend, humorlos, anspruchsvoll, und ihm fehlte fast zur Gänze jener Charme, der traditionellerweise als der versöhnende Zug der Österreicher galt. Auf der anderen Seite teilte er Rudolfs Glauben an die Zukunft der Monarchie, und im Gegensatz zu diesem tragischen Prinzen war Franz Ferdinand gewillt, etwas zur Sicherung dieser Zukunft beizutragen, als seine Zeit gekommen war. Obwohl der Kaiser keine Zuneigung für seinen Neffen empfand, erkannte er doch die Wesensart dieses schwierigen

Mannes – das Eisen in ihm, das so dringend gebraucht wurde, um den schwachen Hof abzustützen.

Franz Ferdinand dürfte schon von Haus aus schwer zufrieden zu stellen gewesen sein, das Unterfangen wurde aber auch noch durch den Mangel an passenden Bräuten im damaligen Europa erschwert. (Königin Victoria hatte ähnliche Probleme, für den Erben ihres Thrones, den herumstreunenden „Bertie", Prinz Edward von Wales, die richtige Partie zu finden.) Im Fall Franz Ferdinand sollte die Dame eine katholische Prinzessin mit Stammbaum eines regierenden oder vormals regierenden Hauses sein; das Fischen in diesen bevorzugten Gewässern, wie z. B. in Sachsen, wo die Habsburger schon so oft ihre Bräute ins Netz geholt hatten, erwies sich diesmal als nicht lohnend. Die meisten der Kandidatinnen waren nicht nur zu schlicht, sondern auch zu jung. Wie Franz Ferdinand einmal famos verkündete, waren die heiratsfähigen Prinzessinnen „allesamt Kinder, Küken mit 17 oder 18 Jahren, und eine hässlicher als die andere".

Als sich das Jahrhundert seinem Ende zuneigte, folgten kurz hintereinander zwei böse Überraschungen, die das Problem auf einen unerwarteten Höhepunkt trieben. Die erste war der tragische Tod jenes Mannes, der auf dem Papier der unmittelbare Thronfolger war – der jüngere Bruder des Kaisers und Vater von Franz Ferdinand: Erzherzog Karl Ludwig, der in der Tat keinerlei Interesse an der Krone bekundet hatte, war ein außergewöhnlich verdienstvoller und frommer Mann, und es war seine Frömmigkeit, die ihn ins Verderben führte. Im Frühling des Jahres 1896 ignorierte er auf einer Pilgerreise ins Heilige Land die mahnenden Worte seines Doktors und trank aus dem Fluss Jordan. Der Doktor sollte Recht behalten. Das Wasser entpuppte sich als ebenso verseucht wie heilig, und im Mai jenes Jahres verstarb der 63-jährige Pilger an Typhus. Obwohl Franz Ferdinand für einige Zeit aufgrund eines Tuberkuloseanfalles sozusagen am Abstellgleis war – ein Umstand, der die Intrigen am Hof gegen ihn nährte –, wurde er 1898 zum rechtmäßigen Thronfolger ernannt. Im darauf folgenden Jahr flog seine skandalöse Romanze auf, und seine Thronnachfolge drohte aberkannt zu werden.

Zu diesem Zeitpunkt war der Erzherzog schon seit vier Jahren leidenschaftlich in die Hofdame seiner angeheirateten Cousine, der Erzherzogin Isabella, verliebt gewesen. Sophie Chotek, die das Herz dieses schwierigen Junggesellen mittleren Alters im Sturm erobert hatte, war keine Berta Czuber. Die Choteks von Chotkova und Wogrin waren eine alte Adelsfamilie: Barone von Böhmen seit 1556, Grafen von Böhmen seit 1723 und zwanzig Jahre später zu Reichsgrafen ernannt. Ihr Vater, ein Diplomat, hatte einst dem Kaiser als Minister in Brüssel gedient (wo er ironischerweise mitgeholfen hatte, die trostlose Heirat von Prinzessin Stephanie und Kronprinz Rudolf zu lancieren). Ihre Mutter war eine Kinsky und innerhalb der Monarchie als Mitglied einer der angesehensten Familien höchst geschätzt und in der restlichen Welt wahrscheinlich bestens für die Tatsache bekannt, dass im Jahr 1883 ein gewisser Graf Kinsky das berühmte Grand-National-Pferde-Hindernisrennen in England gewann. Obwohl es damals niemandem bewusst war, so beförderte dieses Ereignis den Namen Kinsky auf eine Gedenktafel, die sich im nächsten Jahrtausend, und vor allem im nächsten Jahrhundert, noch in ihrer Bedeutung entfalten sollte – lange nachdem sich die Bücher über alle kontinentalen Reiche geschlossen hatten.

Obwohl das Chotek-Blut unbestreitbar blau war, konnte nichts an der Tatsache ändern, dass es dennoch nicht über den notwendigen Hauch von Purpur verfügte. Sie befanden sich einfach nicht auf der Liste der etwa 20 Familien (hauptsächlich „Fürstenhäuser, die in der Monarchie beheimatet waren"), die für eine Heirat mit der herrschenden Dynastie in Frage kamen. Diese Liste wurde in Steintafeln eingraviert. Nichts konnte auf ihnen weggemeißelt oder ergänzt werden; so war es nun einmal. So dachte jedenfalls ein entsetzter Kaiser, als ihm sein Neffe im Sommer 1899 nicht nur seine geheime Liaison gestand, sondern auch seine Absicht bekundete, besagte Dame zu ehelichen.

Franz Ferdinand hatte gefunden, wonach er unter den „hässlichen Küken" an den europäischen Höfen vergebens gesucht hatte. Seine „Sopherl" war eine reife, junge Frau (wahrscheinlich um die 27, als er sich in sie verliebte), eine hübsche und gesunde

Person mit großen braunen Augen und einer dazupassenden üppigen braunen Haarpracht. Ebenso anziehend wie ihre körperliche Erscheinung war ihr Temperament. Sie strahlte eine positive, wohltuende Ruhe aus, und diese war es, die der Erzherzog seinem Gefühl nach in seinem Leben brauchte, um seinen eigenen aufbrausenden Charakter im Zaum halten zu können. Im Herbst des Jahres 1899 lieferte man sich eine Schlacht vor Gericht. Der Erzherzog bestand sowohl auf seine Braut als auch auf seinen Thron. Der Kaiser beschloss, dass er sich zwischen den beiden entscheiden musste. Über die nächsten neun Monate blieben die Klingen der beiden gekreuzt.

Abgesehen von seiner eigenen erbitterten Sturheit lag Franz Ferdinands Vorteil im Ernst der Situation. Im Gegensatz zum armseligen Ferdinand war er kein Erzherzog abseits der direkten Thronfolge, der dementsprechend abserviert werden konnte, sondern der rechtmäßige Thronfolger der Doppelmonarchie. Es musste einfach eine Lösung gefunden werden, um die Dynastie nicht schwer in Mitleidenschaft zu ziehen. Sie wurde letztendlich auch gefunden, obwohl das angeborene österreichische Talent für Kompromisslösungen auf dem Weg dahin fast überstrapaziert wurde.

Die Saga endete am 28. Juni 1900 mit einer Zeremonie in der Geheimen Ratstube in der Hofburg, in demselben Raum, in dem mehr als ein halbes Jahrhundert zuvor der 18-jährige Franz Joseph als frisch gekrönter Kaiser seine erste eigene Rede vom Thron aus hielt. Diesmal sprach er als Oberhaupt einer geteilten Familie, und die Worte kamen nur schleppend und mit Mühe über seine Lippen. Sein Neffe, wie er verkündete, war in seinem Verlangen, die Gräfin Sophie Chotek zu heiraten, „dem Ruf seines Herzens gefolgt". Die Zustimmung wurde erteilt, doch da die Gräfin zwar von adeliger, nicht aber von gleicher Geburt war, konnte die Ehe nur als morganatisch erklärt werden, und weder ihr noch ihren Kindern stand irgendein Recht auf eine Heirat unter Ebenbürtigen zu. Franz Ferdinand bekundete seine Zustimmung, indem er auf eine Bibel, die ihm Kardinal Erzbischof Gruscha hinhielt, seinen Eid auf den Verzicht ablegte und dann die entsprechenden Urkunden, die so-

wohl auf Deutsch als auch auf Ungarisch ausgefertigt waren, unterzeichnete.[19]

Zum ersten Mal in der Geschichte der Dynastie wurde dem
Erben der Habsburgerkrone eine „unstandesgemäße" Ehe gewährt.
Um die Feierlichkeit dieses Ereignisses zu unterstreichen und den
Erben noch fester an seinen Schwur zu binden, wohnten auch die
Staatsminister und Hofbeamten der Gelöbniszeremonie als Zeugen
bei, ebenso die Provinzgouverneure aus allen Provinzen des Reiches
und alle weiteren volljährigen Erzherzöge aus allen Linien der
Familie – insgesamt 15 an der Zahl. So hatte sich Franz Ferdinand
sowohl seine Braut als auch seinen Thron gesichert, doch seine
Erblinie würde mit seinem Tod enden. Aufgrund der Ängste und
Zweifel, die von allen Teilen des Publikums vor der Zeremonie
geäußert wurden, war anzunehmen, dass sich viele der Anwesenden
beim Verlassen der Geheimen Ratstube fragten, ob sich Franz Ferdinand auch als Kaiser an die eben unterzeichnete Schlussklausel
halten würde.

Elf Jahre später tummelten sie sich nun unter den Gästen in
Schwarzau und wohnten einer Hochzeit bei, die sich in allen
Punkten von der ihrigen unterschied. Diese wurde nicht, wie es
üblich war, im Haus der Brautfamilie abgehalten, sondern im ausladenden Schloss Reichstadt in Nordböhmen, das sich seit 1824 im
Besitz der Habsburger befand.[20] Die Tatsache, dass Sophie ganz
und gar „ungleich" war, wurde an jedem noch so kleinen Detail
der Zeremonie sichtbar. Diese wurde nicht einmal von einem
Bischof, geschweige denn von einem Kardinal durchgeführt, sondern von einem in die Jahre gekommenen Diakon aus der Stadt.
Und während niemand davon ausging, dass der Kaiser selbst bei
der Trauung anwesend sein würde, so war doch mit dem Erscheinen zumindest eines oder zweier Vertreter jener 15 volljährigen
Habsburger zu rechnen, die der Hofburgzeremonie als Zeugen
beigewohnt hatten. Alle 15 entschieden sich jedoch, der Hochzeit
fernzubleiben, und so war der Bräutigam der einzige anwesende
Erzherzog. Nachdem die Braut ein Waisenkind war, übergab sie
ihr Vormund, Prinz Löwenstein, dem Bräutigam, und Graf
Nostitz, im Dienst Franz Ferdinands, agierte als Trauzeuge für

den Thronerben – er ging jedoch beim Einzug in die Kapelle nicht an dessen Seite, sondern weit hinter ihm.

Schwarzau war eine gänzlich andere Geschichte. Wie wir gesehen haben, war der Kaiser nicht nur omnipräsent, sondern auch bei bester Laune. Die Hochzeitsgruppe, die er für den Hoffotografen in Position gebracht hatte, erstrahlte nur so vor Bourbon-Parmas und anderen Verwandten des Brautpaares – der König von Sachsen, Prinzen und Herzöge von Liechtenstein, Württemberg, Braganza und so weiter. Der Thronfolger ist versteckt rechts von der Mitte des Bildes auszumachen und in zweiter Reihe mit seiner Sophie, die, wie immer, einen Schritt hinter ihm und nicht an seiner Seite steht.[21] Der größte Unterschied zwischen dieser Hochzeit und der ihren lag wohl offen auf der Hand: die Ungleichheit der beiden Bräute.

Es stand außer Zweifel, dass diese Heirat in jeder Hinsicht eine Verbindung unter Ebenbürtigen war. Ihr Vater, Herzog Robert, hatte nur über das winzige Reich Parma geherrscht (und wurde im Zuge der italienischen Einigungsbewegung, des Risorgimento, vor einem halben Jahrhundert seines Amtes enthoben). Als bourbonischer Prinz konnte er dennoch seine Abstammung bis zum „Sonnenkönig" Frankreichs, Ludwig XIV., zurückverfolgen – ein Wandteppich von dessen Krönung zierte den Salon der Villa delle Pianore, jener Herzogsresidenz, die die Parmas behalten durften. Dank der großen italienischen Familie Farnese konnte die Braut sogar auf eine noch weiter in die Vergangenheit zurückreichende Liste an illustren Vorfahren blicken – z. B. bis ins 16. Jahrhundert zurück, als Papst Paul III. eine Familie gründete (und als Gönner Michelangelos fungierte), bevor er den Heiligen Stuhl bestieg. Es folgten über die Jahrhunderte hinweg abwechselnd Trauungen zwischen den Herrscherhäusern von Parma und der spanischen Linie der Habsburger, was wiederum bedeutete, dass das Hochzeitspaar auf Schloss Schwarzau einige gemeinsame Vorfahren vorzuweisen hatte. Nachdem es sich bei Zitas eigener Mutter um keine Geringere als Prinzessin Maria Antonia von Braganza[22] handelte, erhielt auch die Königsfamilie von Portugal samt ihren europäischen Verflechtungen ihren Platz auf den Stammtafeln.

Der Unterschied zwischen den Bräuten von Reichstadt und Schwarzau wurde jedoch nicht nur in Hinblick auf ihre Ahnenliste deutlich. Sophies Vater war bei weitem kein vermögender Mann. Fünf seiner acht Kinder waren Töchter, alle ohne private Mittel. Jene von ihnen, die das heiratsfähige Alter erreicht, aber noch keinen Ehemann gefunden hatten, konnten üblicherweise zwischen zwei Zukunftsszenarien wählen – das einer Nonne oder einer Hofdame. Sophie entschied sich für Letzteres.

Auf der anderen Seite wurde Zitas Schicksal weder durch den Druck der Jahre noch durch den ihrer Familienumstände beeinflusst. Sophie war 32 Jahre alt, als sie heiratete, ein Alter, in dem die meisten Frauen ihrer Zeit die Hoffnung auf eine Heirat bereits aufgegeben hatten. Zita war eine strahlende 19-Jährige. Sie war keine klassische Schönheit, dafür aber auffallend attraktiv, da ihre perfekte Haut und ihre großen braunen Augen unter ihrer dunklen Haarpracht umso besser zur Geltung kamen. Obwohl die Bräute die gleiche Augenfarbe hatten, lagen doch Welten zwischen ihren Blicken. Die ältere Dame hatte den ernsten, beinahe zurückhaltenden Blick, der einer ehemaligen Hofdame angemessen war. Zita besaß schon im Teenageralter jene Zuversicht, die sie ziemlich gut gegen alles wappnete, was ihr die Welt an Gutem oder Schlechtem anzubieten hatte. Etwas in ihrem Blick ließ erkennen, dass sie die Herausforderung genießen würde. Ihr Platz war auf der Hauptbühne und nicht in den Seitenkulissen.

Ein Teil ihres Selbstvertrauens und ihres Lebenshungers stammte wiederum aus ihrer Kindheit. Die insgesamt 22[23] Kinder, die den zwei Ehen ihres Vaters entsprangen, bescherten ihr von Geburt an ein kosmopolitisch königliches Umfeld, welches selbst in diesem Zeitalter der Großfamilien ungewöhnlich umfassend war. Der große Reichtum ihres Vaters und die Lage seiner Besitztümer stellten sicher, dass diese Kontakte auch in ihrer Kindheit fortwährten. Von seinem Onkel und Vormund, dem rechtmäßigen Thronanwärter Graf von Chambord, hatte Herzog Robert nicht nur das gleichnamige, imposante Schloss im Loiretal geerbt, sondern auch Landgüter, die nahe dem eigenen Schloss auf Schwarzau lagen. In der Tat stellte Niederösterreich zur Jahrhundertwende eine große Zufluchtsstätte dar, wo sich die durch Revolutionen entthronten katholischen Mitglieder der europäischen Königshäuser versammelten und wo sie in Sicherheit und beruhigender Nähe zueinander leben konnten. So wurde nun Frohnsdorf, eine ehemalige Besitzung der Chambords, von Don Jaime bewohnt, dem Sohn Don Carlos', des Anführers der spanischen Karlisten; sein nächster Nachbar, der ehemalige Herrscher von Parma, war auch sein Schwager. Auf Schloss Seebenstein, ebenfalls in dieser Region, residierte Exkönig Miguel, das Oberhaupt der Braganzas, die 1834 aus Portugal vertrieben wurden. Die Tatsache, dass Zitas Mutter eine Braganza war, verstärkte die großfamiliäre Atmosphäre, die diese Versammlung von Exilierten umgab. Schließlich gesellte sich noch die Dynastie hinzu, die noch immer sehr mächtig war und alle willkommen hieß. Die Habsburger hatten nämlich in der Nähe, auf dem Semmeringpass ins Steirische hinein, eine Besitzung, welche sich jedoch weder in der Größe noch im Stil mit den Schlössern der Exilanten messen konnte.

Wartholz wurde einmal als Jagdschloss, dann wieder als Villa beschrieben, eine Verwirrung von Identitäten, die mit der seltsamen architektonischen Mischung dieses Hauses einherging – drei Etagen aus massivem, gemeißeltem, deutschem Steinmauerwerk und darauf steil abfallende Dächer im französischen Stil mit herausragenden Miniaturtürmchen. Irgendwie schaffte es dieses Haus, Einfachheit mit Protzigkeit zu vereinen, als ob es von einem Industriellen aus der Mitte des 19. Jahrhunderts mit mehr Geld als Geschmack erbaut worden wäre. Dennoch war das Außergewöhnliche an diesem unbehaglichen Gebäude, dass sich der junge Bräutigam dort immer wie zu Hause gefühlt hatte; selbst als Karl unter einem Dutzend oder mehr Palästen und Schlössern wählen konnte, kam er immer wieder nach Wartholz zurück, um hier mit seiner eigenen Familie auszuspannen.

Da die Villa der Dynastie gehörte, stand sie im Zentrum all der königlichen Residenzen, die wie ein gesellschaftliches Mosaik in Niederösterreich angeordnet waren. Im Zuge der ständigen Besuche zwischen Wartholz und Schwarzau waren sich die Brautleute zum ersten Mal als kleine Kinder begegnet – sie noch ein Baby, er gerade darüber. Die Romanze, die sich schließlich zwischen den beiden entwickelte, war das eindruckvollste Beispiel für eine Heirat von zwei Menschen, die sich schon seit dem Säuglingsalter kannten. Was er in ihr sah, bedarf nur wenig Beschreibung, denn sie hatte sich zu einer faszinierenden jungen Frau entwickelt, deren Sinn für Humor und strahlende Persönlichkeit zu ihrem bemerkenswerten Äußeren passten. Für Zita bestand die Anziehung aus einer machtvollen Mischung von Dynastischem und Persönlichem. Nach dem verfrühten Tod seines Vaters im Jahr 1906 stand Erzherzog Karl an zweiter Stelle in der Erbfolge des Großreiches; eine Heirat mit ihm hätte für Zita die Erfüllung jener Bestimmung bedeutet, die sie schon immer in sich gefühlt hatte.

Dieser ebenfalls attraktive junge Mann galt als äußerst begehrt unter den königlichen Junggesellen im katholischen Europa. Er sah gut aus und hatte eine unbekümmert freundliche Art, die sofort den Eindruck von Liebenswürdigkeit, gepaart mit einer gewissen Sanftheit, vermittelte. Er legte keine gespreizten Allüren an den Tag, mit denen sich viele seiner erzherzoglichen Zeitgenossen aufzuplustern versuchten, und offensichtlich hatte er auch nichts von jener Wildheit, die seinen Vater zerstört hatte. Als er mit 18 zu seinem ersten Militärdienst nach Kostelitz abkommandiert wurde, bezog er zufrieden sein Zweizimmerquartier in den Baracken, als ob er bloß ein weiterer Oberleutnant des 7. Dragonerregiments des Kaisers wäre. Diese ungekünstelte und beliebte persönliche Note sollte ihm in all den Zeiten der Dramen und Tragödien, die noch vor ihm lagen, erhalten bleiben. Kein einziges Mal strebte er nach Macht oder Größe, noch spürte er Verlangen danach. Sobald klar war, dass die Last des Reiches einmal auf seinen Schultern ruhen würde – wie weit entfernt dieser Tag auch immer sein mochte –, wartete er nicht ungeduldig darauf, die Krone tragen zu können, sondern machte sich vielmehr Sorgen, ob er ihrer wohl würdig sein werde.

Er wusste, dass die Monarchie Franz Josephs in derselben starren Form nicht überleben konnte, sobald der Titan, der die gesamte Struktur zusammenhielt, nicht mehr war. Auf demselben Balkon auf Schloss Schwarzau, auf dem nun die Hochzeitsgesellschaft für den Fotografen posierte, hatte er oft mit der jungen Prinzessin von

Parma gesessen und bis in die Nacht hinein debattiert, wie das Reich in eine neue Form gegossen werden konnte, damit es den Herausforderungen des Liberalismus, des Nationalismus und der Demokratie gewachsen wäre. Kurz, er war ein durch und durch anständiger und ehrenwerter Mann, der bereit war, sich jeder Verantwortung zu stellen, auch wenn er tief drinnen vielleicht Angst davor hatte, dass seine Schultern ein wenig zu schmal für den Umhang sein könnten.

Hier erwies sich seine Ehefrau natürlich als ideale Partnerin. Im Gegensatz zu ihrem Mann war sie vom Temperament her eine geborene Führungsperson. Ihren Lieblingsspruch vom Sport her – „Nicht geschossen, ist auch gefehlt"[24] – erkor sie zu ihrem Lebensmotto. Salopp formuliert, war sie immer schnell entschlossen, Dinge auszuprobieren, wie riskant es auch immer sein mochte; zu handeln war ihr lieber als bloß still dazusitzen und zuzusehen. Es würden noch genug Zeiten kommen, in denen sie sich für Letzteres entscheiden sollte.

So verschieden die vier Persönlichkeiten auch waren, so gab es doch eine interessante Parallele zwischen dem frisch vermählten Paar auf Schwarzau und dem Thronfolger und seiner morganatischen Ehefrau aus dem Jahr 1900. In jeder der beiden Partnerschaften hatte sich ein aktives Element mit einem passiven zusammengefunden, um eine Spannung zwischen ihnen zu erzeugen, die den positiven und negativen Kontakten einer elektrischen Batterie glich. In Franz Ferdinands Fall waren die Rollen dahingehend vertauscht, dass er die dynamische Kraft des Paares war. Das Resultat war dasselbe: eine Ausgeglichenheit, die Glück und Harmonie bescherte.

Die Österreicher schienen gespürt zu haben, dass sich mit dieser bourbonischen Prinzessin in ihrer Mitte die Dinge nun ändern könnten. Der Wiener Astronom Dr. Palisa hatte gerade erst einen neuen Himmelskörper entdeckt. Er nannte ihn „Zita", als ob es sich um einen neuen Stern auf Erden handelte. Und einige der Tagesmodelle, die die Wiener Couturiers ihr zu Ehren benannten, zeigten sicherlich den Einfluss einer neuen Mode. In ihrem schlichten, unverzierten und sehr sachlichen Design hätten sie vom Apostel des

Bodenständigen und Funktionellen, dem Architekten Adolf Loos, stammen können.

Das Paar zog sich im folgenden Jahr fast gänzlich aus dem Scheinwerferlicht zurück. Einige Zeit verbrachte es aufgrund der Verlegung einer Garnison in Kolomea, einem nicht sehr reizvollen Militärposten in der Abgeschiedenheit Ostgaliziens, wo die habsburgische Monarchie mit dem russischen Reich auf Tuchfühlung ging. Anfang November bekam Karl, der sich gerade von einem schweren Sturz von seinem Pferd erholte, einen neuen Dienstgrad in einem Regiment in der Hauptstadt verliehen. Darüber hinaus wurde verlautbart, dass ihm das nette kleine Palais Hetzendorf nahe Schönbrunn als seine Wiener Residenz zugesprochen wurde. Drei Wochen später sah man auch die Gründe für dieses Arrangement. Am 20. November 1912 gebar Zita auf Schwarzau ihr erstes Kind, einen gesunden Jungen. Die Taufe[25] des kleinen Prinzen fand fünf Tage später statt. Ihm wurde eine Unmenge von Namen gegeben, die allesamt von seinen Vorfahren aus den Häusern Habsburg, Bourbon-Parma, Braganza und Sachsen abgeleitet waren: Franz Joseph, Otto, Robert, Maria Antonia, Karl Maximilian, Heinrich, Sixtus Xavier, Felix, René, Ludwig, Gaetano, Pius und Ignatius. Diese unmögliche Namensliste sollte die dynastischen Gemüter versöhnlich stimmen. Der junge Prinz wurde aber einfach Otto genannt, und diesen Namen sollte er auch in seinem späteren Leben beibehalten.

Die freudigen Erwartungen, die der alte Kaiser bei der Hochzeit vor 13 Monaten gehegt hatte, waren in Erfüllung gegangen. Um ihn herum gab es nicht weniger als drei zukünftige Nachfolger: sein schwieriger Neffe Franz Ferdinand; sein Großneffe, der umgängliche und bescheidene Karl; und nun dieser neue Erdenbürger. Es schien, als ob ein dreizackiger Draggen zum Schmieden bereit lag, der die Dynastie fest zwischen all den darunter liegenden glitschigen Felsen verankern würde. Die Vision griff weit in die Zukunft vor. „Das neugeborene Kind", wie ein Zeitungskommentar am Tag der Geburtsverkündung verlautbarte, „würde, nach menschlichem Ermessen, erst im letzten Viertel dieses Jahrhunderts aufgefordert werden, als Kaiser das Schicksal dieses Staates in die Hand zu nehmen.“[26] Hoffentlich, so der Kommentar weiter, ist die Lage für ihn dann friedlicher als in dieser turbulenten Zeit seiner Geburt. In dieser treu ergebenen Prophezeiung schwang ein zaghafter Unterton mit, der sich bewahrheiten sollte. Das Jahrhundert, in dem der kleine Prinz aufwuchs, kannte nur wenig Frieden.

Der erste Schock, die Ermordung Franz Ferdinands und seiner Frau in Sarajevo am 28. Juni 1914, kam nur knapp 18 Monate nach Ottos Geburt. Daher wurden ihm nicht nur die Veränderung seiner eigenen Position innerhalb der Dynastie, sondern auch die verheerenden Auswirkungen auf die Habsburgmonarchie und die ganze restliche Welt glücklicherweise nicht bewusst. Seine Eltern erfuhren die tragischen Neuigkeiten in schlichtester häuslicher Umgebung. Ein kleines Sommerhaus aus Holz war in den Gärten der Villa Wartholz errichtet worden, und an schönen Tagen, wenn sie unter sich waren wie an diesem schicksalhaften 28. Juni, nahm das Paar sein Mittagessen hier ein, nachdem ihm die Speisen aus der Küche nach draußen gebracht wurden. Ihnen fiel auf, dass es eine lange Pause vor dem Hauptgang gab, und als dieser endlich serviert wurde, kam auch ein Telegramm mit. Karl warf zunächst einen flüchtigen Blick auf den Absender. „Rumerskirch, das ist seltsam. Warum er?“ Der Grund dafür stand im einzigen Satz des Textes. Baron Rumerskirch war Franz Ferdinands Adjutant. Er meldete die Ermordung des Thronfolgers an jenem Morgen, nebst jener der Herzogin von Hohenberg.

Zita beobachtete, wie das Gesicht ihres Mannes im Sonnenschein weiß wurde. Sein Onkel war noch keine 50 Jahre alt und hatte sich bester Gesundheit erfreut. Unter der Annahme, dass das Reich überleben würde, hätte er leicht bis in die späten dreißiger Jahre regieren können, bevor sie an die Reihe gekommen wären. Im Nu waren sie nun die nächsten in der Thronfolge. Mehr noch: Schon bald kam ans Licht, dass das Reich, das sie erben sollten, in einen Krieg verwickelt war. In den folgenden sechs Wochen braute sich in Wien und in den anderen Hauptstädten Europas ein Gewitter zusammen: Einer nach dem anderen, Zahnrädern gleich, klinkten sich die sechs Staaten der zwei gegnerischen Blöcke in den Konflikt ein – und die Habsburgmonarchie hatte reichlich zu dieser Massen-

torheit und den dafür verantwortlichen Fehleinschätzungen beigetragen.

Wartholz blieb von all dem auf merkwürdige Weise abgeschot-
tet. Diesen ganzen kritischen Juli hindurch wurde Karl über die
Geschehnisse nicht einmal umfassend informiert, geschweige denn
konsultiert. Es schien fast, als ob der alte Kaiser – der selbst viel zu
lange auf seinem geliebten Jagdschloss in Bad Ischl verweilt war –
seinen Nachfolger vor jeglicher Art von Schuld beschützen wollte.
Erst am 1. August, als das Reich zum Abmarsch bereit stand, wurden Karl und Zita aus den Bergen zurückgerufen, um mit einer
Reise durch Ungarn die Kampfmoral anzukurbeln. Zum Zeitpunkt
ihrer Rückkehr nach Wien war die „alte Ordnung" in Europa bereits drauf und dran, sich selbst zu zerstören. Nachdem Karl den
Thron bestiegen hatte, konnte er wahrheitsgetreu sagen, dass er mit
dem Ausbruch eines Krieges, den er zu beenden entschlossen war,
nichts zu tun gehabt hatte.

Er trat seine Erbfolge mitten in einem Krieg an, der sich noch
weitere vier Jahre hinziehen sollte. Im November des Jahres 1916
begann die Kraft des Kaisers aufgrund der enormen Belastung
durch den Krieg zu schwinden. Er wurde zunächst von einer Bronchitis und in der Folge von einer Lungenentzündung niedergewor-
fen. Ganze 14 Tage kämpfte er weiter, unterzeichnete trotz hohen
Fiebers seinen täglichen Stoß an Dokumenten, als ob sein Feder-
halter das Ende aufhalten könnte. Karl und Zita sahen ihn – noch
immer geistig frisch und sogar heiter – wenige Stunden vor diesem
Ende. Der endgültige Zusammenbruch kam plötzlich am Abend des
21. November. Ein paar Minuten nach neun Uhr passierte das
Unvorstellbare und doch Unvermeidliche: Franz Joseph starb nach
68 Jahren auf dem Thron. Der neue Kaiser zählte 29 Jahre, die neue
Kaiserin 24, der neue Kronprinz war genau vier, und von diesem
Zeitpunkt an beginnen die Vorstellungen über ein verlorenes Reich
im Kopf des kleinen Jungen.

KAPITEL DREI

Der Zerfall: Mit den Augen eines Kindes

Seinen allerersten öffentlichen Auftritt absolvierte Otto bei der Begräbnisprozession des alten Kaisers, die sich am Nachmittag des 30. November ihren Weg durch die Innenstadt bahnte. Seine Erinnerungen an diesen Tag waren zunächst verschwommen, und erst später in seinem Leben, nachdem er viele moderne Metropolen dieser Welt bereist hatte, wurden sie wieder schärfer. „Plötzlich wusste ich, wie ich mich an diesem Tag gefühlt habe. Es war, als ob ich zwischen Wolkenkratzern geschritten wäre."[27]

Die Personen, die zu seinen beiden Seiten emporragten, waren seine Eltern. Zu seiner Linken ging sein Vater, der neue Souverän, gekleidet in eine Feldmarschalluniform und auf dem Haupt ein Hut mit Federbusch. Zu seiner Rechten ging seine Mutter, eine wandelnde Trauersäule, von Kopf bis Fuß in Schwarz gehüllt und eine Hand aus dem schwarzen Umhang gestreckt, um die Hand ihres Sohnes zu halten. Die Gegenwart seiner Eltern war vertraut und beruhigend. Die fremden „Wolkenkratzer" waren um ihn herum und vor ihm. Die gesamte Wegstrecke vom Stephansdom bis zur Begräbniskirche der Kapuziner war mit mauerähnlichen Reihen von salutierenden Soldaten mit Helmen gesäumt, während unmittelbar vor ihm eine Phalanx von Würdenträgern in voller Uniform und mit allen Orden behängt marschierte.

Dann war da auch der Leichenwagen, auf den die Augen des kleinen Jungen fixiert waren: eine ungeheure Zeremonienkutsche mit schwarzen Federbüschen, die rings um den schweren Sarg befestigt waren und auf und ab wippten. Obwohl es sich um einen milden Novembertag mit etwas fahlem, frühwinterlichem Sonnenschein handelte, waren seine Erinnerungen in Dunkelheit gehüllt. Sogar im Dom (wo er im Presbyterium zwischen seinen Eltern saß, um die Einsegnung zu beobachten) wurde der helle Schein der elektrischen Lichter durch die schwarzen Tücher, die den Eingang verhängten und um die Steinsäulen im Inneren drapiert waren, gedämpft.

Der kleine Kronprinz bildete tatsächlich die einzige Ausnahme im gesamten Trauerzug. Er erinnert sich, dass seine Mutter entschieden hatte, welche Kleidung er an diesem bedeutungsvollen Tag tragen sollte. Ihre Wahl entpuppte sich als unbewusster Geniestreich in dieser Zurschaustellung von Uniformen und Krönungsinsignien. Als ob sie ihn von der Düsterheit des Tages abheben wollte, hatte sie ihn in eine weiße, knielange Tunika gesteckt, dazu weiße Schuhe und einen weißen Pelzhut, den er in seiner Hand trug. Eine schwarze Hüftschärpe, ein schwarzes Halstuch und eine dünne schwarze Armbinde taten ihre Pflicht als Zeichen der Trauer. Abgesehen davon war er der einzig helle Tupfen im Begräbniszug, und dieser Effekt wurde noch durch sein blondes Haar, das ihm fast bis zu den Schultern fiel, verstärkt.

Ganz gleich, ob seine Mutter die Bekleidung als Symbol der Hoffnung gemeint hatte, am Ende des Tages empfanden es jedenfalls viele in der Menge als solches. Viele unter den Zehntausenden, die die Gehsteige, Balkone und Fenster entlang des Trauerzugs bevölkerten, fragten sich, ob der Leichenwagen für den alten Kaiser nicht auch seine Monarchie zu Grabe führte. Für den mörderischen Krieg, der dem Volk nach zweieinhalb Jahren nun schwere Not und Elend zu bringen drohte, schien kein Ende in Sicht zu sein. Und für den Mann von der Straße war der neue Souverän eine unbekannte Persönlichkeit, obgleich er durchaus sympathisch und ehrenwert erschien. Offensichtlich besaß er jedoch nicht einmal ein Hundertstel der Erfahrung und des halbgottähnlichen Status jenes Herrschers, um den sie trauerten. Würde er denn jemals den eisernen Willen und das staatsmännische Geschick aufbringen, die notwendig sind, um das Reich zum Sieg oder auch nur zum nackten Überleben zu führen? Für all jene, die sich diese Frage stellten, schien die kleine Gestalt in Weiß, die so energisch an der Seite seines Vaters einherschritt[28], zumindest das Überleben zu garantieren.

Ganz anders waren die Gefühle nur einen Monat später, als der Junge zusah, wie seine Eltern in der Matthiaskirche in Budapest zum König und zur Königin von Ungarn gekrönt wurden. Und tatsächlich war alles anders. Es begann damit, dass es sich um eine Krönungszeremonie handelte, wie sie als solche in Wien niemals begangen worden wäre, obwohl sich dort der alte Sitz des Reiches befand. Dann war da die Krone selbst, ein ganz und gar einzigartiges Artefakt in der reich bestückten Sammlung der habsburgischen Krönungsinsignien, sowohl in seiner Form als auch in seiner Symbolkraft. Die vier offenen Bögen der Krone wurden für den Stirnreif gehalten, der von Papst Silvester für die Krönung Stephans, des ersten christlichen Königs von Ungarn, im Jahr 1000 gesandt wurde. Vom mit Juwelen besetzten Stirnband nahm man an, dass es fast ebenso alt sei und dass es sich um ein Geschenk des byzantinischen Kaisers an Stephans Nachfolger, König Géza, im oder um das Jahr 1075 handelte. Mehr als die Wirklichkeit ließ die Legende dieses außergewöhnliche Objekt in noch größerem Glanz erstrahlen. Vom Kreuz zuoberst der Krone, welches schief zur Seite gebogen war, sagte man, dass es durch einen Schwerthieb in einer Schlacht geknickt worden war, dem es jedoch standgehalten hatte. Solch ein schwerer und instabiler Gegenstand hätte sich aber wohl eher lächerlich als Helm ausgemacht.

Wie dem auch gewesen sein mag, nun wurden Legende und Tatsachen zusammengeworfen, um dieses ramponierte Kopfstück nicht nur zum Wahrzeichen des ungarischen Königreiches, sondern auch zu jenem der magyarischen Nation und ihrer Geschichte zu machen. Das war auch der Grund, warum Ungarns ehrfurchtgebietender Premierminister, Graf Stefan Tisza, Karl sofort nach dem Begräbnis in Wien überredet hatte, noch vor Jahresende zu seiner Krönung nach Budapest zu reisen.[29] Die Frist konnte gerade noch eingehalten werden: Die Zeremonie fand am 30. Dezember 1916 statt.

Dem kleinen Kronprinzen gelang es damals, Eindrücke aufzunehmen, die viel lebendiger – und auch langlebiger – waren als alles, was er beim Begräbnis erlebt hatte. „In Wien fühlte ich mich als Teil des Protokolls eingeengt. Aber in Budapest war ich ein Beobachter.

Ich reiste separat zur Krönungskirche, wo ich alles von einer Loge aus verfolgen konnte. Ich erinnere mich daran, dass ich besonders von Graf Tisza beeindruckt war, da er, wie alle ungarischen Calvinisten, eine schwarze Robe trug, welche unter den farbenfrohen Bekleidungen eines Großteils des anwesenden katholischen Adels herausstach."

Dann gab es da auch die unvergesslichen Höhepunkte dieser langen Zeremonie. Der Erste war, als er seinen Vater das blanke Staatsschwert nehmen sah (welches angeblich von König Stephan geschmiedet wurde) und dieser mit dessen enormer Klinge neun Streiche machte – jeweils drei vor sich, zu seiner Linken und zu seiner Rechten – als imaginäres Zeichen für sein Gelöbnis, Feinde allzeit abzuhalten. (Komischerweise schien auf die Möglichkeit eines Angriffes von hinten vergessen worden zu sein.) Der absolute Höhepunkt kam, als Erzbischof Kardinal Janos Csernoch, assistiert von Graf Tisza, die alte Krone auf das gesalbte Haupt seines Vaters senkte, begleitet von gleichzeitigen Kanonensalven und Trompetenfanfaren. Dem neuen König, der die Krone kniend auf der obersten Stufe des Altars empfangen hatte, wurden daraufhin der königliche Reichsapfel und das Szepter übergeben, und man geleitete ihn unter den Jubelrufen „Éljén a Király!" („Lang lebe der König!") zurück auf seinen Platz am Doppelthron. Es war Graf Tisza, der die Beifallsbekundung und das Absingen der ungarischen Nationalhymne anführte.

Schließlich konnte der Junge auch die Rolle seiner Mutter bei den Feierlichkeiten beobachten. In einer Robe aus goldbesticktem, weißem Brokat gekleidet wurde sie vom Erzbischof-Kardinal zum Thron geführt, um den Platz an der Seite ihres Mannes einzunehmen. Zuvor wurde die Stephanskrone jedoch abermals vor dem Altar gesenkt und damit ihre rechte Schulter berührt. Dieser Hauch von einem Streich mit dem heiligen Wahrzeichen machte sie zur königlichen Konsortin und zur Königin von Ungarn. Ihr wurde auch eine religiöse Botschaft mitgegeben. Der Erzbischof psalmodierend: „Nimm diese Krone des Ruhmes als Zeichen, dass du des Königs Gemahlin bist und immer damit betraut sein wirst, für das Volk Gottes zu sorgen."

Es war ein fesselndes Spektakel für den neuen Kronprinzen von Ungarn; das Einzige, was er bereute, war, dass man ihn es nicht in Ruhe genießen ließ. Ein Mentor wurde ihm zugeteilt, und dieser saß neben ihm in der Loge. Unglücklicherweise handelte es sich bei dem von seinen Eltern Ausgewählten um seinen angeheirateten Onkel, König Ferdinand von Bulgarien.[30] „Der schlaue Fuchs Ferdinand", wie man ihn nannte, war der Prototyp eines Langweilers im königlichen Zirkel der alten europäischen Ordnung. Mit seiner riesigen, spitzen Nase und den großen Ohren erinnerte diese juwelenbestückte, bisexuelle und wahrlich geisthafte Erscheinung eher an einen Elefanten als an einen Fuchs; er besaß auch sicherlich das Taktgefühl und darüber hinaus das Gedächtnis eines Elefanten. Er legte ein unübertroffenes Wissen über Ahnentafeln und die Wappenkunde zu Tage (eine Leidenschaft, die sich viele der Möchtegern-Hoheiten teilten!). Überdies hatte Ferdinand nach dem Tod König Edwards VII. von England im Jahr 1910 (dem unangefochtenen Gebieter über europäische Mode und Etikette seiner Zeit) die Rolle eines selbsternannten Experten für Protokoll und Zeremoniell übernommen. Dies war also der Mann, der nun stundenlang einen Schwall von undurchschaubaren Erläuterungen in die Ohren eines Vierjährigen säuselte. So schildert es unaufdringlich jener erwachsene Mann, als er sich viele Jahre später daran erinnert:

„Was ich ganz und gar nicht begreifen konnte, war, dass er versuchte, mir alle möglichen philosophischen Dinge erklären zu wollen, die ich aber nicht verstehen konnte. Darüber war ich irgendwie unglücklich, da ich mich lieber auf das große Ereignis konzentriert hätte, das sich da unten vor meinen Augen abspielte."

Das größte Spektakel – für die ungarischen Magnaten, die Menge der Schaulustigen und vor allem für das Kind selbst – würde aber noch draußen unter freiem Himmel stattfinden, und Onkel Ferdinand durfte es ihm diesmal nicht verderben. Als die Krönung zu Ende war, fuhren Otto und seine Mutter allein die kurze Distanz zum Königspalast (in derselben prächtigen Kutsche, die sie zuvor zur Kirche gebracht hatte und die von sechs weißen Pferden gezogen wurde). Der frisch gekrönte Monarch ritt unterdessen auf seinem weißen Pferd mit den Steigbügeln aus purem Gold zum

Krönungshügel in der Mitte des großen Platzes, der mit Erde von allen 63 ungarischen Komitaten aufgeschüttet war. König Karl IV. (wie er von seinen Untergebenen ab nun genannt wurde) wurde aufgefordert, einem alten Brauch Folge zu leisten und den Hügel hinaufzusprengen, das Staatsschwert in der Hand und tausend Jahre magyarischer Geschichte in Form eines wackeligen, mit Juwelen besetzten Bandes um seinen Kopf drapiert. Oben angekommen, musste er die Klinge in alle vier Himmelsrichtungen schwingen, um den eben geleisteten Schwur zu bestärken, die Territorien seines Königreiches „niemals zu verkleinern, sondern nach Möglichkeit zu vergrößern".

Selbst für einen erfahrenen Reiter stellte dies eine Herausforderung dar, und der vereiste Boden erschwerte die Sache noch; Karl erfüllte die Aufgabe jedoch bravourös, und die gekrümmte Krone verrutschte nur leicht. Otto, der dem Spektakel an der Seite seiner Mutter durch die Fenster des nahe gelegenen Palastes zusah, konnte seine Freude nicht zurückhalten. Die kleinkindlichen Freudenrufe „Papa! Papa!" hallten auf dem Platz wider und gaben Anlass zu erneutem Jubelgeschrei.

Für die Außenwelt bedeutete dieses Spektakel nichts anderes als zur Schau gestellter mittelalterlicher Mummenschanz. Für die Zuseher, und in der Tat für alle Ungarn, war es Realität, denn das Mittelalter – und vor allem das frühe Mittelalter – bildete zusammen ihre Gegenwart, wie die geologischen Altersschichten eines Gesteins. Die Krönung hatte zwischen dem Kind und seinen Eltern spezielle Bande mit dem ungarischen Volk geknüpft – engere als mit irgendeinem anderen ihrer Völker, das österreichische eingeschlossen. Es waren Bande, die für alle drei beteiligten Parteien lebenslange Gültigkeit besitzen sollten. Das Gelöbnis vom 30. Dezember 1916 blieb des Vaters heiligster Schwur als Souverän. Wie wir sehen werden, wurde es im Exil zu seinem einzigen Hoffnungsschimmer für die Restauration. Was Otto anlangte, so sollten 70 Jahre vergehen, bis er wieder in Budapest am Platz vor der Kathedrale stand; doch keine Erinnerung an damals war verschwunden, auch nicht jene an seinen redseligen Onkel Ferdinand.

Zur Bestürzung der Budapester Gesellschaft – die in ihren besten Kleidungsstücken gewühlt, die Familienjuwelen aus den Banktresoren geholt und ihre Stadtpalais für eine einwöchige Krönungsfeier herausgeputzt hatte – trat das frisch gekrönte Paar noch am selben Abend mit seinem Sohn die Heimreise nach Wien an. Die Probleme, die sie in der österreichischen Hauptstadt erwarteten, waren bereits zu schwerwiegend und duldeten keinen Aufschub mehr. In der kurzen zweijährigen Regierungszeit von Karl wurde aus einer Besorgnis erregenden Lage eine verzweifelte.

Otto und die kleineren Geschwister, die während der Regentschaft seiner Eltern geboren wurden[31], wurden bis zum bitteren Ende von den Dramen und Leiden des Krieges und auch vom länger werdenden Schatten, den dieser auf die Krone warf, abgeschirmt. Essensrationierungen sorgten sie nur wenig, da auch in Friedenszeiten einfache (ja fast spartanische) Kost auf dem täglichen Speiseplan stand. So kam es auch zu keinem plötzlichen Verzicht auf Luxus, einmal mehr, weil ihre Eltern seit jeher der Einfachheit den Vorzug gegeben hatten, was manchmal sogar an einen soliden gutbürgerlichen Lebensstil grenzte. Natürlich behielt man auch während des Krieges die prächtigen Residenzen in der Hofburg und in den Palästen von Schönbrunn und bewohnte sie, wenn nötig. Für Otto und seine Geschwister blieb jedoch die Villa Wartholz das Heim der Familie, und von deren breiten Terrassen aus bekam er den Krieg mit.

Von hier aus und nicht von irgendeinem Innenhof eines Palastes oder von einem Paradeplatz des Militärs aus beobachtete er z. B., wie sich die Nationalhelden der Front hier versammelten, um von seinem Vater mit der höchsten Tapferkeitsauszeichnung, dem Maria-Theresien-Orden, dekoriert zu werden. Wartholz diente manchmal auch als Treffpunkt für ranghohe Politiker der Viermächte-Allianz.[32] Eine weitere lebendige Kindheitserinnerung war der Besuch des exotisch gekleideten türkischen Kriegsministers Enver Pascha und seiner Gefolgschaft. Zwei der Onkel der Kinder, Felix und René von Bourbon-Parma, besuchten häufig die Villa und sind auch auf vielen Familienschnappschüssen zu sehen. Beide wuchsen in Österreich auf und traten 1914 der kaiserlichen Armee bei. Die zwei älteren Onkel, Sixtus und Xavier, denen Frankreich und ihr großes Schloss in Chambord die Heimat bedeuteten, dienten hingegen beide als Oberleutnants in der französischen Armee und wurden damit zu Kriegsgegnern. Ein schwieriges Trauma, mit dem der junge Kronprinz noch nicht umzugehen wusste. Seine deutlichsten Erinnerungen an Wartholz stammten jedoch von der Natur und nicht vom Krieg: von den Spaziergängen in den umliegenden Wäldern und Bergen und von wilden Zyklamen und Enzian, die damals das Haus umgaben.

Das vielleicht außergewöhnlichste Merkmal aus seiner Kindheit zur Zeit des Krieges war jener Ort, an den er sich rückblickend als „das andere Heim" erinnerte. Es handelte sich um ein bescheidenes Gebäude in Baden, dem Sitz des obersten Armeekommandos, ein wenig südwestlich von Wien gelegen. Sie zogen dort nicht etwa ein, weil der Vater seinen Kindern kriegerischen Gehorsam beibringen wollte. Ganz im Gegenteil: Dieses Gebäude sollte so etwas wie eine selige Insel des Familienlebens inmitten des regen Treibens eines Militärhauptquartiers darstellen. Schon bald nach seiner Thronbesteigung hatte Karl den Sitz seines Hoheitskommandos von Teschen in diesen entzückenden österreichischen Badekurort verlegt, um etwas Abstand zwischen die Monarchie und ihrem deutschen Verbündeten zu bringen, der seit Kriegsbeginn noch bevormundender wurde.

Karl entschied sich diesmal für ein einfaches, zweistöckiges, gelb getünchtes Haus im Zentrum der Stadt, das sich für die Beherbergung von offiziellen Gästen und als Unterkunft für die Familie gleichermaßen eignete. Das Studierzimmer in dieser so genannten „Kaiservilla" diente ihm als Büro, in dem ihm die Generäle Bericht erstatteten und Strategien festgelegt wurden. Daneben befand sich das sehr schlicht eingerichtete Wohnzimmer mit einem kleinen Tisch, vier einfachen Stühlen und ebenso einfachen Lehnstühlen dahinter. Im oberen Stockwerk befanden sich die Ess- und Wohnräume, und die Kinder mussten mit zwei kleinen, dunklen Zimmern vorlieb nehmen, von denen aus sie den Innenhof überblicken konnten. Von majestätisch keine Spur; doch das war beabsichtigt: Karl musste die meiste Zeit hier verbringen und wollte seine junge Familie um sich haben. Wartholz war für ein tägliches Hin-und-her-Pendeln zwischen den beiden Orten zu weit entfernt, und deshalb errichteten sie ihren dritten häuslichen Stützpunkt auf Laxenburg[33], das weniger als eine halbe Stunde Fahrtzeit entfernt lag und so wunderschön, aber gleichzeitig auch so bescheiden war, wie es ein habsburgisches Schloss nur sein konnte.

Der junge Kaiser, der bereits am 2. Dezember 1916 persönlich das Oberkommando übernahm, musste von Baden aus häufig auf Inspektionsreisen aufbrechen, auf die er, wenn möglich, seine Frau und seine Kinder mitnahm, fast so, als handelte es sich um einen Familienausflug. Manchmal konnte man den kleinen Kronprinzen, der ausnahmslos in Weiß gekleidet war, beobachten, wie er seinem Vater beim Abschreiten der Ehrengarde folgte.

„Normalerweise kam meine Schwester Adelheid mit mir mit, wenn wir zu diesen unterschiedlichen Orten reisten. Schon damals waren wir, ich würde fast sagen, ein Team, wie wir es auch in Folge blieben, und ich erinnere mich besonders an unsere Besuche auf dem Luftwaffenstützpunkt in der Nähe von Wiener Neustadt. Mein Vater zeichnete einige der Offiziere aus, die Hervorragendes geleistet hatten. In der Zwischenzeit zeigte man uns die Flugzeuge, die mir sehr imponierten."

Manche Reisen führten sie aber auch weit weg vom Krieg. Am denkwürdigsten von allen war jener Besuch, den die gesamte Familie Mitte Juli 1918 zum Erntedankfest Preßburg[34] abstattete. Sie begannen ihre Reise von ihrem barocken Jagdschloss in Eckartsau aus (welches schon bald eine große Rolle in ihrem Leben spielen sollte) und reisten per Dampfer donauabwärts. Eigentlich hätte nur Otto seine Eltern begleiten sollen, aber die vierjährige Adelheid machte solch einen Wirbel angesichts der ihr vorenthaltenen Schiffsreise, dass man ihr schließlich mitzukommen erlaubte. Das Fest entwickelte sich zu einer spontanen Sympathiekundgebung der hauptsächlich magyarischen Bevölkerung für die Monarchie. Aus der Menge ertönten abermals dieselben Jubelschreie „Éljén a Király!", die schon zu Beginn der Regentschaft in der Krönungskirche von Budapest widerhallten, und der König/Kaiser stimmte die ungarische Nationalhymne an. Selbst hier umgab sie ein Hauch familiärer Atmosphäre. Als Kronprinz hätte Otto seinen Kopf während der Hymne bedeckt halten sollen. Er vergaß aber darauf, und sein Vater, der in seiner Feldmarschallsuniform stramm neben ihm stand, musste für ihn in seiner linken Hand den breitkrempigen, weißen Hut halten. Das war das erste Mal, dass die Familie jemals auf der Donau gereist war. Es sollte auch das letzte Mal sein, dass sie an einem Ort alle zusammen in ihrer Macht, im Frieden und in der Öffentlichkeit auftraten.

„Ist das alles ein Traum?" fragte Zita ihren Ehemann, als sie von den Sympathiebekundungen in das von Unruhen gebeutelte Wien zurückkehrten. Ihr Ehemann versicherte ihr traurig, dass es so ist. Jetzt klangen ihm viel beständigere Töne in den Ohren als das Jubelgeschrei der Menge in Preßburg: Lautes Knarren ertönte aus dem kaiserlichen Gebäude. Zum ersten Mal schien es, als ob der ganze Bau unter ihm zusammenbrechen würde.

Es wimmelte nur so von unheilvollen Omen in diesem Mittsommer des Jahres 1918. Zunächst zeichnete sich die militärische Niederlage noch bedrohlicher ab, und dies, das hatte Karl von Anbeginn gewusst, würde den Fall der Monarchie mit sich bringen. An der wichtigsten Front im Westen hatte die große Frühlingsoffensive des deutschen Kaisers, die mit so viel Geschrei um den „endgültigen Sieg" lanciert wurde, eine entscheidende Niederlage erlitten, und die 192 deutschen Divisionen, die darin involviert waren, hatten stattdessen mit ihrem endgültigen Rückzug begonnen, der sie zurück in ihre Heimat führte. Die Front im Osten befand sich seit März in der Schwebe, als Deutschland und Österreich ihre separaten Friedensabkommen mit den neobolschewistischen Machthabern Russlands unterzeichnet hatten. Doch die Bedrohung durch Lenins Regime, die Karl schon immer vorausgesagt hatte[35], wurde nichtsdestotrotz immer größer.

Die Nachricht, dass Zar Nikolaus und seine gesamte Familie am 17. Juli von den Bolschewiken in Jekaterinenburg niedergemetzelt wurden, ließ allen Monarchen Schauer über die Rücken laufen. Für die Monarchie stand die Bedrohung durch diesen neuen, atheistischen Kreuzzug jedoch fast schon vor der Haustür: Der *Bazillus*, vor dem er die deutschen Befehlshaber vergebens gewarnt hatte, breitete sich nun auch unter Karls eigenen Truppen aus. Kriegsgefangene, die nach dem Friedensvertrag aus Russland nach Hause zurückkehrten, brachten in ihrem Reisegepäck eine gehörige Portion jener revolutionären Leidenschaft mit, die sie in den von den Bolschewiken geführten Lagern aufgeschnappt hatten. Und wo immer es zu einem engen Kontakt mit der Ostfront kam, liefen die slawischen Soldaten der Monarchie zu Tausenden zu ihren großen slawischen Antikriegsbrüdern über.

Die politischen Aussichten für Kaiser Karl waren nicht minder düster. Während des Sommers wurde der in Paris vorübergehend agierende tschechische Nationalrat, bei weitem die aktivste der exilierten Pro-Unabhängigkeitsgruppen, von den westlichen Alliierten als die „*de facto* kriegführende Regierung der Tschechoslowakei"[36] anerkannt. Als die Vereinigten Staaten am 3. September 1918 schließlich ihre Zustimmung zur neuen Vorgehensweise signalisierten, wurde die Doppelmonarchie, sogar in ihrer Entität, von ihren Feinden nicht anerkannt. Präsident Wilson blieb als Friedensvermittler weiterhin Karls letzte Hoffnung auf die Rettung seiner Krone, und er wandte sich sogar mit einem direkten Gesuch um einen Waffenstillstand an das Weiße Haus – über den Kopf seines deutschen Verbündeten hinweg. Trotz dieser Geste unabhängigen Handelns und all der Bemühungen, die Karl zuvor angestrengt hatte, um sich von Berlin[37] zu distanzieren, beendete er den Krieg mehr denn je unter der Kuratel Deutschlands, und dies bedeutete für die Westmächte die Verdammnis der Monarchie.

Auf jeden Fall sah es so aus, als ob der Krieg tatsächlich bald enden und die Vierfachallianz (Quadrupelalliance) ihn nicht gewinnen würde. Diese einst so Furcht erregende Koalition brach an ihren rostigen Scharnieren ab, sowohl auf dem Schlachtfeld als auch fernab davon. Der erste, dem es gelang, sich und sein Land aus dieser Konstruktion loszureißen, war niemand anderer als Ferdinand von Bulgarien, jener salbungsvolle Conférencier auf der Krönungsfeier in Budapest. Getreu seinem Spitznamen hatte „der schlaue Fuchs" seine eigenen Überlebenschancen im Sommer abgewogen, als sich das Kriegsglück stetig zugunsten der Westmächte wendete. Am 25. September sprang er ab. Um 19.30 Uhr jenes Tages traf ein Telegramm in der Kaiservilla in Baden ein, in dem des Kaisers deutscher Schwager verkündete, dass er die einseitige und totale Kapitulation seiner Truppen befohlen hatte, und zwar an die alliierten Armeen, die von ihrem griechischen Stützpunkt aus auf den Balkan vorrückten. Der selbst ernannte Zar von Bulgarien ließ einfach seine Krone fallen, damit sie sein Sohn aufheben konnte, und marschierte zurück in sein heimatliches Koburg.[38]

Ferdinand selbst stellte keinerlei Verlust dar, dafür aber Bulgarien. Trotz seiner bescheidenen Größe und zweifelhaften Loyalität bildete es doch die Landbrücke zur Türkei, dem vierten Mitglied der Allianz, welches nun abgeschnitten war. Noch schmerzlicher war der moralische Tiefschlag. Soldaten, die die Seiten wechselten, waren entlang der Frontlinien der Monarchie zum alltäglichen Bild geworden. Sogar ganze Einheiten verschwanden. Ein desertierendes Land stellte jedoch ein bedrohliches Novum dar. Es schien, als ob ein unaufhaltsamer Zerfall eingesetzt hätte, und diese Vermutung stellte sich als richtig heraus.

Die nette Familienroutine, fast täglich zwischen Laxenburg und Baden hin und her zu pendeln, gehörte nun der Vergangenheit an, und an Besuche in ihrem geliebten Wartholz war nicht zu denken. Stattdessen erklärte die Familie ab Oktober Schönbrunn zu ihrem Wohnsitz. Maria Theresias Sommerpalast, der für prunkvollen Müßiggang und die Darbietung von Schauspielen errichtet worden war, verwandelte sich in einen düsteren kaiserlichen Bunker, von dem aus der letzte Überlebenskampf der Dynastie dirigiert wurde.

Des Kaisers letzter Wurf an der politischen Front war sein berühmtes „Völkermanifest", welches er am frühen Abend des 16. Oktober von Schönbrunn aus veröffentlichte. Darin erklärte er, dass Österreich[39] in einen Bundesstaat umgewandelt werden sollte. Jede ethnische Gruppierung wurde eingeladen, ihren eigenen Nationalrat aufzustellen, der sich in Folge um ihre Angelegenheiten kümmern sollte, und die vorgeschlagene Umwandlung unter der Gesamtaufsicht der Krone vorzunehmen. Es handelte sich dabei um ein Konzept, dass er seinen Vertrauten schon des Öfteren vor seiner Thronbesteigung unterbreitet hatte, welches ihm jedoch in Kriegszeiten unmöglich durchzuführen schien. Nun ließen ihm die Schockwellen, die Bulgariens Abtrünnigkeit bei all seinen slawischen Untertanen ausgelöst hatte, keine andere Wahl. Vielleicht würde das Präsident Wilson von der Tatsache überzeugen, dass es ihm mit einer demokratischen Reform ernst war.

Die Westmächte ignorierten seinen Zug: Für sie war es eine Sache von „zu wenig, zu spät". Zu Hause in Österreich aber stürzten sich die slawischen Völker förmlich auf das Manifest; für sie war es eine Frage von: „Was haben wir zu verlieren?" Ein Volk nach dem anderen ging nun daran, jene Räte aufzustellen, zu denen es die Krone ermächtigt hatte. Und ein Volk nach dem anderen – Tschechen, Kroaten, Slowenen und Polen – begann damit, diese Räte in unabhängige Regierungen umzuwandeln, über die die Krone nun keine Autorität mehr besitzen sollte. Sogar in Wien kamen die Dinge ins Rollen, wenn auch auf typisch benebelte Art. Hier wurde von den drei Hauptparteien eine „Provisorische Nationalversammlung für Deutschösterreich" gebildet. In dieser frühen Phase wollten nur die Sozialdemokraten eine Republik, obwohl es den Anschein hatte, als ob die meisten einer Stammesverbindung mit dem germanischen Norden gegenüber wohlwollend gesinnt waren. Wie wir gesehen haben, erschien den Einwohnern das Konzept eines Österreich *per se* nicht nur zu schwach, sondern auch zu verschwommen, als dass sie es verstehen hätten können.

Bis jetzt hatte man die Kinder so weit wie möglich vom Chaos und den Tumulten ferngehalten, die ihr Onkel Ferdinand verursacht hatte. In der letzten Oktoberwoche beschlossen ihre Eltern jedoch, dass es an der Zeit wäre, über die Sicherheit der Familie und über die Zukunft der Krone nachzudenken. Am 23. Oktober verließen sie alle zusammen in einem Autokonvoi Schönbrunn und fuhren Richtung Budapest. Eine der Ausreden für diese Reise war, eine neue Universität in Debrecen zu eröffnen, wo ihnen die größtenteils calvinistischen Menschenmengen eine derart stürmische Begrüßung zuteil werden ließen, als ob das Paar noch Jahrzehnte auf dem Thron vor sich hätte, anstelle der wenigen Wochen, die ihm jetzt noch blieben. Doch der wirkliche Zweck ihrer Reise offenbarte sich in den Utensilien, die in den Autos gestapelt waren: Darin befand sich nicht nur genug Gepäck für einen überlangen Aufenthalt, sondern auch ein beträchtlicher Teil ihrer Juwelen. Karl hatte eine Hauptstadt seiner Doppelmonarchie als Kaiser verlassen und machte sich nun als König Karl IV. auf den Weg in die Zwillingsstadt. Budapest galt als sicherer als Wien; Ungarn würde sich gewiss als letzte Bastion der Dynastie erweisen. Der Krönungseid klang dem königlichen Paar noch immer in den Ohren.

Sie bezogen eine Residenz in Gödöllő, dem lieblich anmutenden kleinen Barockschlösschen ein wenig außerhalb der Hauptstadt, das schon der rastlosen Kaiserin Elisabeth als beliebtes Refugium gedient hatte. Es lag noch immer in friedlicher Umgebung und hatte einen Park, in dem die Kinder spielen konnten. Die drei Tage, die der König/Kaiser dort verbrachte, entpuppten sich jedoch als rasender Albtraum, als er versuchte, einen Ministerpräsidenten zu finden, der gefasst und qualifiziert genug war, die ungarische Monarchie angesichts eines wachsenden republikanischen Aufruhrs zu leiten. Mögliche Kandidaten kamen und gingen in einer unendlichen Reihe von Audienzen. Beinahe alle von ihnen waren Aristokraten (unter ihnen ein Apponyi, ein Batthyàny, ein Andrássy und ein Hadik). Auch jener Mann war darunter, den Karl am meisten fürchtete und dennoch letztlich für den Posten aufstellen musste: der 43 Jahre alte Graf Michael Károlyi, ein radikaler, populistischer Reformer, der seinen König und seinen Stand betrügen sollte, bevor er wiederum von seinen eigenen Illusionen betrogen wurde.[40]

Karl konnte nicht lang genug in Budapest bleiben, um das ungarische Wirrwarr auf der Stelle zu lösen. Die letzte und in gewisser Hinsicht größte Krise, der sich die Doppelmonarchie stellen musste, war gerade an der italienischen Front ausgebrochen, wo die alliierten Streitkräfte einen vernichtenden Schlag gegen seine Truppen gelandet hatten. Das Königspaar musste unverzüglich nach Wien zurückkehren; doch was sollte mit den Kindern geschehen? Sie trafen die riskante Entscheidung, alle vier Geschwister in Gödöllő zurückzulassen.

Um den Hauptgrund für diese Entscheidung zu finden, muss man sich noch einmal den Krönungseid in der Matthiaskirche in

Erinnerung rufen. Die Krone, die den Eltern aufs Haupt gesetzt wurde, symbolisierte Bande, die nicht nur zwischen ihnen und ihren damaligen ungarischen Untertanen, sondern auch mit deren 900-jähriger Geschichte verknüpft waren. Wäre die gesamte königliche Familie ohne direkte Bedrohung aus Ungarn geflohen, so wäre diese Flucht als Preisgabe des Landes und als ein Signal dafür aufgefasst worden, dass sie nie mehr zurückkehren würden. Die Anwesenheit der Kinder – quasi freiwillig zurückgelassene Geiseln – würde wie ein Versprechen wirken. Darüber hinaus gab es aufgrund der neuen Notlage an der österreichischen Südfront noch weniger Garantie dafür, dass Wien sicherer sein würde als Budapest – zumindest wenn man es aus der friedlichen Perspektive von Gödöllő aus betrachtete. Und schließlich waren die Kinder auch in guten Händen. Eine vertrauenswürdige Hofdame, die junge Gräfin Thérèse Korff-Schmising-Kerssenbrock (der Einfachheit halber allzeit als „Korffi" bekannt)[41], würde bei den Kindern bleiben, und Prinz René, einer der zwei Bourbon-Parma-Brüder, die als Offiziere in der österreichischen Armee dienten, sollte auf die ganze Gruppe aufpassen.[42]

Kein Detail dieser Debatte drang jemals an die Ohren der Kinder. Auch als für die Eltern am Abend des 26. Oktober die Zeit der Abreise gekommen war und sie den königlichen Zug nach Wien bestiegen, zeigten sie nicht das geringste Anzeichen jener Qualen, die sie fühlten. Alles schien wie ein normaler Abschied. Otto erinnerte sich später, dass er und die anderen Kinder diese Szene auch genau so mitbekommen hatten. Schließlich waren sie an die vielen An- und Abreisen ihrer Eltern während der Kriegsjahre gewöhnt. Diese schien nur eine weitere der plötzlichen Abreisen mit einem baldigen Wiedersehen zu sein.

Das Wiedersehen kam schneller – und unter weit anderen Umständen – als erwartet. Gegen Ende des Monats unterstützte der Mob, den Károlyi und seine radikalen Kollegen zusammengetrieben hatten, die Anliegen des links-politischen Lagers. Magyarische Impulsivität ersetzte magyarische Loyalität. Ungarns unmittelbare Zukunft wurde nicht in Kronratssitzungen oder sogar im Parlament entschieden, sondern auf der Straße. Es wurde höchste Zeit für die königlichen Geiseln in Gödöllő, schnell von dort wegzukommen. Die Krone konnte sie nicht länger beschützen.

Es war von Vorteil, dass der königliche Nachwuchs einen jungen Armeeoffizier an seiner Seite hatte, da die Flucht vom 31. Oktober an feindlichen Fronten entlangführte. Otto wird sich immer an die abenteuerliche Reise erinnern:

„Mein Onkel René folgte unserem Wagenkonvoi mit einem Auto, das mit Benzinkanistern beladen war. Sein Plan war es, die Kanister als Straßensperre zu entzünden, falls eine Einheit der so genannten Roten Garde versuchen sollte, uns zu ergreifen. Die Vorstellung von einer bolschewistischen Revolution war schon sehr lebendig. Doch in Wahrheit wurden wir nicht verfolgt[43], und am Nachmittag hatten wir Pozsony erreicht, wo alles ganz friedlich war, wie auch in jenem Sommer, als wir den Bootsausflug von Eckartsau aus unternahmen." Ein paar Stunden später befanden sie sich in Schönbrunn in relativer Sicherheit.

Für die Eltern war das Wiedersehen mit ihren Kindern der einzige Grund zur Freude. Alles andere um sie herum war düster, höchst dramatisch und chaotisch, da die Dynastie die letzten zehn Tage ihrer Existenz vor sich hatte. Im September interagierte die Kriegsfront mit der Heimfront auf katastrophale Weise. Innerhalb einer Woche nach Beginn ihrer Offensive wälzten sich die alliierten Truppen in Italien, wo sie die österreichische Verteidigungslinie entlang des Piave zerschlagen hatten, weiter vorwärts und nahmen beinahe 100.000 Gefangene. Bevor sie in die Schlacht gingen, waren die Verteidiger aufgrund ihrer Besorgnis erregenden Vorratslage auf kaum mehr als eine Armee von hungrigen Vogelscheuchen zusammengeschrumpft. Weiters wurden sie durch einen sich zu einer wahren Flut ausweitenden Strom von Deserteuren vieler multi-ethnischer Einheiten wie Tschechen, Slowaken, Polen, Slowenen und vor allem Ungarn[44] geschwächt, die *en masse* desertiert waren und sich auf dem Rückmarsch in ihre Heimatländer befanden, die nun von ihren eigenen Nationalräten verwaltet wurden.

All dies hätte vom österreichischen Volk (für das die Italiener als *die* Feinde galten) ja noch als bitteres Kriegsmissgeschick geschluckt werden können. Aber es sollte noch schlimmer kommen. In einer Mischung aus italienischer Arglist und österreichischer Pfuscherei wandelte sich der Waffenstillstand, um den Karl bitten musste, zu einer folgenschweren Farce am Schlachtfeld. Die sich zurückziehenden Verteidiger wurden in dem Glauben belassen, dass der Waffenstillstand am 3. November in Kraft treten sollte, aber für die Italiener begann er erst 24 Stunden später. Als Resultat (des so genannten „Sieges" von Vittorio Veneto) machten die Italiener innerhalb eines Tages weitere 200.000 Gefangene. Viele von ihnen wurden gefangen genommen, als sie neben ihren bereits verstauten Waffen dösten. Der Fehler passierte irgendwo zwischen dem österreichischen Verhandlungsteam in Italien und ihrem Kriegsministerium in Wien; aber die Schuld wurde dem unglückseligen Oberbefehlshaber in Schönbrunn angelastet. Die Dynastie, die sich bereits auf ihren Knien befand, hatte einen letzten brutalen Schlag unter die Gürtellinie einstecken müssen.

Die einzige Frage, die es noch zu stellen galt, war, wann und vor allem wie die Monarchie kapitulieren würde. Dass es zur Kapitulation kommen musste, wurde in der ersten Novemberwoche klar, als sich zeigte, wie Schönbrunn selbst nach und nach verlassen wurde, nicht nur von den meisten Hofbeamten und Bediensteten, sondern auch von seiner Militärwache. Die Ersten, die gingen, waren die Männer des Bataillons des 69. ungarischen Infanterieregiments, welches alle Wachen zur Verfügung gestellt hatte. Sie marschierten einfach davon und gehorchten dem Befehl des neuen Kriegsministers in Budapest, der sie zur Rückkehr aufrief.[45] Auch die 200 so genannten „Palastgendarmen" wurden allmählich immer weniger, wie auch die Soldaten der Leibgarde, trotz ihres speziellen Treuegelöbnisses. Eins nach dem anderen verschwanden die bekannten Gesichter aus den Reihen der Höflinge. Otto fiel besonders auf, dass seines Vaters Generaladjutant, Prinz Zdenko Lobkowitz, dessen molliges und heiteres Wesen zum Alltag des Palastlebens dazugehört hatte, plötzlich nirgendwo zu sehen war.

Dann passierte etwas Außergewöhnliches. Aus heiterem Himmel und ohne Befehl tauchten die jungen Kadetten der Militärakademien von Wiener Neustadt und Traiskirchen in makelloser Uniform auf, um ihren Souverän zu beschützen. Otto und seine

Geschwister sahen diese jungen Männer nicht als neue Wachen, sondern vielmehr als neue Spielkameraden. „Wir waren über die jungen Leute aus den Akademien sehr erfreut, die schließlich näher unserem Alter waren. Wir spielten mit ihnen in den Gärten um den Palast, und es herrschte eine fröhliche und herzliche Stimmung."

Jene surrealistischen Szenen, in welchen die Kinder mit diesen tapferen Spielzeugsoldaten spielten, so, als ob sie noch im Kindergarten wären, währten noch ein paar Tage, während fernab von Schönbrunn der letzte Akt dieses großen Krieges abgeschlossen wurde. Am 9. November wurde das Deutsche Reich zu einer Republik, und sein einstiger oberster Kriegsherr wurde von seinen Generälen wie ein Stück unerwünschtes Gepäck nach Holland ins Exil geschickt. Somit waren auch die Würfel für die Monarchie in Wien gefallen. Die Nationalversammlung, die durch ein eben empfangenes Telegramm von Präsident Wilson, in dem er ihr zum „Ablegen des Jochs des österreichisch-ungarischen Reiches" gratulierte, gestärkt war, wurde schließlich angehalten, ihren eigenen Monarchen zu stürzen.

Kein verärgerter Mob drängte sich die Schönbrunnerstraße hinunter, um den unbewachten Palast mit Gewalt einzunehmen. Die Lungen der österreichischen Revolutionäre waren stärker als deren Herzen. Darüber hinaus schwebte noch immer die Aura Franz Josephs über dem Palast. Die Anführer der Sozialistischen Partei, die den Ruf nach Abdankung anführten, gaben später zu, dass sogar sie sich nicht getraut hätten, diesen vorzubringen, hätte der imperiale Titan weiterhin Audienzen in seinem Palast abgehalten. Wie es sich darstellt, verlangte das Schriftstück, das Karl am Morgen des 11. November von zwei seiner eignen Minister mit Ehrerbietung vorgelegt wurde, keinen Rücktritt vom Thron. Stattdessen war ein Manifest ausgearbeitet worden. In 48 Stunden hektischen Kommens und Gehens hatten sich der neue Staatsrat der Republik, der gerade geboren wurde, und das letzte Kabinett des Reiches, das im Sterben lag (*beide* arbeiteten auf gespenstische Art nebeneinander!), auf die darin enthaltenen Bedingungen geeinigt; weiters waren die Nationalversammlung, der Erzbischof von Wien, Kardinal Piffl, und natürlich

Karls persönliche Emissäre an den Verhandlungen beteiligt. Die beiden Kernaussagen des Manifests lauteten wie folgt:

„Ich anerkenne im Voraus die Entscheidung, die Deutsch-Österreich über seine künftige Staatsform trifft … Ich verzichte auf jeden Anteil an den Staatsgeschäften …"[46]

Zunächst musste die Kaiserin davon überzeugt werden, dass dieses Schriftstück nicht auf eine offizielle Abdankung hinauslief. Als ihren Einsprüchen Rechnung getragen wurde, nahm ihr Ehemann den metallenen Stift heraus, den er immer zum Unterzeichnen von Dokumenten mit sich trug, und beendete mit dem einzigen Wort *Karl* die sechseinhalb Jahrhunderte während Herrschaft der Habsburger.

Otto und die anderen Kinder bekamen von all diesen Verhandlungen nichts mit, und es wäre ihnen nicht im Traum eingefallen, dass ihr Vater jemals etwas anderes sein könnte als der Kaiser. Dennoch wurde ihnen am Abend zuvor mitgeteilt, wie schwierig die Situation für die Familie geworden war. Otto erinnerte sich:

„Am Vorabend wurde uns von unseren Eltern mitgeteilt, dass wir den Palast verlassen müssten. Man klärte uns völlig darüber auf – damit meine ich Adelheid und mich –, dass eine Revolution ausbrechen werde und dass wir Wien verlassen müssten. Es war ein tragisches Ereignis und schien sich vor einem schwarzen Hintergrund abzuspielen. Am letzten Tag gingen wir zunächst mit unseren Eltern in die Palastkapelle, wo unser Hofbischof, Dr. Seydl, eine kurze Gebetszeremonie abhielt, damit wir eines Tages wieder hierher zurückkehren könnten. Dann warteten wir auf die Wagen, die uns fortbringen sollten."

Erst zu diesem Zeitpunkt erfuhren die Kinder den Zielort: Eckartsau, das Jagdschloss im Marchfeld, von wo aus sie vor weniger als vier Monaten zu jener denkwürdigen Donaureise aufgebrochen waren, die sie zu einem ekstatischen Empfang in Preßburg bringen sollte. Die Botschafter Hollands und der Schweiz, die alle neutralen Staaten in Wien repräsentierten, hatten der königlichen Familie eine persönliche Schutzeskorte ins Ausland angeboten. Doch Karl hatte es abgelehnt, sein Reich, das es noch immer für ihn war, zu verlassen. Ein Höfling hatte Innsbruck vorgeschlagen, den

Tiroler Zufluchtsort, in den einst seine Vorfahren flohen, als Österreich 170 Jahre zuvor von revolutionären Unruhen geschüttelt wurde. Obwohl es näher an der Schweiz war, so war es doch zu weit von Wien entfernt, wo sich das Drama abspielte. Eckartsau, auf der anderen Seite, war weniger als 30 Kilometer entfernt und lag im so genannten „Dreiländereck", direkt an der Grenze zu Ungarn und der Slowakei. Darüber hinaus befand es sich unbestritten im Privatbesitz des Kaisers und war keine weitere Staatswohnung, wie etwa die Paläste in Wien, die die neue Republik nun schon bald konfiszieren würde.

Unter größter Geheimhaltung wurde also ein Konvoi motorisierter Wagen für die Reise zusammengestellt. Das war keine leichte Aufgabe, und erst um 18.30 Uhr, eineinhalb Stunden nach der vereinbarten Zeit, fuhren die Wagen im kleinen Innenhof vor. Für die Familie, und vor allem für Otto und die älteren Geschwister, gab es einen weiteren herzzerreißenden Augenblick bei diesem Abschied. Entlang beider Seiten der Arkaden standen ihre Versteckspielkameraden, die jungen Kadetten aus den Militärakademien, alle in Habachtstellung, und manche mit Tränen in den Augen, die ihre Wangen hinunterkullerten. Zumindest sie hatten nach dem Motto gelebt, das ihnen ihre Gründerin, Maria Theresia, auferlegt hatte: „Allzeit getreu."

Es war ein düsterer Abend, und der verlassene Palast lag eingehüllt in den Novembernebel, als sie in die Wagen stiegen. Otto zwängte sich zusammen mit seinen Eltern und all den anderen Kindern auf die Rückbank des ersten Autos. Nur das Kleinkind Karl Ludwig stieg mit „Korffi" und den Kindermädchen in den nächsten Wagen ein. Der Rest des kaiserlichen Hofes, der sich im Hintergrund gehalten hatte, nahm in den anderen Wagen Platz. Sie wagten es nicht, den Palast durch das Haupttor zu verlassen. Stattdessen schlich sich der Konvoi entlang des mit Bäumen gesäumten Schotterweges, der sie zum Osttor führte. Sie erreichten Eckartsau zu später Nachtstunde, ohne dass es auf den Umwegen, die sie gewählt hatten, zu Zwischenfällen gekommen wäre. Wieder einmal erinnerte sich Otto hauptsächlich an Dunkelheit. „Wien war nun zu einer dunklen Stadt geworden." Wenigstens war ihnen jedoch ein sicheres Entkommen gelungen, im Gegensatz zur verhängnisvollen Flucht des bourbonischen Vorfahren der Kaiserin im Jahr 1791, König Ludwigs XVI., und seiner ebenso unglückseligen Frau Marie Antoinette, Karls habsburgischer Vorfahrin. Obwohl dieselben zwei Dynastien auch diesmal als Mann und Frau betroffen waren, wurde aus Eckartsau kein zweites Varennes.

In späteren Jahren erinnert sich Otto daran, dass sie mehr als einmal darüber diskutiert hatten, was er „das völlige Im-Stich-Lassen" der königlichen Familie in ihrer Stunde der Not nannte, und zwar von jenen, von denen sich die Familie Unterstützung erwartet hätte. Von den Adeligen – all jenen, die ihre Titel und Besitzungen der Dynastie verdankten – blieb nur einer im Gedächtnis, der tatsächlich mit einer Waffe in Schönbrunn auftauchte und bereit war, zu kämpfen. Es handelte sich um Graf Karl Franz Waldendorff, der mit dem Kaiser als Offiziersbruder im 7. Dragonerregiment gedient hatte. Der Graf erholte sich gerade von einer Kriegsverletzung auf seinem böhmischen Schloss in Alt Bunzlau, als ihn die Nachricht erreichte, dass sich die Situation in Wien übel zuspitzte. Irgendwie schaffte er den Weg in die Hauptstadt mit einem Jagdgewehr, das er unter seinem Lodenmantel versteckt hielt, jener Waffe, die er zur Verteidigung benutzen wollte.

Die Kommandanten der kaiserlichen Truppen machten sich gleichermaßen rar, als sie gebraucht wurden. Einer, der bereit war, dem Kaiser zu Hilfe zu kommen, war Feldmarschall Boroević, welcher einen Teil seiner besiegten Armeetruppe wohlbehalten von Italien zurück nach Kärnten gebracht hatte. Seine zwei Hilfsangebote, die er in Form von persönlich an den Kaiser adressierten Telegrammen gesendet hatte, kamen jedoch nie weiter als zum Kriegsministerium. Der Kommandant der Wiener Garnison, General Dankl, der von den Telegrammen und anderen Hilfsangeboten vom Feld wusste, rührte keinen Finger. Er zeigte sich während der letzten Krise auch kein einziges Mal in Schönbrunn, geschweige denn entsandte er Truppen.[47]

Einer, der sich zeigte, war jener ambitionierte junge Marineoffizier namens Nikolaus Horthy, der auch als Hochzeitsgast auf Schwarzau anwesend war. Mittlerweile zum Admiral ernannt, war er gekommen, um die Kapitulation seiner gesamten Adriaflotte vor der neu gegründeten Republik Kroatiens zu besprechen. Ein Augenblick höchsten magyarischen Dramas folgte, als Horthy mit Tränen in den Augen seine rechte Hand erhob und schwor, nicht eher zu ruhen, bis sein Souverän seine beiden Throne in Wien und Budapest wieder bestiegen hatte. Karl sollte die ganze Ironie dieses unerbetenen Schwures knappe drei Jahre später zu spüren bekommen.

Zu guter Letzt und für ihn am schmerzvollsten traf den Kaiser auch die Preisgabe durch seine eigene habsburgische Familie. Die meisten ihrer zahlreichen Erzherzöge hatten als Entschuldigung für ihr Fernbleiben nicht einmal den Vorwand eines aktiven Militärdienstes vorzuweisen. Nicht einer von ihnen schien sein Gesicht in Schönbrunn in dessen letzten Wochen als kaiserliche Residenz gezeigt zu haben, gar so, als ob es zu einem Spital für Aussätzige geworden wäre. Was die in Ungarn stationierten Familienangehörigen betraf, so hatten diese bereits mit ihren eigenen Machtspielen begonnen. Das war alles zuviel für den ungarischen Hofkammerdiener des Kaisers, Graf Josef Hunyády, ein absolut treu ergebener Beamter, der bis zum Ende die Stellung hielt.

Otto wurde Jahre später erzählt, dass sich der Hofkammerdiener, kurz vor der allgemeinen Abfahrt aus Schönbrunn, seinem Kaiser näherte und die korrekte Haltung zur offiziellen Berichterstattung einnahm: in Habachtstellung, die Arme steif nach unten gehalten und die Handflächen an die Borten seiner Uniformhosen gepresst. Aber die Botschaft, die er verlauten ließ, hatte trotz ihres korrekten Stils keinerlei Ähnlichkeit mit einer offiziellen Meldung. „Melde gehorsamst: Ihre Majestät haben eine Scheißfamilie."[48]

Für diese Meldung gab es keinen Tadel. Einige Stunden später nahm Graf Hunyády seinen Platz neben dem Chauffeur im vordersten Wagen des Fluchtkonvois ein.

Kapitel vier

Zu Hause im Exil: Eckartsau

Für den Kaiser und seine Gefolgsleute war der Hof vom großen Palast in Schönbrunn ganz einfach in das der Familie gehörende barocke Jagdschloss in den Donauauen übersiedelt. Die Monarchisten, die in der Hauptstadt zurückgelassen wurden, sahen das ebenso, selbst wenn sie Angst hatten, die schwarz-gelben Farben der Habsburger an ihren Ärmeln zu tragen: Um sie herum gab es zuviel revolutionäres Rot. Obwohl die Realität anders aussah – hinsichtlich seiner Macht war Karl nun nicht viel mehr als ein verarmter Gutsherr –, konnte in seiner ehemaligen Doppelmonarchie nichts ohne ihn vorangetrieben werden.

Am 13. November, weniger als 48 Stunden nach seiner Ankunft und einen Tag nachdem in Wien die „Republik Deutsch-Österreich" ausgerufen worden war, erschien auf Eckartsau eine Delegation ungarischer Magnaten, um mit ihrem König darüber zu diskutieren, was nun mit der Stephanskrone in Zukunft geschehen sollte. Ironischerweise wurde die Delegation von Fürstprimas Erzbischof Csernoch angeführt, demselben Prälaten, der nur zwei Jahre vorher diese Krone auf Karls Haupt gesetzt hatte. Weitere Delegationsmitglieder waren Fürst Nikolaus Esterházy und Graf Dessewffy, zwei Säulen des ungarischen Feudalwesens, das seinen neuen Regenten am Tag der Krönung in alle Höhen gejubelt hatte. Nun hatte die Delegation die Aufgabe – auf Anweisung Premierministers Károlyi –, den König/Kaiser von dessen sofortiger Abdankung zu überzeugen.[49] Die Emissäre brannten darauf, ihre Befehle auszuführen, nicht zuletzt deshalb, weil sie ihre eigene Haut retten wollten. Nicht ohne guten Grund, wie festgehalten werden muss: Der furchtlose Graf Tisza, der einzige Staatsmann im ganzen ungarischen Wirrwarr, wurde in der Abenddämmerung des 31. Oktober in seiner Budapester Villa von drei Soldaten der „Roten Garde" erschossen.

Karl ließ sich nicht beeindrucken, weder von ihren mitgebrachten Schreiben noch von ihrer Panik. Er führte drei lange Sitzungen mit ihnen, die sich von Mittag bis in den frühen Abend hineinzogen, und am Ende mussten sie sich mit einer Wiederholung der Wiener Formel begnügen: Rückzug aus jedweder Teilnahme an den aktuellen Staatsangelegenheiten, aber keine Abdankung. Als er in diesem Sinn seine Unterschrift unter einen kurzen, drei Sätze umfassenden Bericht setzte, legte Karl die Stephanskrone einfach in seinen Schoß. Wie wir sehen werden, sollte er niemals seine Hände von ihr nehmen.

Viele weitere spannungsgeladene Tage folgten noch und nicht wenige Gefahren. Im Rückblick erinnert sich Otto an diese vier Monate des häuslichen Exils nichtsdestotrotz als „außergewöhnliche, aber dennoch sehr schöne" Monate. Ein Grund dafür war, dass sie hier – wie auch auf Wartholz, Laxenburg und Gödöllő – einen großen Park um sich hatten. Sie unternahmen lange Spaziergänge auf dem Gut und fühlten sich trotz der gelegentlichen Streifzüge der Roten Garde vor den Toren relativ sicher.[50] Manchmal konnten sie stundenlang in einer kleinen, von Pferden gezogenen Victoria-Kutsche die sumpfigen Wege entlangfahren. Für jemanden, der wie der kleine Kronprinz, die Natur dermaßen liebte, übten die Wälder und Feuchtwiesen auf Eckartsau, die sich bis zu den Ufern der Donau erstreckten, einen ganz besonderen Reiz aus: Alles, von wilden Rebhühnern bis zu Fische fangenden Kormoranen, flog um sie herum auf. Diese Illusion von Normalität wurde weiters durch die täglich stattfindenden Unterrichtseinheiten für ihn und seine Schwester verstärkt.

Was die Parktore jedoch nicht fernhalten konnten, war die spanische Grippe, die in diesen Wintermonaten als Epidemie in Österreich sowie in ganz Europa wütete.[51] Alle Kinder steckten sich mit der Grippe an, doch Otto und seine anderen Geschwister traf es nicht so schwer wie den Kleinsten der Familie, Karl Ludwig, der kaum 18 Monate alt war. Sein Zustand war so besorgniserregend, dass sich seine Mutter eines Tages überlegte, ob sie ihn nicht irgendwie in die Schweiz bringen könnten, um ihn dort angemessen medizinisch betreuen lassen zu können. Ob die Kaiserin selbst auch von der Grippe betroffen war oder nicht, sie zeigte es jedenfalls nicht.

Der Kaiser hielt durch, so lange er konnte, half bei der Verwaltung seines winzigen „Königreiches" mit und setzte die irgendwie irreal anmutende Tradition fort, für jeden Gast, der auf seinem „Phantomhof" erschien, weiterhin Audienzen zu geben.

Er nahm aber nie die Haltung eines „Phantomkaisers" gegenüber seinen Besuchern ein. Otto erinnerte sich besonders an eine scharfe Rüge seines Vaters für einen ungarischen Adeligen, der Eckartsau einen Besuch abstattete. Während des Mittagessens, bei dem der kleine Kronprinz anwesend war, erging sich der Gast in einer wütenden Tirade gegen die Juden, die eine führende Rolle in der Revolutionsbewegung in Budapest spielten. Obwohl er sich dessen wohl bewusst war und eigenen Schaden hatte, nahm Karl die Juden sofort in Schutz. Abgesehen von der Tatsache, dass viele Juden loyal blieben, entgegnete er scharf, dass sie alle Untertanen des Reiches waren und als solche Respekt verdient hätten. Für das Kind war dies eine zweifache Erfahrung, an die es sich immer erinnern sollte. Zum ersten Mal in seinem jungen Leben wurde er auf der einen Seite mit Antisemitismus konfrontiert, und auf der anderen Seite erfuhr er, wie eine unvoreingenommene Person damit umgehen sollte.

Am 15. Dezember mussten Audienzen und viele andere Dinge abrupt beendet werden, da Karl eine besonders heftige Grippeattacke erlitt und das Bett hüten musste. Aus diesem Grund waren die folgenden Weihnachten eine eher traurige Angelegenheit. Es war nicht schwierig, einen Baum für das traditionelle Geschenkeauspacken am Abend des 24. zu finden, doch die Geschenke aufzutreiben, stellte ein Problem dar. Es konnte zum Großteil durch den glücklichen Fund eines Schrankkoffers gelöst werden, der sich auf Eckartsau befunden hatte und ein Sortiment aus kleinen Geschenken enthielt, die die königliche Familie auf ihren offiziellen Reisen bekommen hatte. Diese wurden nun am Fuß des Baumes in Form eines kleinen Häufchens angeordnet und mit Namensschildern für die Kinder und die Eltern versehen. Die Hausangestellten bekamen kleine Mengen Schokolade und andere essbare Köstlichkeiten, die gesondert aufgehoben und eingepackt wurden. Otto erinnert sich, dass sein Vater für diesen Anlass aufstand, jedoch so schwach war, dass er in einem Lehnstuhl sitzen bleiben und sofort nach Ende der Geschenksverteilung wieder ins Bett zurückmusste.

Trotz des Wildes, das im Wald erlegt werden konnte, gab es nicht nur beim Essen Knappheiten. Der Strom war mehr aus- als eingeschaltet, da der Treibstoff für den Generator ständig ausging; Kerzen als Ersatzbeleuchtung waren rar; und Streichhölzer, um sie anzuzünden, waren noch rarer. An Seife mangelte es ebenso, so dass die Kaiserin ihre Kinder in dunkle Kleider steckte, um diese nicht allzu oft waschen zu müssen. Das einzige Genussmittel, das es diese Weihnachten im Überfluss gab, war guter Wein. Das glich einer Ironie, wenn man bedenkt, wie enthaltsam die Eltern immer gelebt hatten. Dem Kaiser wurde jedoch empfohlen, zu seiner Stärkung Wein zu trinken, und als Graf Hunyády den kaiserlichen Weinkellern in Wien einen Kurzbesuch abstattete und um Wein bat, hatte ihn der alte Kellermeister des Palastes, der noch immer das Lager beaufsichtigte, darauf gedrängt, so viele Flaschen mitzunehmen, wie er wollte, mit dem Wunsch, dass der Wein dem Kaiser gut tun möge. Wie es schien, wurde in ganz Wien zu diesen Weihnachten auf das Wohl der Familie angestoßen. All dies geschah ganz privat hinter geschlossenen Balken: Die „alte Ordnung" hatte nicht den Mumm, in der Öffentlichkeit auch nur die kleinste symbolische Geste gegen die neue zu zeigen.

Die Jahreswende brachte nur wenig Aufmunterung. Zunächst begannen die Nachfolger des Kaisers damit, die politischen Daumenschrauben gegen ihn anzuziehen. Karl Renner, der Vorsitzende der österreichischen Sozialdemokratischen Partei und die prominenteste Persönlichkeit in der neu deklarierten Republik „Deutsch-Österreich", erschien in der ersten Januarwoche unerwartet auf Eckartsau, um die königliche Familie zu überreden, Österreich aus eigenen Stücken zu verlassen. Renner, der einst in der kaiserlichen Bürokratie tätig war, hätte wissen müssen, was passieren würde. Karl hatte nicht abgedankt, und Eckartsau diente ihm als Miniaturhof, der noch immer den Regeln des großen Originals gehorchte.

Dem Besucher, der unangemeldet erschienen war, wurde im Parterre das bestmögliche Mittagessen serviert, allerdings musste er mit der Gesellschaft eines Sekretärs des Kaisers, Emmerich Zeno von Schonta, bei Tisch vorlieb nehmen. Otto und all seine Geschwister hielten sich mit ihren Eltern im ersten Stock auf, und der einstige Diener der Dynastie reiste nicht nur mit leeren Händen, sondern auch fassungslos ab.

Die Angelegenheit, die der Besucher beim Mittagstisch vorgetragen hatte, war eine Mischung aus falschem Pathos und versteckten Drohungen. Er wies nämlich darauf hin, dass diese feuchten Donauwiesen sehr schlecht für die Gesundheit der königlichen Familie wären, vor allem während eines von der Grippe heimgesuchten Winters. Der Berater erwiderte milde, dass sie an der Luft hier nichts auszusetzen hätten. Es folgte die Andeutung einer Drohung: Es wäre ratsam für die Familie, abzureisen, fuhr Renner fort, denn sonst könnte es zu „unvorhersehbaren Aktionen stürmischer Elemente" kommen.[52] Hier handelte es sich um ein wesentlich stärkeres Argument als das Geplänkel über das Klima. In der Tat verschlechterte sich die Sicherheit. Kein Mitglied der Familie wurde attackiert, dennoch wurden Schüsse auf die Wildheger abgegeben, als diese die Grenzen des Gutes patrouillierten. Darüber hinaus trafen die Essenslieferungen aus Wien immer unregelmäßiger ein. Ein düsterer Februar stand ins Haus. Dann kam es aus heiterem Himmel zu einem Ereignis, das alles veränderte. Am 16. jenes Monats fuhren zwei britische Offiziere in ihren Automobilen auf Eckartsau vor und kündigten an, dass sie die Verantwortung für das Wohlergehen und den Schutz der königlichen Familie übernehmen würden.

Von all den Nachträgen zum Ersten Weltkrieg war dieses Ereignis eines der Außergewöhnlichsten. Die helfende Hand des Ex-Feindes wurde weder als hiesige Sympathiebekundung von den britischen Militärbehörden in Wien ausgestreckt noch von der Regierung in Westminster. Es handelte sich um die Hand König Georgs V., die er vom Buckingham-Palast aus von Souverän zu Souverän entgegenstreckte. Der König hatte ein merklich schlechtes Gewissen aufgrund seiner Ablehnung im Vorjahr, einen Rettungsversuch für seinen Cousin Zar Nikolaus zu unterstützen. Das Gemetzel am russischen Kaiser und seiner Familie in Jekaterinenburg durch bolschewistische Schergen löste bei ihm sowohl einen Gewissenskampf als auch einen Schock aus. Es gab zwar keine Blutsbande zwischen den Häusern Windsor und Habsburg, und darüber hinaus hatten sie vier bittere Jahre gegeneinander gekämpft. Aber der König hatte nicht vergessen, dass der belagerte Gutsherr von Eckartsau als Erzherzog Karl, frisch verlobt mit seiner bourbonischen Prinzessin, seiner Krönung in London beigewohnt hatte (tatsächlich wurde er bei der Prozession in der Kutsche untergebracht, die unmittelbar vor jener der britischen Königsfamilie fuhr). Doch es waren eher die Ereignisse des Sommers 1918 als jene vom Sommer 1911, die für den König nun an erster Stelle standen. Als ihm mitgeteilt wurde, dass sich Eckartsau leicht zu einem zweiten Jekaterinenburg entwickeln könnte[53], arrangierte er hastig einen Militärschutz für diese Notlage.

Der britische Offizier, der schon bald die volle Verantwortung für die Aktion übernahm[54], war wie geschaffen für diese Aufgabe. Oberstleutnant Edward Lisle Strutt, ein Enkelsohn des ersten Lord Belper, war ein britischer Aristokrat mit weit verzweigten gesellschaftlichen Verbindungen in die alte europäische Ordnung aus der Zeit vor dem Krieg. (Durch einen außergewöhnlichen Zufall war eines der ersten Dinge, auf das sein Blick in dem ihm zugeteilten großen Schlafzimmer auf Eckartsau fiel, eine Fotografie, die in St. Moritz vor dem Krieg aufgenommen worden war und die ihn neben dem unglückseligen Erzherzog Franz Ferdinand zeigte.[55]) Dass Strutt auch Katholik war, kam sehr gelegen angesichts der Tatsache, dass seine erlauchten Schützlinge zu Apostolischen Majestäten gekrönt worden waren. Er entpuppte sich auch als exzellenter Sprachenkenner und beherrschte sowohl das Französische als auch das Deutsche fließend. Da des Kaisers Englischkenntnisse sehr mäßig waren, konnten sie sich frei in den anderen zwei Sprachen unterhalten, was bequem und manchmal sogar unerlässlich war, wenn es um absolut klares Verständnis ging.

Und darüber hinaus war Strutt ein Krieger, im Gegensatz zum charmanten, aber unverkennbar nicht-kriegerischen Offizier, dessen Platz er übernahm. Die linke Brustseite seiner Uniformjacke zierte ein breiter Streifen an Ordensbändern, beginnend mit einer Reihe von Dekorationen aus dem Burenkrieg und endend mit britischen, französischen, belgischen und rumänischen Tapferkeitsauszeichnungen aus dem gerade zu Ende gegangenen Krieg. Er hatte gerade sein Leben im Hotel Danieli in Venedig genossen, als das Telegramm vom alliierten Militärhauptquartier in Konstantinopel eintraf mit dem Befehl, „sich unverzüglich nach Eckartsau zu begeben, um dem Kaiser und der Kaiserin die moralische Unterstützung der britischen Regierung zuteil werden zu lassen".[56] Er hatte keine Ahnung, was „moralische Unterstützung" bedeuten sollte (in der Tat handelte es sich um eine bewusst vage Formulierung). Noch weniger Ahnung hatte er, wo sich Eckartsau befand. Er konnte nur annehmen, dass sich das Telegramm auf die österreichische königliche Familie bezog. Nichtsdestoweniger fuhr er nur fünf Tage später in einem großen, sechssitzigen Austro-Daimler-Automobil im Hof des Jagdschlosses vor, das er im Fuhrpark des Palastes aufgetrieben hatte und auf dessen Karosserie das kaiserliche Wappen diskret übermalt worden war.

Auf die Kinder übte die Ankunft dieser beruhigenden Persönlichkeit aus dem, wie sie sich vage erinnern konnten, feindlichen Lager eine ganz besondere Faszination aus. Es schien, als ob er beinahe Wunder bewirken könnte. Nur 48 Stunden nach seiner Ankunft brachte ein britischer Lastwagen aus Wien Essensrationen für den gesamten Haushalt (den Strutt auf beinahe 100 Personen schätzte). Es herrschte helle Freude über das Weißbrot – vor zwei Wochen in Padua gebacken, aber noch immer essbar. Es war das erste Weißbrot, das die Kinder oder die anderen Personen auf Eckartsau seit 1916 gesehen hatten.[57] Es gab auch andere unbekannte Köstlichkeiten, wie etwa Corned Beef der britischen Armee. Von den älteren Kindern erzählt man sich, dass sie bei der ersten Gelegenheit jedes eine Dose davon wegputzten.

Zusätzlich zu Verpflegung und Treibstoff gelang es Strutt, etwas von jener stählernen Männlichkeit in diese belagerte Exilantengemeinschaft zu bringen, die der kranke und niedergeschmetterte Kaiser nicht aufbringen konnte. Kaum waren die

Vorräte vom Lastwagen geladen worden, begann der Oberst auch schon mit Marineoffizier Schonta darüber zu diskutieren, wie Eckartsau im Falle einer ernsthaften Bedrohung verteidigt werden könnte. Abgesehen von Dr. Schobers zehn bewaffneten Polizisten schätzten sie, dass noch ungefähr zwanzig von den Dienstboten für eine improvisierte Verteidigungstruppe unter gemeinsamem, anglo-österreichischem, monarchistischem „Kommando" aufgestellt werden könnten. Strutts Hingabe an die Familie (und besonders an die wunderschöne junge Kaiserin, die ihn ziemlich in ihren Bann gezogen hatte) war unmittelbar und sollte sich in Folge als lange während herausstellen. Der junge Kronprinz teilte dieses Gefühl vollen Vertrauens für den Fremden, der zu einem lebenslangen Freund werden sollte. Im Alter blickt Otto gerne zurück:

„Ich denke noch immer mit großem Respekt und großer Dankbarkeit an ihn. Neulich fragte mich ein Engländer, ob ich nicht voll des Grolls sei gegen die Briten aufgrund dessen, wie sie meinen Vater später im Exil behandelt hatten. Ich erwiderte: ‚Wenigstens gab es da aber Oberst Strutt.'"[58]

Strutt konnte sowohl moralische Unterstützung als auch lebenswichtige Vorräte und einen gewissen Grad an militärischem Schutz anbieten. Was er jedoch nicht konnte, war, seine Schützlinge vor der vorrückenden Vernichtung durch die Politik zu beschützen. Durch einen Zufall statteten die ersten britischen Offiziere Eckartsau am 16. Februar einen Besuch ab, am selben Tag, als die neue Republik ihre ersten Wahlen abhielt. Am 4. März hatte sich das erste Parlament der Republik, welches das Parteiengleichgewicht in dieser Abstimmung widerspiegelte, ordnungsgemäß versammelt. Zehn Tage später war es zur Bildung einer anscheinend stabilen Regierung gekommen, die erste einer Reihe von Links-rechts-Koalitionen, die wie selbstaufgehende Pflanzen in Abständen innerhalb des Jahrhunderts wiederkehren sollten. Als Vorsitzender der größten Partei, der Sozialdemokraten, wurde Karl Renner zum Kanzler ernannt. Am selben Tag, am 15. März 1919, erhielt die britische Militärmission in Wien die Order, „den Kaiser ohne Verzug aus Österreich zu schaffen". Seine Abreise sollte „mit allen zur Verfügung stehenden Mitteln beschleunigt werden".

Bei dieser Maßnahme handelte es sich um keinen Zufall, sondern lediglich um die sofortige Umsetzung neuer Tatsachen. Volle diplomatische Beziehungen mussten schon bald mit der neuen österreichischen Regierung aufgenommen werden; in der Zwischenzeit führte Renner die Delegation seines Landes an, die über offizielle Friedensvereinbarungen mit den Alliierten verhandelte. Der Besucher, den Karl im Januar so entschieden vor den Kopf gestoßen hatte, fühlte sich nun mächtig genug, um ihn nach Lust und Laune loszuwerden. In London musste sich der Buckingham-Palast dem Auswärtigen Amt unterwerfen. König Georg ließ sich davon abbringen, auch nur königliche Höflichkeiten mit dem belagerten Kaiser auszutauschen, geschweige denn seinen dringenden Bitten nach militärischer Hilfe nachzukommen.[59]

Dank Strutt konnte Renner jedoch nicht alle Dinge nach seinem Wunsch regeln. Der Oberst war nach Wien geeilt, um zu erfahren, dass sich die Koalitionsregierung (einschließlich ihrer einst monarchistischen christlich-sozialen Mitglieder) auf ein drei Punkte umfassendes Ultimatum an Karl geeinigt hatte: Er sollte auf all seine Rechte verzichten und mit seiner Familie als privater Bürger in Österreich leben; er sollte ins Exil gehen, wenn er den Verzicht nicht akzeptiere; und er müsse mit Internierung rechnen, falls er sowohl den Verzicht als auch die Abreise ablehnte. Strutt sah ein, dass es nun das Beste für seinen Schützling sei, wenn er sein Reich mit Stil und, wenn möglich, noch immer als Kaiser verlassen könnte.[60]

Er verlor keine Sekunde, um den ersten Teil dieses Planes zu organisieren. Noch am selben Nachmittag arrangierte er die Zusammenstellung eines speziellen Zuges auf Erhalt eines Kodewortes am Wiener Westbahnhof. Dann ging er weiter zum Schweizer Gesandtschaftsgebäude, wo er, lediglich in seiner Funktion als britischer Begleitoffizier, um eine offizielle Erlaubnis bat (und später auch erhielt), mit der die königliche Familie in die Schweiz kommen durfte. Nun, da der Reisemodus und der Zielort festgelegt waren, galt es nur noch zwei Probleme zu lösen, von denen beide schwierig waren: Karl davon zu überzeugen, dass er geht, und Renner zu überreden, ihn als Kaiser ziehen zu lassen.

Die erste Hürde war erst nach drei Tagen aus dem Weg geräumt, und am Ende war es die Kaiserin (die der Oberst immer schon als das wirkliche Familienoberhaupt angesehen hatte), die ihm dabei half. Der Kaiser selbst hatte rundweg jeglichen Gedanken an eine Abreise zurückgewiesen und behauptete sogar, dass es für niemanden von ihnen einen Grund gäbe, Eckartsau überhaupt zu verlassen, da sie sich nicht wirklich in Gefahr befänden. Dieser Illusion wurde durch einen hässlichen Zwischenfall am 19. März ein Ende gesetzt. Einer der Wagen, die nach Schönbrunn geschickt wurden, um Kaffee und Zucker zu holen, wurde auf seiner Rückreise überfallen, geplündert und zerstört. Der Fahrer, der zusammengeschlagen wurde, kam zu Fuß zurück und brachte einen Brief, der an „Herrn Karl Habsburg" adressiert war. Er enthielt eine Quittung über die beschlagnahmten Güter und eine Drohung, in obszöner Sprache verfasst, dass die Angreifer kommen würden, um „Karli" persönlich zu fassen. Noch beunruhigender als die Sprache war die Unterschrift. Das Schreiben war von einem Seniorleutnant aus der neu zusammengestellten Armee der Republik unterzeichnet worden. Es handelte sich um reguläre Soldaten auf Patrouille, die den Wagen auf seinen Befehl hin zertrümmert hatten, nicht um Marodeure.

Für einen anderen regulären Soldaten war das eine deutliche Botschaft: Strutt erkannte, dass sich die öffentliche Meinung gegen seine Schützlinge wandte und deren Sicherheit nicht mehr gegeben war. Er ging sofort zur Kaiserin, um offen mit ihr zu sprechen. Zita zögerte zunächst. Der Oberst konnte sie jedoch mit seinen vorausschauenden Argumenten überzeugen. Der republikanische Freudentaumel – der in Budapest am Überlaufen war und sich nun in Wien zu regen begann – würde sicher schwächer werden. Es gab keinen Grund, ihre Leben zu riskieren, denn ein toter Habsburger war für die Dynastie nicht von Nutzen, während aber ein lebendiger in besseren Zeiten ihren Zwecken dienlich sein konnte. Diesem Argument schloss er das Versprechen an, dass ihr Gemahl das Land als Kaiser unter seinem Schutz verlassen würde. Als ihr seine Ausführungen ins Bewusstsein gedrungen waren, war alles binnen Sekunden vorbei. Die Kaiserin lächelte, schüttelte seine Hand und stimmte im Namen aller zu, nach seinen Anweisungen zu handeln.

Strutt musste trotzdem noch zweimal nach Wien reisen und zweimal mit Renner persönlich zusammentreffen, um den Kanzler davon abzubringen, dass der Kaiser abdanken müsse, bevor er Eckartsau hinter sich lassen könne. Es gelang ihm durch eine Mischung aus Schwulst in preußischer Manier und einem Bluff im Pokerstil. Beim ersten ergebnislosen Treffen am 20. März konnte er den Kanzler, der an seinem Arbeitstisch saß, zumindest einschüchtern, indem er ihn anherrschte, sich gefälligst zu erheben, wenn ein britischer Senioroffizier den Raum betritt. Als Strutt zwei Tage später wiederkam (nachdem er den Fluchtzug zusammengestellt hatte), stand Renner bereits. Er war jedoch (verständlicherweise) erbost über seine Behandlung und entschlossen, diesen hochmütigen Offizier zur Erfüllung des Kernpunktes der Abdankung zu zwingen. Wenn er nur gewusst hätte, dass sich sein Kontrahent auf sehr wackeligem Boden bewegte. Ein weiteres ernüchterndes Telegramm war aus London gekommen und machte deutlich, dass die britische Regierung keine Garantie hinsichtlich der Reise der königlichen Familie übernehmen könnte. Strutt war nun ganz auf sich selbst gestellt, trotz der Tatsache, dass er bis dahin alle davon überzeugen konnte – von den Bahnbediensteten bis zum Schweizer Minister –, dass er in Ermächtigung des Kriegsministeriums handelte.

Als der Kanzler, der nun mehr Mut bewies, sofort erklärte, dass der Kaiser interniert würde, wenn er sich nicht an die Forderungen der Republikaner hielte, pokerte der Oberst mit derselben Blufftaktik wie ein Spieler, der ein schwaches Blatt in der Hand hält. Er erhöhte den Einsatz aufs Maximum, indem er ein Telegramm, das auf offiziellem britischen Missionspapier gedruckt war, auf den Tisch legte, welches von ihm persönlich unterschrieben war und *en clair* an den „Direktor des Militärgeheimdienstes in London" adressiert war. Darin stand, dass angesichts der hartnäckigen Forderungen der österreichischen Regierung zur Abreise des Kaisers die Blockade der Alliierten wiederaufgebaut werden und alle Züge mit Lebensmitteln vor der Einreise ins Land gestoppt werden sollten.

Hätte Renner irgendeine Ahnung von Militärangelegenheiten gehabt oder gewusst, wie eine parlamentarische Demokratie in der Tat funktionierte, hätte er den Bluff durchschaut, denn kein einfacher Geheimdienstchef hätte solch einen drastischen Befehl im Namen der gesamten Regierung aussprechen können. Doch der Kanzler hatte keine Ahnung von Ersterem und war erst ein Anfänger in Zweiterem. Zum Glück, denn Strutt, der Gefahr roch, hatte das Telegramm erst ein paar Stunden zuvor selbst aufgesetzt. Es hatte funktioniert. Um es im Pokerjargon auszudrücken: Renner „passte" und warf seine Karten auf den Tisch. Mit einer verzweifelten Geste und einem frommen Schwur stimmte er zu, dass der Kaiser das Land bedingungslos verlassen konnte. Strutt schritt aus und nahm beim Verlassen des Raumes vorsichtig das Telegramm an sich, das niemals hätte gesendet werden können.

Otto bekam natürlich von all den Manövern nichts mit. Für den kleinen Kronprinzen hatte die Debatte sowieso nur wenig Bedeutung. Er hätte nicht verstanden, was das Wort „Abdankung" bedeutete, und hätte sich nicht vorstellen können, dass es auf seinen Vater angewandt werden könnte, der für ihn immer der Kaiser war und auch bleiben würde. Für die Kinder fanden der tägliche Unterricht, die Spaziergänge im Park und die Illusion von Normalität, die diese Routine vermittelte, ein abruptes Ende. Man erklärte ihnen, dass jene Nacht, in der Strutt mit den Neuigkeiten aus Wien zurückkehrte, ihre letzte auf Eckartsau sein sollte. Wie schon bei all den plötzlichen Abreisen in den letzten Monaten wurde auch diesmal der Ernst der Lage ganz bewusst heruntergespielt. Die Familie sollte für eine Weile in die Schweiz ziehen, bis sich die Dinge zu Hause wieder beruhigt hätten.

Diese Abreise am 23. März 1919 sollte sich jedoch sehr von jener verstohlenen Flucht aus Schönbrunn unterscheiden. Wieder gab es Abschiedsgebete, doch diesmal wurden sie bei einer richtigen Messe vorgetragen, die von Bischof Seydl gehalten wurde, mit dem siebenjährigen Kronprinzen als Ministrant. Die kleine Kapelle war zum Bersten voll, vor allem weil so viele Einheimische gekommen waren. Am Ende der Messe stimmten alle in die Nationalhymne ein, die zum letzten Mal vor einem österreichischen Kaiser erklingen sollte, der mit seiner Familie in der Galerie saß. Ein Großteil der Kirchengemeinde war in Tränen aufgelöst.

Danach blieb keine Zeit zum Schluchzen. Das Einpacken, das den ganzen Tag auf Hochtouren lief, bescherte eine eher abenteuerliche als traurige Atmosphäre. Für die Kinder steigerte sich die Spannung, als um 14 Uhr Lastwagen aus Wien eintrafen, die sechs britische Militärpolizisten in der vollen Pracht ihrer Sonderuniformen mitbrachten, um die Wagen zu beladen und als bewaffnete Eskorte zu dienen. Dank Strutt trat die Anwesenheit der Briten noch stärker in Erscheinung, als die Familie und ihr winziger „Hof" kurz vor 19 Uhr jenes Abends den Ortsbahnhof in Kopfstetten erreichten. Dort wartete schon in vollem Glanz der kaiserliche Zug, der auf den schmalen Schienen riesengroß erschien – drei Salonwagen, eine Küche und ein Speisewagen, zwei Gepäckwaggons mit einem zusätzlichen offenen Lastenwaggon, um zwei prachtvolle Kraftfahrzeuge transportieren zu können. Und zwischen dem Austro-Daimler und dem Mercedes flatterte ein großer Union Jack, um zu signalisieren, dass die Macht Großbritanniens schützend über allem stand. Strutt hatte sein Versprechen gehalten: Karl reiste tatsächlich als Kaiser ab.

Es gab sogar eine kleine militärische Zeremonie, bevor er in den Zug einstieg. Eine Gruppe von etwa 2000 Personen hatte sich im strömenden Regen und bei Dunkelheit, die nur durch die Autoscheinwerfer erhellt wurde, am Bahnsteig eingefunden. Karl, der seine Feldmarschalluniform trug, schüttelte jedem einzelnen Mann die Hand in der kleinen Gruppe verwundeter österreichischer Soldaten, die gekommen war, um ihren ehemaligen Oberbefehlshaber zu verabschieden. Als die britischen Militärpolizisten dann die Ehrengarde stellten, stieg er in seinen Salonwagen ein. Es gab keine lauten Rufe, als der Zug vom Bahnsteig abfuhr. Stattdessen vernahm man von der Menge, was Strutt als „eine Art leisen Jammerns" beschrieb.

Ihre Reise in die Schweiz dauerte fast 22 Stunden. Es gab unterwegs keine Demonstrationen, weder von Republikanern noch von Monarchisten: auch kein höhnisches Gejohle und kein Jubelgeschrei, als ob die Leute einfach nur benommen waren vom Anblick des letzten königlichen Zuges, der aus Österreich dampfte. Tatsächlich waren an den einzigen Zwischenfällen auf der langen Reise gegen Westen alliierte Truppen beteiligt. In Innsbruck umringte eine Ansammlung von heruntergekommenen italienischen Truppen – Zigaretten in ihren Mündern und die Uniformen aufgeknöpft – den Zug, einige stiegen sogar auf die Schultern ihrer Kameraden, um durch die Fenster gaffen zu können. Auf Befehl Strutts entfernte sie die österreichische Polizei mit Hilfe von „Gussl", des Kaisers Lieblingshund, der auf die Reise mitkommen durfte.

Das beeindruckendste Ereignis auf der ganzen Reise passierte bald danach, als sie in Imst anhielten, um eine Berglokomotive anzuhängen, mit der sie den steilen Fernpass vor ihnen erklimmen konnten. Eine Garde von 25 britischen Soldaten[61] war am Bahnsteig angetreten, und als der Zug auslief, präsentierten sie vor der Familie, die aus den Fenstern des Salonwaggons zusah, ihre Gewehre. Der einzige offizielle militärische Gruß auf ihrer Reise aus der Heimat ins Exil kam, wie auch ihr Schutz an Bord, von ihren Ex-Feinden. Dieses Spektakel war zuviel für den Kaiser gewesen. Zum ersten und einzigen Mal auf dieser grauenhaften Reise brach er in Tränen aus.

Der kleine Kronprinz war zu jung, um die schmerzliche Intensität der ganzen Ereignisse zu verstehen. Und tatsächlich hatte sich der Kaiser seinen Kindern gegenüber auch wie ein Touristenführer verhalten, um ihnen diese Reise wie einen weiteren Familienausflug erscheinen zu lassen. Woran sich Otto auf dieser Reise immer erinnern konnte, war die Schönheit der Tiroler Berge, von denen ihm sein Vater alle wichtigen Bergketten nannte, die über ihnen ragten. Nie zuvor hatte das Kind diese gesehen; und fast eine halbes Jahrhundert sollte vergehen, bevor es sie wieder zu Gesicht bekommen würde.

Thronfolger im Exil

Kapitel eins

Schweizer Dramen

Zwei Dinge unterdrückten den Abschiedsschmerz, den sie beim Verlassen ihrer Heimat fühlten – für Otto und die anderen Kinder war es das erste Mal. Zunächst hatte die höfliche Effizienz der Schweizer Behörden, die sie schon erwarteten, wie ein lokales Betäubungsmittel gewirkt. Der Zug hatte den Rhein überquert und fuhr am Montag, dem 26. März, pünktlich auf die Minute um 15.45 Uhr in den Schweizer Grenzbahnhof von Buchs ein. Soldaten standen regungslos entlang des Bahnsteiges, wie eine passive Ehrengarde. Die offizielle Begrüßungsdelegation wurde von einem gewissen Monsieur Borsinger de Baden vom Schweizer Außenministerium angeführt, der Karl eine Grußbotschaft seines Bundespräsidenten übermittelte. Blaue Schweizer Ausweispapiere, die man im Voraus vorbereitet hatte, wurden überreicht. Diese gaben den Neuankömmlingen unbeschränktes Aufenthaltsrecht, das abhängig war von der Standardbedingung guten politischen Benehmens: Karl und seine Begleiter mussten von jeglichen Aktivitäten absehen, die ihre Gastregierung in Verlegenheit bringen könnten. Selbst diese milde Vorsichtsmaßnahme wurde durch den Adjutanten Graf Ledóchowski taktvoll ausgerichtet. Es war schwer, Gefühle zu zeigen, wenn man von solch nüchternem Protokoll umgeben war.

Im Gegenteil: Es war eine Zeit, in der es hieß, den Emotionen die Zügel anzulegen, als sie in einem Konvoi von Automobilen ihren ersten Zufluchtsort auf Schweizer Boden erreichten, das nahe gelegene Château von Wartegg an den Ufern des Bodensees. Hier handelte es sich um keine offizielle Residenz, die von den Behörden vorgesehen war, sondern um ein Familienhaus. Im Jahr 1860 hatten die Parmas das Grundstück als einen sicheren Zufluchtsort auf neutralem Territorium erworben, um dem Aufruhr des *Risorgimento* zu entkommen. Ein halbes Jahrhundert später waren es ihre Verwandten und Kinder, darunter die Prinzen Sixtus und Xavier, die die Empfangsgruppe bildeten. Die Habsburger hatten sich auf Wartegg nun zu den Bourbonen und den Braganzas, den entthronten Dynastien im Ausland, dazugesellt. Natürlich dachten sie nicht so darüber; für sie war es ein freudiges Wiedersehen mit der Familie.

Diese häusliche Idylle konnte jedoch nicht lange anhalten. Zunächst schlugen die Schweizer Behörden vor, noch immer mit tadelloser Höflichkeit, dass sie glücklicher wären, wenn der entthronte Herrscher in einen Kanton weiter im Westen ziehen würde, um dort seinen fixen Wohnsitz aufzuschlagen. (Von den Balkonen auf Wartegg erschienen die Berge Vorarlbergs fast zum Angreifen nah.) Das Château war sowieso einfach zu klein, um Karl und seine Gefolgschaft von Beratern, Tutoren und Dienern zu beherbergen. Vom ersten Tag an mussten diese in umliegenden Hotels und Pensionen untergebracht werden. Es vergingen mehr als zwei Monate, bis sie eine geeignete Alternative fanden, und erst am 20. Mai zogen sie schließlich in die Villa Prangins in der Nähe von Nyon an den Ufern des Genfer Sees.

Es handelte sich um ein Gebäude von monumentaler Hässlichkeit, dessen Fassade aus Wachtürmen im venezianischen Stil, kegelförmigen Kuppeln im französischen Stil und Schornsteinen im Tudorstil zusammengestellt war. Im Inneren war es jedoch gut proportioniert und bot, verglichen mit der engen Behaglichkeit von Wartegg, viel Platz. Die Kinder und ihre Eltern belegten das gesamte Parterre. Das Stockwerk darüber wurde dem „Hof" übergeben – Bischof Seydl, der Hauspriester, der der Familie ins Exil gefolgt war, Graf Ledóchowski, des Kaisers Adjutant, und die zwei Hofdamen der Kaiserin, Gräfin Bellegarde und Gräfin Kerssenbrock. Ein Flügel des Gebäudes war für die Hausgehilfen reserviert, ein anderer beherbergte die „Kanzlei", angeführt vom allzeit treu ergebenen Emmerich von Schonta und von Baron Karl von Werkmann, der als Sekretär diente.

Otto erinnerte sich mit Ergriffenheit an diesen Sommer in Prangins. Die Villa bot einen atemberaubenden Ausblick über den

See auf den Montblanc und wurde von einem großen Park einge-schlossen, in dem die Kinder stundenlang spazieren, spielen und sich beim Gärtnern versuchen konnten. Er erinnert sich auch daran, mit großem Eifer das Fischen erlernt zu haben, obwohl er später im Leben wenig Zeit hatte, dieser oder anderen Sportarten im Freien nachzugehen. Seine dankbarste Erinnerung gilt jedoch den Wochen, in denen sie alle zusammen und ohne Unterbrechung einem geordneten Familienleben nachgehen konnten, beinahe zum ersten Mal für die Eltern und die Kinder.

Hier war es auch, wo die Kaiserin am 5. September 1919 ihr sechstes Kind gebar, das erste von dreien, die im Exil geboren wer-den sollten. Für Otto kam zu seinen drei Brüdern ein weiterer dazu, und dieser wurde nach dem adeligen Vorfahren, der vor sechseinhalb Jahrhunderten ihre Dynastie gegründet hatte, auf den Namen Rudolf getauft. Es passte, dass Graf Rudolf IV. von Habsburg in der schwäbischen Schweiz geboren wurde. Die kai-serliche Familie kehrte zu ihren bescheideneren Wurzeln zurück; dies symbolisierte ihren neuen Lebensstil, den Karl, auch in seiner äußeren Erscheinung, wie ein erfolgreicher Schweizer Landgut-besitzer auslebte.

Der seines Amtes enthobene Kaiser unternahm lange Spazier-gänge entlang der Ufer des Genfer Sees ohne Begleitung, las die di-cken Schweizer Zeitungen von Anfang bis Ende und war zum ersten Mal sogar imstande, die Ausbildung seiner ältesten Kinder hilfreich zu überwachen. Zwangsläufig war Otto das Hauptziel dieses Aus-bildungsprogramms, das wahrlich internationale Ausmaße an-nahm. Ein Lehrer aus Tirol wurde geholt, um die grundlegenden Schulfächer zu unterrichten; Bischof Seydl unterwies ihn in Reli-gion; eine gewisse Mademoiselle Batard brachte ihm Französisch bei, und Pfarrer Zsámboki unterrichtete ihn in Ungarisch, was unerlässlich war für ein Kind, dessen Familie noch immer hoffte, dass es eines Tages die Stephanskrone von seinem Vater über-nehmen würde. Und dies war genau das prekäre Problem, mit dem unter dem Mantel der Normalität gerungen wurde.

Großes Chaos herrschte im Königreich, das Karl zu verlassen gezwungen war. Am 21. März 1919, als sich die königliche Familie zur Abreise aus Eckartsau bereit gemacht hatte, war das kurzlebige Regime des Michael Károlyi bereits von einem kommunistischen Staatsstreich beiseite geschoben worden (der abtrünnige Graf verlor sein Gleichgewicht, nachdem er sich zu weit nach links gelehnt hatte). Béla Kuns sechs Monate des „roten Terrors" sollten jedoch bald durch eine gleichermaßen brutale Herrschaft des „weißen Terrors" abgelöst werden, nämlich in Gestalt einer monarchistischen Armee, die sich unter dem Schutz der Franzosen im Süden des Landes zusammengefunden hatte und die im November jenes Jahres in die Hauptstadt einmarschierte, um die Macht zu übernehmen. Ihr Anführer war Nikolaus von Horthy, der als ergebener Adjutant Karls Hochzeit beigewohnt hatte und dann während des Krieges zum Kommandanten der kaiserlichen Flotte aufgestiegen war. Nun ein monarchistischer militärischer Abenteurer, wurde es schnell deutlich, dass es ihm dabei nur um seinen eigenen Vorteil ging. Das undurchschaubare konstitutionelle Wirrwarr, das die Krone umgab, unterstützte ihn bei seinen Ambitionen. Dieses Problem sollte Otto in späteren Jahren erben.

Zur Debatte stand das eigentliche Wesen des ungarischen Königsamtes. Für die Gesetzestreuen stand fest, dass der Exilant, der an den Ufern des Genfer Sees seinen Sitz hatte, als Karl IV. von Ungarn gekrönt worden war, und so sollte es auch bleiben. Für die so genannten „Liberalen" (die Unterstützung von den calvinistischen Adeligen und dem Landadel bekamen) war die Nation befugt, ihren eigenen Monarchen als eigenes historisches Symbol zu wählen. Wenn es ein Habsburger sein musste, dann hatte Karl zumindest zwei Rivalen, die ihm den Thron abspenstig machen wollten. Einer von ihnen war der magyarisierte Erzherzog Josef, den er während des Aufruhrs im Oktober 1918 zu seinem Testamentsvollstrecker vor Ort, oder *home regius*, ernannt hatte. Der andere war Albrecht, Sohn von Karls ehemaligem Oberbefehlshaber Erzherzog Friedrich, der während seiner kurzen Regentschaft die Hofclique gegen ihn angeführt hatte.[62] Wenn es nach dem Willen der „Liberalen" ging, musste es dann überhaupt ein Erzherzog sein? Warum konnte nicht auch irgendein angesehener Ungar die königlichen Pflichten erfüllen?

Das waren also die Wirren, durch die Horthy mit seinem militärischen Streitwagen steuerte. Am 1. März 1920 wählte ihn ein eingeschüchtertes Parlament, das von bewaffneten Soldaten draußen umstellt und drinnen patrouilliert wurde, mit 131 von 141 abgegebenen Stimmen zum Reichsverweser, der „vorläufig die Aufgaben eines Staatsoberhauptes ausüben soll". Horthy sandte sofort Loyalitätsbeteuerungen nach Prangins, doch im Laufe der folgenden Monate wich er ständig aus, wenn ihn Karl zur Rückgabe des Thrones drängen wollte. Der Ex-Admiral bezog sein Quartier im königlichen Palast auf dem Budapester Var-Hügel und fühlte sich sogleich zu Hause inmitten all des Blattgoldes und den Kronleuchtern. Karl musste hart schlucken, als sich Horthy als Reichsverweser selbst zum Herzog ernannte und damit begann, sich von ausländischen Botschaftern als „Seine Durchlaucht" ansprechen zu lassen. Der Bogen wurde überspannt, als der Reichsverweser allen Armeeoffizieren befahl, einen persönlichen Treueid auf ihn zu schwören: Das bedeutete sowohl Gefahr als auch das Trampeln auf den Fundamenten der Souveränität. Eine direkte Konfrontation in Budapest konnte nicht mehr länger hinausgezögert werden. Aber wie sollte man dort hinkommen?

An diesem Punkt tritt Oberst Strutt wieder in die Familiensaga ein. Am 22. Februar 1921 waren die Kinder hocherfreut, wenn auch ein bisschen überrascht, zu sehen, wie ihr Retter von Eckartsau in Prangins auftauchte, um stundenlange Spaziergänge mit ihren Eltern im Park zu unternehmen. Sie wären sogar noch überraschter gewesen, hätten sie gewusst, worüber sich die beiden Männer unterhielten. Karl vertraute dem englischen Oberst, der auf Schiurlaub in St. Moritz gewesen war, an, dass er ein äußerst geheimes, persönliches Versprechen des französischen Premierministers, Aristide Briand, erhalten hatte. Dieses hatte zum Inhalt, dass Frankreich öffentlich Restaurationsbemühungen in Ungarn unterstützen würde, vorausgesetzt, diese würden erfolgreich verlaufen. Dieses Versprechen wurde nur mündlich gegeben und indirekt über des Kaisers unermüdlichen Schwager, Prinz Sixtus, weitergeleitet. Alles hing vom Erfolg ab; wenn die Bemühungen scheiterten, würde Briand glatt abstreiten, überhaupt jemals davon gewusst zu haben.

Der französische Premier war somit im Besitz einer Münze mit zwei identischen Seiten in seinem Bemühen, jegliches Aufkommen deutschen Einflusses in Mitteleuropa auszuschließen.[63] Für Karl war der Ausgang mehr als ungewiss. Würde Strutt also in Paris zu Sixtus gehen, um all dies zu bestätigen, und auch seinen Rat für die beste Reiseroute nach Ungarn geben? Es handelte sich um eine außergewöhnliche Bitte, die dem britischen Offizier gestellt wurde, aber Strutt, der sich bereits als willig kooptierter Kämpfer für die Sache der Habsburger sah, akzeptierte ohne Einwände.

Zurück in Prangins erstattete der gute Oberst eine Woche später Bericht: Er bestätigte die Geschichte des Prinzen und trug einen Pass bei sich, den Sixtus für die Reise seines Schwagers hervorgezaubert hatte.[64] Am 25. März, am Karfreitag, überquerte Karl zu Fuß die französische Grenze und bestieg in Straßburg den Liegewagen in Richtung Wien. Er reiste als spanischer Diplomat namens Sanchez mit allen notwendigen Transit- und Einreisevisa. Er passierte seine alte Hauptstadt und blieb in der Masse der Osterreisenden unerkannt (trotz der Tatsache, dass er seinem Taxichauffeur ein Trinkgeld von 50 Schweizer Franken gab – eine Summe, die damals im inflationären Wien so enorm war, dass der verblüffte Mann bei der Polizei Bericht erstattete). Als er jedoch am nächsten Tag mit dem Taxi nach Ungarn fuhr, nur in Begleitung eines einstigen Freundes aus der Kindheit, Graf Thomas Erdödy, wurde aus dem spanischen Diplomaten ein gewisser William Codo, ein Beamter des britischen Roten Kreuzes. Strutts Hände mussten hier irgendwie im Spiel gewesen sein, obwohl er es niemals verriet, und sein Außenministerium kam trotz all der späteren Untersuchungen niemals dahinter. Bei ihrer Ankunft spät Abends im Palast des Grafen Mikes, dem Bischof von Szombathely (das Taxi hatte eine Panne, also mussten sie das letzte Stück mit Pferd und Kutsche eines Bauern zurücklegen), wurde aus William Codo auf jeden Fall wieder ordnungsgemäß der König von Ungarn, der gekommen war, um seinen Thron einzufordern.

Der gute Bischof war ebenso erstaunt wie jener Wiener Taxichauffeur; es schien ihm, als ob der König einfach vom Himmel gefallen war. Der Schauplatz war einer *opera buffa* würdig, trotz des gewichtigen Themas, um das es ging. Ein Mitglied von Horthys „Kabinett des Reichsverwesers", ein gewisser Dr. Vass, war an diesem Abend zufällig beim Bischof zu Gast, und er stellte sich unverzüglich in den Dienst des gekrönten Königs von Ungarn. Ein weiterer Zufall wollte es, dass sich eine bei weitem noch wichtigere politische Persönlichkeit in der Nachbarschaft aufhielt: Kein Geringerer als Horthys Premierminister, Graf Pál Teleki, der sein Wochenende auf dem nur 32 Kilometer entfernten Landsitz des Grafen Sigray auf Ivancz mit Schnepfenjagen verbrachte. Ein Bote wurde entsandt, um ihn aus dem Bett zu holen und ihn schnellstens (aber noch immer uneingeweiht) nach Szombathely zu bringen, wo er schließlich um 4.30 Uhr in der Früh eintraf. Als er im Palast des Bischofs mit den Neuigkeiten konfrontiert wurde, war er sowohl besorgt als auch wie vom Blitz getroffen. Obwohl er mit Karl mittels Geheimboten in Verbindung geblieben war, hatte ihn nichts auf diese plötzliche Erscheinung aus dem österlichen Himmel vorbereitet. Er kratzte sich mit seiner rechten Hand, welche er hinter seinem Kopf vorbeiführte, sein linkes Ohr – eine Eigenheit, die er an den Tag legte, wenn ihn etwas störte –, und man hörte ihn murmeln: „Zu früh, zu früh."[65]

Im Gegensatz zu Vass hatte sich der Ministerpräsident an jenem Tag dem König nicht unterstellt, und der Rat, den er gab, war eine Mischung aus Gutem und Schlechtem. Er wies korrekterweise darauf hin, dass Karl, falls er sich gegen eine unverzügliche Rückkehr in die Schweiz entscheiden sollte (mangels eines fixen Planes), dann nach Budapest weiterfahren müsse, da das Land nur von seiner Hauptstadt aus erobert werden konnte. Weniger klug war seine Einschätzung, dass keinerlei Militärpräsenz vonnöten sein würde. Ein leidenschaftlicher Loyalist, Baron Anton Lehár (der Bruder des berühmten Komponisten), war der Oberst, der die ungarischen Armeetruppen in dieser Westregion befehligte, und er hatte dem König seine Streitkräfte zur Verfügung gestellt. Teleki fürchtete jedoch den Ausbruch eines Bürgerkriegs, sollten sie marschieren. Darüber hinaus überzeugte er Karl, dass sie nicht gebraucht würden: Horthy würde sicher weichen, wenn er seinem Monarchen in dessen eigenem königlichen Palast gegenüberstand.

Diese Annahme stellte sich als jämmerlich danebengetroffen heraus.

Als Karl am Ostersamstag um 14 Uhr auf dem Var-Hügel in Budapest eintraf (nur von Graf Sigray und zwei Offizieren aus Lehárs Kommando eskortiert), wurden dem Souverän, der hier fünf Jahre zuvor gekrönt worden war, von keiner Ehrengarde die Gewehre präsentiert, und niemand schwenkte auch nur eine einzige Fahne zur Begrüßung.[66] Das zweistündige Zusammentreffen, das sich im Inneren des Palastes abspielte, stellte sich als gleichermaßen düster heraus.[67] Karl, der sich wieder in seinem alten Arbeitszimmer befand, jedoch diesmal mit seinem Reichsverweser am Schreibtisch, forderte offiziell die Machtübergabe. Horthys Antwort war so verblüffend, dass er gebeten wurde, sie noch einmal zu wiederholen. Schamlos kam er der Aufforderung nach: Welche Ehren, forderte er, würde er als Gegenangebot bekommen? Unerklärlicherweise begann Karl zu verhandeln, statt sein Gegenüber ob solcher Unverschämtheit zu rügen. Als Erstes versprach er dem Wendehals die Bestätigung des Herzogtitels, den sich der Reichsverweser bereits selbst verliehen hatte; dann den Posten eines Oberbefehlshabers; und schließlich warf er noch den Orden des Goldenen Vlieses drauf (von dem Horthy als Protestant de facto von vornherein ausgeschlossen gewesen wäre). Nach jedem Bestechungspfand grub sich Horthy noch tiefer ein und behauptete, dass eine Restauration zu diesem Zeitpunkt Ungarn nur in ein wildes Durcheinander stürzen und sogar eine Invasion der so genannten „Nachfolgestaaten"[68] entlang seiner Grenzen provozieren würde.

Karl versuchte es nun statt mit Politik mit dem schlichten Thema der Ehre. Als Admiral und als Berater des Hofes hatte ihm Horthy einen feierlichen Treueid geschworen, und dieser musste nun eingelöst werden. Der Reichsverweser antwortete, dass dem nicht so wäre: Alles wurde durch den Eid abgelöst, den er vor dem Parlament abgelegt hatte. Selbst Karl, der Gewalt jeglicher Art verabscheute, begann sich zu fragen, ob er diesen ehemals eifrigen Diener der Krone nicht auf der Stelle wegen Hochverrats verhaften lassen sollte. Als er dann in seine Uniform griff, bemerkte der König, dass er in der ganzen Aufregung der Abreise am frühen

Morgen seinen Revolver vergessen hatte. Vielleicht war es auch besser so. Ohne auch nur eine Handvoll loyaler Soldaten, die er zu Hilfe hätte rufen können (eine Lastwagenladung von 20 bewaffneten Männern hätte genügt, um den Palast zu sichern), hätte ein mit einer Pistole auf den Reichsverweser zielender König wohl zu nichts anderem als einem weiteren Fiasko geführt.

So gingen die beiden Männer also kurz nach 14 Uhr an diesem 27. März 1921 auseinander; für Karl gab es keine andere Möglichkeit, als in seinen loyalen Zufluchtsort in Szombathely zurückzukehren. Um ein wenig Stolz zu retten, befahl der König seinem Reichsverweser, sich dort innerhalb von drei Wochen einzufinden, um die Situation nochmals zu besprechen.[69] Um seine völlig überzogene Eitelkeit noch weiter zu nähren, bat der Reichsverweser seinen König, ihm das Großkreuz des Maria-Theresien-Ordens der alten Monarchie zu verleihen. Karl, der nun verzweifelt versuchte, mit allen Mitteln davonzukommen, schluckte hart und stimmte zu. Er verließ seinen Palast zum letzten Mal durch einen Seiteneingang und stieg in den wartenden Wagen.

Dieser erste Restaurationsversuch war in dem Moment zu Ende, als sich der König aus seiner Hauptstadt zurückgezogen hatte, vor allem als Karl bei seiner Ankunft in Szombathely von einer schweren Grippeattacke und Bronchitis niedergestreckt wurde. Horthy hielt die Zügel der Regierung nun noch fester in seinen Händen und ging zu direkten Verhandlungen mit den Ententemächten über, in denen es um die Ausweisung des Königs und dessen Rückkehr in die Schweiz ging.[70] Der kranke Monarch war zu einem gestrandeten königlichen Gepäcksstück geworden, das unterwegs entsorgt werden sollte. Und tatsächlich wurde Karl seinem Schicksal überlassen, als er am 5. April an der österreichischen Grenze einer Entente-Eskorte übergeben wurde, die aus drei Offizieren bestand, die ihn auf seiner Rückreise ins Exil vor republikanischen Demonstranten beschützen sollten. Er traf mit Horthy niemals mehr von Angesicht zu Angesicht zusammen und sollte auch die Reuebezeugungen seines verschlagenen Reichsverwesers nicht mehr erleben. Das war erst Karls Sohn und Erben mehr als dreißig Jahre später vergönnt, als ein im Sterben liegender Horthy – nun selbst im Exil – den Thronfolger bat, an sein Sterbebett zu kommen.

Im Frühling des Jahres 1921 wartete jener Sohn und Erbe, damals ein Junge von acht Jahren, in Prangins völlig unbesorgt auf die Rückkehr seines Vaters von dessen jüngster Reise. Wie zuvor auf Schönbrunn, Göddöllő und sogar auf Eckartsau, wurden den Kindern so wenig wie möglich über den bitteren Ernst der Situation und schon gar nichts über die damit verbundenen Gefahren erzählt. Als sie also in den frühen Morgenstunden des frostigen 6. April vernahmen, dass ihre Mutter mit dem Auto zur bekannten Grenzstation in Buchs gefahren war, nahmen sie an, dass sie ihren Vater von einer routinemäßigen Reise abholen würde. Erst viel später erfuhren sie, dass er versucht hatte und kläglich gescheitert war, seine Krone auf jenem Krönungshügel wieder an sich zu reißen, an den sich Otto so lebhaft erinnerte.

Es sah für sie alles ganz anders aus, als der zweite, und letzte, Restaurationsversuch sechs Monate später gestartet wurde. In diesem Herbst schlichen sich nämlich beide Elternteile zusammen von ihrem neuen Wohnsitz auf Hertenstein[71], und keiner der beiden sollte jemals wieder dorthin zurückkommen. Als Teil des Täuschungsplans wurde den Kindern erzählt, dass ihre Eltern noch am selben Abend zurückkommen würden, und so liefen Otto und die anderen Kinder neben dem Auto her, als es die Ausfahrt entlangfuhr, so, als ob sie die beiden zu einem Familien-Tagesausflug verabschiedeten. Doch es gab keine Rückkehr, weder an diesem Abend noch an den folgenden Abenden. Als aus den Tagen Wochen wurden und sich die Stimmung unter den Schlossbediensteten verschlechterte, wurde es den älteren Kindern langsam bewusst, dass es sich um keine routinemäßige Reise gehandelt hatte und dass es auch kein normales Ende dieser Reise geben würde. Tatsächlich war alles an diesem letzten – und auf fatale Weise entscheidenden – Restaurationsversuch außergewöhnlich.

Als Karl und Zita um 9.30 Uhr des 20. Oktober mit dem Automobil Hertenstein verließen, fuhren sie nicht, wie zunächst angenommen, zum Familienschloss der Parmas auf Wartegg, sondern (nach einem Autowechsel en route) zum Flugplatz Dübendorf in der

Nähe von Zürich. Hier gingen sie an Bord eines sechssitzigen Junkers-Eindeckers, der eigens gechartert wurde, um „Mr. und Mrs. Kovno" an einen nicht näher genannten Ort zu bringen. Als der Eindecker bald nach Mittag abhob, flog er den gekrönten König und die Königin von Ungarn direkt nach Hause in ihr Königreich, um den Thron mit roher Gewalt zurückzuerobern.

Weder Karl noch seine Frau hatten vorher jemals in einem Flugzeug gesessen. Darüber hinaus war Zita hochschwanger mit ihrem siebten Kind. Das königliche Paar hatte kein Gepäck dabei, keinerlei Ausweispapiere – weder echte noch gefälschte – und reiste in einem Flugzeug, das selbst keine Dokumente besaß, geschweige denn einen echten Flugplan. Doch abgesehen von einem Schreckensmoment, als der einzige Motor des Flugzeugs über Bayern zu stottern begann, überflogen sie Österreich ohne Zwischenfälle und landeten nur vier Stunden später sicher auf ungarischem Boden. Tatsächlich setzte das Flugzeug genau an der geplanten Stelle auf, dem Landgut des Grafen Cziráky in Dénesfa. Der Flug war so ziemlich das Einzige, was nach Plan verlief.[72]

Das erste Zeichen, woran man erkannte, dass etwas schief gelaufen war, waren die nicht vorhandenen Leuchtsignale auf dem Schlossgelände, die vorbereitet hätten werden sollen, um ihnen den Weg zu weisen. Viel beunruhigender als das Fehlen der Begrüßungslichter war das Fehlen der Begrüßungstruppen. Nachdem er aus dem österlichen Fiasko gelernt hatte, hatte Karl seit Monaten einen Militärmarsch seiner Anhänger aus Westungarn auf Budapest vorbereitet. Oberst Lehár hatte noch immer das Kommando über die dort ansässige Garnison, und in seinem Besitz befand sich des Königs Feldmarschallsuniform, dessen Kragen samt den Rangabzeichen entfernt wurde. Am 5. April hatte Karl die Uniform dem Oberst übergeben, als sie sich an der kleinen Grenzstation Gyanafalva (Jennersdorf) trennten, und er sagte ihm, dass er zurückkommen werde, um einen alles aufs Spiel setzenden Restaurationsversuch zu lancieren, an jenem Tag, an dem Lehár die verschlüsselte Botschaft „Näh den Kragen an" erhielt. Das hörte sich romantisch überzeugend an. Das Problem war nur: An welchem Tag genau? Das Meiste musste mündlich im Voraus geplant werden, durch Kuriere, die unermüdlich zwischen Hertenstein und Westungarn hin- und herreisten. Doch das Datum selbst wurde in Eile festgesetzt und konnte nur per Telegramm angekündigt werden.[73] „Kragen wird am 20. Oktober angenäht", lautete die letzte Botschaft, die von Karl abgeschickt wurde. Sie erreichte nie jenen Offizier in Lehárs Streitkräften, an den sie adressiert war. Es kursierten Gerüchte zu dieser Zeit, dass die Sendung des Telegramms absichtlich durch einen Verräter in den eigenen Reihen der Karlisten verzögert wurde. Eine wahrscheinlichere Erklärung wurde später von Kaiserin Zita angeboten: Grenzschmuggler schleusten zu jener Zeit so viele verschlüsselte Botschaften durch die Telefonleitungen, dass die ungarischen Postämter den Befehl erhalten hatten, verdächtige Nachrichten nach Belieben zu vernichten. Das Telegramm des Königs/Kaisers war wahrscheinlich in einem ihrer Papierkörbe gelandet.

Wenn auch die Gründe für das Durcheinander im Dunkeln lagen, so waren seine Auswirkungen umso deutlicher. Die offenen Güterwaggons, die in Sopron (Ödenburg) für die Reise nach Budapest zusammengestellt wurden, wurden abgestellt und (unbewacht!) zurückgelassen. Die meisten von ihnen wurden von den dort ansässigen Bauern zum Einholen ihrer Zuckerrübenernten verwendet. Lehárs Männer durchkämmten die Gegend nach den Waggons und brauchten 24 Stunden, bis sie die Zuckerrüben ausgekippt und die Waggons wieder für ihren ursprünglichen Beladungszweck zusammengestellt hatten. Am 21. Oktober um 23 Uhr konnte die Eisenbahnarmada, bestehend aus vier Zügen, endlich unter den Beifallsrufen der Menge abdampfen. An Bord befanden sich Lehár und Ostenburg mit etwa 2000 Mann und ein paar Artilleriebatterien; weiters eine „provisorische Regierung für Ungarn", zusammengesetzt aus loyalen Würdenträgern, die in Sopron vereidigt wurden, und natürlich das königliche Paar persönlich. Ihr Zug bestand aus einem Rotkreuzwaggon, in welchem die Betten mit Soldatendecken überzogen waren, und einem „Speisewagen" mit einem schlichten Holztisch und Eisenbahnstühlen.

Zufällig feierten sie auch ihren zehnten Hochzeitstag. Man konnte sich keinen größeren Gegensatz vorstellen als den zwischen dem spartanischen Schauplatz dieser gefährlichen Mission und jener entspannten und zuversichtlichen Pracht der Zeremonie auf Schwarzau im Jahr 1911. Doch heute wie damals waren beide wahrscheinlich gleich aufgeregt und glücklich. Sie waren wieder zu Hause und befanden sich auf dem Weg in eine ihrer alten Zwillingshauptstädte. Und außerdem schien es, als ob Ungarn durchaus willens war, sich wieder in die Umarmung des doppelköpfigen Adlers zu begeben, der die Nation von den Gleisen her mit seinen Schwingen sanft in die Lüfte emporzutragen schien. Die einzigen Dinge, die die Leute auf ihren Zug gegen Osten warfen, waren Blumen. Während der Konvoi seine Reise fortsetzte, sprachen sich Horthys Garnisonen entlang der Linie – Komarom, Györ, Tata, Totis und Bicske – eine nach der anderen für den König aus. Nichts, so schien es, stand ihm nun im Weg. Und doch kam es in der Nacht vom 23. zum 24. Oktober nach einem kleinen Scharmützel in den Vororten von Budapest zu einem schauderhaften Ende.

Was sie in Sopron verloren hatten, waren mehr als nur ein paar Güterwaggons. Karl hatte den Überraschungseffekt verloren und mit ihm auch die Initiative. Als die kleine Armee auf ihrem Weg in die Hauptstadt fuhr (mit viel zu vielen Zwischenstopps, um festliche Begrüßungszeremonien und Messen unter freiem Himmel zu feiern), hatte Horthy, der sich mittlerweile in voller Alarmbereitschaft befand, seinen Kampf ums Überleben schon im Detail durchgeplant. Er mobilisierte zunächst die Verstärkung für die Missionen der Entente in Budapest und fand im britischen Hochkommissar Hohler einen begeisterten Unterstützer seiner Sache. Die Missionen erhielten die offizielle Weisung von der Botschafterkonferenz in Paris, „unverzüglich alle nötigen Maßnahmen zu ergreifen, um einmal mehr die Ausweisung des Ex-Königs aus seinem ehemaligen Reich sicherzustellen". Dieser folgte eine noch schärfere Botschaft, die die ungarische Regierung (in Wirklichkeit Horthy) aufrief, „die Entthronung des Ex-Königs Karl unverzüglich auszurufen".[74] Der Reichsverweser erhielt somit von den größten Kanonen in Europa die ganze politische Feuerkraft, die er brauchte. Am Morgen des 23. Oktober hatte er auch seinen lebenswichtigen Doppelagenten an seiner Seite.

Dabei handelte es sich um General Paul Hegedüs, den Generalbefehlshaber über Horthys Armee in Westungarn, der sich dem Feldzug des Königs angeschlossen hatte, für den Fall, dass er sich als erfolgreich herausstellte. Nachdem der Feldzug zu wanken begonnen hatte, entschloss er sich, die Seiten zu wechseln, und da ihn Karl unklugerweise zum Kommandeur der Eisenbahnarmee ernannt hatte (da dieser einen höheren Rang als der bescheidene Lehár hatte), landete er auf dem besten Platz, um die Operation zu sabotieren. Unter dem Vorwand, sich auf den Weg zu machen, um mit Horthys Männern zu verhandeln, welche den Bahnhof von Kelenföld[75] besetzt hielten, marschierte Hegedüs mitten durch die Kampfzone zum königlichen Palast, wo er sich in den Dienst des Reichsverwesers stellte.

Der endgültige Verrat erfolgte auf dem Schlachtfeld: Hegedüs traf an diesem Nachmittag wieder bei Karl ein und brachte Friedensgesandte und Vorschläge für einen nächtlichen Waffenstillstand mit, der diesem, wie er behauptete, genügend Zeit geben würde, um Verstärkung durch die Königstreuen aus dem Westen zu holen. In Wahrheit nutzte er jene Nacht, um des Königs beste Chance auf einen lokalen Sieg zunichte zu machen. Als er die Demarkationslinien für den Waffenstillstand festlegte, platzierte er Horthys Männer (teilweise bewaffnete Studenten, denen erzählt wurde, dass die verhassten Tschechen Budapest belagerten) auf den Kommandohöhen und beließ Karls Truppen entlang der Geleise im Tal. Um den Verrat noch abzurunden, hatte Hegedüs ausgemacht, dass die bunt gemischten Streitkräfte des Reichsverwesers den Waffenstillstand schon drei Stunden vor der vereinbarten Frist um 8 Uhr morgens brechen sollten. Sie stürzten sich im Dunkeln auf die Reihen der erschöpften Männer des Königs herab, die ihren ersten Schlaf seit 48 Stunden bekamen. Schüsse fielen, einer von ihnen traf den königlichen Zug. Karl geriet nicht in Panik; er gab einfach nach, da ihm zeit seines Lebens ein Blutvergießen seiner Untertanen als Gräuel gegolten hatte. Vom Fenster seines Waggons rief er seinen Offizieren zu: „Ich verbiete den weiteren Kampf. Es ist sinnlos geworden." Dann diktierte er seine Kapitulation, die seiner Miniaturarmee entlang der Front ausgerichtet werden sollte. Der

Zug fuhr langsam im Rückwärtsgang in Richtung Bicske ab und Karl mit ihm aus der Geschichte. Binnen fünf Minuten war alles vorbei. Jede nachträgliche Kritik muss eine Menge „wenn und aber" enthalten. Hätte der gekrönte König eine Gruppe seiner Soldaten voraus durch das Durcheinander geführt – vorzugsweise auf einem Pferd anstatt aus dem Führerstand einer Lokomotive –, wäre es möglich gewesen, dass sich ihm die Straße zu seinem alten Palast geöffnet hätte. Hätte er die Wesensart seiner Frau gehabt, die zeit ihres Lebens jeder Herausforderung entschieden entgegengetreten war, hätte er sicherlich diesen Einsatz zumindest versucht. Wie lange er jedoch in seinem Palast hätte bleiben können, ist ein strittiger Punkt. Abgesehen von den Schwierigkeiten, die ihm die Horthy–Fraktion zu Hause bereitet hätte, wäre eine Restauration in Ungarn mit dem erbitterten Widerstand der Nachfolgestaaten konfrontiert gewesen, welche einen geschlossenen Ring um das Land bildeten. Und hinter diesen drei Schakalen standen die drei Löwen der Ententemächte.[76] Klugerweise trat Horthy zur Seite und ließ sie mit seiner Beute allein.

Eine erneute Rückkehr mit höflicher Eskorte in die Schweiz stand nun nicht mehr zur Debatte, wäre die Schweizer Regierung auch willens gewesen, ihre schwierigen Gäste wieder aufzunehmen. Großbritannien hatte den Auftrag, das Ausreiseproblem zu lösen, welches am besten durch seine Marine in Angriff genommen werden konnte. Es gab da eine britische Donauflottille, die in Budapest vor Anker lag, und so begab es sich, dass ein britischer Kreuzer, die *Cardiff*, gerade in den Hafen von Galatz im Schwarzen Meer einlief. Jenes Schiff sollte sie in ihr, wie die Entente hoffte, letztes Exil bringen. Nach einer wochenlangen Reise die Donau abwärts, die sie hauptsächlich auf dem britischen Überwachungsschiff *Glow-Worm* zurücklegten (dessen Kapitän seine königlichen Passagiere als „Ehrengäste" behandelte, obwohl sie in Wirklichkeit seine Gefangenen waren), ging das königliche Paar auftragsgemäß am 6. November um 20 Uhr an Bord der *Cardiff*.

Der Kreuzer war viel besser ausgestattet als das kleine Überwachungsschiff auf der Donau, und sein Kapitän, Lionel

Maitland-Kirwan, gab sich größte Mühe. Zita wurde eine Admirals-kabine zugewiesen, auf die man am Schiff besonders stolz war, und Karl wurde in des Kommandanten eigener Kabine untergebracht. Sie dampften Richtung Konstantinopel, wo sich das königliche Paar zuletzt vor dreieinhalb Jahren aufgehalten hatte, auf ihrem letzten Staatsbesuch während des Krieges. Niemand an Bord (und auch niemand zu Land) wusste irgendetwas über ihr endgültiges Ziel, ein Problem, an dem Paris und London noch immer kauten.

Die Führer der Entente dachten nur an Inseln, als ob es sich bei Karl um so etwas wie eine moderne Ausgabe Napoleons handelte, der eines St. Helena bedurfte, um ihn festzuhalten.[77] Malta wurde als erste Möglichkeit diskutiert. Es wurde aufgrund der Tatsache abgelehnt, da der Prinz von Wales im Begriffe war, der Insel einen Besuch abzustatten, während die britische Regierung sowieso zögerte, sich um dieses schwierige, ehemals feindliche Paar zu küm-mern, wenn auch eine Alternativlösung gefunden werden konnte. Lord Curzon, der britische Außenminister, war der Ansicht, dass irgendeine spanische Insel – vielleicht eine von den Balearen oder Kanaren – geeignet sein würde. Die Franzosen fanden schließlich die Antwort: Madeira, ein Teil Portugals, über den die Braganzas, die Dynastie von Zitas Mutter, einst geherrscht hatten. Der Vor-schlag wurde in Lissabon akzeptiert – unter der Voraussetzung, dass die portugiesische Regierung keinerlei Rechnungen bezahlen müsse.

Erst als die *Cardiff* Gibraltar anlief, wurde dem Kapitän die Entscheidung offiziell bestätigt. Maitland-Kirwan hatte sie jedoch schon eine Woche zuvor inoffiziell vorweggenommen. Am Morgen des 19. November, als er das Gerücht hörte, dass die Insel Ascension – ein felsiger Stecknadelkopf im tropischen Südatlantik – in den Telegrammen erwähnt worden sei, hatte er befohlen, geradewegs auf Madeira zuzusteuern. Zehn Tage später wurde das königliche Paar in Funchal an Land gesetzt. Die Schiffsoffiziere hatten ihnen zunächst Champagner in der Offiziersmesse serviert und ihnen mit-geteilt, dass sie hofften, dass die *Cardiff* bald wieder zurückkommen werde, um sie „nach Hause zu holen". In Wirklichkeit war Karl jedoch an seiner letzten Ruhestätte angekommen.

Was war in der Zwischenzeit mit den Kindern in der Schweiz geschehen? Einzelheiten über den vermasselten Restaurationsversuch und seine Folgen erreichten Prangins nur langsam und bruchstückhaft. Otto erinnert sich lediglich an eine Unterrichtung in der letzten Oktoberwoche, dass sein Vater ein zweites Mal versucht hatte, seinen Thron zurückzuerobern und abermals gescheitert war. Erst dann war das Rätsel dieses so genannten „Tagesausflugs" gelöst, der, wie es schien, seine Eltern für Wochen verschluckt hatte.[78]

Oberst Strutt war der Familie wieder einmal zu Hilfe gekommen, diesmal als Kommunikationsbindeglied zwischen dem königlichen Paar an Bord der *Cardiff* und deren Familie. Am 8. November gelang es ihm, ein Telegramm von London aus auf das britische Kriegsschiff zu schicken, das sich damals im Bosporus aufhielt, in welchem er den Eltern versicherte, dass die Kinder wohlauf wären, welche aus Prangins weggebracht worden waren und sich nun zurück in der Sicherheit des vertrauten Parma-Châteaus auf Wartegg befanden. Das waren die ersten Nachrichten über die Kinder, die das Paar seit 18 Tagen erhalten hatte. Am Morgen desselben Tages hatte Zita einen kurzen, unversiegelten Brief auf Französisch an ihre Kinder geschrieben, in dem sie ihnen mitteilte, dass alles in Ordnung wäre und sie bald wieder zusammen sein würden. Die britische diplomatische Mission in Konstantinopel, die konsultiert wurde, erklärte, dass der Brief nicht gesendet werden durfte. Die königliche Marine ignorierte solche Ungehobeltheit jedoch und schickte ihn, ungelesen, auf eigene Verantwortung ab. Der Admiral an Land hatte als einzige Vorsichtsmaßnahme darum gebeten, dass die Kaiserin den Umschlag in einer anderen Handschrift als der ihren an eine Person adressieren möge, die ihn in die Schweiz weiterleiten könnte.

Mehr als zwei Monate sollten vergehen, bevor sie wieder alle zusammen waren. Das Königspaar verbrachte einsame und traurige Weihnachten in der Villa Victoria (ein Anbau an das bereits damals berühmte Reid's Hotel in Funchal) in Gesellschaft des Dom Joao d'Almeida, eines portugiesischen Adeligen, der freiwillig seine Dienste als Adjutant angeboten hatte und nun den ganzen „Hof" repräsentierte, der ihnen noch geblieben war. Auf Wartegg gelang es indessen Gräfin Kerssenbrock nicht, mit ihrer Unterschrift als „Kindermädchen der königlichen Kinder" die Schweizer Behörden zu bewegen, ihre sieben kleinen Schützlinge ausreisen zu lassen. Erst eine Blinddarmentzündung bei Ottos sechsjährigem Bruder Robert konnte die festgefahrenen Verhandlungen unterbrechen. Die Ärzte vor Ort attestierten, dass eine Operation lebensnotwendig war, und erst nach einigen Schwierigkeiten erhielt Zita die Genehmigung, aus familiären Gründen an das Krankenbett ihres Sohnes nach Zürich reisen zu dürfen.

Nur mit größtem Vorbehalt stimmten die Westmächte der Entscheidung der Schweizer Regierung zu. Zu diesem Zeitpunkt war Zitas Renommee in ihren Köpfen bereits unliebsam verankert gewesen, und die mächtige Entente fürchtete sich weitaus mehr vor Schwierigkeiten aus der Hand dieser jungen Frau als vor irgendetwas, das ihr gebrochener Mann anstiften hätte können. T. B. Hohler, der britische Gesandte in Ungarn, der, wie es schien, eine Anti-Habsburg-Paranoia entwickelt hatte, nährte diese Befürchtungen auch noch durch kassandraähnliche Warnungen. Die dramatischste von ihnen war ein Telegramm an die Botschafterkonferenz in Paris, in welchem er daran erinnerte, dass die Königin erneut hochschwanger war und dass „dieser Umstand sie noch einmal nach Ungarn kommen ließe, um hier entbunden zu werden und ihren ältesten Sohn Otto mitzubringen".[79]

Die Vorstellung, dass Zita irgendwie ihren Sohn von Wartegg wegzerren und dann die heilige Stephanskrone vom Wochenbett eines Budapester Spitals aus in ihre Hände bekommen könnte, war eine der irrwitzigsten Phantasien, die der heimischen Gerüchteküche entsprangen. Die Westmächte nahmen sie jedoch ernst genug, um die Schweizer Behörden zu drängen, sie während ihres Besuchs strengstens zu überwachen. Sie richteten sich pflichtgemäß danach. Bei ihrer Ankunft in Zürich am 12. Januar 1922 wurde sie in einem Nonnenspital mit Namen Paracelsus untergebracht, das rund um die Uhr von der Polizei überwacht wurde. Ihr wurde erlaubt, nach Lust und Laune zu kommen und zu gehen, doch jedes Mal, wenn eine der Nonnen das Gebäude verließ, lüftete ein Kriminalbeamter am Tor höflich ihren Schleier – um sicherzugehen, dass sich nicht die königliche Besucherin verkleidet zu einem heimlichen Treffen davonstehlen wollte.

Die Operation verlief erfolgreich, und auf diese Erleichterung hin folgte die gute Nachricht, dass den Kindern nun endlich erlaubt würde, zu ihren Eltern nach Madeira zu kommen.[80] Zita reiste voraus. Zusammen mit vier seiner Geschwister verließ Otto ein paar Tage später Wartegg (sie ließen den rekonvaleszenten Robert zurück, der in 14 Tagen nachkommen sollte). Otto erinnert sich an die lange, lange Zugreise durch Europa. Sie hielten in Bordeaux an, wo der französische Präfekt vor ihm höflich zur Seite wich (immerhin hatten sie zur Hälfte französisches Blut in ihren Adern), und dann noch einmal in Subserra in der Nähe von Lissabon, wo die portugiesischen Adeligen „besonders freundlich" waren (schließlich war ihre Mutter zur Hälfte eine Braganza). Er erinnert sich, dass es ein britisches Kriegsschiff war, das die Kinder, wie zuvor ihre Eltern, in ihr neues Exil brachte. Die *Avon* brauchte vier Tage von Lissabon nach Funchal. Als sie am 2. Februar 1922 anlegte, lief Karl die Gangway hinauf und führte die Familie an Land, den zweijährigen Rudolf in seinen Armen. Trotz akuter Geldprobleme waren sie nun alle glücklich vereint, bis die Tragödie fast auf den Tag genau zwei Monate später eintrat.

KAPITEL ZWEI

„Majestät"

Die Armut, die sie auf Madeira erdulden mussten, hatte eine schäbige Vorgeschichte. Am 1. November 1918, zehn Tage vor ihrer Flucht aus Schönbrunn, hatte Karl seinen Oberhofmeister Leopold Graf Berchtold mit all den Familienjuwelen, die sie zusammensammeln konnten, in die Schweiz entsandt. Es handelte sich um ein gewichtiges Paket, das selbst am damaligen Käufermarkt im wahrsten Sinne des Wortes ein königliches Vermögen ausmachte. Das größte Schmuckstück war der so genannte „Florentiner Diamant": Mit mehr als 133 Karat galt er als der weltgrößte rosa Edelstein seiner Art. Es stand außer Zweifel, dass es sich dabei um Familienbesitz und nicht um staatliches Eigentum handelte[81], und dasselbe galt auch für die anderen Schätze, die dem Oberhofmeister anvertraut wurden. Darunter befanden sich die „Kaiserin-Krone" mit Juwelen aus Lothringen, acht Goldene Vliese mit verschiedenen juwelenbestückten Einfassungen und ein Sortiment an Broschen, Diademen und Kolliers (darin nicht enthalten war das spektakuläre, 120 Zentimeter lange Exemplar mit großen, perfekt aufeinander abgestimmten Perlen, welches Oberst Strutt auf Eckartsau so bewundert hatte).

Als wahres Desaster hatte sich Berchtold in seiner Rolle als Außenminister der Monarchie entpuppt, die mit seiner Mithilfe geradewegs auf die Felsen des Ersten Weltkrieges zugesteuert war. Dennoch war er ein vertrauenswürdiger Höfling, und er kehrte mit der Nachricht zurück, dass die Juwelen nun sicher in den Tresoren einer Bank in Zürich verstaut wären. Von einem gewissen Bruno Steiner[82] konnte man selbiges wohl kaum behaupten. Er war der österreichische Rechtsanwalt, dem Karl die Juwelen anvertraut hatte und über welche Steiner, allerdings nur mit Erlaubnis des

Königs und wenn nötig, verfügen und diese auch verkaufen konnte. Zunächst schien das Arrangement ordnungsgemäß zu funktionieren. Jene 50.000 Schweizer Franken, die Karl benötigt hatte, um besagten Junkers-Eindecker im April 1921 zu chartern, wurden z. B. durch den Verkauf nur eines einzigen diamantenbesetzten Anhängers aufgetrieben, der ein Jahrhundert zuvor einer unbekannten Erzherzogin in Prag oder Budapest geschenkt worden war. Doch alles sollte ganz anders sein, als Zita auf ihrer Reise nach Zürich zur Operation ihres Sohnes die Gelegenheit nutzen wollte, um Steiner ausfindig zu machen. Sie wollte ihm die restlichen Juwelen abnehmen und diese nach Madeira mitnehmen. Es gab jedoch weder eine Spur vom Schatz noch vom Schatzmeister[83], obwohl er im Vorhinein von ihrer Ankunft unterrichtet worden war.

Nach dieser Katastrophe blieben ihnen nur mehr ihre „Gefängniswärter", die alliierten Mächte, als einzige mögliche Hilfe über. Diese waren vernünftigerweise darangegangen, die Nachfolger der Monarchie hinsichtlich einer Kompensation für die riesigen Vermögenswerte, die sie von der Krone übernommen hatten, anzusprechen. Der Inhalt eines einzigen Raumes in jedem der großen Museen des Reiches hätte ausgereicht, um ein Dutzend exilierter Herrscher ein Leben lang in Komfort leben zu lassen. Noch bevor die Familie Madeira überhaupt erreicht hatte, waren auch schon die so genannten „Nachfolgestaaten" – die Tschechoslowakei, Polen, Jugoslawien und Rumänien – ebenfalls von der Entente aufgefordert worden, einen angemessenen Anteil zu den gemeinsamen Subventionszahlungen beizutragen, um die Bedürfnisse des Ex-Kaisers und seiner Angehörigen befriedigen zu können. Die vorgeschlagene Summe belief sich für jeden Staat auf 5000 £ bzw. 500.000 Goldfranken, was einen jährlichen Zuschuss von 20.000 £ ergab. Der britische Außenminister, Lord Curzon, drängte seine Gesandten in allen vier Hauptstädten, die Zahlungsforderungen durchzusetzen.

Es überraschte nicht, dass Eduard Beneš, nun Ministerpräsident der Tschechoslowakei, den Chor auf Zurückweisung der Zahlungsforderungen anführte. Dieser Mann, der mehr als jede andere politische Persönlichkeit dazu beigetragen hatte, das habsburgische Reich auf der Friedenskonferenz derart grausam zu verstümmeln, wollte sich nun einer ebenso grausamen Behandlung für dessen abgesetzten Souverän vergewissern. Wie er erklärte, existierte „weder eine juridische noch eine politische Rechtfertigung für solch eine Forderung". Letzten Endes kam nicht ein Groschen aus Prag, Warschau, Belgrad oder Budapest. Dann lehnte das geizige Finanzministerium in London auch noch Curzons Vorschlag ab, vorübergehende Hilfe von den siegreichen alliierten Mächten, inklusive Japan, anzufordern.[84] Italien und Frankreich konnten sich nicht entscheiden und drückten sich schließlich vor der Aufgabe. Die Japaner lächelten.

Karl hatte schon genug Probleme gehabt, die Rechnungen für die Villa Victoria zu zahlen, als er nur für seine Frau und einen einzigen Adjutanten aufkommen musste. Sobald aber alle sechs Kinder aus der Schweiz gekommen waren (das letzte in Begleitung von Gräfin Kerssenbrock), wurde die Unterkunft im Hotel nicht nur unpraktisch, sondern auch unerschwinglich. Ein wenig Hilfe kam aus portugiesischen Quellen – verständlicherweise, da sowohl Karl als auch Zita das Blut der Braganzas in ihren Adern hatten. Die finanzielle Hilfe konnte jedoch ihre Ausgaben auch nicht im Geringsten abdecken, selbst wenn sie bescheiden gelebt hätten. In der ehemaligen Monarchie gab es noch loyale Anhänger, die bereit waren, Geld zu senden, doch es gelangte nie an seinen Bestimmungsort: Wie der britische Konsul in Funchal der Kaiserin verdrossen mitteilte, hatte die Entente Schritte unternommen, um die Überweisungen aufzuhalten.

Die Angst der großen Mächte, die wie immer von Beneš aufgeheizt wurde, lag darin, dass Karl im Falle großer Hilfszuwendungen einen dritten Restaurationsversuch unternehmen könnte. Das könnte wiederum die Bayern ermutigen, aus Sympathie einen monarchistischen Staatsstreich anzuzetteln. Diese Vorstellung ließ sogar in Lord Curzon, der persönlich den Exilanten gegenüber nicht feindlich eingestellt war, die Alarmglocken läuten. Er warnte die Pariser Konferenz: Falls Karl versuchen sollte, von Madeira auszubrechen, würde dies die alliierten Regierungen automatisch dazu verpflichten, ihn in eine endgültige Gefangenschaft auf eine weiter entfernte Insel zu entsenden. Die historische Parallele lag auf der Hand, war aber irreführend. Sowohl von seinem Temperament, seiner persönlichen Ausstrahlung als auch von seinen potentiellen Ressourcen war Karl weit vom großen Korsen entfernt, der so nah dran gewesen war, Europa ein zweites Mal zu verschlucken, bevor er in die endgültige Verbannung nach St. Helena geschickt wurde. Der habsburgische Exilant – erschöpft, krank und in seinem Mut gebrochen – wollte lediglich einen Platz haben, wo er und seine Familie zur Ruhe kommen und ein friedliches Leben aufbauen konnten.

Ein einheimischer portugiesischer Bankier hatte eine Lösung: Er bot seine Villa, die hoch über der Bucht gelegene „Quinta do Monte", zur freien Benützung an. Karl riss sich um das Angebot, und bevor der Februar um war, war die Familie in die Berge übersiedelt und hatte die Villa bezogen. Die meisten Möbel, die sie benötigten, zusammen mit dem Bettzeug, den Leintüchern, dem Geschirr, den Gläsern und den Küchenutensilien, mussten vom Hotel ausgeborgt werden (das stellte kein Problem dar, da ihr Gönner ein Mitbesitzer dieses und der meisten anderen Hotels auf der Insel war). Das Einzige, was er seinen Gästen in der Villa nicht bieten konnte, war ein gesundes Klima. Im Sommer war es hier oben ganz angenehm, während die Hitze an der Küste schwül und drückend sein konnte. Doch im Winter schien der Berg ständig in feinen Nebel gehüllt zu sein, und diese Feuchtigkeit drang überall und in alles ein. Für den schwachen Karl entpuppte sie sich als Todesfalle.

Einmal mehr ist man verblüfft über den Gegensatz zwischen Ottos Kindheitserinnerungen eines Erlebnisses, das durch das weiche und schützende Objektiv seiner Mutter gefiltert wurde, und der harten Realität zu jener Zeit. Diese wurde anschaulich von einem österreichischen Dienstmädchen beschrieben, die zu Weihnachten nach Madeira kommen durfte, um sich dem Haushalt anzuschließen. Kurz nach der Ankunft auf dem Berg schrieb sie nach Hause: „Es gibt kein elektrisches Licht, Wasser nur im ersten Stock und unten in der Küche [...] Unser einziges Brennmaterial ist grünes Holz und das raucht natürlich die ganze Zeit. Wir waschen nur mit kaltem Wasser und Seife. [...] Die Wäsche wird hier nie ausgekocht, so wie zu Hause. Das soll hier die Sonne übernehmen, es ist eine tropische Sonne – wenn sie scheint. Leider hatten wir bis jetzt nur wenig Sonnenschein; oft schauen wir neidisch nach Funchal hinunter, wo die Sonne immer scheint. Das Haus ist so feucht, dass alles nach Schimmel riecht [...]"

„Wenn wir nur jemanden kennen würden, der Einfluss auf die Entente hätte, damit sich Ihre Majestäten ein anständiges Haus mieten könnten. Ihren Majestäten sollte ausreichend Geld zur Verfügung gestellt werden, um sich ein annehmbares Leben sichern zu können[85] [...] Sogar am Notwendigsten zum Leben mangelt es hier ständig. Der Lehrer der Kinder, der einen Doktorgrad hat, lebt in einer verfallenen Hütte im Garten mit nur einem notdürftig hergerichteten Raum. In einem anderen wackeligen Ein-Zimmer-Häuschen, das durch eine Trennwand geteilt ist, leben die Dienstboten mit ihren Frauen [...]"

„Was uns allen am schlimmsten erscheint, ist, dass die Kaiserin im Mai ein Kind erwartet und sie sich weder eine Hebamme noch einen Arzt leisten können [...] Darüber bin ich sehr bestürzt [...] Wir alle geben unser Bestes, um mit der schrecklichen Situation fertig zu werden. Manchmal fühlen wir uns ziemlich niedergeschlagen und deprimiert, aber wenn wir sehen, wie geduldig ihre Majestäten all diese Missstände ertragen, dann machen wir mit neuem Mut weiter."[86]

Dieser traurige Augenzeugenbericht über das Leben auf der „Quinta do Monte" steht in krassem Gegensatz zu Ottos Eindrücken von jenem Ort, an den er fast 80 Jahre später zurückdenkt. Er erinnert sich gut an den fast immerwährenden Nebel auf dem Berg, dennoch war der Berg für ihn „noch immer ein wundervoller Ort mit vielen Blumen, die mir in meinem Leben immer wichtig waren".[87] Auf ähnliche Weise erschien in den Augen der Erwachsenen wohl auch die einzige, direkte Verbindung hinunter nach Funchal – ein Lastenaufzug mit einem geflochtenen Korb – primitiv und unverlässlich, doch für die Kinder handelte es sich um „eine sehr lustige Schlittenfahrt". Auch der Lehrer schien nicht durch seine Unterkunft im ramponierten Häuschen beeinträchtigt gewesen zu sein. Es handelte sich um einen fröhlichen ungarischen

Priester, Paul Zsámboky[88], den Otto als „die Hauptperson im winzigen Haushalt" beschreibt.

Darüber hinaus erinnert er sich an die langen Spaziergänge, die er und seine siebenjährige Schwester Adelheid mit ihrem Vater auf den gewundenen grünen Inselwegen unternahmen. Auf diesen Wanderungen hinterließ der exilierte Herrscher seinem ältesten Sohn und Erben sein politisches Vermächtnis. Es handelte sich um eine Botschaft der Toleranz, selbst gegenüber den meisten derer, die der Dynastie Schaden zugefügt hatten, und vor allem der Dankbarkeit denjenigen gegenüber, die sie, auch passiv, unterstützt hatten.

„Er betonte, dass das, was mit uns passierte, nicht die Tat der Nationen im Allgemeinen war, sondern einiger weniger, die an der Macht waren. Er lehrte uns, dass wir fortfahren müssten, uns jenen gegenüber verantwortlich zu fühlen, die loyal waren, und ebenso den Soldaten gegenüber, die bei der Verteidigung der Heimat ihr Leben und ihr Glück geopfert hatten, und dass wir immer alles in unserer Macht Stehende tun müssten, um uns für diese Leute einzusetzen. Diese Botschaft habe ich immer behalten und sie hat mir sehr in meinem eigenen Leben geholfen. Vielleicht gab sie uns auch die Motivation, die viele von uns, Adelheid und auch meine Brüder, veranlasst hat, für die Nationen des früheren Reiches politisch tätig zu werden. Die Leute haben oft geglaubt, dass wir durch unseren Einsatz eine Restauration der Monarchie erreichen wollten. Das stimmte natürlich bis zu einem gewissen Grad und in einer bestimmten Zeit. Doch auf lange Sicht überwog nicht mehr dieser Gedanke, sondern viel mehr das Gefühl der Verantwortung gegenüber jenen, die so loyal geblieben sind."

„Ich wusste, dass sich gewisse Dinge ändern mussten, als mein Vater auf dem Thron war, doch ich erfuhr die Einzelheiten seiner Reformpläne erst später. Beide Elternteile behielten die großen Probleme immer für sich […] Der Hauptgrund dafür war, dass wir im späteren Leben keinen Groll gegen gewisse Individuen hegen sollten und dass wir ihnen eines Tages begegnen könnten, ohne zu sehr an die Ungerechtigkeit gegenüber unseren Eltern denken zu müssen."

Wie wir sehen werden, war Otto zeit seines Lebens bemüht, diesem Grundsatz treu zu bleiben. Er hatte manchmal schwer daran zu kauen, und ein- oder zweimal war es auch schier unmöglich, ihn einzuhalten. Es war einer dieser geliebten Familienspaziergänge, die Karl schließlich das Leben kosteten. Am 9. März machte er sich mit Otto und Adelheid auf den Weg nach Funchal, um ein paar Spielsachen für den kleinen Karl Ludwig zu kaufen, der bald seinen vierten Geburtstag feierte. Jemand kam mit einem Mantel aus dem Haus geeilt, doch er entschloss sich, ihn nicht zu tragen: Es schien kaum notwendig zu sein, denn sie konnten den Glanz der Sonne über der Stadt sehen. Am Rückweg wurde er jedoch vom frostigen Nebel der Berge eingehüllt und erkältete sich. Zunächst weigerte er sich, die Erkältung ernst zu nehmen. Fünf Tage später zwangen ihn Fieber und ein starker Bronchialkatarrh ins Bett. Die feuchte Luft des „Monte" hatte die Krankheit ausgelöst; die Armut trug zu ihrem tödlichen Ausgang bei. Eine Woche lang ignorierte er die Bitten seiner Frau, einen Arzt kommen zu lassen. Er erwiderte, dass die Haushaltskassa für solch unnötige Ausgaben zu leer sei. Zu jenem Zeitpunkt, als ein Doktor aus Funchal heraufgerufen wurde, war bereits eine Lungenentzündung hinzugekommen. Sein Herz war schon lange schwach gewesen; nun gab auch seine Lunge auf.

Zita versuchte, ihren ehemaligen Leibarzt, Dr. Delug, von Wien kommen zu lassen. Die Erlaubnis wurde entweder verweigert oder brauchte zu lange. Die portugiesischen Ärzte (es waren nun zwei an seinem Krankenbett) unternahmen alles, um die Krankheit aufzuhalten. Ihnen standen jedoch nur einfache Heilmittel zur Verfügung (Umschläge mit Leinsamen und Senf, begleitet von Koffein- und Kampferinjektionen), und die Sauerstoffbeutel, die hergestellt wurden, um dem Patienten das Atmen zu erleichtern, waren zu primitiv, um mehr als sieben Minuten Linderung zu gewährleisten. Der Probleme für den vom Schicksal gebeutelten Haushalt aber noch nicht genug: Zwei der Kinder – Karl Ludwig und Felix – erkrankten an einer milderen Form der Lungenentzündung, die auch ihren Vater heimsuchte, während das dritte Kind, Robert, an einer Darminfektion litt; die meisten der Bediensteten hatten Grippe. Nur die Hausherrin schien gegen alles immun zu sein und ließ sich nicht einschüchtern. In vielerlei Art ähnelte die Situation jener Weihnachten auf Eckartsau im Jahr 1918. Doch diesmal gab es keinen Oberst Strutt, der ihnen Vorräte brachte und den königlichen Zug musterte, um sie bequem in Sicherheit zu bringen. Und außerdem war Zita diesmal schon beinahe im achten Monat schwanger.

Wie seine Mutter schien auch Otto den Bazillen und Erkrankungen, die in der Villa umherschwirrten, entkommen zu sein. Wie üblich schirmte sie die Kinder so gut wie möglich von jeglichen Sorgen ab. So wurde es ihm erst am 27. März bewusst, dass sein Vater im Sterben und nicht mit einer jener allzu häufigen Erkrankungen im Bett lag. An jenem Abend, als Karl die heiligen Sterbesakramente von Pater Zsámboky empfing, wurde Otto, ganz allein, ins Krankenzimmer gerufen, das auf den Garten hinunterblickte. Es gab kein Drama und kein letztes Testament außer jener Botschaft, die schon auf den langen Spaziergängen übermittelt wurde und welche nun von Otto erfüllt werden sollte. Karl erzählte seiner Frau nachher, dass er es riskiert hatte, den Jungen in das infizierte Zimmer zu rufen, damit dieser lerne, wie „man sich in solchen Situationen verhalte – als Christ und Kaiser". (Während der ganzen Zeit, die sie beisammen waren, hielt der Vater das Kruzifix in seinen Händen.)

Das Ende kam fünf Tage später. An jenem 1. April, einem zur Abwechslung sonnigen Tag, an dem die Kinder im Garten spielten, wurde Otto wieder plötzlich von seiner Mutter angehalten, ins Haus zu kommen. Sein Vater war bereits zu schwach, um zu sprechen und um auch nur sein Kruzifix zu heben. Sein Nachfolger befand sich an seinem Bett, als der letzte Herrscher der Habsburger um 12.23 Uhr starb. Otto war ziemlich schockiert, als er bald danach zum ersten Mal vom winzigen Hof als „Ihre Majestät" angesprochen wurde. In diesem Augenblick konnte er nicht verstehen, was geschehen war: „Ich dachte, dass das irgendwie nicht stimmte. Ihre Majestät war immer mein Vater gewesen. Es war selbstverständlich noch immer mein Vater."

Die Veränderung wurde ihm bald bewusst. Am Sterbetag seines Vaters hatte seine Mutter ein rosarotes Kleid getragen, als sie in den sonnigen Garten trat, um ihn hereinzurufen. Es war das letzte Mal gewesen, dass er sie in Gewändern sah, die auch nur einen Tupfen Farbe hatten. Für den Rest ihres langen Lebens sollte sie nur mehr

Schwarz tragen, selbst zu den unzähligen Familiengeburtstagen, -hochzeiten und -taufen, die noch kommen sollten. Es war nur zum Besten, dass weder die Witwe noch ihr Erstgeborener lasen, was die Wiener Zeitungen als angebliche Nachrufe auf den ehemaligen Souverän abdruckten. Selbst die Angesehenste unter ihnen, die sehr bürgerliche *Presse*, zollte ihm wenig Anerkennung für die Anstrengungen, die er sowohl als Friedensstifter als auch Reformer für die Erreichung seiner Ziele unternommen hatte, und suggerierte stattdessen, dass seine Unerfahrenheit und Unentschlossenheit dem Zerfall des Reiches nachgeholfen hätten. Der Artikel fasste alles in einem Ton maßlosen Kummers und Vorwurfs zusammen:

„Wie weit zurückliegend erscheinen uns nun jene Tage, als Ex-Kaiser Karl regierte, und wie viel hat sich verändert, seit ein mächtiger Erdstoß durch Zentraleuropa fegte, welcher so viele Throne stürzte und so viel Prunk auslöschte. Mit seinem Tod verschwindet ein Stück Geschichte, an dem wir alle beteiligt waren. Sein Tod auf einer fernen und abgeschiedenen Insel muss in all jenen einen Anflug von Nostalgie hervorrufen, die sich daran erinnern, was wir verloren haben, verloren durch erbarmungsloses Schicksal, aber zum Teil auch durch ihn."[89]

Das war noch milde im Gegensatz zur bösartigen Behandlung, die das offizielle Sprachrohr der Sozialdemokraten dem toten Souverän zuteil werden ließ. Die *Arbeiter-Zeitung* widmete ihm eine ganze Seite, um auf seinem Andenken herumzutrampeln. Für den Redakteur stellte Karl den letzten Überlebenden einer Dynastie dar, welche „mit einer Fackel jenen Brand ausgelöst hat, der die Welt zerstörte". (Weder die Attentäter von Sarajevo, die in Wirklichkeit die Zündschnur angezündet hatten, wurden erwähnt, noch die fast alleinigen Bemühungen des „Friedenskaisers", die Flammen im Jahr 1917 zu löschen.) Darüber hinaus hatte Karl, sogar im Tod, jeglichen Anspruch auf Respekt verwirkt, nachdem er sich geweigert hatte, sein Schicksal anzunehmen und sich wie ein Privatbürger im Exil zu benehmen. Nicht dass er, laut Zeitung, als Familienvater eine bessere Figur denn als Kaiser abgegeben hätte: „Karl war weder dazu geeignet, seine Kinder als fähige Personen aufzuziehen, noch war er willens, diese durch seine eigenen Bemühungen zu unterstützen." Das letzte Epitaph der Zeitung lautete: „Die Habsburger, und er persönlich, haben das bekommen, was sie verdienen. Ihr Schicksal ist Nemesis' Rache für ihre Taten."[90]

1921 waren die Sozialdemokraten in eine ideologische Schlacht zurückgedrängt worden, da sie die politische bereits verloren hatten. In den Wahlen vom Oktober letzten Jahres wurden sie von den Christlichsozialen ihrer kurzen Amtszeit enthoben. Von nun an war es der rechte Flügel, der in verschiedenen Kombinationen und Irrungen die Erste Republik regieren sollte, bis sich Hitler auf sie stürzte, um sie wie eine schwach flackernde Kerze auszulöschen. Doch selbst nachdem sein „Tausendjähriges Reich" zerschlagen worden und die Zweite österreichische Republik aus der Asche entstiegen war, dauerten die heftigen Anti-Habsburg-Schmähungen in der nächsten Generation unvermindert an – wie Otto zu seinem Schaden herausfinden sollte.

Selbst im republikanischen Wien musste man irgendeine Zeremonie veranstalten anlässlich des Hinscheidens des Herrschers, den es gestürzt und gemieden hatte. Glücklicherweise ergab es sich für die Familie, dass es sich beim damaligen Kanzler um Johannes Schober vom rechten Flügel handelte, denselben Mann, der als Wiener Polizeipräsident der bedrängten königlichen Familie während jener Monate des Exils im eigenen Land viel an Hilfe und Schutz zukommen hatte lassen. Fünf Tage nachdem die Nachricht vom Tod des Exilanten Wien erreicht hatte, führte Schober seinen Vizekanzler und mehrere seiner Minister in den Stephansdom, um einer Totenmesse beizuwohnen. Diese wurde vom selben Kardinal Friedrich Piffl gefeiert, dessen Ambivalenz während des Herbstaufstandes im Jahr 1918 zum politischen Untergang des Kaisers beigetragen hatte. Minister, Feldmarschälle und führende Bürokraten mischten sich in der Kirchengemeinde mit Mitgliedern des alten Adels – welche in Zeitungsartikeln nun entsprechend der politisch korrekten Phraseologie der Republik ohne ihre Titel genannt wurden.

Als die Messe zu Ende war, formierte sich ein monarchistischer Zug von Demonstranten (hauptsächlich junge Studenten, angeführt von einem gewissen Kuno Honnigg). Sie marschierten durch die

Straßen der Hauptstadt mit den Rufen „Nieder mit der Republik!" und „Lang leben die Habsburger!" und sangen die alte Hymne des Reiches. Als die Demonstranten jedoch das Parlamentsgebäude erreichten, war es vorbei mit der guten Aufnahme, die sie bis dahin von der Menge bekommen hatten. Schließlich war der Untergang des Reiches genau auf den Stufen jenes Gebäudes ausgerufen worden. Nun waren die Rufe „Lang lebe die Republik!" und „Nieder mit den Anhängern der Habsburger!" vorherrschend. Es war ein Vorgeschmack auf vieles, was sich in den nächsten Jahren in der Hauptstadt ereignen sollte.

Obwohl der gute Dr. Schober seine Minister in den Dom zur Messe geführt hatte, wagte er es nicht, der Witwe auf Madeira ein offizielles Kondolenzschreiben zu schicken; und tatsächlich gab es in Wien keinerlei offizielle Reaktion auf den Tod des Kaisers. In der anderen Zwillingsstadt des alten Reiches lagen die Dinge ganz anders. Innerhalb weniger Stunden nach Bekanntwerden des Ablebens entsandten sowohl der Reichsverweser als auch der Ministerpräsident, Graf Bethlen, von Budapest aus Telegramme mit Beileidsbezeugungen an „Ihre Majestät, die Kaiserin und Königin Zita" nach Funchal. Wahrscheinlich hatte die Witwe Horthys Botschaft in den Papierkorb geworfen. Graf Bethlens Telegramm dürfte sie aber behalten haben. Es hörte sich schließlich auch aufrichtiger an:

„Die Nation wurde von der Nachricht vom Ableben Ihrer Majestät, König Karl IV., tief erschüttert. Das ganze ungarische Volk trauert an der Seite Ihrer Majestät.[91] Ich möchte Sie bitten, mein innigstes Beileid im Namen der königlich-ungarischen Regierung anzunehmen."

Österreich war nun eine Republik, und seine Kaiser hatten sich stets nur als Erzherzöge bezeichnet. Ungarn war noch immer eine Monarchie, und der Tote hatte seine Krone getragen. Es war nicht verwunderlich, dass Mutter und Sohn mit ihrem verbliebenen Trost und ihrer Hoffnung in Richtung Budapest blickten.

Auch die Menschen auf Madeira erwiesen dem Kaiser, der in ihrer Mitte gestorben war, die letzte Ehre. Als das Begräbnis fünf Tage später auf dem „Monte" stattfand, schien es, als ob fast die gesamte Bevölkerung von Funchal gekommen war, um der Zeremonie beizuwohnen, welche vom ansässigen Bischof in der kleinen Wallfahrtskirche Nossa Senhora do Monte durchgeführt wurde. Es war umso besser, dass diese nur ein paar hundert Meter von ihrer Villa entfernt lag, da der Begräbniszug beschämend schlicht war. Kein von Pferden gezogener Leichenwagen stand zur Verfügung, und so musste der einfache Sarg auf einen zweirädrigen Handwagen geladen werden, der von männlichen Bediensteten gezogen wurde.

Nur drei Dinge ließen darauf schließen, dass es sich beim zur Ruhe Gebetteten um den Herrscher eines ehemals großen Reiches handelte. Das Erste war die Anwesenheit der Verwandten aus der Linie der Bourbonen und Habsburger (seine Mutter, Maria Josefa von Sachsen, und sein Bruder Max lebten zu diesem Zeitpunkt beide in Bayern und konnten daher ungehindert nach Madeira kommen). Das Zweite war das Insigne des Goldenen Vlieses, das um die kaiserliche österreichische Armeeuniform gehängt war, in der er beigesetzt wurde. Das Dritte war die Vielzahl von stattlichen Blumenbouquets, die rund um das provisorische Mausoleum im Inneren der Kirche angeordnet worden waren. Zuvorderst lag jenes von König Alfons XIII. von Spanien. Dieser Verwandte war es auch, der schon bald etwas viel Wichtigeres als einen Blumenstrauß nach Madeira schicken sollte, um ihre verzweifelte Situation zu lindern.

Man spekulierte, ob Karls Leichnam nach Wien zurückgebracht werden würde, um neben seinen Vorfahren in der Kaisergruft der Kapuzinerkirche seine letzte Ruhe zu finden. Ein weiteres Gerücht besagte, dass es der Witwe nun erlaubt sein werde, sich in Ruhe und Frieden mit ihrer Familie in Österreich niederzulassen. Beide Behauptungen lagen weit von der Wahrheit entfernt, die zweite sogar noch weiter als die erste. Abgesehen von den innenpolitischen Problemen, die solch eine Rückkehr in der Republik verursachen hätte können, waren die Ententemächte, die eine krankhafte Angst vor den Schwierigkeiten hatten, die die Witwe innerhalb Europas für sie heraufbeschwören hätte können, entschlossen, sie auf Madeira in sicherer Abschirmung zu belassen. Zita war gleichermaßen entschlossen, abzureisen, damit ihr nächstes Kind, dessen Geburt unmittelbar bevorstand, nicht an einem Ort zur Welt kam, der einer

Kriegsgefangenschaft gleichkam. König Alfons zerschlug den gordischen Knoten, der seit jeher durch den unversöhnlichen Eduard Beneš um die Hände der Alliierten gebunden war. Nachdem er zunächst über diplomatische Kanäle in London vorgefühlt hatte, gab der König der Botschafterkonferenz in Paris deutlich zu verstehen, dass er, mit oder ohne deren Einverständnis, ein spanisches Kriegsschiff nach Madeira entsenden werde, um die Exilanten nach Spanien zu holen. Daraufhin gab die britische Regierung nach. Sie ließ sogar eine Vorsichtsmaßnahme fallen, auf der sie ursprünglich bestanden hatte: nämlich, dass die Kaiserin vor ihrer Abreise aus Madeira ein Gelöbnis ablegen sollte, „von jeglicher Machenschaft zugunsten der habsburgischen Restauration abzusehen". Am 17. Mai wurde die Botschafterkonferenz in Paris entsprechend unterrichtet.[92] Eine Woche später ging die *Infanta Isabel* im Hafen von Funchal vor Anker, um die Familie zunächst nach Cádiz und von dort mit dem Zug nach Madrid zu bringen. König Alfons wartete bereits am Bahnhof, um seine Gäste zu begrüßen, die dann von einer militärischen Ehrengarde zu den prunkvollen Unterkünften in den Prado-Palast eskortiert wurden. Wenige Tage später, am 31. Mai 1922, gebar Zita hier ihr letztes Kind. Das kleine Mädchen wurde auf den Namen Elisabeth getauft, nach der wunderschönen, aber vom Schicksal verfolgten Ehefrau Kaiser Franz Josephs. Karl hatte den Namen schon lange im Voraus gewählt mit der Behauptung, dass er wüsste, dass das nächste Kind ein Mädchen sein würde.

Alfons XIII. versuchte, die Kaiserin zu überreden, im Prado zu bleiben und sogar ihre Kinder in der Hauptstadt zur Schule zu schicken. Doch so dankbar sie auch für die Rettung war, Zita wollte nichts von alldem. Madrid befand sich schon in politischem Aufruhr und war kaum der geeignete Hintergrund für die Habsburgkinder, die obendrein kein Spanisch konnten. Was ihre Mutter brauchte, war ein eigenes Zuhause, wo sie persönlich durch die Auswahl der Hauslehrer über die Ausbildung ihrer Kinder wachen konnte. Darüber hinaus wollte sie näher bei Frankreich sein, der Heimat ihrer Vorfahren und jenem Land, das ihrem Ehemann die bestmögliche, heimliche Hilfe beim fehlgeschlagenen Rückeroberungsversuch seiner Krone zukommen ließ. Man brauchte ein

Jahr, um das Problem zu lösen, aber schließlich war es am 6. Juni 1923 so weit, als die Familie (nicht ohne Schwierigkeiten)[93] in den *Palacio* Uribarren übersiedelte, mit Blick auf das baskische Fischerdorf Lequeitio.

Die sechs Jahre, die sie dort verbringen sollten, waren die glücklichsten und friedvollsten ihres Exils. In Lequeitio kam Otto in die Teenagerjahre, und von diesem Zeitpunkt an geht auch seine Lebensgeschichte in die Familienarchive ein (die entsprechenden Einträge sind alle mit „S. M." oder „Seine Majestät" gekennzeichnet). Noch aufschlussreicher sind seine eigenen Erinnerungen, die von nun an immer schärfer und reichhaltiger werden. Für ihn bedeutete Lequeitio vor allem „harte Arbeit und Unterricht".[94] An jedem Wochentag begann er um sechs Uhr in der Früh mit den Hausübungen vom vorigen Tag. Nach einer Pause gab es dann die erste der täglichen Unterrichtseinheiten: dreieinhalb Stunden vor dem Mittagessen; weitere drei Stunden bis zur Teejause, nach der es ihm erlaubt wurde, noch selbstständig weiterzuarbeiten, bis um sieben Uhr abends die Bücher geschlossen und die Stifte für den Tag weggelegt wurden.

Es handelte sich um einen fast unmenschlichen Stundenplan, und seine Mutter hatte eine beachtliche Anzahl an Lehrern zusammengestellt, um diesen auch bewältigen zu können. Der größte und verlässlichste Beitrag kam aus Ungarn, wo der Abt der Benediktinerabtei in Pannonhalma, Remig Bárdoss, eine Abordnung seiner besten Lehrer entsandte, um jenen Jugendlichen zu unterrichten, den er als seinen König ansah. Doch da gab es noch eine Menge anderer Lehrer: Pater Weber („sehr streng und sehr schwierig") und der aus Österreich stammende Professor Neideracher für Deutsch und Altphilologie; eine gewisse Miss Street für Englisch und eine Miss Sépibus für Französisch. Alle Kinder mussten in diesem Wasserfall von Lektionen baden, wenngleich auch der Umfang des Unterrichtsstoffs geringer wurde, je kleiner sie waren. Ein sorgfältig arrangiertes Familienfoto zeigt den gesamten königlichen Nachwuchs, wie er um einen Tisch herum liest und wie die Mutter anerkennend aus der Mitte blickt. Sie entwickelte damals die ansprechende Gewohnheit, alle acht Kinder in einer Linie fotografieren zu lassen, die links bei Otto, dem größten von allen, beginnend fast geometrisch zur winzigen Elisabeth am rechten Bildrand hinunter abfällt. Ottos Unterrichtspensum entsprach seiner Größe. Trotz der Radausflüge aufs Land und der Bootsausflüge in der Bucht herrschte ein strenges Unterrichtsregiment. Später bemerkte er einmal ironisch, dass es ihn zu einem „Workaholic" gemacht hätte, und fügte hinzu, glücklicherweise sein ganzes Leben einer geblieben zu sein.

Obwohl nicht von der Distanz her, so brachte sie Lequeitio dennoch um vieles näher an ihre Heimat heran. Das Reisen war nun schon viel einfacher geworden, und nachdem es sich um die Zeit der großen Wallfahrten zur spanischen Kirche von Limpias handelte, kamen die meisten der Pilger aus Österreich und Ungarn in Lequeitio vorbei. Von der großen Habsburgfamilie selbst ließen sich nur wenige blicken.

„Es gab nur einige wenige Erzherzöge, die uns besuchen kamen. Das war verständlich, da beide Zweige von Erzherzog Friedrich und Erzherzog Josef nicht besonders beliebt waren[95], während der toskanische Zweig auf Befehl meines Vaters aus der Familie ausgeschlossen worden war, da er sich der österreichischen Republik unterwarf."[96] Unter der Hand voll von Habsburgern, die auftauchten, befanden sich des Kaisers jüngerer Bruder, Erzherzog Maximilian (mit dem die Witwe nicht immer einer Meinung war), und der ehrwürdige Erzherzog Eugen, der sich in Spanien sehr zu Hause fühlte, da seine Schwester die Königin-Mutter war.

Die Königin-Mutter war es auch, die auf diesem, ihrem letzten regelmäßigen Besuch für Zita die politischen Alarmglocken läutete:

„Sie erzählte meiner Mutter von ihrer Angst bezüglich der Zukunft Spaniens. Während ihrer Zeit als Königin war sie es gewesen, und nicht so sehr ihr Mann, die den persönlichen Kontakt mit allen Anführern des linken Flügels aufrechterhalten hatte, wie z. B Azaña und Leroux, welche später die Republik ausrufen sollten. Sie befürchtete und warnte zugleich davor, dass die Monarchie in Spanien nach ihrem Tod binnen sechs Monaten enden könnte."[97]

König Alfons XIII. selbst – auch ein regelmäßiger Gast bei der von ihm geretteten Familie – schien niemals solch unheilvollen

Pessimismus geäußert zu haben. Ebenso wenig seine britische Ehefrau Königin Ena[98], trotz der Tatsache, dass Blutspritzer von der Bombe eines Mörders ihr Hochzeitskleid befleckten, als sie die alte Kirche von Los Geronimos in Madrid nach der Trauung am 31. Mai 1906 verließ. In Wirklichkeit hielten die Besuche des Königs den Mut der Exilanten aufrecht und unterstrichen auch Ottos Position als Erbe der habsburgischen Ansprüche auf den Thron. Jedes Mal, wenn er z. B. eine Delegation empfing oder eine Parade vor Ort abnahm, stellte er den jungen Prinzen an seine Seite. Doch noch bevor das Jahrzehnt um war, musste es zu einer Übersiedelung aus Lequeitio kommen, nicht nur aufgrund der politischen Gewitterwolken, die sich hinter ihnen über Madrid zusammenbrauten. Sie mussten sich nun vor allem über Vorlesungen an einer Universität für den 16-jährigen Otto Gedanken machen, der gerade dabei war, seine Matura abzulegen (sowohl auf Deutsch als auch auf Ungarisch!). Ein vierjähriger Universitätsbesuch in Spanien war noch undenkbarer als es der Gedanke an den Besuch einer spanischen Schule gewesen war, als sie damals von Madeira kamen. Auf jeden Fall war es an der Zeit, von diesem baskischen Dorf aus weiterzuziehen, in dem „alles, was passierte, eher zu weit von der Welt entfernt war", wie es Otto ausdrückte. Näher zum Zentrum der Ereignisse war auch Teil eines langfristigen Planes seiner Mutter für die Familie: „Sie spürte, dass, wenn wir uns Schritt für Schritt auf die Orte mit breiterem Horizont hinbewegten, dies schließlich dem Gefühl, dass wir noch immer wie in einem Gefängnis lebten und das für manche von uns noch immer da war, ein Ende bereiten würde."

Aber wohin sollten sie gehen? Das war das Problem, dem sich die junge Matriarchin mit dem schweren Mantel der Habsburger auf ihren Schultern stellen musste. Für sie wäre Frankreich ideal gewesen; aber nachdem die Republik ihre eigenen Bourbonen los geworden war, hätten sich die Franzosen mit dem Thronfolger einer weiteren verbannten Dynastie, die sich dort niederlassen wollte, wohl nicht anfreunden können, besonders in Hinblick auf die unerschrockenen monarchistischen Aktivitäten ihrer zwei Brüder in Paris. England, die Niederlande und die skandinavischen Länder besaßen zwar alle noch Monarchen, aber ihre protestantischen

Herrscherhäuser hatten keine familiären Bande mit den Habsburgern. Eine starke Verbindung bestand jedoch mit Luxemburg, da Felix, ein weiterer von Zitas zahlreichen Brüdern, die regierende Großherzogin Charlotte geheiratet hatte. Sie alle wollten nun auf irgendeine Art helfen (Prinz Felix hatte bereits als seines Neffen Ratgeber fungiert, als Otto auf Clairvaux versprach, sein Französisch zu vervollkommnen), doch das Fürstentum war einfach zu klein, um das Gewicht von Zitas ausufernden Ambitionen mit zu tragen. Mussolinis Italien kam nicht in Frage; Portugal hatte trotz seiner ganzen offiziellen Freundlichkeit auf Madeira die Dynastie ihrer Mutter abgesetzt und war sowieso zu weit vom Mittelpunkt Europas entfernt.

Nach dem Ausleseverfahren blieb Belgien übrig. Dort gab es so etwas, was man eine Familienverbindung nennen konnte (König Albert war mit einer Cousine von Zita, Prinzessin Elisabeth von Bayern, verheiratet); Brüssel selbst hatte als diskrete politische Basis eine gute Lage, war nicht zu bedeutend und nicht zu unbedeutend; darüber hinaus rangierte Louvain (Leuven), welches nahe der Hauptstadt lag, unter den besten katholischen Universitäten auf dem Kontinent. Wieder einmal machten sich die Prinzen Sixtus und Xavier an die Arbeit und richteten ein erfolgreiches Ansuchen sowohl an König Albert als auch an seinen Ministerpräsidenten, Graf de Brockeville. Mit Bedauern genehmigte König Alfons den Umzug von Spanien, und im September des Jahres 1929 packte die Familie ihre Sachen und verabschiedete sich vom kleinen Fischerdorf, das sie so sehr ins Herz geschlossen hatte (eine Zuneigung, die fast zehn Jahre später unerwartete Früchte tragen sollte). Unter jenen, die aus der Heimat für die Verabschiedung angereist waren, befand sich eine Gruppe ungarischer Pfadfinder, ein ungarischer Universitätsprofessor und Baron Stritzl, der die Vermögenswerte der Habsburger in Wien verwaltete (sie waren noch immer winzig, vermehrten sich aber bescheiden). Aus keiner Aufzeichnung geht hervor, dass sich ein Erzherzog gezeigt hätte.

Nach viermonatiger „Hausjagd" (während dieser Zeit lebte die Familie auf Einladung in der geräumigen Brüsseler Villa von Graf d'Ursel) entschied sich Zita für Schloss Hams, ein wenig außerhalb des kleinen flämischen Dorfes Steenockerzeel gelegen. Es war kein Ort, in den man sich auf den ersten Blick verliebte. Ham war eine düster wirkende, mit einem Wall umgebene Festung, die auf drei Seiten noch von einem See umschlossen war, der im Sommer Stechmücken und das ganze Jahr über Feuchtigkeit versprach. Die Einrichtung im Inneren war beinahe so mittelalterlich wie die Steine: Es gab weder eine angemessene Heizung noch Fließwasser. Auf der anderen Seite bot es genügend Platz für einen Haushalt, der sich wieder auszudehnen begann.[99] Darüber hinaus hatte es eine ideale Lage: Es befand sich nahe der Hauptstadt und lag an der Straße zur Universität Louvain. Nachdem der Besitzer, der Marquis Jean de Croix, die Inneneinrichtung komplett modernisiert hatte, war Zita einverstanden, das ausladende Gebäude zu mieten. Die Familie zog im Januar 1930 ein und sollte mehr als zehn Jahre dort wohnen. Für die Familie war es ein Jahrzehnt der Ruhe und der wachsenden Hoffnung für die Dynastie – beides wurde am Ende zerschlagen, wie auch der Friede in Europa.

Bevor das erste Jahr um war, fand auf Ham das erste große Ereignis statt, zumindest im familiären Bereich. Am 20. November 1930, an Ottos 18. Geburtstag, wurde der junge Student, der gerade sein Jurastudium begonnen hatte, volljährig und somit nach den Familienstatuten Oberhaupt des Hauses Habsburg. Es handelte sich größtenteils um eine Änderung formeller Natur, da seine Mutter, die nun nicht mehr Regentin war, weiterhin die Geschäfte leitete bis er sein vierjähriges Studium beendet hatte. Doch an diesem Tag wurden die ganze Feierlichkeit und der ganze Prunk, den die Exilanten aufbieten konnten, im großen Salon des Schlosses zur Schau gestellt. Zita, die zur Aufhellung ihrer „Uniform in Schwarz" lediglich die Diamantbrosche des Sternkreuzordens trug, folgte den letzten Anweisungen seines Vaters und erklärte ihren Sohn „aus seinem eigenen Recht zum Souverän und Oberhaupt des Herrscherhauses". Dann verneigte sie sich vor dem jungen Mann und setzte ihre Unterschrift unter die Proklamation. Nach ihr unterschrieben Erzherzog Robert, Ottos ältester Bruder und der nächste in der Erbfolge; sein Onkel Erzherzog Max; seine Großmutter, die allgegenwärtige Erzherzogin Maria Josefa; Graf Degenfeld als Leiter des Haushaltes

Kaiser Franz Joseph mit
Erzherzog Otto (Bildarchiv der
Österreichischen National-
bibliothek, Wien = ÖNB).

Hochzeit Erzherzog Karls mit
Prinzessin Zita von Bourbon-
Parma am 21. Oktober 1911
auf Schloss Schwarzau
(Archiv Verlag Styria, ÖNB).

Das Ende einer Legende: Begräbnis Kaiser Franz Josephs am 30. November 1916 in Wien (ÖNB).

Der neue Kronprinz folgt dem Sarg, flankiert von seinen Eltern (ÖNB).

Krönung in Budapest am 30. Dezember 1916 (Archiv Verlag Styria, ÖNB).

Kaiserin Zita mit Kronprinz Otto (Privatbesitz).

Im Familienkreis mit den Kindern Otto, Adelheid und Robert (ÖNB).

Erster Weltkrieg – das Kaiserpaar mit dem Thronfolger und seiner Schwester
Adelheid schreitet Truppen ab (Privatbesitz).

3. März 1919: Abreise Karls aus Österreich unter englischer Obhut (ÖNB).

Oktober 1921 – Restaurationsversuch in Ungarn: der hoffnungsvolle Anfang
(Privatbesitz).

Im Gebet, knapp vor der endgültigen Niederlage vor den Toren Budapests
(Privatbesitz).

Karl und Zita im Park von Hertenstein (ÖNB).

November 1921: Auf der Überfahrt ins Exil auf Madeira (Foto Votava, Wien).

Wartholz 1917: Kaiserin Zita im Familienkreis; Kronprinz Otto, Erzherzogin Adelheid, Herzogin von Parma, Prinz Felix und Prinz Rene von Parma (Privatbesitz).

Erzherzog Otto mit seiner Mutter beim Begräbnis auf Madeira April 1922 (Privatbesitz).

Erzherzog Otto als junger Jäger (Privatbesitz).

Otto in ungarischer Galauniform (Privatbesitz).

und ein paar große Namen des alten Adels. Stefan Rakovsky, einer der Anführer des ersten Restaurationsversuchs, war unter jenen ungarischen Monarchisten, die zur Unterzeichnung erschienen waren. Österreich war nicht standesgemäß vertreten. Tatsächlich kam gerade hier der Gegensatz zwischen den zwei Hälften der verschwundenen Doppelmonarchie auf gespenstische Art wieder zum Vorschein, nämlich auf zwei sorgfältig arrangierten Fotografien, die auf diesem Exilantentreffen geschossen wurden. Das Gruppenfoto, das die österreichische Hälfte darstellt, ist schlichter, und es sind weniger Personen darauf zu sehen, von denen manche in der ersten Reihe, vielleicht symbolhaft, in unterschiedliche Richtungen blicken. Dasjenige, das zum Andenken an die ungarische Hälfte gemacht wurde, hinterlässt einen völlig anderen Eindruck. Während Otto zuvor in einem anonymen schwarzen Anzug posierte, taucht er nun, abermals in der Mitte, in einer prunkvollen ungarischen Galarobe auf, mit einem breiten Seidenband, dass sich von seiner rechten Schulter über den Kasack legte. Seine Mutter erscheint viel engagierter und majestätischer, und in ihrer rechten Hand hält sie etwas, das aussieht wie ein Miniatur-Szepter. Alle – außer Zitas Mutter – blicken direkt in die Kamera. Einmal mehr eine Erinnerung daran, dass der Familientitel, den Otto direkt von Wien geerbt hatte, Erzherzog der österreichischen Ländereien war. Derjenige, den er von Budapest übernommen hatte – und den er noch immer besaß –, war der des Apostolischen Königs von Ungarn.

Und dennoch sollte in der nächsten Dekade der Anspruch auf das österreichische Erbe in den Mittelpunkt gerückt werden. Adolf Hitler, der drauf und dran war, auf die Bühne Europas hereinzuplatzen, rückte diesen Anspruch in den Mittelpunkt und beließ ihn auch dort. Der Führer fürchtete einen Restaurationsversuch in Wien sogar mehr als die Exilanten selbst es erwartet hätten. Er war wie besessen von dieser Bedrohung, und so wurde der 18-jährige Jüngling, der gerade erst zum Oberhaupt des Hauses Habsburg erklärt worden war, auch zu einer Schlüsselfigur im Machtspiel der dreißiger Jahre.

KAPITEL DREI

Das Rätsel der Krone

Vor ihrem Umzug nach Belgien hatte Zita inkognito König Albert einen privaten Besuch abgestattet, um die Vorkehrungen für den Aufenthalt der Familie zu besprechen. Er hatte eine wichtige Bitte: Es sollte zu keinen offenen politischen Aktivitäten kommen, während sich die Exilanten auf belgischem Boden befanden. Ham sollte vor allem kein zweites Hertenstein werden, eine Abschussrampe für einen direkten Restaurationsversuch. Zita gab dieses spezielle Versprechen gerne ab, doch eine generelle Enthaltung konnte sie unmöglich garantieren. Selbst wenn sie sich passiv verhalten hätten, war der Haushalt in Steenockerzeel drauf und dran, sich zu einem monarchistischen Zentrum zu entwickeln. Europa streckte angesichts der Bedrohung durch die Nazis die Hand nach ihnen aus. Während ihrer Jahre in Lequeitio war der Nationalsozialismus ein kleiner brauner Klecks am europäischen Horizont gewesen. Mittlerweile drohte er Deutschland zu absorbieren und sich weiter auszudehnen. Zwangsläufig würden Habsburg und Hitler in einen Kampf um ihre gemeinsame germanische Heimat verstrickt werden.

Als Erstes galt es nun also herauszufinden, wie Hitlers Chancen standen, den komplizierten Kampf um die Kontrolle über Berlin zu gewinnen. Im Winter 1932/33 wurde Otto in die deutsche Hauptstadt entsandt, um darüber Informationen einzuholen. Als halber Vorwand für seine Reise diente der Besuch von Vorlesungen am Agrarinstitut von Professor Sering, der führenden deutschsprachigen Akademie in Europa. Doch weitaus bedeutsamer als der akademische Ruf des Professors war seine politische Plattform. Sering war Abgeordneter des preußischen Landtags, Konservativer und mit Leib und Seele Gegner Hitlers. Mit seiner Hilfe und der Graf

Galens, Landtagsabgeordneter der Zentrumspartei und ein weiterer Gegner des Nationalsozialismus, wurde Ottos Aufklärungsreise vorbereitet. Wie sich herausstellte, war Hitler genauso erpicht darauf, den 20-jährigen Thronfolger zu inspizieren, wie der junge Mann die Aussichten des Führers erkunden wollte. Otto berichtet über diese unveröffentlichte Episode:

„Zunächst trat Prinz August Wilhelm, der vierte oder fünfte in der Linie der hohenzollernschen Brüder, an mich heran, um Hitler zu treffen. Ich hatte versucht, wenn auch nur aus Höflichkeit, alle von ihnen zu besuchen. Eines Nachmittags, nachdem ich mit dem Kronprinzen zu Mittag gegessen hatte, lud mich sein jüngerer Bruder zu einem Gespräch in dessen Haus ein. Er war nicht nur Abgeordneter des Berliner Landtags, sondern auch ein Offizier im Elitecorps der Nazis, der Sturmabteilung, und er empfing mich in seiner SA-Uniform. In unserer Unterhaltung sang er Loblieder auf die Partei und sprach ständig von ihrem ‚Führer‘, den ich demonstrativ immer nur ‚Herr Hitler‘ nannte. Dann rückte er mit der Einladung heraus. Sein Führer hatte ihm erzählt, dass er mich sprechen wollte.“

„Daraufhin teilte ich dem Prinzen mit, dass ich in Berlin war, um zu studieren […] und dass ich infolgedessen politischen Gesprächen aus dem Weg ging. Natürlich stimmte das nicht, da ich mich bereits mit vielen Persönlichkeiten der Demokratisch-Konservativen Partei getroffen hatte. Doch es erschien mir als der beste Grund, den ich angeben konnte. Später versuchte es Göring selbst (der zu dieser Zeit natürlich der Präsident des Berliner Landtags war) noch einmal über Baron Perreira, in dessen Wohnung ich logierte. Die Botschaft war dieselbe: Der Führer wollte mich noch immer treffen. Ich gab dieselbe Antwort wie zuvor, und damit endete das Ganze.“

„In meinen Augen war Prinz August Wilhelm ein überzeugter Nazi, doch alle Hohenzollern teilten die Illusion, dass Hitler die Monarchie wieder einführen würde, sobald er an die Macht käme. Ich war mir sicher, dass Hitler diese nur als Mittel benutzte, um monarchistische Wähler anzulocken. Ich hatte bereits gesehen, wie der Kronprinz Hitler gegen Präsident Hindenburg unterstützt hatte und dass er in Hinblick auf die österreichischen Wähler mit mir im

Grunde genau dasselbe vorhatte. Ich hatte den großen Vorteil, dass ich *Mein Kampf* schon von Anfang bis Ende gelesen hatte und seine Ziele kannte. All dies bestärkte mich nur in meiner Weigerung, ihn zu treffen […] Auf der anderen Seite wäre es eine interessante Erfahrung gewesen. Dies war tatsächlich die einzige interessante Konversation, die ich jemals in meinem Leben vermieden habe."[100]

Eine unvergessliche Begegnung, die Otto vor seiner Abreise aus Berlin hatte, war jene mit dem legendären Helden aus dem Ersten Weltkrieg, Feldmarschall Hindenburg, damals Reichspräsident der schnell zugrunde gehenden Weimarer Republik, die er gerade dabei war, in Hitlers Hände zu übergeben. Der alte Mann, der sich so resolut auf dem Schlachtfeld gehalten hatte, hatte indes einen unsicheren Stand auf der politischen Bühne. Für dieses Treffen legte er jedoch jenes Gespür für Höflichkeit aus der alten Welt an den Tag, das den Führer vor Wut wohl schäumen hätte lassen. Für das Treffen mit dem jungen Erben der Habsburgerdynastie, an dessen Seite das hohenzollernsche Deutschland als Verbündeter gekämpft hatte, hatte der Feldmarschall eine österreichische Armeeuniform angezogen, die er noch aus vergangenen Tagen aufgehoben hatte. Die einzigen Dekorationen darauf waren jene österreichischen, die Ottos Vater und davor Kaiser Franz Joseph ihm während des Krieges verliehen hatten. Otto erinnert sich, dass sie im Gespräch tagespolitische Themen zur Gänze vermieden. Stattdessen sprach Hindenburg hauptsächlich über seine Tage als junger Offizier und im Besonderen vom Deutsch-Französischen Krieg im Jahr 1870/71, in dem er gekämpft hatte und welcher im triumphalen Siegesmarsch nach Paris seinen Höhepunkt fand. Otto wurde später erzählt, dass er ziemlich sicher der letzte Nicht-Nazi war, der vom Präsidenten empfangen wurde, bevor dieser sein Amt niederlegte.

Jenes schicksalhafte Ereignis fand ein paar Tage später, am 30. Januar 1933, statt, als der Reichspräsident nach dem Wahlsieg der NSDAP[101] zum Rücktritt überredet wurde und die Amtsgeschäfte an ihren Anführer, Herrn Hitler, übergab. Nur wenige Stunden vor diesem Ereignis hatte Otto Berlin verlassen. Bei seiner Abreise handelte es sich nicht um eine geplante Flucht, sondern, wie er behauptet, um puren Zufall: Seine Studienzeit bei Professor Sering war Ende des Monats abgelaufen, und er wurde schon in Louvain zurückerwartet. Er erkannte aber schnell, dass er sich bereits in Gefahr befand.

„Ich betrat unmittelbar nach dem Wahlsieg der Nazis abermals deutschen Boden, aber nur, um auf meinem Weg von Lindau nach München durch Bayern durchzureisen. Ich war zuerst in Mittenwald in Deutschland gewesen, wo ich ein Treffen mit führenden österreichischen Monarchisten abhielt, und während der zwei Tage, die ich mich dort aufhielt, wurde ich Zeuge, wie die Nazis vor Ort die Macht in der Gemeinde übernahmen."

Noch immer brachte er all dies in keinerlei Verbindung mit seiner Person und erlebte am nächsten Tag einen Schock, als er nach Gaisl-Gasteig weiterreiste, in jenes Dorf an der Grenze, in dem seine Großmutter, die allgegenwärtige Erzherzogin Maria Josefa, ein Haus besaß.

„Noch am selben Abend erschien ein Herr von Hitlers Gestapo, der uns sprechen wollte. Er war ein Kroate, der zum deutschen Staatsbürger geworden war und einen hohen Rang bei der Polizei innehatte. Er kam, um mich zu warnen, dass ich unverzüglich abreisen sollte, da am Nachmittag schon die Nazis die Redaktion der deutschen Zeitung *Der Gerade Weg* gestürmt hatten. Es handelte sich um eine Wochenzeitung, die heftig gegen die Nazis schrieb. Ich pflegte ein sehr freundschaftliches Verhältnis zum Redakteur, der gerade eben ermordet worden war. Der Kroate erzählte uns, dass die Nazis, nachdem sie alle Korrespondenzen des Redakteurs beschlagnahmt hatten, von unserer Freundschaft erfahren haben könnten und sich nun vielleicht auf dem Weg befänden, um mich zu fassen. Ich verließ das Dorf mit dem nächsten Zug in Richtung Belgien und sah Nazi-Deutschland nicht mehr wieder bis nach seiner Niederlage im Jahr 1945."

Otto hatte großes Glück, dass der Gestapo-Beamte ein ehemaliger kroatischer Staatsbürger war. In den Tagen der Monarchie waren die Kroaten, wie auch die Juden, fanatische Anhänger des Kaisers in Wien. Beide handelten aus Selbstschutz: Die Kroaten wollten z. B. ihren Status als Zweiteklassebürger verbessern, den ihnen die Ungarn aufgezwungen hatten.[102] In dieser neuen Welt der

Republiken und Diktaturen konnte das kroatische Blut, das in den Adern des deutschen Nazi floss, den Gedanken noch immer nicht ertragen, dass dieser junge Prinz, der Sohn des letzten Kaisers von Schönbrunn, dem Führer übergeben werden sollte. Was aber ziemlich düster anmutete, war die Tatsache, dass Otto nur ein paar Wochen nach seiner höflichen, aber bestimmten Absage an ein Treffen mit Hitler zur Zielscheibe seiner Rache geworden war. Wie wir sehen werden, sollte der junge Habsburger in den nächsten zehn Jahren ganz oben auf Hitlers Fahndungsliste für österreichische Staatsbürger gesetzt werden.

Der kleine Hof auf Ham, zu dem Otto zurückeilte, war nun mit einer neuen Situation konfrontiert. Der Vorteil, *Mein Kampf* zu kennen, entwickelte sich zu einer bedrohlichen Belastung, nun, da sein Autor zum Anführer einer weitgehend hypnotisierten deutschen Nation geworden war. Im zweiten Absatz auf der allerersten Seite hatte Hitler sein Versprechen über das Schicksal seiner Heimat abgegeben:

„Deutsch-Österreich muss wieder zurück zum großen deutschen Mutterlande [...] Gleiches Blut gehört in ein gemeinsames Reich."

Die ungarische Hälfte der alten Monarchie konnte zunächst einmal aufatmen. Niemand konnte behaupten, dass die Magyaren deutschen Blutes waren, und Reichsverweser Horthy, der schon bald Hitlers Verbündeter werden sollte, würde Ottos Weg nach Budapest in jedem Fall und allzeit blockieren. Wien stellte für Hitler ein natürliches und auch ein leichteres Ziel dar. Von 1933 an nahm also die Bewahrung der Unabhängigkeit Österreichs gegen diese Bedrohung einen weitaus größeren Stellenwert für die Exilanten auf Schloss Ham ein als ein Restaurationsversuch – es sei denn, man könnte die beiden verbinden. Die Suche nach Unterstützung musste beschleunigt werden, sowohl innerhalb als auch außerhalb der Grenzen der alten Monarchie.

Mussolini war schon seit langem die erste Wahl der europäischen Machthaber gewesen. Während sich Hitler noch immer in Deutschland die Leiter zur Macht hinaufkämpfte, blieb der Duce der mächtigste Diktator auf dem Kontinent, sogar noch nachdem Hitler eine Weile seinen Stand festigen konnte. Darüber hinaus war

Mussolini entschlossen – sowohl aus Eitelkeit als auch aus politischen Überlegungen heraus –, seine Vorherrschaft gegenüber wie auch immer gearteter Herausforderungen dieses braun-uniformierten Emporkömmlings in Berlin immer wieder aufs Neue zu bekräftigen. Im Mittsommer des Jahres 1934 flackerte diese Gefahr auch über Österreich selbst auf. Am 25. Juli wurde der damalige Kanzler, Engelbert Dollfuß, bei einem stümperhaften Naziputsch in Wien von einer Bande von rebellischen Schlägern in seiner Kanzlei am Ballhausplatz ermordet.[103] Der kleingewachsene Führer aus bäuerlichen Verhältnissen hatte seine eigene Auffassung von autoritärer, außerparlamentarischer Herrschaft, die der Führer gebilligt hätte, wenn nicht drei schwerwiegende Gründe dagegen gesprochen hätten.

Erst einmal war seine Politik zu milde: Er ließ Gegner einsperren, anstatt sie zu töten; es durfte nur zurückgeschossen werden, wenn auf einen selbst gezielt wurde; und er versagte bei der Verfolgung der Juden. Zweitens präsentierte sich der „Austrofaschismus" eingewickelt in einer Decke katholischer Inbrunst, die sich bewusst gegen die Nazis stellte. Ihr frommer Gründer, der einst den Weihrauchkessel in seiner Dorfkirche geschwungen hatte, verfasste nur drei Monate vorher einen ersten Entwurf einer Verfassung, welche die Republik in ein Möchtegern-Königreich Gottes auf Erden verwandelt hätte – dies war der erste und letzte Versuch dieser Art in diesem Jahrhundert. Schließlich kam es neben dieser mystischen Allianz mit dem Allmächtigen zu einer verächtlicheren Allianz mit dem österreichischen Patriotismus, nämlich die Behauptung, dass sein Volk eine rechtmäßige, eigene Nation war. Diese Aussage versetzte dem zweiten Satz in *Mein Kampf* einen direkten Schlag ins Gesicht. Dollfuß musste verschwinden, bevor diese Verschmutzung des reinen germanischen Credos um sich greifen konnte. Und Dollfuß wurde rechtzeitig beseitigt, obwohl unklar war, wie sehr Hitler persönlich in diesen fehlgeschlagenen Coup verwickelt gewesen war.

Was jedoch sofort klar wurde, war, dass Mussolini, der Dollfuß unter seine Fittiche genommen hatte, ganz und gar nicht mit der Auslöschung des Einflusses Italiens auf Österreich einverstanden war. Es war gegen 15.45 Uhr, als Dollfuß in seiner verdunkelten Kanzlei seinen Wunden erlag. Nur fünfzehn Minuten später, zu jenem Zeitpunkt, als die ersten verlässlichen Meldungen über den Putschversuch Rom erreichten, befahl der Duce seiner italienischen Armee, in voller Stärke in Richtung Tiroler und Kärntner Grenze vorzurücken. Am nächsten Tag wurde diese Vorhut in Gefechtsposition gebracht. Mussolinis viel gepriesene „Wache auf dem Brenner" hatte begonnen. Obwohl sie letzten Endes nicht mehr als eine Wache mit Ferngläsern war, überbrachte sie Berlin zu dieser Zeit eine starke militärische Warnung, welche Mussolini nun an der politischen Front noch verstärken wollte.

Vier Monate vor seinem Tod hatte Dollfuß die so genannten „Römischen Protokolle" unterzeichnet. Diese verbanden Österreich mit Italien und Ungarn in einer neuen Gruppierung des rechten Flügels, um der vom Westen unterstützten Kleinen Entente der Nachfolgestaaten – nämlich der Tschechoslowakei, Jugoslawien und Rumänien – entgegentreten zu können. Ein Jahr später gelang es Mussolini, zusätzlich zu den ursprünglich rein wirtschaftlichen Übereinkünften auch Zusagen für eine militärische Zusammenarbeit zu erhalten. Dies gewährte Österreich ein gewisses Sicherheitsnetz gegen Nazi-Deutschland und auch gegen die Feindseligkeiten seiner kleineren Nachbarn. Nach der Ermordung von Dollfuß versuchte der Duce, diesen Schutz durch eine Vereinbarung mit den Westmächten zu verstärken. Er war die treibende Kraft hinter dem Pakt der so genannten Stresa-Front, der von Italien, Großbritannien und Frankreich im April 1935 unterzeichnet wurde und in dem die drei Mächte gelobten, „sich gemeinsam" im Falle einer Bedrohung der Unabhängigkeit Österreichs „zu beraten". Dieses Versprechen galt jedoch nur auf dem Papier (und erwies sich im Ernstfall auch wirklich als „papierdünn"). Doch zusammen mit den Römischen Protokollen katapultierte der Pakt den Duce auf den Höhepunkt seines Einflusses und zeigte ihn als ehrgeizigen Machthaber in Mitteleuropa.

Diese Schlüsselrolle wurde schon viel früher von den königlichen Exilanten erkannt. Bereits im Januar 1931 war Zita überredet worden, Sondierungsgespräche in Rom zu führen, um herauszufinden, welche Hilfe ihre Dynastie vom italienischen Diktator erwarten dürfte. Wieder einmal war es ihr Bruder, Prinz Sixtus, der sich ins Zeug legte, um sie zu überreden. In einem acht Seiten umfassenden Memorandum an seine Schwester betonte er, dass Mussolinis Gesamtstrategie dieselbe war, die auch das kaiserliche Wien verfolgte, nämlich die Eindämmung Serbiens; zudem könnte der Duce Deutschland sehr wohl neutral oder sogar positiv gegenüber einer Habsburgrestauration stimmen. Zita sollte deshalb der italienischen Königsfamilie einen rein privaten Besuch abstatten, während zur gleichen Zeit vertrauenswürdige Abgesandte mit dem Diktator über die politische Lage in Europa diskutieren sollten.[104]

Zita nahm seinen Rat an. Beide Gesandte, die in jenem Jahr mit dem Diktator sprachen (Graf Nikolaus Revertera im Januar und Graf Colloredo-Mannsfeld im Juni), waren übereinstimmend überrascht von der Herzlichkeit ihres Empfanges beim Duce, wenn auch etwas erstaunt über sein auffallendes Interesse an der Habsburgerdynastie. Er überhäufte Otto mit Lob und beschrieb ihn als gut aussehenden Mann mit guten Manieren, der seriös in seinen Vorbereitungen war („was für ein Unterschied zu den anderen Prinzen, die sich auf dieser Welt herumtreiben"). Dann kam er endlich zur Sache: Der junge Thronfolger der Habsburger würde sicherlich einen idealen Gemahl für Prinzessin Maria abgeben, die jüngste Tochter König Viktor Emanuels von Italien und seiner stattlichen montenegrinischen Frau. Da sich Ottos Mutter sowieso zu einem Besuch bei der italienischen Königsfamilie auf deren Sommerresidenz in San Rossore angemeldet hatte, warum sollte er dann nicht auch gleich mitkommen, damit sich die jungen Leute kennen lernen könnten?

Beide Sprecher gaben aber höflich ausweichende Antworten, was völlig in Ordnung war, da die Bemühungen des Duces als Ehestifter sowohl plump als auch unsinnig gewesen waren. Otto hatte nicht die geringste Absicht, die Sechzehnjährige zu heiraten, und auch seine Mutter war strikt gegen solcherlei Verbindungen. (Später sollte Prinzessin Maria einen seiner Onkel, Prinz Ludwig von Bourbon-Parma, heiraten.)

Sixtus legte daraufhin seine habsburgischen Propaganda-
bemühungen in Rom ad acta, aber nur um sie durch ein weitaus
ehrgeizigeres Projekt in London zu ersetzen. König Alfons XIII.
wurde im Frühling 1931 gleich nach Errichtung der spanischen Republik gezwungen, abzudanken, entpuppte sich aber als überaus
aktiver und offensichtlich gutgelaunter Exilant. Im Juni 1933 tat er
sich mit dem französischen Prinzen zusammen, um den Plan in Angriff zu nehmen, Otto auf die andere Seite des Ärmelkanals zu bringen. Der König begab sich gerade auf einen zweiwöchigen Privat-
besuch nach England, in die Heimat seiner Frau, warum sollte Otto,
vielleicht als *Duc de Bar*[105], also nicht in seinem Gefolge reisen?
Alfons versicherte Sixtus, dass er den jungen Mann nicht nur passend herausgeputzt im Buckingham-Palast präsentieren, sondern
auch ein informelles Treffen zwischen Otto und den führenden politischen Persönlichkeiten Großbritanniens arrangieren könnte. Auf
Schloss Ham brauchte Zita keine Ermutigung, um den Besuch in
einem persönlichen Brief vom 22. Juni an König Georg V. vorzu-
schlagen.

Für die Unterstützer des Projektes war ein Erfolg nahezu
selbstverständlich, und Alfons, der vorausgereist war, um letzte
Vorbereitungen zu treffen, konnte berichten, dass sowohl König
Georg als auch Königin Mary ihre Freude über das Vorhaben ausge-
drückt hatten. Niemand hatte aber mit der kalten und schweren
Hand Whitehalls gerechnet, das in dieser Angelegenheit konsultiert
werden musste. Ein Jahrzehnt zuvor hatte das Außenministerium
den Restaurationsversuch Karls zurückgewiesen, und zwar aufgrund der Unruhen, die sie im wackeligen Machtgleichgewicht
nach dem Vertrag von Versailles auf dem Kontinent auslösen hätten
können. Sie bedienten sich nun derselben Argumente, um gegen den
Besuch seines Sohnes Einspruch zu erheben. Sie wiesen darauf hin,
dass es sich bei Otto im Grunde genommen um den Thronfolger
handelte; sein Inkognito könnte unmöglich aufrechterhalten werden; seine Anwesenheit in London könnte daher unerwünschte politische Implikationen mit sich bringen.

König Georg hatte keine andere Wahl, als nachzugeben. Am
29. Juni schickte er ein Entschuldigungsschreiben nach Schloss

Ham, welches deutlich die Handschrift der Regierung trug. Falls Erzherzog Otto in „der derzeitig ungeklärten Lage Mitteleuropas" England besuchen wollte, schrieb der König pflichtbewusst, war mit politischen Peinlichkeiten zu rechnen, „nicht nur für meine Regierung, sondern möglicherweise auch für Sie und Ihren Sohn".[106] Für Zita bedeutete es nur wenig Trost, dass der, wie damals üblich auf Französisch verfasste Brief so übertrieben formuliert war, als ob sie noch immer auf dem Thron säße. Der König unterschrieb als „Ihrer Kaiserlichen Majestät Werter Cousin".

Otto erinnerte sich später, dass er „viel weniger an der London-Idee interessiert gewesen war als seine Mutter, da ich das Gefühl hatte, dass […] wir uns nicht sehr auf die Hilfe aus England verlassen konnten".[107] Stattdessen intensivierte er seine bestehenden Kontakte (die von Sixtus orchestriert wurden, von wem auch sonst?) mit den französischen Machthabern. England mag vielleicht die dominante Westmacht gewesen sein (zu einer Zeit, als die Vereinigten Staaten nicht nur desinteressiert, sondern auch weitgehend uninformiert über die Angelegenheiten in Europa waren); aber nur in Paris stießen die Anliegen der Habsburger auf einige offene Ohren. Die Kontakte, die Otto pflegte, reichten von Politikern wie Louis Marin im rechten Lager bis zu Anatole de Monzie und Edouard Herriot im radikal linken Lager. Doch es stellte sich heraus, dass der unabhängige Georges Mandel sein wertvollster Unterstützer werden sollte und später sogar zum Retter der gesamten königlichen Familie wurde, als Hitlers Wehrmacht Frankreich zur Kapitulation zwang.

Doch die Sympathie der Franzosen – jetzt wie auch zur Zeit der Restaurationsbemühungen – konnte nur dann als ernst gemeinte Hilfestellung interpretiert werden, wenn die Exilanten in ihrer Heimat erneut Fuß gefasst hatten. Alles hing von ihrem Erfolg ab, und dieser wiederum hing zunächst einmal von der Beantwortung der Frage ab: Wie viele Monarchisten gab es noch in der alten Monarchie, und was würden sie für ihren Glauben zu riskieren bereit sein? Bevor er mit seinem Plan, Otto nach London mitzunehmen, Paris einen Besuch abstattete, war der wanderlustige König Alfons in Österreich gewesen, und wenn man sich auf sein politisches Urteil verlassen konnte, so war das Rätsel bereits gelöst. Wien, berichtete er begeistert, befand sich durch und durch in königstreuer Laune; die alte Kaiserhauptstadt spürte, dass sie nun an der Schwelle zur Restauration stand. Als jemand, der so offensichtlich versagt hatte, die republikanische Stimmung in seinem eigenen Land wahrzunehmen, war der ehemalige Herrscher Spaniens vielleicht nicht gerade der scharfsinnigste Beurteiler der Aussichten für die Dynastie in der anderen Republik.

Aber scharfsinnig oder nicht, das Problem für die Exilanten lag darin, dass all diese Schätzungen, die es zu beurteilen galt, aus zweiter Hand stammten. Dazu Ottos Kommentar, als er viele Jahre später auf das Problem zurückblickte: „Wir erhielten alle Arten von Berichten, doch es gab keine Möglichkeit, diese nachzuprüfen. Du kannst die Stimmung in einem Land nur beurteilen, wenn du dich selbst in dessen Atmosphäre aufhältst, wenn du z. B. in seine Gasthäuser gehst und direkt vor Ort Kontakt mit alltäglichen Leuten hast. Ein Urteil aus der Ferne abzugeben, ist unglaublich schwierig."[108]

Obwohl man nicht davon ausgehen konnte, dass König Alfons viele Gasthäuser besucht hatte, gab es zur Zeit seines Besuches Anzeichen für ein bemerkenswertes Aufkeimen von Unterstützung für den jungen Thronfolger, speziell in den Bundesländern Tirol, Steiermark und Kärnten. Der erste Samen wurde am 6. Dezember 1931 im kleinen Tiroler Dorf Ampaß gesät, als der Bürgermeister Josef Kaltenhauser und seine Gemeinderäte verkündeten, dass Otto von Habsburg zum Ehrenbürger ihrer Gemeinde ernannt worden war. In der wunderschön handgeschriebenen Urkunde, die jedem Schreiber eines mittelalterlichen Klosters zur Ehre gereicht hätte[109], legten sie ihre Beweggründe dar. Erstens wollten sie gegen die Anti-Habsburgergesetze protestieren, die in der Republik noch immer gültig waren und die ohne Entschädigung das Eigentum der Dynastie konfiszierten und ihrem Oberhaupt das Betreten seiner Heimat verboten hatten. Ihr zweites Anliegen drückten sie auf subtile Weise aus: „Um dem Hause Habsburg eine kleine moralische Entschädigung für die Ungerechtigkeit zukommen zu lassen, die es erdulden musste."[110]

Der Samen von Ampaß ging schon bald überall in der österreichischen Landschaft auf. Zum Zeitpunkt des Besuchs von König Alfons waren einige hundert Dörfer Major Kaltenhausers Beispiel gefolgt. Einmal im Jahr wurde ein Verzeichnis der so genannten „Kaiser-Gemeinden" zusammengestellt, und die Gesamtzahl belief sich zuletzt auf mehr als 1500. Aber welche Bedeutung hatten sie genau? Sie waren keiner parlamentarischen Gruppierung des rechten Lagers offiziell angeschlossen und konnten ebenso wie die monarchistische Bewegung nicht als eigene Partei fungieren, da ihre Anliegen über jenen der politischen Arena angesiedelt waren. Dies spiegelte das Dilemma des Habsburglagers in Österreich wider, dessen viele gesonderte Elemente nur mit Mühe in einer gemeinsamen Organisation zusammengefasst werden konnten. Da gab es die Ex-Soldaten und Beamten des Reiches, die auf der Hut sein mussten, wenn sie weiterhin der Republik dienen oder sich auf deren Pensionszahlungen verlassen wollten; die frommen Katholiken, die die Habsburger in erster Linie als Apostolische Majestäten verehrten; die großen Familien des Landadels, die ihre Besitzungen der Dynastie verdankten, aber vom guten Willen der Republik abhängig waren, um diese auch weiterhin behalten zu können; die Juden, wie immer die bedingungslosen Anhänger – wenn sie nicht in den Rängen der Sozialisten saßen und zu den fanatischsten Gegnern wurden; und schließlich eine große Gruppe an Sympathisanten aus allen Schichten der Gesellschaft, die hauptsächlich von der nostalgischen Sehnsucht nach einem verschwundenen nationalen Glanz und einer innenpolitischen Stabilität getrieben wurden. Erst Ende 1936 gelang es Otto, eine Dachorganisation auf die Beine zu stellen, die theoretisch alle monarchistischen Elemente umfasste. Diesem so genannten „Eisernen Ring" stand als Ehrenpräsident einer von Erzherzog Franz Ferdinands zwei Söhnen, Herzog Maximilian Hohenberg, vor, zusammen mit Aktivisten, die sich über das ganze Land verstreuten.

Viele Jahre später lässt die Hauptfigur ihrer Bemühungen die Zusammenstellung noch einmal Revue passieren:

„Max Hohenberg war eine Schlüsselfigur. Er war sehr aktiv, hielt sehr viele Versammlungen ab und kam oft zu Besuch. Er war auch eine unserer wichtigsten Verbindungspersonen mit der Regierung, besonders in den Diskussionen über meine mögliche Rückkehr nach Österreich. Er war bedingungslos loyal, war ein exzellenter Redner und hatte die Gabe, Leute zusammenzubringen, die sich nicht vertrugen."

„Innerhalb der Regierung war Außenminister Baron Karwinsky einer unserer wertvollsten und vertrauenswürdigsten Kontaktpersonen. Ebenso loyal und sehr aktiv war Oberst Wolf in Wien, der schon bald nach der Revolution eine monarchistische Partei, die Kaisertreue Volkspartei, gegründet hatte. Sie war jedoch nicht sehr erfolgreich und Wolf selbst, der eine merkwürdige Person war, stand der Sache nicht gerade hilfreich zur Seite, da er sich gelegentlich unbesonnen verhielt."

„Einige der Hauptpersonen in der Bewegung waren die Aktivisten in den Bundesländern: General Englisch-Poparle und Major Serschen in Oberösterreich, General Dankl in Tirol, Ingenieur Netzer in Vorarlberg, Landeshauptmann Reither in Niederösterreich, Dr. Stepan von der Vaterländischen Front in der Steiermark und so weiter."

„In der Hauptstadt stellte Herr von Reichlin-Meltegg eine wichtige Persönlichkeit dar und ebenso Baron Zessner, besonders bei der Mobilisierung katholischer Anhänger. Die wichtigste Person jedoch, nicht nur in Hinblick auf die Zusammenarbeit mit uns und die Versorgung mit Informationen, sondern auch auf die Organisation der ganzen Bewegung, war Baron Wiesner, höherer Beamter im Außenministerium. Er war der amtsführende Präsident unseres ‚Eisernen Rings' und führte den Kampf bis zum Ende. Wie Baron Zessner, Dr. Stepan und viele weitere der monarchistischen Anführer sollte auch Wiesner für seine Überzeugung in den Konzentrationslagern der Nazis leiden."

„Was die Stärke des ‚Eisernen Rings' betraf, so schätzten wir seine tatsächliche Anzahl an Mitgliedern zwischen 30.000 und 40.000. Außerhalb der Bewegung gab es sicherlich noch viele weitere Sympathisanten, aber wir konnten unmöglich abschätzen, wie viele es waren und wie entschlossen sie waren. Das hing teilweise auch vom allgemeinen politischen Klima ab."[111]

Dieses Klima sollte während der letzten Jahre der Republik vom Charakter und Temperament ihrer zwei letzten Kanzler bestimmt werden. Die patriotischen Neigungen des ersten, Engelbert Dollfuß, waren deutlich genug; sie wurden von seinem Mörder aus den Reihen der Nazi-Schläger bestätigt. Weniger augenscheinlich waren zu jener Zeit seine wachsenden monarchistischen Neigungen. Zugegeben: In der „Maiverfassung" von 1934, welche seinen neuen katholischen Ständestaat ausrief, waren auch einige der Anti-Habsburg-Maßnahmen gefallen, die von der sozialistischen Regierung im Jahr 1918 verfügt wurden. Später stellte sich jedoch heraus, dass Dollfuß gegen Ende seiner kurzen Amtszeit zur Schlussfolgerung gekommen war, dass nicht einmal Patriotismus – sprich Nation über Rasse – ausgereicht hätte, um sein Land vor Hitler zu retten. Auch die Habsburger hätten seiner „Vaterländischen Front" zur Hilfe eilen müssen. Nur wenige Tage vor seiner Ermordung soll er Ernst Karl Winter, dem Vizebürgermeister von Wien und selbst ein leidenschaftlicher Monarchist, mitgeteilt haben, dass Österreich jetzt nur durch eine Restauration gerettet werden könne und dass er alles in seiner Macht Stehende tun werde, um die Dynastie so schnell wie möglich zurückzubringen.[112] Sich für die Rettung der republikanischen Gegenwart auf Österreichs kaiserliche Vergangenheit zu berufen, wäre eine schwierige Aufgabe gewesen, und das nicht nur in Hinblick auf Berlin. Der einzige Mann, der sowohl den Mut als auch die Dynamik gehabt hätte, um es auch nur zu versuchen, war jener kleinwüchsige, volkstümliche Führer, und ihn gab es nicht mehr.

Der Nachfolger von Dollfuß, Kurt von Schuschnigg, hatte seine monarchistischen Gefühle stets auf seinem Ärmel getragen. Das Problem für die Dynastie war, dass dies genau der Platz war, wo sie auch bleiben sollten. In seinem Wesen verkörperte Kurt von Schuschnigg die ganze emotionale Verwirrtheit des österreichischen Volkes und trieb dadurch die Republik unfreiwillig in einen schmachvollen Tod. Die einzigen, die von dieser Verwirrung verschont blieben, waren jene, die die extremen Positionen bezogen. An einem fernen Ende stand Dollfuß, der erste Anführer, der eine gänzlich politische Bewegung startete, die auf dem Konzept basierte, dass Österreich nicht einfach ein südlicher Ableger Deutschlands war, sondern eine eigene, rechtmäßige Nation darstellte. Am anderen Ende standen die republikanischen Nachkommen von Schönerers „Großdeutschen" aus der Kaiserzeit, überzeugt davon, dass Österreichs Rettung nur in seiner Auslöschung liegen konnte, in der Verschmelzung mit seinem Nachbarn im Norden.

Viele der Linken hatten sich in diesem Lager getummelt, wenn auch nur deshalb, weil im Durcheinander der Gründerjahre der Republik ein Anschluss an Deutschland auch einen Anschluss an den deutschen Sozialismus bedeutet hätte. Weit auf der rechten Seite standen nun die österreichischen Nationalsozialisten und ihre Anhänger, für die eine Verschmelzung ganz einfach die Erfüllung des zweiten Satzes in *Mein Kampf* bedeutete – sprich Rasse über Nation. Die Masse in der Mitte waren die Unentschlossenen, die einmal zu jener, dann wieder zur anderen Seite schwankten. Fatal für jene Österreicher, die in beide Richtungen gezogen wurden und bei Einbruch der Krise die gewaltigsten Richtungsänderungen erfahren mussten, darunter der Kanzler selbst.

Schuschniggs Vorfahren waren entschiedene Österreicher: Er stammte aus der dritten Generation von Tirolern, und sein Großvater und Vater hatten es beide zu hohen Rängen in der kaiserlichen Armee gebracht; sein Vater wurde für seine Verdienste um die Dynastie sogar geadelt. Doch abgesehen von der Tatsache, dass drei Generationen für Tiroler Verhältnisse noch keinen großen Stammbaum bedeuteten, waren die wahren Wurzeln der Familie slawischer Natur. Sie begannen als Šusnikš von Slowenien, und wie katholische Konvertiten päpstlicher als der Papst werden können, wurden auch sie bald deutscher als die reinsten Deutschen selbst. Im Fall des jungen Kurt wurde diese Ehrfurcht vor allem Deutschen noch durch jene sieben Jahre ins Unermessliche verstärkt, die er im Privatgymnasium *Stella Matutina* der Jesuiten in Feldkirch verbrachte. Obwohl sich die Schule in Österreich befand, handelte es sich bei den Priestern hauptsächlich um kulturelle Emigranten aus dem Deutschen Reich, und an Feiertagen wurde immer der einköpfige Adler der Hohenzollern neben den österreichischen Flaggen gehisst.

Das letzte Paradoxon in der Seele dieses geplagten Mannes, welches sein Dilemma als Politiker noch verstärkte, war die Tatsache, dass Kurt von Schuschnigg auch ein frommer Monarchist war. Dies verdankte er teilweise einer langen Familientradition des Militärdienstes im Kaiserreich, einer Tradition, der auch er als Offizier im Ersten Weltkrieg gefolgt war – an derselben italienischen Front und im selben Eliteregiment wie Dollfuß. Seine Hingabe wies aber auch mystisch-romantische Elemente auf: Über Jahrhunderte hinweg waren die Habsburger die Herrscher über ein Reich, das sie das „Heilige Römische Reich Deutscher Nation" nannten. Es hatte sich immer um eine sich selbst widersprechende historische Fantasie gehandelt, die Napoleon mit einem einzigen Erlass vom 1. August 1806 aus der Geschichte strich; doch selbst Franz Joseph konnte sich seiner Romantik bis zum Ende seiner langen Regentschaft nicht entziehen. Der letzte Kanzler der Ersten Republik war somit gleichzeitig im Bann jener Dynastie, die das multi-ethnische Konzept verkörperte, als auch eines deutschen Credos, welches nun in den exklusiven Kult um die Herrenrasse verwandelt wurde. In den dreißiger Jahren wurden diese zwei gegenüberliegenden Pole vom exilierten jungen Thronfolger auf Schloss Ham bzw. von Adolf Hitler in Berlin repräsentiert.

In der ersten Hälfte seiner vierjährigen Amtszeit als Kanzler führte Schuschnigg Österreichs Suche nach ausländischer Unterstützung weiter, und es gelang ihm sogar, den Bogen zu erweitern. Seine erste Reise vom 21. August 1934 führte ihn nur wenige Wochen nach seiner Amtsübernahme nach Florenz, wo er den Duce traf und ihm für die tatkräftige Unterstützung Italiens während der Julikrise dankte. Er erwies sich als langweiliger Bittsteller. Für Mussolini wie auch für alle Machthaber im Westen, die der neue Kanzler aufsuchen sollte, stellte Schuschnigg im Vergleich zu seinem Vorgänger eine schwache Persönlichkeit dar. Abgesehen von der Tatsache, dass beide Männer aufrecht waren und es gut meinten, war der Gegensatz zwischen ihnen so offensichtlich und gereichte nun Österreich zum Nachteil. Selbst wo Dollfuß im Ausland gescheitert war, die Leute für seinen Plan zu gewinnen, so hatte er doch immer ihre Herzen erobert. Die kleingewachsene Persönlichkeit hatte Wärme, Humor und Zugänglichkeit ausgestrahlt. Und dennoch vermittelte er neben der Anziehungskraft seines bereitwilligen Lächelns und seinem Blick aus großen, blauen Augen ein Gefühl der Überzeugung eines Mannes, der mit sich selbst im Einklang stand, weil er felsenfest an den von ihm eingeschlagenen Weg glaubte. Er war der geborene Führer.

Auf der anderen Seite verkörperte Schuschnigg den klassischen Introvertierten, eine professorale Erscheinung[113] ohne viel Profil und keinen Funken jenes österreichischen Charmes, den man schon bei der Geburt in die Wiege gelegt bekommt. Es gelang ihm nicht, überzeugend zu wirken, da er, wie wir gesehen haben, mit seinen eigenen Überzeugungen nicht im Reinen war; und doch wurde diese Qual, wie vieles andere auch, unterdrückt. Er war ebenso unergründlich verletzbar. Kein Kollege konnte jemals hinter jene mit Metall eingefassten Brillen blicken, die er immer trug.

Mussolini versuchte es erst gar nicht. Der Duce wiederholte seine Zusagen auf Hilfe und versprach, sich den Klagen der deutschsprachigen Bevölkerung in Alto Adige (ehemals Österreichs Südtirol) anzunehmen. Weder in Florenz noch bei den folgenden Treffen in Rom und Venedig entwickelte sich auch nur irgendein Funke gegenseitigen Einfühlungsvermögens zwischen den beiden. Darüber hinaus begann sich zum Zeitpunkt der späteren Zusammentreffen die Umarmung Italiens stetig zu lockern. Im Sommer des Jahres 1934 konzentrierten sich die Gedanken des Duce bereits auf sein verheerendes abessinisches Abenteuer (welches er schließlich am 3. Oktober 1935 begann), und er wollte keine ablenkenden Komplikationen mit Deutschland über Österreich oder irgendeine andere Sache. Der Stresa-Pakt, jenes Versprechen, dass sich die drei Westmächte im Falle einer Bedrohung der Unabhängigkeit Österreichs lediglich gegenseitig konsultieren, war mit ihm in weite Ferne gerückt.

Zuvor hatte Schuschnigg persönlich bei Besuchen in Paris und London im Februar 1935 herausgefunden, wie schlecht ausbalanciert jegliche Westfront sein musste. Die französische Außenpolitik befand sich in den Händen von Pierre Laval, dem zwielichtigen politischen Opportunisten, der ein Jahrzehnt später als Kriegskollaborateur der Nazis hingerichtet werden sollte. Zum Zeitpunkt von Schuschniggs Besuch hatte er sein Geld jedoch noch immer auf Mussolini unter all den europäischen Diktatoren gesetzt, und so liefen wenigstens in dieser Hinsicht die österreichischen und französischen Interessen parallel. (Dies trotz der Tatsache, dass Frankreich als Förderer und Beschützer der Kleinen Entente fungierte, jener drei Nachfolgestaaten der Habsburgerländer, die einen feindlichen slawischen Ring um die österreichische Republik zogen.)

In London wie auch in Paris wurde Schuschnigg mit einigen höflichen, aber unmissverständlichen Fragen über die Unterdrückung der Sozialdemokratie in seinem autoritären Staat konfrontiert. Weitaus stärker als die Franzosen deuteten die Briten auch an, dass sie sich nicht darauf vorbereiteten, ihre Ärmel für eine Verteidigung Österreichs aufzukrempeln, obwohl sie seine Unabhängigkeit wünschten. Sie wollten Stabilität auf dem europäischen Kontinent, die es ihnen ermöglichen sollte, ihre ausgedehnten Reiche in Übersee in Frieden zu verwalten. Schuschniggs Antworten bei diesen Gesprächen beinhalteten wiederholte Zusicherungen, dass Österreich, was auch immer kommen möge, niemals an einer anti-deutschen Allianz teilnehmen würde. Hier konnte man die *Stella Matutina* sprechen hören. Es handelte sich um eine gefährlich kategorische Diktion, die Dollfuß niemals verwendet hätte, besonders nicht, nachdem Deutschland zu einem Synonym für Adolf Hitler geworden war.

Das Thema Restauration wurde in London nicht direkt angesprochen, da das Außenministerium seine Meinung dazu mehr als deutlich bekundet hatte, als es Ottos geplante Privatreise nach England vier Jahre zuvor blockiert hatte. Doch auf jeder seiner Auslandsreisen, ob offizieller oder inoffizieller Natur, musste sich Schuschnigg forschenden Fragen über die Zukunft der Monarchie und die Rolle des jungen Thronfolgers stellen. Beim ersten Treffen in Florenz hatte Mussolini ihn z. B. geradeheraus gefragt, ob er vorhatte, eine Restauration durchzuführen und ob Otto in so einem Fall der geeignete Kandidat wäre. Während er sich selbst als Monarchist bezeichnete (für den Otto die einzig mögliche Wahl gewesen wäre), betonte Schuschnigg, dass kein Versuch unternommen werden könnte, solange „die Auswirkungen von außen" so gefährlich blieben, wie sie es waren. Und dennoch verweigerte er in Paris sechs Monate später Laval ein offizielles Gelöbnis, dass die Habsburger nie mehr wieder in Wien regieren würden. Österreich, sagte er, hätte genug Hausverstand, um solch ein Experiment im vorherrschenden Klima nicht durchzuführen; nichtsdestotrotz teilte er den Franzosen mit, dass sich Österreich das höchste Recht vorbehalte, seine Regierungsform frei zu wählen. Dies war die gedämpfte Stimme des Sohnes und Enkels kaiserlicher Armeegeneräle.

Es ist überflüssig, zu erwähnen, dass der Geist der Habsburger noch deutlicher über ihm schwebte, als Schuschnigg in die einstige Hauptstadt des Reiches reiste. In Budapest, das er schon bald nach seiner Amtsübernahme zum ersten Mal besuchte, regierte zu dieser Zeit Julius Gömbös als Ministerpräsident. Erwartungsgemäß verlangte der fanatische Anti-Habsburger[114] sofort die Zusicherung, dass in Wien keine Restauration in Betracht gezogen werde. Schuschnigg zerriss sich fast, um ihm gefällig zu sein. Jegliche aktive monarchistische Handlungsweise, erklärte er, wäre „nichts als romantischer Unsinn". (Auch hier, wie in Paris, kein Wort über Österreichs höchstes Recht, über seine Regierungsform selbst zu entscheiden.) Dies schien sowohl Gömbös als auch den Reichsverweser zufrieden zu stellen, obwohl Admiral Horthy bei einem separaten Gespräch seinem Besucher versicherte, dass er, sollte es jemals zu einer Wiedereinführung des Reiches in Wien kommen, „auf meinen zwei Füßen gehen werde […] um meine Dienste abermals anzubieten". Diese salbungsvolle Scheinheiligkeit war nicht mehr zu überbieten.

Wie er selbst zugab, fühlte sich Schuschnigg auf Reisen in die westlichen Hauptstädte nie wohl, und der Grund dafür war nicht schwer zu erkennen. Abgesehen von der schwachen Einflusskraft seiner blassen Erscheinung war er das Gegenteil eines Kosmopoliten, sowohl vom Temperament als auch von der Persönlichkeit her, und war auch keiner der Sprachen der Gastgeberländer mächtig. (Mussolini sprach mit ihm in langsamem, aber grammatikalisch korrektem Deutsch; in London und Paris waren Dolmetscher nötig.) Wenn er sich auf Reisen innerhalb der alten Hochburgen des Reiches heimischer fühlte, so war das nicht nur durch die Faszination der wohlbekannten Landschaften und Gebäude (alle unverändert) bedingt, sondern auch durch die problemlosen Verständigungsmöglichkeiten. Gömbös, ein Absolvent der alten Militärakademie in Wiener Neustadt, beherrschte die deutsche Sprache fast ebenso fließend wie seine magyarische Muttersprache, und als Schuschnigg im Januar 1936 zu einem Besuch nach Prag[115] aufbrach, tauchten noch mehr bekannte Eindrücke auf.

Tomáš Masaryk, der Gründer und erste Präsident der Tschechoslowakei und der Apostel von „Austria delenda est", war ein Jahr zuvor aus gesundheitlichen Gründen zurückgetreten. Sein Nachfolger war Eduard Beneš, der auf der Pariser Friedenskonferenz einer Verwirklichung dieser Maxime nahe gekommen war. Doch nun wurde Österreich als Gegengewicht zum massiven Druck gebraucht, der sich von Nazi-Deutschland gegen die böhmischen Grenzen hin aufbaute. Die dreieinhalb Millionen Sudetendeutschen, die in den Randgebieten an dieser Grenze lebten, waren ebenso wie die sechseinhalb Millionen Österreicher Kandidaten für die Integration in Hitlers gesamtdeutsche Heimat (und tatsächlich sollten sie den Österreichern in den Rachen der Nazis folgen). Die Zeit schien also reif für die Schaffung eines politischen Schutzwalls von Wien bis Prag.[116]

Schuschnigg hätte keinen kongenialeren Diskussionspartner finden können als jenen Mann, der gerade erst Beneš als Ministerpräsident abgelöst hatte: Dr. Milan Hodža. Dieser ehemalige Universitätsprofessor aus der Slowakei war ein Kind des alten Reiches und hatte einst als Berater für niemand Geringeren als den unglückseligen Erzherzog Franz Ferdinand gedient. Tatsächlich schien es, als ob das Leichentuch der Habsburger manchmal sichtbar im Hintergrund des Besuches im Wind wehen würde. Man erzählte sich sogar, dass Hodža zur Abwehr der deutschen Bedrohung eine restaurierte Monarchie in Form einer Personalunion der Kronen von Wien, Budapest und Prag unter Otto gutheißen könnte. Dieser Gedanke hatte wahrscheinlich außerhalb der mitteleuropäischen diplomatischen Gerüchteküche niemals existiert. Und doch war er mächtig genug, dass Präsident Beneš von einigen tschechischen Zeitungen attackiert wurde, er habe das Markenzeichen seiner ganzen politischen Laufbahn abgelegt – die Denunziation der Habsburgerdynastie und alles, für das sie stand.

Sicherlich, als Schuschnigg Beneš darauf hinwies, dass Legitimisten, wenn auch nur als Verbündete, im Kampf gegen den Nationalsozialismus gewonnen werden sollten, war der tschechische Anführer gnädig genug, zuzugeben, dass man Otto von Habsburg nicht in denselben Topf wie Adolf Hitler werfen könne. Aber beide Männer drückten sich um das Thema Restauration. Schuschnigg versicherte Beneš, dass dies „unter Umständen" in Frage kommen könnte (eine bedeutende Abschwächung des Tones, den er bei Gömbös angeschlagen hatte). Er wiederholte jedoch auch sein anderes Mantra, nämlich, dass sich Österreich niemals auf Handlungen gegen Deutschland einlassen werde. All dies war nichts als die äußerliche Erscheinung seines persönlichen Dilemmas. Sein angeborenes Deutschtum machte es ihm unmöglich, abzustreiten, dass die Sudetendeutschen wie die Österreicher von ein und demselben deutschen Geschlecht abstammten und deshalb irgendwie zusammengehörten. Doch gleichsam gab ihm sein angeborener Monarchismus das Gefühl, dass die Krone den sichersten Schutz gegen das Hakenkreuz bot. Wie der alte doppelköpfige Adler blickte auch er gleichzeitig in zwei verschiedene Richtungen.

Hodža stattete Österreich einige herzliche Gegenbesuche ab. Mit Hilfe dieser Verbindungen hätte sicherlich mehr erreicht werden können, als durch jene belanglosen bilateralen Maßnahmen, die Schuschnigg erreicht hatte (Handelsgespräche und den Ausschluss der emigrierten österreichischen Sozialisten, die sowieso schon von Brno [Brünn] aus nach Paris geflüchtet waren). Prag war nicht nur ein lebensnotwendiger Puffer gegen Nazi-Deutschland.[117] Es verkörperte auch die einzige starke Verbindung, die Mitteleuropa mit London besaß, jener Hauptstadt, mit der Schuschnigg am dringlichsten in Kontakt treten wollte. Noch verzweifelter versuchte er, Nazi-Deutschland nicht zu provozieren, so dass nicht einmal eine Miniachse zum Schutz zwischen Wien und Prag aufgezogen wurde. Wenn sein Vorgänger diese Möglichkeit gehabt hätte, hätte zumindest versucht, diese zu nutzen, so wie er der Welt die Umsturzgefahr durch die Nazis offen dargelegt und diese nicht heruntergespielt hätte. Doch damals litt Dollfuß nicht an deutschen Komplexen, sondern im Inneren seines pygmäenhaften Körpers schlug das Herz eines Löwen.

Wie sich herausstellte, war das einzige neue diplomatische Konzept, das mit Schuschniggs Unterstützung lanciert werden konnte, jenes der so genannten Donauföderation. Diese sah den Zusammenschluss, zunächst auf Handelsebene, der drei Länder der Kleinen Entente mit Österreich und Ungarn vor, ihren Nachbarn entlang den Ufern des großen Stromes. Vom geografischen Standpunkt aus hatte das schon immer einen Sinn ergeben. Vom historischen Standpunkt aus konnte die Einheit an der Donau eine lange Ahnentafel vorweisen. Aber auch nur den Versuch zu unternehmen, lediglich das wirtschaftliche Gerüst des alten Reiches in einer Welt zur Zeit der Mitte der dreißiger Jahre wiederherzustellen, entpuppte sich als Wunschdenken. Ungarn, das bereits mit einem Auge nach Berlin schielte, wollte sich nicht bewegen, und als sich Horthy Zeit ließ, trat Hitler brutal zu. Deutschland denunzierte sofort den vorgeschlagenen Pakt, während es Schritte unternahm, ihn zu umgehen. Da Schuschnigg Österreich verpflichtet hatte, niemals eine Anti-Deutschland-Politik zu betreiben, war alles gelaufen. Abermals gab es keine Proteste, und nichts wurde an die Öffentlichkeit gebracht.[118] Wien wich einfach stillschweigend zurück, Prag im Schlepptau. Der schmachvolle Weg der Beschwichtigung tat sich vor Österreich auf.

3
Habsburg gegen Hitler

KAPITEL EINS

Kernschmelze in Wien

Kurz vor dem Ende sollte doch noch ein öffentliches Bekenntnis zum österreichischen Patriotismus pur über Schuschniggs Lippen kommen. Dieses Aufwallen (das ebenso rasch wieder verebbte wie es aufgetaucht war) war so uncharakteristisch für diesen Mann und auch ziemlich unerklärlich; ein paar stürmische Tage lang schien es, als ob der Geist des ermordeten Dollfuß Besitz von ihm ergriffen hätte. Es war jedoch zu spät; zu viel von dem, was Österreichs letzter Kanzler in den dreieinhalb Jahren zuvor getan hatte, hatte lediglich zur Abstumpfung der nationalistischen Leidenschaft beigetragen. Schuschniggs Handikap in der Heimat war dasselbe, das ihn auch im Ausland im Weg gestanden war. Er hatte keine klare Vorstellung davon, wohin er sein Volk führte, und zu wenig Persönlichkeit, um seine konfuse Philosophie überzeugend darzustellen.

Von den vielen Personen, die ihm an der innenpolitischen Front das Leben schwer machten, müssen zwei hervorgehoben werden. Beide waren gefährlich, da sie, jeder auf seine eigene Art, die Dynamik und das Selbstvertrauen besaßen, die ihm fehlten. Beim ersten handelte es sich um jenen Vizekanzler, den er von Dollfuß „geerbt" hatte, Fürst Ernst Rüdiger von Starhemberg. Der Fürst hatte es in der Regierung der Vaterländischen Front zu solch hohem Rang gebracht, da er die 30.000 Mann starke Heimwehr anführte, den mächtigsten aller paramilitärischen Verbände, welche sich als Sargnägel der Ersten Republik erwiesen.[119] Ein Starhemberg mit selbigen Vornamen hatte einst die Garnison im belagerten Wien angeführt, bis zu seiner Rettung durch jenes große katholische Entsatzheer, das im Jahr 1683 von den Hügeln des Kahlenberges hinabmarschierte, um die monatelange Belagerung der Hauptstadt durch die Türken zu beenden. Er hatte dazu beigetragen, sowohl das Christentum des Abendlandes zu retten als auch das Leben der Verteidiger, die am Verhungern waren. Der Nachkomme dieses illustren Kriegers wollte ebenso durch die Rettung seiner Landsleute Aufsehen in Europa erregen. Er war sich jedoch nie ganz sicher, wovor sie gerettet werden sollten, und noch weniger, welches Pferd er zu diesem Zwecke besteigen sollte. Obendrein fragte sich der „Playboy-Prinz", wie Starhemberg mit Spitznamen genannt wurde, manchmal, ob das ganze Unterfangen wohl der Mühe wert war. In solchen Phasen verließ er abrupt die politische Szene und stürzte sich in die Freuden sexueller Abenteuer.

Er begann seine gleichsam alberne politische Karriere in der Überzeugung, dass Adolf Hitler nicht unter denjenigen war, die Österreich bedrohten. (Offensichtlich hatte er niemals *Mein Kampf* gelesen oder schon wieder alles Gelesene vergessen.) Ganz im Gegenteil: In den zwanziger Jahren hatte der junge Fürst auf den Münchner Straßen als Freiwilliger in den Reihen der Nationalsozialisten gekämpft und an Hitlers fehlgeschlagenem Putsch im Jahr 1923 teilgenommen. Erst 1931 wurde ihm von Deutschlands zukünftigem Führer angeboten, eine neue Bewegung anzuführen, die die österreichischen Nazi-Dissidenten in seine eigene Heimwehr aufnehmen sollte. Starhemberg lehnte ab, wenn auch nur, weil er zu diesem Zeitpunkt einen weiteren Helden und ein Vorbild in der Gestalt Benito Mussolinis gefunden hatte, welcher noch immer als unangefochtener Diktator an der Spitze Europas stand. Obwohl der Duce behauptet hatte, dass seine Art von Faschismus niemals ins Ausland exportiert werden könne, stellte ein autoritärer Staat, der von einem entzückten Heimwehr-Fürsten zusammengehalten wurde, das attraktivste Szenario jenseits der nördlichen Grenze Italiens dar. Spätestens 1934 wurde der Führer der Heimwehr, und nicht so sehr der glücklose Dollfuß, als Mussolinis Mann anerkannt. Dieses Prestige wurde noch verdoppelt, als sein Schirmherr nach dem Juliputsch und Italiens „Marsch auf den Brenner" als Beschützer seines Landes auftrat. Als Vizekanzler stand er sowieso als Nächster in der Reihe um das Amt des Ermordeten (und hatte auch tatsächlich den Vorsitz bei der ersten Krisensitzung des Kabinetts), so dass die Österreicher es fast als gegeben hinnahmen, dass das Ruder in Wien nun an Starhemberg übergeben würde. Aber diese Aufgabe oblag dem Bundespräsidenten, und Wilhelm Miklas, ein solider, bürgerlicher Patriot aus dem alten Lager der Christlichsozialen, war der Playboy-Prinz sowohl persönlich als auch politisch zuwider.

Wie bescheiden auch immer Miklas mit seinen Kinderaugen und der beginnenden Glatze ausgesehen haben mag, so war er doch ein Mann strikter Prinzipien. Er hatte dies bereits zuvor unter Beweis gestellt, als er sich im Jahr 1918 zusammen mit nur zwei Mitgliedern seiner konservativen Partei geweigert hatte, jener Krone abzuschwören, die sie alle bis zum nahenden und endgültigen Zerfall der Monarchie so lautstark unterstützt hatten. Den letzten Beweis seiner Standfestigkeit gab er, als ein weiterer Zusammenbruch, diesmal der Republik, 20 Jahre später einsetzte. Im Juli 1934 tat er nun sein Bestes, um die unmittelbare Zukunft seines Landes zu sichern, indem er sie nicht einem politischen Taugenichts aushändigte. Schuschnigg, der gestrenge ehemalige Justizminister, schien die sicherste Wahl zu sein, und Miklas führte seine Nominierung durch.

Eine Zeit lang war Schuschnigg gezwungen, sich die Macht mit seinem Stellvertreter zu teilen, der offiziell zum Bundesführer der Vaterländischen Front ernannt wurde, inklusive all ihrer verschiedenen paramilitärischen Gruppierungen. Diese Dichotomie – Kabinett versus „überparteiliche" Bewegungen – wurde erst knapp zwei Jahre später durch ein raffiniertes Manöver des Kanzlers beendet. Schuschnigg hatte für sich selbst die Schlüsselfunktion als Verteidigungsminister behalten (in dessen Ressort Ottos Vertrauter, Staatssekretär General Wilhelm Zehner, täglich seinen Dienst versah), und am 1. April 1936 führten die zwei Männer die Wehrpflicht für alle Österreicher im wehrpflichtigen Alter ein. Eine neue Bundesgendarmerie und jenes neue Bundesheer sollten in Zukunft alle paramilitärischen Streitkräfte des Landes ausbilden und befehligen. Mit einem Schlag hatte Starhembergs Heimwehr als unabhängige Machtbasis zu existieren aufgehört.[120] Ein paar Wochen später grub ihr Anführer unbeabsichtigt sein eigenes politisches Grab, indem er Mussolini ein Glückwunschtelegramm sandte, welcher nun aufgrund seines „Sieges" in Abessinien von der westlichen Welt verstoßen wurde.

Mittlerweile wurde der Fürst jedoch von einem anderen möglichen Weg zur Macht gelockt. Dieser wurde von den Monarchietreuen vorgeschlagen, die über jegliche Parteipolitik hinweg agierten. Da die Restauration der Monarchie zu einem völligen Stillstand gekommen war, könnte nicht Starhemberg vorübergehend den königlichen Mantel überziehen, als „Herzog von Österreich" oder als *De-facto*-Reichsverweser in Wien? So schmeichelhaft dieses Vorhaben auch war, es wurde nie in die Tat umgesetzt. Es hätte der Unterstützung durch ein Plebiszit bedurft, um Gültigkeit zu erlangen, und das Wohlwollen sowohl Schuschniggs als auch Ottos, um auch nur lanciert werden zu können. Keiner der beiden hätte die Idee ernstlich in Erwägung gezogen, und nach einer Weile lehnte Starhemberg öffentlich ab. Otto stand sicherlich, mit Unterbrechungen, in Kontakt mit dem Fürsten in Hinblick auf die Restaurationsfrage, die diskutiert wurde, als Starhemberg den Thronfolger auf seinem Rückweg vom Begräbnis König Georgs V. im Januar 1936 besuchte.[121] Doch was Otto im damaligen Vizekanzler zu finden suchte, war ein Helfer und kein Stellvertreter.

Was die Reichsverweser betraf, so bekam er im Laufe des Jahres mit Horthys offiziellem Besuch in Wien weitere Beweise dafür, wie „vorübergehend" und wie widerlich deren Festhalten an der Macht wirklich war. Sein Rechtsanwalt, Baron Stritzl, einer von Ottos Vertrauten in der Hauptstadt, sandte einen Bericht[122] über das entsetzliche Benehmen des Besuchers nach Schloss Ham. Zunächst hatte er „die Frechheit besessen, überall in seiner alten kaiserlichen Admiralsuniform aufzutreten". Das war für alle österreichischen Ex-Marineoffiziere der alten Monarchie Grund genug, seinen Besuch zu boykottieren. Während der Galaveranstaltung in der Oper zu seinen Ehren (fuhr der Baron in seinem Bericht fort) blieben auch die Sitze der Adeligen leer, welche sich mit den Marineoffizieren solidarisch erklärt hatten. Teils als Folge dieser Brüskierung hatte Horthy seinen Besuch abgebrochen und war beleidigt im Nachtzug nach Budapest abgereist.

Vor seiner Abreise hatte er sich jedoch einen kleinen Trick erlaubt, der die Exilanten vor Wut schnauben ließ. Obwohl es nicht auf seinem Besuchsprogramm stand, hatte Horthy persönlich, über Schuschniggs Büro, eine Sonderbesichtigung der Kaisergruft der Habsburger unterhalb der Kapuzinerkirche in Wien organisiert. Der Priester, der dieses enge und muffige Mausoleum der Dynastie betreute, ein gewisser Pater Guardian Gottfried, war offiziell per Telefon angewiesen worden, den Besucher zu empfangen und ihn durch die Gruft zu führen. Als Horthy kurz darauf erschien, war er abermals als kaiserlicher Admiral gekleidet und wurde von ziemlich vielen Gefolgsleuten begleitet, die meisten von ihnen ebenfalls uniformiert. Ihre Aufgabe war es, sich hinter ihm in einer Reihe aufzustellen, damit Seine Durchlaucht ungestört seinen Respekt zollen konnte. Horthy legte zunächst einen Kranz auf das reich verzierte Grabmal Franz Josephs nieder, der ihn zum ersten Mal zum Offizier ernannt hatte. Dann kniete er auf den blanken Fliesen – das Angebot des Priesters, ihm einen Schemel zu bringen, schlug er aus –, um ein langes Andachtsgebet zu halten. Schließlich ging er zur Tafel weiter, die den Tod Kaiser Karls berichtete.[123] Er las die Inschrift, verneigte sein Haupt und ging. Diesmal gab es keinen Kranz, und der abtrünnige Admiral kniete weder nieder, noch betete er für den König, den er ersetzt hatte.

Die Reaktion Ottos war ein schriftliches Gesuch an den Pater Guardian, jegliche zukünftige Besuchsanträge für das Familiengrab an den guten Baron Stritzl zwecks Erlaubnis vom exilierten Hof weiterzuleiten. Wären Horthys Absichten bekannt gewesen, so weiter im Brief[124], hätte man die Kapuzinerpriester angewiesen, ihre Krypta den ganzen Tag für Besucher zu sperren. Wie man diesem Vorfall entnehmen durfte, brauchte Otto keinen weiteren Reichsverweser in Wien. Der eine, der sich schon in Budapest eingenistet hatte, war mehr als genug.

Was Österreich anlangte, war das Jahr 1936 nicht nur wegen der Führungsstreitigkeiten und der Gerüchte über die Dynastie bemerkenswert: Das europäische Machtgefüge erfuhr entscheidende Veränderungen, die allesamt gegen Wien gerichtet waren. Nicht nur, dass Mussolini, Österreichs ehemaliger militärischer Beschützer, nun selbst vor dem weltweiten Aufruhr gegen sein abessinisches Abenteuer auf der Suche nach Schutz war.[125] Der Streit darüber, wie weit und wie tief die Strafsanktionen gegen ihn gehen sollten, riss sogar jene papierdünne Schutzwand auseinander, die der Stresa-Pakt Wien geboten hatte. Frankreich befand sich nun auf Konfrontationskurs mit England, das sich weigerte, jene Sanktion umzusetzen, die geschmerzt hätte: die Sperre des Suezkanals für alle italienischen Schiffe. Während sich die Stresa-Front auflöste, wurde Hitlers Griff nach dem europäischen Kontinent immer fester. Am 7. März 1936 marschierte seine Armee, auf seinen persönlichen Befehl hin zur Rückeroberung, ungehindert in die entmilitarisierte Zone des Rheinlandes ein, die im Vertrag von Versailles als wichtigste Pufferzone eingeführt wurde, um die Bedrohung durch einen wieder aufgeflammten deutschen Militarismus in Schach halten zu können. Der Führer gab später zu, dass er, im Falle eines Widerstandes durch die französische Armee, seine Streitkräfte zurückgezogen und das ganze Pokerspiel abgeblasen hätte. Sein Erfolg lud ihn jedoch förmlich dazu ein, den Einsatz für zukünftige Unternehmungen zu erhöhen, vor allem, weil die Karten in seinen Händen Monat für Monat besser wurden.

Mussolini musste sich nun mit der Tatsache abfinden, dass er nicht mehr der starke Mann Europas war. Auch die habsburgischen Exilanten in Belgien mussten diese düstere Aussicht zur Kenntnis nehmen. Otto hatte sogar noch nach dem Abessinienkrieg seinen indirekten Kontakt mit dem Duce aufrechterhalten. Als sein Hauptverbindungsmann fungierte der österreichische Gesandte zum Völkerbund, Imre von Pflügl, ein geschickter Berufsdiplomat, der eine wohlhabende Amerikanerin geheiratet hatte. Dies erlaubte ihm, einen luxuriösen Lebenswandel in einem Schloss oberhalb des Genfer Sees zu führen, welches verständlicherweise zum Schauplatz vieler Treffen zwischen Otto und österreichischen Politikern wurde, welche den Sitzungen des Völkerbundes beiwohnten. Hier war es auch, wo Pflügl dem Erzherzog aus erster Hand über das Treffen in Venedig im Jahr 1937 zwischen den zwei Diktatoren berichtete, bei dem das erste Mal die veränderten Positionen zwischen den beiden nur allzu offen hervortraten. Der Groll des Duce hatte sich in einen Ausbruch von Schmähungen ergossen. Mussolini zeigte Pflügl ein Foto von sich selbst und seinem Besucher, das während der Gespräche aufgenommen wurde. Als er auf Hitler zeigte, brüllte er: „Schauen Sie sich dieses Gesicht an – es ist eine Schande für die Menschheit!" („Guarda questa faccia – è una vergogna per l'humanità!") Der Duce, so berichtete Pflügl, war bereits ein veränderter und gebrochener Mann. Zusätzlich zum Fiasko in Abessinien zeichneten wahrscheinlich auch noch gesundheitliche Probleme für seinen Verfall verantwortlich (man glaubte, dass Mussolini zum damaligen Zeitpunkt bereits an Syphilis litt).[126]

1936, als Hitler den Westmächten seinen Willen aufgezwungen hatte, war auch das Jahr, als er einen entscheidenden Schritt vorwärts in Richtung der Unterwerfung Österreichs unternahm. Ein anderer Sargnagel für Schuschniggs Kanzlerschaft hatte ihn vorbereitet, und bei ihm handelte es sich weder um einen Österreicher noch um einen launischen politischen Dilettanten, wie es Starhemberg war: Franz von Papen, Hitlers neuer Gesandter in Wien, der auf das Debakel des Juliputsches der Nazis folgte[127], war ein Veteran im Machtspiel, der 1932 kurz als deutscher Kanzler gedient hatte, bevor er Hitler ein Jahr später als seinen Nachfolger favorisierte. Abgesehen von seinem politischen Schwergewicht sollte er sich aufgrund seiner Persönlichkeit als geniale Wahl für die Wiederherstellung der Beziehungen zwischen den zwei deutschsprachigen Völkern herausstellen. Der Versuch, Österreich in die Unterwerfung zu zwingen, war gescheitert. Papens Aufgabe lag nun darin, Österreich auf friedliche Art dorthin zu locken, Schritt für Schritt, mit einer Kampagne, die später als psychologische Kriegführung bezeichnet werden sollte.

Er brachte alle Voraussetzungen dafür mit. Als Freund der deutschen Industriebarone konnte er deren österreichische Pendants beeinflussen. Als erklärter Katholik wurde er auch von der Kirche und von vielen Konservativen gleichermaßen akzeptiert. Darüber hinaus passte er in die österreichische Gesellschaft wie ein Schwert in seine Scheide. Als erfahrener Reiter und Jäger fühlte er sich schon bald bei allen Gutsbesitzern heimisch, die ihn eifrig einluden (und das waren fast alle). Als Mann mit gutem Geschmack passte er ins kulturelle Leben der Hauptstadt, wo seine Botschaft zu einer gesellschaftlichen Drehscheibe der Stadt wurde, in die großzügige finanzielle Mittel aus Berlin flossen. Und welch hinterlistiger Fuchs er auch immer gewesen sein mag, so sprühte er doch vor Witz und Charme. In all diesen Eigenschaften (außer was den Katholizismus anbelangte) unterschied er sich von Kurt von Schuschnigg und war auch effizienter als er.[128] Dieser Gegensatz konnte Hitlers aalglattem Diplomaten bei der Bewältigung seiner zweifachen Aufgabe nur behilflich sein: erstens, die Österreicher aus dem Gedächtnis der Europäer zu streichen, und zweitens, die Österreicher daran zu erinnern, dass sie Deutsche waren. Der Weg zum ersten Ziel war ermüdend und lang: Österreichs extreme Nazis mussten ruhig gehalten und ihre Verbindungen mit Berlin sorgfältig gestutzt werden. Beim zweiten Ziel konnte er sich jedoch sofort nach seiner Akkreditierung an die Arbeit machen.[129] Diese Methode, die von Hitler gutgeheißen wurde, sollte später noch von vielen politischen Raubtieren nachgeahmt werden, wenn sie ihrer Beute nachstellten: Umarme das Opfer zuerst, und dann erdrossle es. Das Instrument, das für den Plan ausgewählt wurde, sollte sich auch als beliebt erweisen: der so genannte „Freundschaftsvertrag".

Über Monate hinweg wurden Entwürfe und Gegenentwürfe des Vertragstextes zwischen Papens Residenz in der Metternichgasse[130] und dem Ballhausplatz hin- und hergeschickt, der sowohl das österreichische Außenministerium als auch das Bundeskanzleramt beherbergte. Hitler wurde in Berlin natürlich ständig informiert; wie auch Otto in Belgien, wenn auch nicht so detailliert, dem Schuschnigg versprochen hatte, ihn zu informieren und in solchen Angelegenheiten zu konsultieren.[131] Es war aber Mussolini, der den wankenden Schuschnigg letztlich zu einer Entscheidung zwang. Bei einem Treffen in Rocca delle Caminate im Juni 1936 teilte der Duce seinem Gast unverblümt mit, dass er nur mit weiterer Unterstützung Italiens rechnen könne (das Wort *Schutz* wurde nicht mehr gebraucht), wenn Österreich die Dinge rundherum erleichtere, indem es seine eigenen Beziehungen mit Deutschland verbessere. Einen Monat später, am 11. Juli, setzte Schuschnigg bei einer festlichen Zeremonie im Bundeskanzleramt seine Unterschrift unter den schicksalhaften Pakt.

Jener Teil der Deklaration, der noch am selben Tag veröffentlicht werden sollte, zeigte Schuschniggs Österreich in seiner (mittlerweile vertrauten) Pose, in der es zur gleichen Zeit in zwei verschiedene Richtungen blickte. Auf der einen Seite hieß es Deutschlands Versprechen willkommen, Österreichs „volle Souveränität" anzuerkennen. Auf der anderen Seite akzeptierte es ohne Einwände, dass Wiens Außenpolitik in Zukunft immer „das Prinzip zugrunde liegt, sich als deutscher Staat zu deklarieren". Tatsächlich handelte es sich um eine seltsame Souveränität, der von einer ausländischen Macht vorgeschrieben wurde, wie sie sich in Zukunft zu verhalten hatte. Doch für Schuschnigg stellte Deutschland natürlich keine fremde Macht dar, sondern den Blutsbruder jenseits der Grenze.

Es war jener Abschnitt des Vertrages, der am Tag der Unterzeichnung nicht veröffentlicht worden war, der aber das wahre Ausmaß seiner Kapitulation zeigte. Es handelte sich hierbei um das so genannte „Gentlemen's Agreement" (Vereinbarung auf Treu und Glauben), ein separates Protokoll, das höchst geheim gehalten werden sollte. Wie alle diese Geheimnisse in einem dem Klatsch verfallenen Wien, das von einer Regierung voller Denunzianten geführt wurde, wurde es natürlich publik. Eine Klausel verpflichtete Schuschnigg zu einer Vollamnestie seiner politischen Gefangenen aus den Reihen der Nazis. Letzten Endes konnte Papen Hitler berichten, dass 17.045 von ihnen freigelassen wurden, darunter 13 mit lebenslänglicher Strafe wegen Hochverrates, während 213 der restlichen Inhaftierten mit Strafmilderung rechnen konnten. Die nächste Klausel zeigte, dass Schuschnigg, neben der Entlassung tausender Nazis auf die Straßen, gezwungen worden war, „Repräsentanten der so genannten nationalistischen Opposition in Österreich" in sein Kabinett aufzunehmen. Die zwei Männer, die ausgewählt wurden, waren zwar keine Nazis, dafür aber so pangermanisch, dass sie Hitlers Sache dienlich waren, auch ohne ein braunes Hemd zu tragen. Einer wählte sich mehr oder minder selbst: General Edmund von Glaise-Horstenau, der Direktor des österreichischen Militärarchivs. Im Krieg diente er unter Hindenburgs Oberkommando als Verbindungsoffizier und war als führendes Mitglied des *Deutschen Clubs* in Wien entschlossen, sein Land in Friedenszeiten so eng an Berlin zu binden, wie einst während des Krieges.

Die Wahl des anderen fiel überraschend aus: Der junge Rechtsanwalt Guido Schmidt, der einer von Schuschniggs engsten Vertrauten im Bundeskanzleramt geworden war, wurde nun auf den Posten eines Staatssekretärs im Außenministerium katapultiert und mit der täglichen Abwicklung der österreichischen Diplomatie betraut. Ein politischer Opportunist über alles, schritt Schmidt den pangermanischen Weg hinab, da er der breiteste und verlockendste war. Seine Doktrinen waren auch ihm schon in der Jugend eingehämmert worden: Wie Schuschnigg war auch er in der Schule von *Stella Matutina* großgezogen worden.[132]

Das Juliabkommen markierte nicht nur einen großen Schritt in Richtung Aufgabe der österreichischen Souveränität. Ebenso beunruhigend für die Zukunft war Schuschniggs Kampagne, die restliche Welt vom Gegenteil zu überzeugen. Schon gegen Ende Juni drangen die ersten Angaben, dass Österreich und Deutschland über ein geheimes Abkommen verhandelten, an die Weltöffentlichkeit durch (allen Kanälen voran über die russische Emigrantenzeitung, die in Paris gedruckt wurde). Die französische Regierung (zu jener Zeit in den Händen des scharfen Nazi-Gegners und Sozialisten, Premierminister Léon Blum) sandte ein Alarmsignal nach London, begleitet von einem Aufruf zu einer gemeinsamen Aktion, um diesen Schachzug zu unterbinden. Wenigstens dieses eine Mal ließ Whitehall von seiner traditionellen *Laissez-faire*-Haltung gegenüber Mitteleuropa ab. Der Außenminister Anthony Eden stimmte zu, seinen französischen Kollegen Yvon Delbos beim Versuch zu unterstützen, Schuschnigg abzulenken, und sie luden den österreichischen Kanzler ein, sich mit ihnen auf den Korridoren der Generalversammlung des Völkerbundes in Genf zu treffen.

Hier versuchte der Westen schließlich, über zwei der Stresa-Pakt-Partner einen Rettungsanker auszuwerfen, wenn auch nur diplomatischer Natur. Schuschnigg ließ ihn fallen und entschuldigte sich. Ein Grund dafür war, dass Mussolini, der Dritte im Bunde und mittlerweile ganz unter Hitlers Einfluss und Macht[133], ihm abriet, zu dem Treffen zu gehen. Der Kanzler war sowieso dagegen. Er hatte sich eingeredet, dass von Papen und der Führer ohne Hintergedanken verhandelten und dass jene Vereinbarung zwischen den zwei deutschen Kanzlern in der Tat ein „Gentlemen's Agreement" darstellte. Diese Illusion wurde offiziell, als der Wortlaut der Abmachung in Grundzügen am 10. Juli 1936, am Vortag der Paktunterzeichnung, den Westmächten übermittelt wurde. Der Hauptteil wurde als großer Erfolg der österreichischen Diplomatie präsentiert und als Schutz des zukünftigen Friedens in Europa. Das Geheimabkommen wurde mit keinem Wort erwähnt.

Um Schuschnigg nicht Unrecht zu tun (der, wie immer, ein schwieriges Blatt zu spielen hatte), muss erwähnt werden, dass seine Verhandlungen mit Deutschland Ende Juni schon so weit fortgeschritten waren, dass ein Abbruch derselben undurchführbar gewesen wäre. Er hätte jedoch auf alle Fälle jene Verabredung in Genf einhalten und die Hauptpunkte des vorgeschlagenen Paktes dort preisgeben sollen, mit dem Versprechen, dass er London und Paris unverzüglich alarmieren und um Hilfe bitten würde, falls Hitler auch nur im Ansatz den Vertrag zu hintergehen drohe. *Les absents ont toujours tort.* Indem er das Treffen absagte, hatte Schuschnigg den Eindruck erweckt, dass er sich bereits mit dem Unausweichlichen aus Hitlers Händen abgefunden hatte. Als schließlich der Anschluss durch den Führer stattfand, der völlig unzutreffend als „Vergewaltigung Österreichs" bezeichnet wurde, konnte den westlichen Demokratien ihr Denken, dass Österreich seine Auflösung freiwillig aufgrund der Maßnahmen vor knapp zwei Jahren begonnen hatte, entschuldigt werden.

Wenn man von deutscher Seite auf das Juliabkommen zurückblickt, so fällt einem auf, dass er in Berlin vor allem als eine Art Versicherungspolizze gegen die Habsburger aufgefasst wurde. Trotz der enormen Schwierigkeiten – konstitutioneller, internationaler und rein praktischer Natur –, mit denen die Dynastie bei der Rückforderung ihrer Krone sowohl in Wien als auch in Budapest konfrontiert war, und trotz der ungelösten Streitigkeiten im monarchistischen Lager darüber, wie, wann und wo dies versucht werden sollte, hegten die Nazis eine fürchterliche Abscheu vor dem zwei-köpfigen Adler. Papen, der Hauptarchitekt des „Gentlemen's Agreement", nannte seinem Führer drei Gründe, warum es sich als solch großer Erfolg herausstellen würde. Der erste war, dass die Vereinbarung mithelfen würde, Österreich von der internationalen Tagesordnung fernzuhalten (ein Prozess, den auch Schuschnigg selbst, wie wir gerade gesehen haben, beschleunigte). Der zweite Grund war punktgenau: Die Vereinbarung würde den „ständig wachsenden Restaurationsbemühungen der Habsburger" Einhalt ge-bieten. Der dritte steckte einen breiten Rahmen, der von der Ver-hinderung jeglicher spezifischer österreichischer Kultur (!) bis zur Blockade des Landes bei der Suche nach einem internationalen Bür-gen reichte. In diesem Prozess konnte Papen jedoch nicht umhin, zu ergänzen, „würde die Restaurationsfrage ad acta gelegt werden".[134]

Es ist Zeit, auf Schloss Ham zurückzukehren und zu sehen, wie es dem Thronfolger selbst in diesem Tauziehen zwischen der germa-nischen Rasse und der österreichischen Nationalität ergangen ist. Schon die Idee irgendeiner „Zusammenarbeit" zwischen Schusch-nigg und Hitler war beunruhigend, aber Otto war entsetzt, als ihm vom Kanzler die Details des geheimen Protokolls der eigentlichen Vereinbarung überreicht wurden. Er ärgerte sich auch über den Zeitpunkt.

„Schuschnigg hatte mir versprochen, dass er mich immer im Voraus informieren würde, falls er irgendetwas unternahm, das die Stellung der Nazis in Österreich ändern oder die Beziehungen mit Deutschland beeinflussen würde, so dass ich meinen Kommentar dazu abgeben könnte. Am 11. Juli 1936, zwei Stunden vor Mitter-nacht, erschien sein Kurier, Hofrat Weber, um mir die Nachricht zu übermitteln. Natürlich war das Ganze schon unterzeichnet worden. Ich fühlte immer, dass dies nicht sehr loyal war, doch es war nur ein weiteres Zeichen seiner Schwäche. Noch in derselben Nacht legte ich einen scharfen Protest gegen die Vereinbarung ein, welchen Weber nach Wien zurückbrachte. Zu diesem Zeitpunkt war es natürlich schon zu spät."[135]

Otto hegte wenig Zweifel, dass sich Österreich nun eigenmäch-tig auf den rutschigen Boden seiner Auslöschung begeben hatte.

Könnte eine Restauration die Talfahrt aufhalten? Innerhalb Österreichs konnte nur Schuschnigg dieser Frage ins Auge sehen, und nur Schuschnigg konnte sie beantworten. Es war an der Zeit, dies ein für allemal herauszufinden. Papens Überzeugung, dass die Restauration durch den Juli-Pakt *ad acta* gelegt worden war, hätte nicht falscher sein können. Der Kurzzeiteffekt des Paktes ließ dieses Thema, unter strengster Geheimhaltung, wieder an der Spitze der Themen erscheinen.[136]

Es war Graf de Bourbon-Busset, der für die ersten geheimen Treffen zwischen den zwei Männern absolute Geheimhaltung zusicherte. Er war ein entfernter Verwandter des Erzherzogs, und, was noch wichtiger war, französischer Geheimdienstoffizier. Eines der „sicheren Häuser" des Geheimdienstes stand in Mülhausen, in Elsass-Lothringen, das sich sowohl nahe dem deutschen Rheinland als auch der Schweizer Grenze in Basel befand. Otto erinnert sich an das Gebäude, das Hotel du Parc, als den sichersten aller Orte, die er je in seinem Leben für ein Geheimtreffen hat nutzen dürfen. Selbst bei den Gärtnern auf den Grundstücken draußen und bei den Hausangestellten im Inneren handelte es sich um Leute von Bourbon-Busset, und hier begab es sich auch, dass Schuschnigg in den Jahren 1935 und 1936 für vorbereitende Diskussionen über die zukünftige Rolle der Habsburgerkrone hereingeschmuggelt wurde. Der Kanzler hatte bereits seine monarchistischen Referenzen bewiesen, indem er im Juli 1935 die republikanischen Gesetze aufgehoben hatte, die die königliche Familie aus ihrer Heimat verbannten. All ihre Mitglieder, mit Ausnahme von Otto und seiner Mutter, hatten nun das uneingeschränkte Recht auf Rückkehr. Im Prinzip genossen der Thronfolger und die Ex-Kaiserin dieses Recht auch, doch in der Praxis einigten sie sich darauf, dass sie im Voraus die Erlaubnis des Kanzlers einholen mussten. Diese legalistische Bestimmung von Schuschnigg war bis dorthin die Barriere gewesen, um sie von Österreich fernzuhalten. Konnte nun eine Vereinbarung über eine Rückkehr getroffen werden, und, vor allem, konnte diese Rückkehr eine dynastische sein?

Die Treffen in Mülhausen waren von der Stimmung her positiv, doch vom Inhalt her verliefen sie ergebnislos, wie auch andere Kontakte niederen Ranges auf französischem Boden. Das entscheidende Treffen von Angesicht zu Angesicht wurde an einem viel zurückgezogeneren Schauplatz als im Hotel Bourbon-Bussets abgehalten: im Schweizer Kloster Einsiedeln, versteckt in den Bergen oberhalb Zürichs. Hier begab es sich auch am 7. Januar 1935, dass Schuschnigg, in Begleitung seines *Alter Ego* Guido Schmidt inkognito erschien, um Otto, dessen Mutter und seinen vertrauenswürdigen Sekretär, Graf Heinrich von Degenfeld, zu treffen. In all seinen Schriften und Apologien nach dem Krieg gab Schuschnigg keinen Hinweis auf dieses Ereignis. Ebenso wenig Schmidt, nicht einmal in seinen Aussagen während seines langen und ins Detail gehenden Hochverratsprozesses nach dem Krieg. In Hinblick auf ihr Verhalten ca. ein Jahr später wären beide Männer zweifelsohne glücklich gewesen, wenn die Versprechen, die im Kloster an jenem Tag gegeben wurden, begraben und vergessen worden wären. Das wäre auch geschehen, wenn Graf Degenfeld das Treffen nicht im *Einsiedeln-Protokoll* aufgezeichnet hätte, welches in den Archiven der Habsburger überlebte.[137] Es wurde nämlich geradewegs mit „Vorbereitungen für die Restauration" betitelt und beginnt mit den Aufzeichnungen von Schuschniggs eindeutigem Versprechen, „die Restauration so schnell wie möglich kommenden Jahres auszuführen [...] selbst wenn dies letztlich zu einer ernsten europäischen Auseinandersetzung führen sollte".

Otto hatte dem Kanzler immer eingebläut, dass die Bedrohung eines Anschlusses an Deutschland untrennbar mit der Bedrohung eines europäischen Krieges verbunden wäre. Er fügte hinzu, dass die Österreicher, falls sie aus diesem Krieg erhobenen Hauptes hervorgehen wollten, der Besetzung widerstehen sollten, wie hoffnungslos ihre militärischen Chancen auch immer sein mochten.[138] Schuschnigg versuchte zunächst eine Quadratur des Kreises, indem er die ziemlich unüberlegte Idee anstellte, dass alles friedlich verlaufen würde, vorausgesetzt, man könnte sich im Voraus Hitlers Zustimmung zu einer Habsburg-Restauration sichern. Otto lehnte diesen Gedanken geradeheraus ab. Abgesehen von der Tatsache, dass es im Falle einer Restauration sein Wunsch war, dass ihm das österreichische Volk und nicht der deutsche Führer die Krone auf den

Kopf setzte, war dieser Plan ein Schlag in Hitlers Gesicht, soweit seine Pläne bekannt oder vermutet wurden. Sein oberstes Ziel war es, jegliche Restauration zu verhindern und nicht abzusegnen. Schuschnigg akzeptierte die Ablehnung und versprach, „seine Gedanken zu ordnen" und zu einem späteren Zeitpunkt jenes Monats das Thema weiter zu behandeln.

Der letzte Eintrag in Degenfelds Notizen vor Ort erwies sich als pure Ironie. Kurz bevor er sich jenem Mann empfahl, den er stets mit „Eure Majestät" angeredet hatte, legte Schuschnigg aus eigenem Antrieb ein persönliches Gelübde ab, dass „gegen jegliche Art aggressiver Handlung von deutscher Seite gegen die Unabhängigkeit Österreichs mit Waffengewalt Widerstand geleistet werden würde".

Hier handelte es sich im wahrsten Sinne des Wortes um Kampfparolen. In Hinblick auf die zukünftigen Enttäuschungen konnte man vielleicht von Glück sprechen, dass diese Worte nur schwache Illusionen innerhalb seiner Zuhörerschaft hervorriefen, welche zweifelte, ob die Worte jemals in Handlungen umgesetzt würden. Die Kaiserin fasste die Situation lange Zeit danach mit den Worten zusammen, dass Schuschnigg den guten Willen hatte, aber nicht die Willenskraft. Das Urteil ihres Sohnes nahm sich ähnlich aus: „Schuschnigg war sicherlich ein ehrenwerter Mann, und er stand sicherlich der Dynastie loyal gegenüber. Doch er war zögernd und hatte nichts von Dollfuß' Dynamik [...] Natürlich hatte er eine bestimmte Zukunftsvision, doch sie orientierte sich daran, dass die Restauration letztlich zur Wiedererschaffung des Heiligen Römischen Reiches führen sollte. In diesem Sinne war er ein Romantiker [...] während ich in meinen Gesprächen mit ihm die Realität und die Priorität unterstrich, den Widerstand gegen die heranrückende Bedrohung zu mobilisieren."[139]

Die Wochen nach dem Treffen in Einsiedeln wurden zu Monaten, und es kam noch immer keine Nachricht vom Kanzler, die erkennen ließ, dass er „seine Gedanken geordnet" hätte. Nicht, dass er die Angelegenheit hätte ruhen lassen. Als am 23. Februar 1937 Hitlers Außenminister Baron von Neurath zu Gesprächen nach Wien kam, eröffnete Schuschnigg mit der Restaurationsfrage. In Hinblick auf die große Zuneigung der Österreicher für ihr altes Herrscherhaus schlug er vor, ob nicht eine Rückkehr zur Monarchie der beste Weg wäre, um die innenpolitische Szene zu beruhigen. Die Antwort des deutschen Ministers hätte direkter nicht sein können. Die Habsburger wieder einzusetzen, erklärte er, „wäre der beste Weg für Österreich, um Selbstmord zu begehen".[148] Unglaublicherweise fuhr Schuschnigg unbeirrt fort und wiederholte die Idee – die von der habsburgischen Familie nur sechs Wochen zuvor geradeheraus abgelehnt worden war –, dass er Deutschland bezüglich jeglichen Schrittes im Voraus konsultieren wolle. Der Sprecher des Führers zuckte gleichgültig mit den Achseln. Er musste sich gewundert haben, ob der österreichische Kanzler entweder schwerhörig oder nicht ganz bei Trost war.

Kapitel zwei

Auge in Auge

Die Monate vergingen, und der Gefahrensignale, die alle auf das kommende Jahr hinwiesen, wurden immer mehr. Weder in Wien noch auf Schloss Ham sollten sie von Hitlers strategischer Planungskonferenz erfahren, die am 10. November 1937 in Berlin abgehalten wurde. Auf dieser hatte der Führer 1938 als das beste Jahr für seine Generäle bezeichnet, um sowohl die Tschechoslowakei als auch Österreich in Blitzangriffen zu unterwerfen, um so die Kommunikationskanäle der Wehrmacht für ehrgeizigere Operationen zu verkürzen. Doch die Opfer, die im später berühmt gewordenen „Hoßbach-Protokoll"[141] genannt wurden, brauchten seine Aufzeichnungen nicht zu lesen, um der lauernden Gefahr gewahr zu werden. Ottos eigene Informanten schafften genügend Beweismaterial ans Tageslicht.

So zitierten verlässliche Quellen private Anmerkungen Guido Schmidts und anderer Mitglieder seiner österreichischen Delegation auf der Generalversammlung des Völkerbundes im September 1937: „Dies sei das letzte Mal, dass sie auf diese Art und Weise nach Genf kommen würden. Nächstes Jahr würde alles anders sein in Österreich."

Zwei Monate später ließ Göring, der die führende Rolle im Anschluss übernehmen sollte, beim Treffen der Verantwortlichen seines Vierjahresplans für die deutsche Wirtschaft sogar noch ominösere Bemerkungen fallen. Spätestens im Frühling 1938, informierte er sie, bräuchten die Deutschen keine Devisen mehr für den Kauf österreichischen Eisenerzes, welches so unerlässlich für die Wiederaufrüstung wäre, auszugeben. Es sollten daher Schritte unternommen werden, um sicherzustellen, dass bis dahin kein Devisenumtausch mehr vonnöten sei.[142]

Noch im selben Monat, im November 1937, machte Göring während seines Vorsitzes bei der verschwenderisch inszenierten Internationalen Jagdausstellung in Berlin (Hitlers stämmiger Luftmarschall war nämlich auch Reichsforst- und Reichsjägermeister) überhaupt kein Hehl mehr aus den Absichten der Deutschen. Mehrere Österreicher befanden sich unter den internationalen Besuchern, und alle, die auf Görings luxuriöses Jagdschloss Karinhall kamen, wurden eingeladen, sich ein im mittelalterlichen Stil gehaltenes Fresko von Europa anzusehen, welches eigens zuvor gemalt wurde. Darauf waren zwischen Deutschland und Österreich keine Grenzlinien zu erkennen. Göring erklärte seinen erstaunten österreichischen Gästen mit einem Lächeln: „Gute Jäger kennen keine Grenzen, nur Jagdreviere." Alle Anwesenden, inklusive Guido Schmidt, schienen zu erstaunt oder zu eingeschüchtert, um einen Kommentar abgeben zu können.

Von Schuschnigg, der kein Jäger war, war nicht erwartet worden, dass er Görings großem Jagdfestival beiwohnte. Doch mittlerweile schien man sich in Berlin entschieden zu haben, seiner so schnell wie möglich für ein Tête-à-tête mit dem Führer habhaft zu werden, nicht als Besucher, sondern als österreichischer Kanzler. Papen, der diesen Vorschlag schon seit einiger Zeit in Wien aufs Tapet gebracht hatte, verstärkte den Druck nach Weihnachten, indem er argumentierte, dass die Differenzen zwischen „den zwei deutschen Kanzlern" nur durch offene Gespräche beigelegt werden könnten. Der scheue und unentschlossene Schuschnigg hatte große Angst vor diesem Treffen, und er ließ sich so viele Ausreden einfallen, wie er nur konnte. Letztlich waren es nicht Papens Beschwatzungen, die ihn überredeten, sich in die Höhle des Löwen zu begeben, sondern der stichhaltige und immer stärker werdende Beweis, dass Österreichs radikale Nationalsozialisten – des Führers Stellvertreter – planten, ihn abzusetzen.

Bei den Bösewichten handelte es sich um die Mitglieder des so genannten „Siebener-Komitees", welches Schuschnigg selbst ins Leben gerufen hatte. Im Frühling 1937 hatte er der Schaffung dieses speziellen Gremiums führender österreichischer Nationalsozialisten und Großdeutschen zugestimmt (oft gab es eine feine

Linie zwischen den beiden), um eine politische Brücke zwischen ihrem Lager und der „Vaterländischen Front" zu schlagen. Nach und nach stellte sich heraus – wie Schuschnigg schon zu Beginn hätte erkennen müssen –, dass der Hauptzweck der Sieben allerdings darin bestand, alle bestehenden Brücken zu sprengen und keine neue zu errichten. Der endgültige Beweis kam an den Tag, als die österreichischen Sicherheitsbehörden, welche über die Verschlüsselungscodes des Komitees gestolpert waren, eine Razzia in dessen Hauptquartier in der Wiener Teinfaltstraße, auch bekannt als das „Braune Haus" der Hauptstadt, durchführten. Im Safe fanden und entschlüsselten sie den so genannten „Aktionsplan 1938".

Dieser sah die Auslöschung der Republik in drei raschen, ineinander greifenden Etappen vor: erstens eine Welle von äußerst gewalttätigen Terror- und Sabotageakten, die die Polizei nicht unter Kontrolle hätte bringen können; zweitens ein Schutzappell an Berlin in jenem Moment, in dem Schuschnigg seine Militärstreitkräfte auf den Plan ruft; und drittens Vorkehrungen für die deutsche 8. Armee in Bayern, damit diese dem Appell nachkommen und einmarschieren könne, um die „Ordnung wiederherzustellen". Dr. Leopold Tavs, das umtriebigste Mitglied der Sieben, war zu jener Zeit auch Hitlers designierter Gauleiter für Wien. Er hatte offensichtlich keine Geduld mehr zu warten[143]; und, so schien es, ebenso wenig seine Vorgesetzten.

In Wien dachte man eine Zeit lang über das bevorstehende Treffen mit dem Führer nach, das nun auch Schuschnigg unausweichlich kommen sah. Während dieser Vorbereitungsphase gesellte sich an des Kanzlers Seite neben Guido Schmidt ein zweiter dubioser Berater. Es handelte sich um Arthur von Seyß-Inquart, wie Schmidt ein ehemaliger Schüler der *Stella Matutina*, jedoch mit zusätzlicher Bindung zum Kanzler, da er an dessen Seite als Offizierskamerad der kaiserlichen Armee an der Isonzo-Front gekämpft hatte. Wie Schuschnigg war auch Seyß-Inquart ein ehemaliger Rechtsanwalt und frommer Katholik und obendrein ein verschlossener Intellektueller, hinter dessen polierte Brillengläser es ebenso schwer zu blicken war. Doch sein politischer Kompass schlug noch ein oder zwei Grad weiter in Richtung des magnetischen Anziehungspunktes deutscher Norden aus. In der Tat deckte es sich fast mit dem Strich auf der Skala. Er stellte sich ein Österreich vor, das sich selbst noch immer so nennen konnte (was ihn somit als Patrioten qualifizierte), das jedoch in all seinen Absichten und Zielen ein Anhang des Dritten Reichs sein würde – wahrscheinlich würde man ihm erlauben, dessen kulturelles Zentrum zu sein, als Ersatz für die Aufgabe seiner politischen, militärischen und wirtschaftlichen Unabhängigkeit. Es war kaum zu glauben, aber er sollte erleben, dass seine Vision Realität wurde, mit ihm selbst in dessen Zentrum; doch lediglich 48 Stunden lang.

Die Bedeutung Seyß-Inquarts liegt jedoch nicht in seiner Amtszeit, die der einer Eintagsfliege entsprach, sondern in der Arbeit, die er zur Unterminierung des vorigen Regimes geleistet hatte – der Kanzlerschaft seines Busenfreundes Kurt von Schuschnigg. Er spielte eine entscheidende Rolle beim Entwurf der so genannten „Punktationen", einer Liste mit zehn politischen Zugeständnissen, die Österreich bei der bevorstehenden Unterredung als weitest mögliche Rückzugslinie anbieten sollte. (Es schien niemandem in Schuschniggs Lager eingefallen zu sein, dass eigentlich das gekränkte Land selbst versuchen sollte, zur Tat zu schreiten, zu beschützen, geschweige denn Forderungen zu stellen.) Der Grundtenor der zehn Punkte war schwammig und defensiv, während der neunte – eine Willensbezeugung, „mit Mitgliedern der so genannten nationalistischen Opposition politische Verantwortung zu teilen" – die Tür zum Kabinett sowohl für radikale Großdeutsche als auch für verkappte Nazis öffnete. Der einzige Vorbehalt, nämlich, dass der Kanzler wählen durfte, wer hineinkam, hätte die Tür niemals verriegeln können.

Wie später aufgedeckt wurde[144], stand Seyß-Inquart bereits in direktem Kontakt mit Göring in Berlin und erhielt seine Instruktionen von Hitlers rechter Hand. Was später ebenfalls ans Tageslicht kam, war, dass Seyß-Inquart, neben seiner Kampagne für die zehn Punkte, am Vorabend des Treffens mit Hitler ihren wesentlichen Inhalt durch einen Sonderkurier nach Berchtesgaden bringen ließ.[145] Wenn schon Verrat anfänglich nicht als bewusstes Motiv hinter seinen Handlungen stand, so war es jedenfalls Hintergehung. Hitler wusste nun, dass ihm das anvisierte Opfer, welches er zerquetschen wollte, tatsächlich den Gefallen tun und sich freiwillig unter die Dampfwalze legen würde.

Die Geschichte der ersten (und letzten) Begegnung zwischen den beiden Kanzlern auf dem Obersalzberg bei Berchtesgaden ist bestens bekannt, als dass sie hier wieder erzählt werden müsste, außer vielleicht jene Punkte, die Schuschniggs persönlichen Auftritt betreffen.[146] Noch bevor das Treffen begann, war er schon einen kleinen Schritt zurückgewichen. Papen, der ihn und Guido Schmidt im tadellosen Aufzug am Grenzposten begrüßte, gab als *Majordomus* des Protokolls bekannt, dass auch drei von Hitlers Generälen anwesend sein würden. Unter ihnen befanden sich Wilhelm Keitel, der soeben zum Chef des Oberkommandos der Wehrmacht[147] ernannt worden war, und Walter von Reichenau, der das Kommando über die 4. Armeegruppe in Leipzig hatte und alle militärischen Operationen gegen Österreich leiten sollte. Brachte der österreichische Kanzler irgendwelche Einwände vor? Schuschnigg erwiderte kein Wort auf diese unverfrorene Erpressung. Eine resolutere Persönlichkeit hätte entweder deren Entfernung aus dem als politische Gespräche vorgesehenen Treffen verlangt oder aber darauf bestanden, selbst einige seiner Generäle aus Salzburg kommen zu lassen, wenn auch nur, um ein Gleichgewicht an Uniformierten zu beiden Seiten des Tisches herzustellen.

Dieser Umstand versetzte Schuschnigg einen schweren Schlag (und er sollte sich davon nicht mehr aufrichten) von jenem Moment an, als die zwei Männer kurz nach 11 Uhr in Hitlers Arbeitszimmer im ersten Stock Platz nahmen, durch dessen Fenster Schuschnigg in Richtung Salzburg und auf seine österreichische Heimat blicken konnte. Der Führer donnerte, dass Österreich nichts unternommen hätte, um dem Deutschen Reich zu helfen; seine ganze Geschichte zeuge vom Verrat an der Rasse. Dies müsste nun durch das Reich beendet werden, und niemand würde eingreifen, wenn es „die Ordnung an seinen Grenzen wiederherstellte". Alles, was Schuschnigg dieser Eröffnungssalve entgegnen konnte, war, dass die Österreicher immerhin ihren kulturellen Beitrag zur deutschen Szene geleistet hätten. (Er machte sogar diesen schwachen Geistesblitz noch zunichte, indem er Beethoven zitierte, welcher jedoch Rheinländer war, wie ihn der Führer ätzend aufklärte.)

Hitler gewann immer mehr Vorsprung, als er kritisierte, dass Österreichs Verteidigungsanlagen entlang der deutschen Grenze erst neulich verstärkt worden waren. Er wusste nur allzu gut, dass der Hauptzweck dieser Maßnahmen in einer Sicherung der Grenze gegen das Eindringen der so genannten „Österreichischen Legion" lag – hier handelte es sich um Paramilitaristen, die vom Reich ausgebildet wurden, um ihrer Heimat, aus der sie vertrieben wurden, einen Schlag zu versetzen. Schuschnigg gelang es nicht einmal, auf diese Sachlage hinzuweisen. Stattdessen versprach er, alle Verteidigungsmaßnahmen zu stoppen, falls sie seinen Gastgeber irritierten. Solche Nachgiebigkeit schien sein Gegenüber jedoch nur noch mehr zu verärgern, und Hitler fuhr mit einem jener halb kalkulierten, halb spontanen Zornesausbrüche fort, die zum Markenzeichen seiner Person werden sollten:

„Ich muss nur einen einzigen Befehl geben, und all dieser Spuk an der Grenze wird über Nacht in die Luft gesprengt. Sie glauben doch nicht im Ernst, dass Sie mich aufhalten können, nicht einmal für eine halbe Stunde, oder? Wer weiß – vielleicht finden Sie mich eines Morgens in Wien vor, wie ein Frühlingsgewitter. Dann werden Sie durch einiges durch müssen […] Wollen Sie Österreich zu einem zweiten Spanien machen?"

Es handelte sich um allerhöchste Schauspielkunst, vor allem, wenn man an das Publikum denkt, an das sie gerichtet war. Das Vergießen deutschen Blutes war für Schuschnigg ein Albtraum. Er protestierte weder gegen diese unverhohlene Invasionsdrohung, noch suggerierte er, dass Österreich auch nur einen Finger rühren würde, um dagegen zu opponieren. Stattdessen brachte er lediglich heraus, dass ein deutscher Einmarsch zu einem Krieg in Europa führen könnte – eine Bemerkung, die Hitler mit seiner Standard-Tour d'horizon über den Kontinent niederschmetterte: Frankreich immer zu schwach; England immer zu zurückhaltend; Italien mittlerweile zu unterwürfig.

Diese zweistündige Sitzung am Morgen legte bereits das Ergebnis einer Begegnung fest, welche schon im Voraus unausgewogen war und nun einfach die österreichische Seite eingenommen hatte.

Hitler gab am Nachmittag noch mehr seiner Schauspielkunst zum Besten, als er nach Keitel rufen ließ, der in sein Arbeitszimmer kommen sollte, während er seine Gäste allein in einem angrenzenden Zimmer einsperrte. Damit bezweckte er lediglich, ihnen Angst einzujagen, während Keitel einfach nur an die Decke starrte. Das Manöver zeigte Wirkung: Sowohl Schuschnigg als auch Schmidt gaben später zu, dass sie fürchteten, jeden Moment verhaftet zu werden. Sogar der *Majordomus* Papen wurde nervös. Zuvor hatte der Führer die klassische Taktik angewandt, mit der man einen Menschen fertig machen konnte – er hatte ihm sowohl Zuckerbrot als auch die Peitsche angeboten. Bei der Unterzeichnung des vorgefertigten Abkommens, stellte Hitler fest, würde der österreichische Kanzler die einmalige Gelegenheit bekommen, dass sein Name „in die Reihe der großen Deutschen gesetzt werde". Der Führer brachte deutlich zum Ausdruck, dass er selbst „vielleicht der größte Deutsche der Geschichte war". Schuschniggs verwirrte Gedanken kreisten um seinen Einzug ins „Teutonische Pantheon" Seite an Seite mit Bismarck und Friedrich dem Großen.

Die ganze Zeit hindurch hatte Hitler seinen Gast ziemlich unhöflich als „Herr Schuschnigg" angesprochen. Nur einmal, als jener Gast einen versteckten Hinweis auf den Mord an seinem Vorgänger anbrachte, gebrauchte der Führer in seiner Antwort die angemessene Anrede „Herr Bundeskanzler" und gab zu: „Dollfuß steht zwischen uns." Hier, wenn überhaupt, wäre der Moment gewesen, darauf hinzuweisen, dass Angelegenheiten wie die Nazi-Verschwörung von Tavs besseren gegenseitigen Beziehungen noch immer, um es milde auszudrücken, hinderlich waren. Schuschnigg ließ auch diesen Augenblick ungenutzt verstreichen. Die Machenschaften des „Siebener-Komitees" in Wien wurden nicht einmal erwähnt.

Vor diesem Hintergrund von Schwulst und Einschüchterung präsentierte Hitler nach einem relativ formellen Mittagessen seine Forderungen. Vielleicht mit gewollter Ironie waren auch diese in zehn Punkten zusammengefasst. Es überraschte nicht, dass diese zehn viel weiter gingen als jene zehn österreichischen „obersten Zugeständnisse", die im Voraus nach Berchtesgaden verraten worden waren. Der wirkliche Schock kam mit dem dritten Punkt. Dieser verlangte die Ernennung Arthur Seyß-Inquarts zum Innen- und Sicherheitsminister in einem neuen österreichischen Kabinett; außerdem sollte er die Ernennung ausgewählter österreichischer Nationalsozialisten in die Führungspositionen der Vaterländischen Front und in „andere österreichische Institutionen" überwachen. Schuschniggs Busenfreund wurde so praktisch dessen Aufseher.

Hitler hielt so vehement an dieser Schlüsselmaßnahme fest, dass er laut späterer Zeugenaussagen[148] seiner Gefolgschaft mitteilte, dass er die deutsche Armee auf den Plan rufen würde, wenn der österreichische Kanzler auch nur Einwände dagegen erheben sollte.

Es gab keine Einwände. Im Laufe des Nachmittags erreichten die Österreicher in Gesprächen mit Joachim von Ribbentrop, dass einige von Hitlers anderen Forderungen nach Personalrochaden in Wien fallen gelassen oder abgeändert wurden.[149] Darüber hinaus wurde die Anzahl der österreichischen Armeeoffiziere, die mit deutschen Kollegen „ausgetauscht" werden sollten, von 100 auf 50 reduziert; radikale Nazi-Emigranten sollten von einer Generalamnestie ausgeschlossen werden; und schließlich wurde ein dreitägiger Aufschub für die offizielle Einwilligung durch Bundespräsident Miklas gewährt. Das waren aber nur mehr Kleinigkeiten, denn mit der Zustimmung zur Ernennung Seyß-Inquarts – jenes Apostels des „evolutionären Weges", doch nun nicht viel mehr als Hitlers Marionette – wurde der einzige Trumpf, der Österreichs Unabhängigkeit noch retten hätte können, aus der Hand gegeben.

Der Führer, der sich seinen Sieg auf der Zunge zergehen ließ, befand sich nun am frühen Abend in solch wohlwollender Laune, dass er seine Gäste zum Abendessen einlud. Diese waren sich ihrer Niederlage jedoch völlig bewusst und konnten es nicht erwarten, seinen Berghorst zu verlassen und, nach höflicher Verabschiedung, die Halbkettenfahrzeuge zu besteigen, die sie den steilen und eisigen Weg zu ihren Autos im Tal brachten. Papen begleitete sie auf dem ganzen Weg zurück zum Salzburger Grenzposten, wo eine Begrüßungsdelegation von österreichischen Beamten seit Stunden besorgt gewartet hatte. Der *Majordomus* von Berchtesgaden tat sein Bestes, um den schrecklichen Auftritt seines Kanzlers an diesem

Tag heiter erschienen zu lassen. „Nun," sagte er, als er sich von Schuschnigg verabschiedete, „so kann der Führer sein […] aber das nächste Mal werden Sie viel besser vorankommen. Glauben Sie mir, er kann absolut charmant sein." Das nächste Mal sollte Schuschnigg mit Hitlers Gestapo Bekanntschaft machen.

Wieder zurück in Wien, musste sich Schuschnigg zweier dringender Probleme annehmen. Erstens, was er der Öffentlichkeit über das Treffen in Berchtesgaden mitteilen sollte. Der Führer hatte selbst vor Ort ein kurzes Kommuniqué diktiert und veröffentlichen lassen. Darin bezog er sich lediglich auf ein „inoffizielles Treffen, das den gegenseitigen Wunsch widerspiegelte, alle Angelegenheiten, die die Beziehung zwischen dem Deutschen Reich und Österreich betreffen, zu diskutieren". Es war in alarmierendem Maß unverbindlich gehalten, und die Wiener Gerüchteküche, die durch undichte offizielle Stellen genährt wurde, sollte sich schon bald daranmachen, die unvollständigen Passagen mit Horrorgeschichten auszufüllen, die die geheim gehaltenen Fakten sogar noch übertrafen.

Um die panikartige Stimmung zu beruhigen, veröffentlichte der Kanzler am 14. Februar seine eigene Version. Diese enthielt keine der Forderungen des Führers (geschweige denn seine Drohungen) und nicht ein einziges Detail über die lange Liste von Zugeständnissen. Stattdessen kam sie, mit Zustimmung Papens, auf den Juli-Pakt aus dem Jahr 1936 zurück, in dem Hitler zumindest Lippenbekenntnisse an die österreichische Souveränität abgelegt hatte. Das Berchtesgadener Treffen, so weiter in der Verlautbarung, hat Schritte unternommen, die „die reibungslose Durchführung dieser Übereinkunft und somit eine freundliche Beziehung zwischen den zwei Ländern, entsprechend ihrer gemeinsamen nationalen Traditionen" gewährleisten sollen. Als Beschreibung eines Treffens, das den Juli-Pakt aufs Unkenntliche verstümmelt, auf der österreichischen Souveränität herumgetrampelt, dem Kanzler eines noch immer unabhängigen Staates eine Änderung seines Kabinetts befohlen und bei dessen Weigerung eine Invasion angedroht hatte, stellte dies eine der infamsten Unterdrückungen der Wahrheit dar. Als Übung im Nachrichtenmanagement war sie sowieso zum Scheitern verurteilt. Obwohl sie in Schmidts diplomatischem Weisungstelegramm verschleiert wurde, schwirrte die Wahrheit bald in allen europäischen Außenministerien herum. Den Westmächten konnte verziehen werden, wenn sie glaubten, dass der österreichische Kanzler bereit war, alles zu tun, um dem Tiger das Lachen nicht zu verderben. Unglücklicherweise sollten sie Recht behalten.[150]

Das zweite und sogar noch dringendere Problem betraf die Zukunft der gegenwärtigen österreichischen Regierung und jener Schuschniggs selbst. Dem Bundespräsidenten boten sich drei Alternativen an: eine völlig neue Regierung einzuberufen, die an die Kapitulation von Berchtesgaden nicht gebunden war; mit dem gegenwärtigen Kabinett, aber dafür mit einem neuen Kanzler, fortzufahren, oder, als letzte Möglichkeit, die Vereinbarung mit der existierenden Regierung auszuführen. Erst nach zahlreichen Debatten über das Pro und Kontra jeder der drei Alternativen entschloss sich Bundespräsident Miklas, es Schuschnigg zu überlassen, Hitler das Versprochene zu erfüllen. Natürlich gab es da noch eine andere Möglichkeit: Vor der ganzen Welt ein Abkommen abzulehnen, welches noch nicht vom Bundespräsidenten ratifiziert wurde, und im Schulterschluss abzuwarten, was da kommen mag. Diese Möglichkeit wurde zwar erwogen, doch ohne viel Aufhebens wieder fallen gelassen.

Der Hauptgrund, warum Schuschnigg gebeten wurde, weiterzumachen (abgesehen von seiner Integrität als Person und seiner langen Erfahrung mit der Bedrohung durch die Nazis), war, dass der Bundespräsident einfach nicht wusste, durch wen er ihn ersetzen könnte. Selbst vor Berchtesgaden, als Österreichs traurige Liste mit den Zugeständnissen vorbereitet wurde, hatte man sich im Lager der Vaterländischen Front gefragt, ob er der Herausforderung wohl gewachsen wäre. Nachdem der Ausgang des Treffens nun einer Kapitulation ohne leisesten Protest gleichkam, wurden nun die Stimmen von damals lauter. Wäre nicht Richard Schmitz, der pro-monarchistische Bürgermeister von Wien, ein besserer Führer in solch einer Krise oder sogar Michael Skubl, der tapfere Polizeichef der Hauptstadt, der selbst unter dem neuen Sicherheitsregime Seyß-Inquarts seinen Posten behalten sollte?

Die Schwierigkeit lag darin, dass keiner der beiden Männer scharf darauf war, diese höchst undankbare Aufgabe zu diesem äußerst gefährlichen Zeitpunkt für das Land zu übernehmen. Ebenso wenig fand sich irgendein anderer williger Kandidat aus dem alten Lager der Christlichsozialen. Schließlich tauchte aus heiterem Himmel ein Freiwilliger auf. Knapp eine Woche nach seiner Rückkehr aus Berchtesgaden wurde dem Bundeskanzler ein versiegelter Brief, der von einem Geheimboten nach Wien gebracht worden war, auf seinen Schreibtisch gelegt. Als er ihn öffnete, sollte sich herausstellen, dass jener Mann, den er in Gedanken und Worten immer als „Eure Majestät" tituliert hatte, seine Rückkehr aus dem Exil und die Übernahme dessen Amtes anbot, um Österreich durch den Sturm zu steuern.

Übernahme per Telefon

Von Baron Wiesner hatte Otto erst einen Tag vor Schuschniggs Reise nach Berchtesgaden erfahren, dass er dieser zugestimmt hatte. Es war für den Thronfolger somit zu spät, seinen Standpunkt zu vertreten, obwohl er sich über die Bedeutung des Besuches durchaus im Klaren war: „Für mich war es offensichtlich, dass dies der Anfang vom Ende war. Schuschnigg bemühte sich redlich, in seiner Nachricht zu betonen, dass es keine Gefahr gab und dass, ganz im Gegenteil, alles zu einem friedlichen Ausgang und zu einem Abbau der Spannungen innerhalb Österreichs führen würde. Daran habe ich jedoch niemals geglaubt, und ebenso wenig Wiesner oder der Rest meiner Mitarbeiter."[151]

Als er, abermals durch Wiesner, erfuhr, was an jenem 12. Februar tatsächlich passiert war, überbot die Wahrheit selbst seine ärgsten Befürchtungen. Es war eindeutig, dass Schuschnigg einfach unter Druck nachgegeben hatte und dass der österreichische Kanzler, unter erneutem und diesmal noch stärkerem Druck, völlig zusammenbrechen und sein Land mit sich in den Untergang ziehen würde.

Am 14. Februar wurden auf Schloss Hams alle grauenvollen Details des demütigenden Treffens in Berchtesgaden bekannt. Am nächsten Tag setzte der erst 25-jährige Thronfolger seine erste große und unabhängige Initiative in seinem noch jungen Leben. Ohne seine Mutter über seine Absichten zu informieren, schloss sich Otto den ganzen Abend und die ganze Nacht in seinem Zimmer ein und arbeitete an einem Entwurf nach dem anderen eines persönlichen Schreibens an Schuschnigg, um die Lage zu retten. Erst als er mit der Endversion zufrieden war, kam er aus seinem Zimmer hervor und zeigte diese seiner Mutter. Die Matriarchin gab ihren vollen Segen dazu und schlug lediglich kleinere Ergänzungen vor. Am 20. Februar war der um drei Tage vordatierte Brief fertig, und auch die Art und Weise, wie er auf den Schreibtisch des Kanzlers gelangen sollte, war festgelegt. Außer dem kleinen Hof im Exil kannte niemand – nicht einmal Wiesner – seinen Inhalt.

Es klappte, da die Art der Zustellung des Briefes undurchschaubar war.[152] Beim Kurier, der ausgewählt wurde, um das Schreiben nach Wien zu bringen, handelte es sich um den jungen Grafen Heinrich Eltz. Er sollte jedoch nicht die Übergabe durchführen; diese Aufgabe oblag einer anderen loyalen Vertrauensperson, nämlich Baron Franz von Mirbach. Der Brief sollte ihm zwischen neun und zehn Uhr morgens im Wiener Jockey-Club im Palais Pallavicini übergeben werden, mit einem speziellen Siegel zum Verschließen des Umschlages. Doch Mirbach konnte nicht handeln, solange es keine genaue Festlegung des Übergabedatums zwischen ihm und dem unentbehrlichen Baron Wiesner gab, und dieser war noch immer von Belgien *en route* unterwegs. (Ein weiteres Beispiel für die klassische österreichische Maxime: „Warum einfach, wenn's kompliziert auch geht?")

Tatsächlich gelangte der Brief auch nicht vor dem 25. oder 26. in Schuschniggs Hände.[153] Gemäß seinen Instruktionen legte ihn Mirbach mit nur einer einzigen Bemerkung auf des Kanzlers Schreibtisch. Diese lautete, dass der Kurier, dessen Namen er nicht preisgab, sich noch für weitere 48 Stunden in Wien aufhalten würde, in der Hoffnung, eine prompte Antwort nach Schloss Ham zurückbringen zu können. Er wartete vergebens. Das, was Schuschnigg da las, eignete sich nicht gerade für eine spontane Entscheidung.

Nach einer ernüchternden Abwägung der Gefahren, die Österreich nun bevorstanden, richtete Otto drei Bitten an seinen „Lieben Herrn von Schuschnigg [...] einem Mann von unerschütterlicher Loyalität zu seinem Kaiser und seinem Volke". Die ersten beiden klangen relativ harmlos: Keine weiteren Zugeständnisse, welcher Art auch immer, weder an Deutschland noch an Österreichs nationalistisches Lager zu machen und ihn sofort von ersten Anzeichen weiterer Forderungen aus jenen Reihen zu informieren.

Die dritte Bitte kam so überraschend, dass dieser Absatz daher zur Gänze wiedergegeben werden soll:

„So unerwartet Ihnen Nachstehendes vorkommen wird, so reiflich ist es in diesen schweren Stunden, in äußerster Gefahr erwogen: Sollten Sie dem Druck von deutscher oder betont-nationaler Seite nicht mehr widerstehen zu können glauben, so bitte ich Sie, mir, wie immer die Lage auch sei, das Amt des Kanzlers zu übergeben. Ich bin fest entschlossen, zum Schutz von Volk und Staat bis zum Äußersten zu gehen, und ich bin überzeugt, dabei Widerhall beim Volke zu finden. Infolge der Lage, die ein langwieriges Anerkennungsverfahren seitens der Mächte nicht erlauben würde, will ich von Ihnen für diesen Anlass nicht die Restauration der Monarchie verlangen. Ich würde Sie nur auffordern, mir die Kanzlerschaft zu übergeben, so dass ohne Änderung der Verfassung, ohne neue Anerkennung – wenigstens für die entscheidende Lage – die gleichen Vorteile erlangt werden könnten wie durch den formalen Akt der Wiederherstellung der Monarchie."

Der Verfasser versicherte dem Empfänger, dass dieser Vorschlag „nicht dem Machthunger eines ehrgeizigen jungen Mannes entsprang". Ganz im Gegenteil: „Ich handle auf diese Weise, weil ich es als meine Pflicht ansehe, dass ich in einer Gefahrensituation für Österreich als Erbe des Hauses Österreich meinem Land beistehen oder mit ihm fallen soll." Sicherheitshalber berief sich Otto auf Schuschniggs Treueid auf die Dynastie als Offizier der alten kaiserlichen Armee – obwohl dieser Ansatz schon einmal seinem eigenen Vater wenig Glück beschert hatte, als er Admiral Horthy damals in Budapest damit konfrontierte.

Der Kanzler mag wohl von vielen seiner Worte bewegt gewesen sein, besonders von der letzten Zeile des Briefes: „Otto, in der Fremde."[154] Er war jedoch nicht gerührt genug, um aufzustehen und seinen Stuhl Otto zu überlassen. Zugegeben, Österreich blickte so, wie es war, einem Desaster ins Auge, und seine Chancen, sich aus dem Würgegriff der Nazis losreißen zu können, waren düster. Doch selbst diese winzigen Hoffnungsschimmer dürften wohl durch jenen seltsamen Vorschlag zerschlagen und nicht konkretisiert worden sein. Schließlich lief alles auf eine Restauration ohne die Krone hinaus, und sowohl Baron von Neurath als auch Göring hatten dem Kanzler gedroht, dass die deutsche Armee im Fall einer versuchten Rückkehr der Habsburger nach Wien aufmarschieren würde. Nicht umsonst hatten sie dem noch unausgefeilten Projekt für eine Invasion den Kodenamen „Unternehmen Otto" gegeben.

Dann gab es da auch das verfassungsrechtliche Problem selbst, welches Otto mehr oder weniger außer Acht gelassen hatte. Schuschnigg konnte sein eigenes Amt nicht einfach selbst übertragen. Die Ernennung von Kanzlern war das alleinige Recht des Bundespräsidenten und, wie wir gesehen haben, hatte Dr. Miklas seinen eigenen Kopf. Er war sowohl ein Konservativer als auch ein ehemaliger Monarchist. Hätte Schuschnigg abgedankt und hätte er auf den Thronfolger als seinen Nachfolger gedrängt, dann hätte sich der Bundespräsident in einer Zerreißprobe zwischen Nostalgie und Wirklichkeit befunden. Der junge Prinz hatte seine Heimat nicht mehr zu Gesicht bekommen, seit er sie als Kind vor knapp 20 Jahren verlassen hatte. Die österreichische Republik war ihm fremd, und bis zum Auftritt von Dollfuß und seiner Vaterländischen Front war sie ihm sogar feindselig erschienen. Damit sich der Bundespräsident Otto nun überhaupt als neuen Führer einer Notstandsregierung vorstellen konnte, hätte dieser der Unterstützung des ganzen Landes bedurft – der Armee, der Polizei und der Bürokratie; des politischen Apparates in der Hauptstadt und in den Bundesländern; und schließlich der Arbeiter und Bauern.

Mit anderen Worten hing es mehr von den Beifallsbekundungen des Volkes ab als von einer Ernennung durch den Bundespräsidenten. Doch die Österreicher sind nicht die Ungarn. Nationales Geschrei ist nicht ihr Stil. Obwohl Ottos Brief von immensem persönlichen Mut zeugte, so hatte ihm gerade dieser Mut seine Sicht getrübt.

Es ist jedoch durchaus möglich, dass Ottos unerwarteter Schachzug eine ebenso unvorhersehbare Wirkung zeigte. Er mag Schuschnigg sehr wohl zum ersten Ausbruch nationalistischer Leidenschaft in seiner politischen Karriere, gepaart mit der ersten öffentlichen Zurschaustellung von Trotz gegen die Nazis, angespornt haben. Anstatt sich aus dem Rampenlicht zurückzuziehen, sonnte er sich ganze zwei Wochen lang darin; anstatt Entscheidungen auszuweichen, verkündete er sie; anstatt seine Trümpfe zu horten, setzte er alles auf ein letztes Spiel. Er gab später zu[155], dass nicht einmal er selbst genau erklären konnte, was plötzlich in ihn gefahren war. Die Verwandlung hatte am 24. Februar mit einer leidenschaftlichen Rede an das Ersatzparlament jenes Ständestaates begonnen. Das war vier Tage, nachdem Hitler auf seinem eigenen Reichstag in enttäuschend bedrohlichen Tönen über Österreich gesprochen hatte, und Schuschnigg schlug nun mit eigener Redekunst zurück, die selbst den Führer vor Neid hätte erblassen lassen. Von Anbeginn schwang ein dramatischer Grundtenor mit. „Der erste und einzige Punkt der Tagesordnung lautet: Österreich", waren seine einleitenden Worte. Es folgte ein rhetorisches Stilmittel, dessen sich Adolf Hitler schon so oft bedient hatte – der historische Rückblick, mit dem sich Handlungen in der Gegenwart rechtfertigen ließen. Schuschnigg zählte die Liste jener Ehrenwerten auf, die für die Unabhängigkeit Österreichs gekämpft hatten. Er begann mit Maria Theresia und schloss mit seinem ermordeten Vorgänger, Engelbert Dollfuß, dessen Worte von Schuschniggs Lippen zu kommen schienen. Er leitete über zur Konfrontation mit Hitler und ließ ein germanisches Echo widerhallen, als er sie als „Bruderkampf" bezeichnete. Diesen Anflug von Brüderlichkeit legte er jedoch im Folgenden schnell wieder ab. In Berchtesgaden hatte er sich geradewegs jener Grenzlinie genähert, welche klar mit „So weit, und nicht weiter" abgesteckt worden war. Es würde keinen weiteren Rückzug mehr geben. Den Nazi-Sympathisanten unter seinen Landsleuten verkündete er: „Weder Nationalismus noch Sozialismus lautet die Parole in Österreich, sondern Patriotismus." Am Ende der Rede überschlug sich seine Stimme beinahe: „Bis in den Tod! Rot-Weiß-Rot! Österreich!"

Sein Auftritt löste stürmischen Beifall aus. Diese Euphorie übertrug sich auch auf die umliegenden Straßen, wo sie, mangels anderer, besser geeigneter Gesänge (alles in Wien musste in einen musikalischen Rahmen gebracht werden) die alte Kaiserhymne anstimmten. Auf Schloss Ham in Belgien, wo noch die letzten Kerzen des vergangenen Reiches flackerten, gab es eine beherrschtere Atmosphäre aus Glücksgefühl und Verwirrung. War dies derselbe

Mann, von dem sie immer gedacht hatten, dass er zwar sein Herz am rechten Fleck, aber keinen Mut für den Kampf hätte? Es schien, als ob diese Frage der Exilanten in einem Brief vom 2. März beantwortet würde, in welchem Schuschnigg verspätet auf Ottos Angebot der Amtsübernahme einging. Bei der Antwort handelte es sich um eine höchst respektvolle Ablehnung.

Er argumentierte, dass das Habsburg-Problem nur längerfristig gelöst werden könnte[156] und dass jetzt nicht der richtige Zeitpunkt für dementsprechende Schritte wäre. Gerne würde er Seine Majestät über alle Veränderungen der Gesamtlage in Kenntnis setzen, doch die Politik der derzeitigen Regierung in Wien stellte „den einzigen realistischen und zukunftsweisenden Verhandlungsweg" dar. Diese Entscheidungen, die so schwer von der Ferne aus zu beurteilen waren, konnten nur von Personen vor Ort gefasst werden, und sollte Österreichs Weg in die Zukunft durch falsche Entscheidungen verstellt werden, so wäre es unmöglich, das Land in einer Generation wieder aufzubauen. Was das Kanzleramt anbelange, so griff der Rechtsanwalt Schuschnigg ganz und gar nicht überraschend auf die gesetzliche Lage zurück: Nur der Bundespräsident könnte diesen Posten zur Diskussion stellen und neu besetzen. In Hinblick auf eine Restauration müsste jeder Schritt in diese Richtung, nicht nur in dieser Zeit, sondern auch in nächster Zukunft, „mit hundertprozentiger Sicherheit den Untergang Österreichs bedeuten". Nach dem Versprechen, dass der Kampf um die Erhaltung Österreichs das alleinige Motiv für all seine Entscheidungen war, verblieb Schuschnigg mit einem „In ergebener Treue zu Ihrer Majestät".[157]

Der Empfänger dieses Antwortschreibens konnte aus dessen Inhalt nicht viel der Ergebenheit herauslesen. Er hatte vergebens gegen Berchtesgaden opponiert und war über Schuschniggs Taktiken im Nachhinein bestürzt – alles zu vertuschen anstatt öffentlich vor der Welt gegen Hitlers Erpressung zu protestieren. Und nun diese Absage. „Sie stand", merkte er an, „in direktem Widerspruch zu allem, was Schuschnigg in seiner Rede vom 24. Februar klar dargelegt hatte. Es lief auf ein glattes Eingeständnis hinaus, dass er gegen die deutsche Bedrohung keinen weiteren Widerstand mehr leisten würde."[158]

Jene Worte wurden am 6. März 1938 geschrieben, bald nach Ottos Rückkehr aus Paris, wo er mitgeholfen hatte, Unterstützung von Seiten der Franzosen für Schuschniggs „Bis in den Tod"-Rede zu mobilisieren. Der Thronfolger entdeckte, dass er bereits offene Türen einrannte. In der französischen Parlamentsdebatte über die österreichische Krise gab es großen Beifall für Außenminister Yvon Delbos, der größtmögliche Unterstützung für den umzingelten Kanzler in Wien forderte.[159] All diese Vorkommnisse hatten noch mehr zu Ottos Verbitterung beigetragen, als er bei seiner Rückkehr Schuschniggs schriftliche Absage vorfand. Wie er und der Rest der Welt jedoch schon bald herausfinden sollten, bereitete der Kanzler bereits eine noch mutigere Herausforderung für Hitler vor. Es sollte seine und Österreichs letzte Trotzreaktion sein, ein letztes gigantisches Feuerwerk, das zischend verlöschen sollte, noch bevor es vom Boden abhob.

In Berchtesgaden hatte Hitler einmal einen beißenden Kommentar auf Schuschniggs slawische Wurzeln geliefert, die, wie er meinte, ihm selbst mehr Recht gaben, sich einen Österreicher zu nennen, als seinem Gast. Und der Führer setzte fort: „Warum führen Sie nicht einmal eine Volksabstimmung in Österreich durch, in der Sie und ich gegeneinander antreten. Dann würden Sie es herausfinden!"

Genau diese Volksabstimmung entschied sich Schuschnigg nun auch zu initiieren, doch ohne den Führer als seinen Gegenkandidaten. Natürlich hätte sie schon viel früher über die Bühne gehen sollen – z. B. nach der Ermordung von Dollfuß im Jahr 1934 oder spätestens im Anschluss an das verräterische Juliabkommen von 1936. Wie dem auch sei, es schien mehrere gute Gründe für einen Versuch zu geben, eine Art letzter großer Wurf im März 1938.

Ein positiver Faktor war schließlich, dass der „austrofaschistische" Ständestaat wieder mit jenen sozialistischen Gewerkschaftsbewegungen Kontakt aufzunehmen begann, welche er zuvor in den Untergrund verbannt hatte.[160] Hierbei handelte es sich jedoch wohl mehr um eine Art verzweifelte Umarmung, die beide Seiten vor dem Ertrinken retten sollte. Die österreichischen Arbeiter blickten nämlich genauso deutlich wie die katholischen Rechten der Vaterländischen Front einer realen Bedrohung durch die Nationalsozialisten ins Auge. Der Schatten der Galgenschlinge baumelte noch immer zwischen den beiden Lagern hin und her. Es handelte sich um denselben Kurt Schuschnigg, damals noch Justizminister, der nach dem kurzen, aber blutigen Bürgerkrieg im Februar 1934 neun Todesurteile gegen sozialistische „Rebellen" verhängt hatte. Österreichs linker Flügel konnte die Demütigungen jener Zeit weder vergessen noch vergeben, doch vier Jahre später durfte der Kanzler zumindest mit teilweiser Unterstützung aus ihren Rängen rechnen. Für sie war er noch immer der Teufel in Person. Doch mittlerweile war ein noch schrecklicherer Luzifer aus dem Norden aufgetaucht.

Von größerer Bedeutung waren jedoch die negativen Faktoren, die Schuschnigg zu einem Appell an die Nation veranlassten. Die österreichischen Nazis waren bereits während seiner „Bis in den Tod"-Rede in den Bundesländern und ebenso in der Hauptstadt auf die Straßen gegangen. In Graz gelang es ihren „Überfallskommandos", das Rathaus zu stürmen und die Übertragung seiner Ansprache durch das Ausschalten der Lautsprecher zu unterbrechen. Bevor die Armee die Ordnung wiederherstellte, hissten sie sogar die Hakenkreuzfahne auf dem Dach des Gebäudes. Andere, weniger ernst zu nehmende Demonstrationen flackerten in den kommenden Tagen auf. Mittlerweile legte Innenminister Seyß-Inquart im Kabinett Tag für Tag ein immer dunkleres Nazi-Braun über sein blasses österreichisches Rot-Weiß-Rot. (Die beunruhigende Kunde ging durch Wien, dass in den Geschäften der braune Stoff, der sich für Flaggen und Banner eignete, ausverkauft war. Die gute Bürgerschaft bereitete sich bereits für den Fall vor.)

Schuschniggs eigenem Bericht über jene entscheidenden Tage zufolge[161] war es die Ankunft Wilhelm Kepplers, Hitlers Sonderbeauftragten für Reichsangelegenheiten, am 4. März in Wien, die sich als entscheidend herausstellen sollte. Der Sonderbeauftragte überbrachte eine spezielle Botschaft: Das Berchtesgadener Abkommen reiche nicht mehr aus, Österreich müsse sich nun noch weiter unterwerfen. In einer 40-minütigen Sitzung mit dem Kanzler in dessen Privatwohnung unterbreitete Keppler die genauen Details. Diese hoben jedes einzelne jener Zugeständnisse auf, die Schuschnigg am 12. Februar von Hitler hatte einfordern können: Die Anzahl der österreichischen Offiziere, die durch ihre deutschen Kollegen ausgetauscht werden sollten, wurde ausdrücklich wieder von den ausverhandelten 50 auf die anfänglichen 100 hinaufgesetzt; deutsche Parteizeitungen, die bislang in Österreich als verboten galten, sollten ab nun frei in Umlauf gebracht werden dürfen; die beiden Währungen sollten eng miteinander verbunden werden und so weiter.

Die kritischste Forderung war die politische: Von nun an sollte die nationalsozialistische Partei offiziell in Österreich anerkannt werden; selbst die Extremisten aus ihren Reihen würden nicht mehr länger als „Illegale" gelten. Es schien offensichtlich zu sein, dass Hitlers Gesandter absichtlich den Fehdehandschuh vor des Kanzlers Füße warf. Zum ersten und letzten Mal hob ihn Schuschnigg ebenso bewusst auf. Der Kanzler suchte geradewegs den Bundespräsidenten auf, um dessen Einverständnis für eine bundesweite Volksabstimmung einzuholen. Die Antwort war ein enthusiastisches Ja.

Der Duce, an den sich der österreichische Botschafter in Rom, Ulrich von Hassel, wandte, bekundete seine Missbilligung über die Abstimmung, doch Schuschnigg, der sich noch immer in einer tranceähnlichen Trotzhaltung befand, ließ sich nicht abschrecken. In der Tat legte er einen weiteren bravourösen öffentlichen Auftritt hin, als er drei Tage später seine Bedingungen auf einer Massenveranstaltung in Innsbruck verkündete. Der Text der Rede war nicht im Kabinett (da es als unsicher galt) ausgearbeitet worden, sondern im Wiener Hauptquartier der Vaterländischen Front, wo – wie man optimistischerweise annahm – alle Geheimnisse gut aufgehoben wären.

Die Wähler sollten gefragt werden, ob sie ein „freies und deutsches, unabhängiges und soziales, ein christliches und einiges Österreich" wollten. („Demokratisch" wurde nicht erwähnt.) Die Reihenfolge der gewählten Worte sagt alles über Schuschniggs Gedanken aus und vielleicht auch über die Stimmungslage seiner Landsleute zu jener Zeit. Erst an zweiter Stelle nach „frei" kam „deutsch", welches weit vor „christlich" stand, mit „einig" als Schlusslicht. Großdeutsche, Verehrer des katholischen Gottes oder des sozialistischen

Wohlfahrtsstaates, Patrioten, politische Brückenbauer – für jedermann war hier etwas dabei. Umso besser, denn niemand wusste genau, was sie an diesen Iden des März wollten.

Die magische Formel für die erhoffte Rettung wurde der ganzen Welt am 9. März in der Stadthalle in Innsbruck, der Hauptstadt seines Heimatlandes Tirol, als passendem Schauplatz verkündet. Abermals folgte eine aufwieglerische Brandrede, anscheinend spontan, als ob jene inneren Stimmen noch immer aus ihm sprechen würden: „Wir wollen ein freies und deutsches Österreich [...] Wir wollen Brot und Frieden im Land, und wir wollen die Gleichberechtigung aller, die zu Volk[162] und Heimat stehen." Er verkündete der Menge, dass er nächsten Sonntag, am 13. März, eine Volksabstimmung einberufen werde, da er herausfinden müsse, ob das Volk an dieser kritischen Weiche hinter ihm stünde. Er stellte klar, dass es sich um eine persönliche Entscheidung handelte. „Ich habe die Verantwortung für diesen Entschluss ganz allein auf mich genommen, und ich stehe und falle mit allem, was ich will und denke, mit diesem Bekenntnis, das das österreichische Volk ablegen soll, aber ich glaube, diese Verantwortung konnte und musste übernommen werden, weil ich mir nicht vorstellen kann, dass auch nur ein Mann und eine Frau, die wissen, worum es geht, heute gegen diese Parole sein könnte."

Die Ansprache war immer wieder durch lauten Applaus unterbrochen worden, doch als er am Ende, in einem Augenblick der Rührung, den im Dialekt gehaltenen aufrührerischen Appell „Mander 's ischt Zeit!"[163] ausrief, brachte er die Massen innerhalb und außerhalb der Halle zum Toben. Das war jener Schlachtruf gewesen, mit dem einst der große Tiroler Freiheitskämpfer Andreas Hofer seine „Heugabel-Armee" zum Kampf gegen Napoleon versammelt hatte. Trotz seiner grauen Lodenjacke und der grünen Tiroler Trachtenweste gab der schmächtige, bebrillte Mann hinter dem Rednerpult eine bei weitem weniger charismatische Figur ab als der legendäre, schwarzbärtige Riese. Doch die von den Lautsprechern und Radiostationen übertragene Botschaft bewirkte dieselbe Resonanz: Einem weiteren Eindringling aus dem Norden musste mit derselben Missachtung begegnet werden. Es klang wie das frohe Wiegenlied einer wiedergeborenen Nation. Niemand unter den Zuschauern oder Zuhörern hätte geglaubt, dass es sich tatsächlich um ein Trauerlied handelte. Wenn sie nur geahnt hätten, dass die Omen genau dort bei den Mikrofonen am Rednerpult lagen. Die Radioübertragung der Rede konnte durch heftige und systematische Störaktionen von Deutschland aus im benachbarten Bayern gar nicht empfangen werden, und sogar in einigen Teilen Österreichs kam sie nur verzerrt durch. Mindestens 36 Stunden bevor die Möchtegern-Überraschung in Innsbruck über die Bühne ging, wusste Hitler in Berlin bereits über jedes Detail von Schuschniggs Geheimnis Bescheid. Am Abend des 8. März hatte der Kanzler seinen Plan Seyß-Inquart anvertraut, der ihm sein Ehrenwort zur Bewahrung des Geheimnisses gab. Hitlers Platzhalter musste hart auf die Probe gestellt worden sein, dieses Versprechen auch wirklich einzuhalten. Letzten Endes gab es dafür jedoch keine Notwendigkeit: Der Verrat hatte bereits stattgefunden, und diesmal kam er direkt aus dem Herzstück von Schuschniggs politischer Bastion, der Vaterländischen Front. Die Sekretärin von Guido Zernatto, dem Generalsekretär der Vaterländischen Front, ließ den gerade erst diktierten Entwurf des Volksabstimmungsprojektes an die Wiener Nationalsozialisten durchsickern. Er wurde per Eilboten nach Salzburg gebracht, wo ihre ideologischen Brüder des Grenzdienstes diesen schnurstracks über eine spezielle Telex-Leitung der deutschen Gestapo nach Berlin sandten, zusammen mit dem Text des Propagandaplakats. Von diesem Moment an sollte sich der österreichische Kanzler, und nicht der Führer, auf Überraschungen gefasst machen.

Auf Schloss Ham schöpfte man natürlich nicht den leisesten Verdacht von alldem, und Schuschniggs leidenschaftliche Ansprache in Innsbruck wurde, noch immer im Freudentaumel, als ein weiteres Zeichen für Österreichs Wiedergeburt begrüßt. Alle Berichte aus Wien vom folgenden Tag, dem 10. März, schienen das zu bestätigen. Es war ein strahlend sonniger Tag, und die Gehsteige der Hauptstadt wurden von jubelnden Menschenmengen gesäumt, als offene Lastwagen mit fliegenden Fahnen der Vaterländischen Front durch die Straßen fuhren und Flugblätter zur Unterstützung der Volksabstimmung in die Luft warfen. Der Text ließ keinen

Kompromiss zu: „Mit Schuschnigg, für ein freies Österreich!" Sofort initiierte Otto persönlich eine Spendenkampagne, um das Referendum finanziell zu unterstützen, und erhielt beträchtliche Geldmittel, unter anderem von der jüdischen Gemeinde in London.

Der Kanzler selbst fühlte sich gelassen und überzeugt, nachdem ein Unterstützungsversprechen nach dem anderen von Anti-Nazi-Gruppen aller Couleurs eintraf: von der Heimwehr, der jüdischen Gemeinschaft, den Monarchisten, den Katholiken und, was am bedeutendsten war, sogar von Sprechern der sozialistischen Aktivisten im Untergrund. Selbst einige bezahlte Nazi-Demonstranten waren in ihrer Gier nach Geld hin- und hergerissen. Eine Gruppe Jugendlicher, denen pro Kopf fünf Schilling gezahlt wurden, um für Hitler zu schreien, gingen in einem Wiener Vorort zur Vaterländischen Front und boten dieselben Dienste für Schuschnigg zum Sonderpreis von nur vier Schilling an.

Der Kanzler fand an diesem Tag sogar die Zeit, einen langen Brief an Seyß-Inquart zu schreiben, der dem Führer gegenüber seine Pflicht getan hatte, indem er die Frage stellte, ob die Volksabstimmung nicht im Widerspruch zum Berchtesgadener Abkommen stehe. Ganz im Gegenteil, erwiderte Schuschnigg. Die Nazis wären es, die das Abkommen durch ihre Terrorkampagnen brachen. „Eine Marionette zu spielen bin ich weder fähig noch bereit, die politische Verantwortung und die Frontführung trage ich …", fuhr er im Brief fort, „… ich bin in der glücklichen Lage, die Welt zum Zeugen darüber aufrufen zu können, wer Recht hat und wer den Frieden will."

An jenem Abend hatten die beiden ehemaligen Studienkollegen und Waffenkameraden ein lange, private Unterredung, und Seyß-Inquart versprach schließlich, nachdem einige technische Änderungen bezüglich der Abstimmung sichergestellt waren, dass er seinen eigenen Anhängern nahe legen werde, bei der sonntäglichen Volksabstimmung mit „Ja" zu stimmen. Es schien alles wie am Schnürchen zu laufen. Der zurückhaltende Innenminister begab sich anschließend ins Hotel Regina, wo er das eben Besprochene einer geheimen Krisenversammlung von österreichischen Nazi-Führern anvertraute, die aus allen Bundesländern zu einer Diskussion über die Volksabstimmung angereist waren. Dies war der Zeitpunkt, an dem Seyß-Inquart zum ersten Mal schockiert spürte, dass ein anderes, viel größeres Spiel im Gang war, in welchem sehr wohl er zur Marionette werden würde. Die Nazi-Führer schienen gänzlich uninteressiert an seinem Abkommen zu sein, das er gerade mit Schuschnigg ausgehandelt hatte. Mehr noch: Als sie sich in ein anderes Zimmer zurückzogen, um unter sich zu sein, wurde dem von Hitler auserwählten Innenminister die Tür ins Gesicht geschlagen. Es handelte sich um jene Männer, die sich bereits als des Führers österreichische Gauleiter wähnten, und mittlerweile hatten sie auch guten Grund dazu. Am selben Tag, um 16.30 Uhr, hatte General Fedor von Bock, der deutsche Armeekommandant im Dresdner Bezirk, einen direkten Befehl von seinem Führer erhalten, gegen Mittag des 12. März in Österreich einzumarschieren, „um wieder geordnete Verhältnisse herzustellen".

Der Befehl bildete den Höhepunkt der mehr als 24-stündigen Beratungen in Hitlers Berliner Kanzlei. Seit jeher kein ruhiger Platz, selbst in friedlichen Zeiten, liefen nun die Dinge in der Kanzlei aufgrund der Österreich-Krise in atemberaubenden Tempo. Des Führers erste Reaktion auf Schuschniggs Volksabstimmungsplan war sowohl Schock als auch Wut. Als er seinen Gast beinahe auf den Tag genau vor einem Monat aus Berchtesgaden verabschiedet hatte, hatte er ihn sich als eine Art politische Schmeißfliege vorgestellt, welche von nun an um seine Kanzlei herumbrummen würde, ziemlich harmlos und ohne Orientierungssinn. Nun hatte sich die Schmeißfliege plötzlich in eine Hornisse mit äußerst giftigem Stachel verwandelt. Sie musste erschlagen werden.

Anfänglich spielte der Führer mit dem Gedanken, das Insekt auf gleichsam konstitutionelle Art totzuschlagen, indem er die Abstimmung mit der Zusatzoption des Anschlusses gestatten wollte (der „Größte aller Deutschen" trat gegen einen Gegner an, der nicht einmal ein richtiger Deutscher war). Als dieser Gegner jedoch in Innsbruck eindringlich von Verteidigung sprach, schlug sich Hitler all diese Gedanken aus dem Kopf und entschied sich für die Militärvariante. Diese musste noch dringend durchgeplant werden. Als das „Unternehmen Otto" aus den Akten hervorgekramt wurde, stellte sich heraus, dass es sich um nicht mehr als einen theoretischen

Stabsplan über Maßnahmen zur Unterdrückung einer Habsburger-Restauration handelte, die seit ihrem ersten Entwurf im vergangenen Sommer Staub angesammelt hatte. Hitler verwarf sie mit einem Schnauben und ersetzte sie durch einen ausgeklügelten Mobilisations- und Aufmarschplan. Diese so genannte „Weisung Nr. 1"[164] war ein klarer Einmarschbefehl, über den der Führer die persönliche Leitung haben wollte. Die 8. deutsche Armee sollte mit „dem vordringlichen Ziel der Besetzung Oberösterreichs, Salzburgs, Niederösterreichs und Tirols, sowie die schnelle Besitznahme von Wien und die Sicherung der österreichisch-tschechischen Grenze" angreifen. General von Bock wurde auch eine politische Weisung erteilt, welche die einzigartige und seltsame Natur dieser Operation widerspiegelte. Obwohl jeglicher Widerstand mit „größter Rücksichtslosigkeit durch Waffengewalt zu brechen" ist, sollte er nicht provoziert werden, da „wir keinen Krieg gegen ein Brudervolk führen wollen". Der General sollte sich diesbezüglich keine Sorgen machen müssen.

Wie wir gesehen haben, war Seyß-Inquart während der ganzen Zeit der Vorbereitungen hindurch in Wien geblieben, obwohl sein „nationalistisch-patriotischer" Kollege Glaise-Horstenau, der in Deutschland auf Urlaub weilte, zum Führer beordert wurde. Dem unglückseligen General wurden nicht weniger als drei Schreiben überreicht, die er seinem Kanzler aushändigen sollte. Zwei waren von Hitler verfasst worden: erstens der Entwurf einer Rücktrittserklärung von Seyß-Inquart als Protestakt gegen die Volksabstimmung und zweitens der vorgeschlagene Text für eine Radiosendung von Schuschnigg, in welchem er das Referendum fallen ließ. Dann schlich Göring heran, um das dritte und übelste Schreiben zu verfassen. Hierbei handelte es sich um den Entwurf eines Telegramms, das von Seyß-Inquart unterschrieben und nach Berlin geschickt werden sollte, um offiziell um die Entsendung deutscher Truppen zur „Wiederherstellung der Ordnung" in seinem Land zu ersuchen. Im General steckte noch genug von einem Österreicher und von einem Kabinettsmitglied Schuschniggs, als dass er den Briefträger in diesem schäbigen Spiel abgegeben hätte. Bedenkt man den Schauplatz und die zwei Männer an seiner Seite, legte er eine mutige Haltung an den Tag. Unglücklicherweise zeigte sie keinerlei Wirkung. Ob er es wollte oder nicht, wurde General von Glaise-Horstenau am nächsten Tag einer von Hitlers Schicksalsboten in Wien.

Der 11. März 1938 sollte der letzte Tag im Leben eines freien Österreichs sein. Die Geschichte der Ereignisse jenes Tages in Wien ist eine Mischung aus Tragödie und Farce. Vor allem ist sie eine Chronik des Durcheinanders, das gelegentlich in heillosem Chaos ausartete. Diese Geschehnisse wurden jedoch über die Jahre genauestens dokumentiert und sollen hier nur kurz zusammengefasst werden, bevor wir zu jener Geschichte kommen, die bis jetzt noch nicht erzählt wurde. Dabei handelt es sich um die Bemühungen der Exilanten im Allgemeinen, und im Speziellen Ottos, die Fahne des Widerstandes in ihrer alten Heimat zu hissen.

Schuschniggs langer Tag in Wien begann sehr zeitig in der Früh und sehr beunruhigend. Vor Sonnenaufgang wurde er um 5.30 Uhr durch einen Notruf seines Polizeipräsidenten Michael Skubl aus dem Schlaf gerissen. Die Deutschen hatten über Nacht ihre Zollposten in Salzburg geschlossen, und massive Truppenbewegungen wurden von deren Seite der Grenze gemeldet. Nach einer kurzen Gebetspause *en route* im Stephansdom traf er bald nach sechs Uhr in seiner Kanzlei ein, wo sich seine höchsten Beamten bereits besorgt versammelt hatten. Sie überbrachten weitere, noch beunruhigendere Neuigkeiten, ein Telegramm, welches von ihrem Generalkonsul in München, Dr. Jordan, gesendet wurde. Darin stand in knappen Worten: „Löwe ist bereit zur Reise." Der Löwe stand für Hitler, und aus dem Geheimcode übersetzt lautete die Botschaft: „Vorbereitungen für eine umgehende Invasion scheinen begonnen zu haben."

Mittlerweile herrschte reges Treiben auf Wiens Flugfeld in Aspern. Noch bevor Schuschnigg in seinem Büro eingetroffen war, war von Papen mit einer Sondermaschine nach Berlin abgereist und zog es vor, die Endphase dieser von ihm inszenierten österreichischen Katastrophe lieber nicht mit ansehen zu müssen. Seyß-Inquart, nach dem der Kanzler suchen ließ, befand sich ebenfalls auf dem Flugfeld, wo schon im Morgengrauen beachtlicher Anflugsverkehr aus Deutschland zu verzeichnen war. Die erste Maschine, die ankam, hatte nur einen Passagier an Bord, einen Sonderboten mit Hitlers Kapitulationsbotschaft an Schuschnigg im Gepäck. Ihr folgte schon bald jenes Flugzeug, zu dessen Begrüßung Seyß-Inquart erschienen war. Es hatte seinen perplexen Kameraden Glaise-Horstenau an Bord, der in der interessanten Begleitung von Görings österreichischem Schwager, Dr. Franz Hueber, kam. Wie es schien, war der Feldmarschall aus familiären Gründen an diesem Drama interessiert.

Da Hitlers persönliche Botschaft nur als offizielles Dokument aufgefasst werden konnte, ließ es Seyß-Inquart von der deutschen Gesandtschaft abholen und las es im Beisein von Glaise-Horstenau auf dem Weg zur Kanzlei durch. Es verwunderte nicht, dass ihre Mienen ernst wurden: Der Führer einer ausländischen Macht hatte ihrem Kanzler ein Ultimatum gestellt, und an zwei seiner Minister erging die Aufgabe, dieses nicht nur zu überbringen, sondern ihm auch zur Durchsetzung zu verhelfen. Beide boten ihren Rücktritt an (womit sie weitere, nicht näher bezeichnete Maßnahmen in Gang setzten), außer Schuschnigg beuge sich Hitlers Forderung: die Volksabstimmung um mindestens 14 Tage zu verschieben und an ihrer Stelle eine „legale Abstimmung" zu organisieren.

Mittlerweile war es 9.30 Uhr, und in den nächsten zwei Stunden schoben die drei Männer die Angelegenheit zwischen sich hin und her. Hitlers Ultimatum sollte zu Mittag ablaufen, doch im Namen des Führers verlängerte Seyß-Inquart die Frist entgegenkommenderweise um weitere zwei Stunden. Dies war die erste persönliche Initiative, die der von Hitler erwählte Innenminister während der Krise ergriffen hatte; sie ist auch als erste Andeutung dafür zu werten, dass er sich selbst schon als Österreichs nächster Führer wähnte.

Als es Mittag wurde, befand sich Schuschnigg noch immer in kampfeslustiger Stimmung. Er war nicht nur entschlossen, seine Volksabstimmung zu verteidigen, er unternahm auch energische Schritte, um sein Land zu verteidigen. In einer Flut von Notbefehlen berief er die österreichischen Militärreservisten des Jahrgangs 1915 ein, versetzte er die Wiener Polizei und die Grenzmiliz in

Alarmbereitschaft, ließ er Waffen an die Sicherheitswachen sowohl der Bundesbahnen als auch der wichtigsten Kraftwerke der Bundeshauptstadt verteilen und organisierte sogar zusätzliche Treibstoffvorräte für die motorisierten Armeeeinheiten. In der Tat handelte es sich hier um Kampfparolen; unglücklicherweise sollte es bei den Parolen bleiben.

Als er zwei Stunden später seine engsten Berater zu einer Lagediskussion um sich versammelte, löste der Rechtsanwalt Schuschnigg den Krieger Schuschnigg ab. Wie auch schon während der Krise um Berchtesgaden stellte er drei Handlungsmöglichkeiten in den Raum (fast so, als ob sich der fromme Katholik unbewusst auf die Heilige Dreifaltigkeit als seine Führung verließ). Die Optionen reichten von völliger Abweisung aller Forderungen Hitlers, gepaart mit einem Appell an die Weltöffentlichkeit; über einen Kompromiss, der nur technische Änderungen für die Volksabstimmung vorsah; bis hin zum Akzeptieren des Ultimatums. Als jene zwei ideologischen Zwillinge, Glaise-Horstenau und Seyß-Inquart, jeglichen Kompromiss geradewegs ablehnten, fühlte sich der Kanzler in die Enge getrieben und musste entweder kämpfen oder nachgeben. Er konfrontierte Bundespräsident Miklas, der aus seinem Büro von der gegenüberliegenden Seite des Ballhausplatzes herbeigeeilt war, mit dem Problem. Als Schuschnigg sich wieder zu seinen Kollegen begab, gab er ihnen zu deren Überraschung bekannt, dass er sich entschieden hatte, auf Hitlers Forderungen einzugehen. Mittlerweile war es 14.30 Uhr. Nur zweieinhalb Stunden vorher war er mit vollem Geschütz aufgefahren: Warum also plötzlich diese Kehrtwende?

Das einzig Negative, das sich in der Mittagspause ereignet hatte, war der wiederholte Fehlschlag, mit Mussolini in Rom per Telefon über die Krise zu sprechen. Der Duce hatte einfach erklärt, dass er nicht zu sprechen wäre. Doch diese Reaktion war zu erwarten gewesen: Mussolini hatte seine Absichten bezüglich einer erneuten österreichischen Krise schon im Voraus sehr deutlich signalisiert. Und wie Schuschnigg nur zu gut wusste, konnte von den zwei anderen Mitgliedern der kollabierten Stresa-Front außer formeller Protestbekundung auch nichts weiter erwartet werden.

Frankreich hatte sich den 10. März, justament jenen Tag der sich zuspitzenden Krise, ausgesucht, ohne Regierung zu sein, so dass sich Frankreichs Außenminister, Yvon Delbos, ein treuer Freund Österreichs, gerade zu diesem Zeitpunkt *in statu demissionis* befand. London hätte sich als Druckstelle entwickeln können, da sich Hitlers neuer Außenminister Ribbentrop dort gerade zufällig auf Besuch befand. Am 11. März aß dieser tatsächlich mit dem britischen Premier Neville Chamberlain zu Mittag, als Telegramme über das Drama Volksabstimmung vom Auswärtigen Amt überbracht wurden. Doch wie auch Mussolini, wollte Chamberlain den Draht zu Hitler nicht verlieren und sich nicht wegen Komplikationen in Wien verheddern. Der schärfste Verweis, den er seinem Gast gab, war ein vorwurfsvoller Klaps aufs Handgelenk.[165]

Indem er dem Ultimatum plötzlich nachgegeben hatte, hatte Schuschnigg in Wahrheit auch schon sein eigenes Schicksal wie das seines Landes bestimmt. Die Art und Weise, wie sich der *coup de grace* vollzog, war nichtsdestotrotz bizarr. Zunächst war es eher Göring als Hitler, der nun zum großen Schlag ausholte. Immer schon hatte der Feldmarschall seinen Gästen in Berlin gerne erzählt, dass die österreichische Frage „so oder so" geregelt werden müsse; doch nicht einmal er hätte sich jemals träumen lassen, dass er der erste Mann in der Geschichte sein würde, der einen souveränen Staat nur via Telefon übernahm. Und dennoch passierte genau das in Wien an jenem Nachmittag und frühen Abend des 11. März zwischen 15 und 20 Uhr.

Bis zum schmachvollen Ende seiner Tage[166] war der Feldmarschall stolz über seine Errungenschaften in jenen fünf Stunden, in denen er, wie er fühlte, von einem gewissen Messianismus für die Rassenfrage inspiriert war. „Ich hatte ein instinktives Gefühl", erzählte er seinen Richtern in Nürnberg, „dass die Gelegenheit endlich gekommen war – welche ich so lange und so leidenschaftlich erwartet hatte –, um eine endgültige, klare Lösung herbeizuführen."[167] Nachdem er von Seyß-Inquart über Schuschniggs Aufgabe der Volksabstimmung erfahren hatte, war für ihn der Zeitpunkt gekommen. Der Kanzler und seine gemischte Gruppe von Kollegen waren so naiv, zu glauben, dass sein Nachgeben vielleicht das Ende der Krise bedeuten könnte. Wie alle 20 Minuten später heraus-finden sollten, war es erst der Anfang. Fünf Minuten nach 15 Uhr erwiderte Göring den Anruf und diktierte, offensichtlich mit Hitlers Segen, die folgende Botschaft:

„Angesichts seines Verstoßes gegen das Berchtesgadener Ab-kommen genießt Schuschnigg nicht länger unser Vertrauen. Die na-tionalsozialistischen Minister in Österreich [d. h. Seyß-Inquart und Glaise-Horstenau] sollen dem Kanzler ihren Rücktritt bekannt ge-ben und auch den seinen verlangen." Daraufhin wurde Seyß-Inquart informiert, dass er für die Ernennung zum Kanzler Öster-reichs durch Bundespräsident Miklas der „klare Favorit" wäre. Er hatte eine Stunde, um alles abzuschließen.

Tatsächlich wurde Seyß-Inquart an diesem endlos erscheinen-den Tag jedoch nicht vor Mitternacht als Hitlers Kanzler bestätigt. All der ihm von Göring entgegengeschleuderten Drohungen zum Trotz wies Miklas neun Stunden lang die Ernennung als eine von außen auferlegte zurück und beschwor in dieser Zeitspanne eine Reihe patriotischer österreichischer Führer, in die Fußstapfen Schuschniggs zu treten. Doch niemand nahm das Angebot an, und als sich schließlich keine Freiwilligen mehr finden ließen und sich die Nazi-Schläger unbelästigt im Hof unten zu sammeln begannen, gab der tapfere alte Bundespräsident nach.

Wie bewundernswert dieser Einmannwiderstand zugunsten Österreichs auch immer gewesen sein mag, er verteidigte eine Chance, die bereits vertan war. Zur Teezeit hatte Schuschnigg seine heroische Militärdiktion von Mittag zurückgenommen und wies seinen Generalbefehlshaber Sigismund Schilhawsky[168] an, seine Truppen aus allen Grenzgebieten abzuziehen und ihnen jeglichen Widerstand gegen einmarschierende deutsche Streitkräfte zu ver-bieten. Diese Anweisung ließ die rot-weiß-rote Flagge auf Halbmast wehen. Zehn Minuten vor acht Uhr abends nahm Schuschnigg sel-bige vom Masten und faltete sie zusammen. Im so genannten Eck-zimmer des Bundeskanzleramtes wurde ein Mikrofon aufgebaut. Es befand sich nur wenige Schritte von jener Stelle entfernt, an der Dollfuß vier Jahre zuvor den Kugeln der Nazis zum Opfer gefallen war. Nun trat sein Nachfolger ans Mikrofon und verkündete der

Nation deren unblutige Kapitulation. Nachdem er eine kurze Zusammenfassung der Geschehnisse des Tages geliefert hatte, verkündete er ohne weiteren Aufhebens, dass Österreich der „Gewalt weichen werde". Er hatte den Befehl zur Widerstandslosigkeit gegeben, da „wir entschlossen sind, auf gar keinen Fall und nicht einmal in dieser ernsten Stunde, deutsches Blut zu vergießen". Mit versagender Stimme beendete Schuschnigg seine Rundfunkansprache mit den Worten: „Gott schütze Österreich!" Doch er verabschiedete sich auch von seinem Volk, indem er nebst seinen herzlichen Wünschen „ein deutsches Wort" aussprach.

Es schien, als ob der endgültige Auslöser, ihn vors Mikrofon zu bringen, ein Bericht gewesen war, laut dem die deutschen Truppen bereits die Grenze überschritten hatten. Bei dieser Meldung handelte es sich jedoch um einen falschen Alarm: Hitlers Streitkräfte marschierten erst am nächsten Morgen auf „Weisung Nr. 1" hin ein und erzwangen die Kapitulation nicht, sondern nutzten diese lediglich aus. Selbst dieses ironische Ende packte die Sache bei den Wurzeln. Schuschnigg gab nicht aufgrund seiner diplomatischen Isolation nach, welche schon lange vorausgesehen worden war und in den Telegrammen nach Wien erst *nach* seinem Rücktritt endgültig bestätigt wurde. Er gab auch nicht nach, weil er ein Feigling war. Sein persönlicher Mut – und vielleicht seine völlig falsche Einschätzung der Zukunft – zeigte sich in seiner Weigerung, mit Kollegen über die tschechische Grenze zu fliehen, solange diese noch geöffnet war. Seine Kapitulation war nichts anderes als das letzte Opfer auf seinem germanischen Altar. Er hatte vor diesem als Student gekniet, ihn als Soldat im Kampf verteidigt und ihn bis zu seinem Ende als Politiker weiter verehrt.

Für die Exilanten in Belgien war es vor allem aufgrund der Kommunikationsprobleme kompliziert, etwas über die Kapitulation Österreichs zu erfahren. Göring konnte seine Befehle von Berlin nach Wien via Sonderleitung durchs Telefon brüllen. Er brauchte quasi nur den Hörer abzunehmen, und schon wurde er weiterverbunden. Normalerweise führten die Leitungen von Belgien nach Österreich auch durch die deutsche Hauptstadt. Sie konnten jedoch nicht benutzt werden, da sie mit höchster Wahrscheinlichkeit abgehört wurden und sich somit jeder identifizierbare Anrufer oder Zuhörer innerhalb der Republik zum habsburgischen Thronfolger auf der Fahndungsliste der Gestapo dazugesellt hätte. Die einzige Lösung bestand darin, eine sichere Leitung durch die Schweiz zu finden, was Otto seit Jahresbeginn durch häufige Reisen arrangieren konnte.

Bereits vor Berchtesgaden waren sie mit zwei Problemen beschäftigt. Das Erste war, wie die Österreicher zu ihrer eigenen Rettung wachgerüttelt werden konnten. Das Zweite war, wie und wann die verbannte Dynastie dieser Rettung entgegenreiten könne, ohne dabei sich selbst noch das Volk ins Verderben zu führen. Irgendein Versuch musste angestrengt werden, da Schuschniggs versprochene Restauration im *annus mirabilis* 1937 vergangen war und sich Österreich in einem festeren Würgegriff Hitlers als je zuvor befand.

„Wir hatten den Gedanken an einen militärischen *coup d'état* immer ausgeschlossen", erinnerte sich Otto[169], „der, selbst wenn er funktioniert hätte, zu provokant gewesen wäre und den falschen Ton angegeben hätte. Doch nach Berchtesgaden untersuchten wir die Möglichkeit einer politischen Umkrempelung. Wir hatten Grund genug, anzunehmen, dass in dieser Krise Bundespräsident Miklas nichts gegen die Bildung einer Koalition einer Regierung des nationalen Widerstandes gehabt hätte, die den Nazis gegenüber insgesamt viel energischer aufgetreten wäre. In unserem Namen sondierte also Baron Wiesner Richard Schmitz, den Bürgermeister von Wien, und Josef Reither, den mächtigen Landeshauptmann von Niederösterreich, um herauszufinden, ob sie die Führung übernehmen würden. Doch beide hatten Einwände und bemerkten, dass dieser Plan ‚nicht mehr durchführbar' wäre. Daraufhin habe ich mich entschlossen, einen Brief an Schuschnigg zu schreiben, mit dem Angebot, durch die Übernahme des Kanzleramtes persönlich solch eine Krisenregierung zu bilden. Es wurde abgelehnt."

Während des Höhepunktes der Krise vom 10. bis 12. März hatte Otto über die sichere Zürich-Verbindung ständigen Kontakt mit zwei Hauptpersonen. Die erste war General Wilhelm Zehner im Verteidigungsministerium, welchen er zur Organisation eines

Widerstandes gegen einen deutschen Einmarsch drängte, auch wenn dieser nur kurz und von symbolhafter Natur sein sollte. Dieses Unterfangen wurde sowohl als Ehrenangelegenheit als auch als historisches Zeichen zur Sicherung der Zukunft Österreichs angesehen. Zehner stimmte diesem Plan vollkommen zu, doch Schuschniggs Rückzugsbefehl an die Truppen und deren passives Verhalten machten diesen Plan zunichte.

Auf politischer Ebene konzentrierte sich Otto auf Richard Schmitz und beschwor ihn, vorzutreten und der torkelnden Regierung etwas Widerstandsgeist einzuträufeln. Die letzten Worte des Bürgermeisters als Antwort am Telefon zeigten, dass er den Kampf aufgegeben hatte. „Schuschnigg hat uns in dieses Chaos hineingezogen", berichtete er Otto, „und nun ist es seine Aufgabe, uns da auch wieder herauszuholen."

So musste in den letzten 48 Stunden der Freiheit Österreichs der endgültigen Herausforderung noch einmal ins Auge geblickt werden. Sollte Otto in Belgien einfach an Bord eines Privatflugzeugs gehen[170], auf dem Flugfeld Aspern bei Wien wie ein lebendiger Geist der kaiserlichen Vergangenheit die Maschine verlassen und darauf vertrauen, dass allein sein großer Name und seine Bravour die Nation um ihn versammeln würde? Dieser Gedanke war seit Jahresbeginn immer wieder diskutiert worden, doch mit Hitlers Drohungen und Schuschniggs Schwanken hieß es nun am 10. März: „Jetzt oder nie!" Dies führte zu jenem Streit, an den sich Otto immer als den „einzigen, wirklich heftigen Streit, den ich jemals mit meiner Mutter gehabt habe", erinnern wird.

Getreu ihrer unbeugsamen Natur bestand sie darauf, dass er das Wagnis auf sich nehmen sollte, und argumentierte, dass „Mut schon oft den Sieg davongetragen hatte, ganz gleich, wie die Vorzeichen auch standen". Darüber hinaus behauptete sie – und hier traf sie ihn an der richtigen Stelle –, dass „es unsere Aufgabe als Habsburger sei, zu Österreich zu stehen, was auch immer geschehen mag". Und einmal mehr brachte sie ihren Lieblingsspruch der Jäger zum Besten: „Nicht geschossen, ist auch gefehlt."[171]

Ottos Antwort lautete, dass sich das Ziel mittlerweile einfach außerhalb jeder Reichweite befand. Als er im Februar angeboten hatte, nach Wien zu gehen und das Kanzleramt zu übernehmen, stand der gesetzliche Weg noch offen, und es gab eine Regierung, welche rechtmäßig und vielleicht noch immer ausreichend stabil war, um selbst seinem überraschenden Vorschlag gerecht zu werden. Am 10. und 11. März war aber schon alles am Einstürzen. Selbst die Monarchisten hatten zu wanken begonnen, und da sich der Sicherheitsapparat fest in Seyß-Inquarts Händen befand und die Armee nun das Aufstapeln der Gewehre befahl, wo sollte da die physische oder politische Basis für eine Übernahme der Habsburger aufgeschlagen werden?[172] Wie die Dinge in Wien standen, würde er lediglich in Hitlers Klauen landen.

Als die Ex-Kaiserin ihn dann weiter unter Druck setzen wollte, musste sie Otto an den Oktober des Jahres 1921 erinnern, als sie es war, die ihren Mann zu einer Unterwerfung von Horthys Ungarn mit einer königlichen Miniarmee angestachelt hatte. Dieses Abenteuer hatte damals für alle in einer Tragödie geendet und hatte auch zum frühzeitigen Tod seines Vaters beigetragen. Wünschte sie, nun ihren Sohn umzubringen? Daraufhin sah er seine Mutter zum ersten und einzigen Mal in seinem Leben aufgeben. Das Thema wurde fallen gelassen, und sie mussten hilflos mit ansehen, wie sich der Vorhang erwartungsgemäß über der österreichischen Republik senkte.

Dazu gibt es einen Schlussakkord. Nachdem er sich zusammen mit einem Freund an die Anschluss-Saga erinnert hatte, fügte er mehr als 60 Jahre später hinzu:

„Übrigens war ich vor ein oder zwei Tagen in Berlin, das erste Mal seit dem Krieg. Sie zeigten mir jenen grauenvollen Hof im Plötzensee-Gefängnis, in dem die Drahtschlingen von den Fleischerhaken hängen, auf welchen die Anführer des Komplotts gegen Hitler im Juli 1944 langsam zu Tode stranguliert wurden. Als ich sie mir so ansah, durchfuhr es mich plötzlich, dass auch ich selbst ganz leicht auf einem dieser Haken hätte enden können, wäre ich im März des Jahres 1938 kurz vor Übernahme durch die Gestapo nach Wien geflogen."[173]

KAPITEL VIER

Die Heimkehr

Wien machte nun eine Verwandlung durch, die sowohl in ihrer Geschwindigkeit als auch in ihrem Umfang beispiellos in der Geschichte einer jeder anderen Hauptstadt im Westen war. Am Nachmittag des 11. März waren die Straßen und Häuser noch mit dem schwarzen Kruckenkreuz-Symbol der Vaterländischen Front geschmückt, deren Propagandazettel für die Volksabstimmung noch immer auf den Gehsteigen verstreut lagen. Am Abend des 12. konnte man keinen einzigen mehr sehen – und eigentlich auch keine jener schlichten rot-weiß-roten Flaggen der Republik. An ihrer Stelle wehten die omnipräsenten Hakenkreuze der Nazis: aufgenäht auf rote Armbinden auf allen offiziellen und auch auf vielen zivilen Jacken; auf Plakaten in den Schaufenstern ausgestellt; hinter Autoscheiben geklemmt und sogar auf Fahrrädern befestigt; in Fahnen eingerahmt, die von tausenden Hausdächern und Balkonen herunterhingen. Es war, als ob zwischen den zwei Akten einer Oper ein kompletter Bühnenbildwechsel stattgefunden hätte.

Mit der Kulisse hatte sich auch die Tonart geändert. Jene Sänger des Vortages, die noch immer da waren, stimmten nun andere Melodien an, während der Chor, ohrenbetäubender als je zuvor, ebenfalls seine Melodie geändert hatte. „Heil Hitler" war bereits als persönlicher Gruß wie auch als Ausruf bei Massenveranstaltungen gang und gäbe. „Heil Schuschnigg" konnte man nirgendwo vernehmen, ebenso wenig (zumindest in der Öffentlichkeit) wie „Lang lebe Österreich" oder die alte Habsburgerhymne. In der Tat hatte ein neuer Akt begonnen, einer, der mehr als sieben Jahre dauern sollte.

Das klassische Bild der Wiener Metamorphose ist die Ansprache des Führers am 15. März an eine jubelnde Menge von etwa 250.000 seiner neuen Untertanen vom großen Balkon auf den Heldenplatz hinunter, einem Teil des modernsten Flügels des ehemaligen Kaiserpalasts. Die allgegenwärtigen Hakenkreuzfahnen hingen mittlerweile aus allen Fenstern der Hofburg, und ein Meer von zum Nazigruß erhobenen Armen grüßte zu ihm hinauf. Für jeden Österreicher mit auch nur einem Funken Nationalstolz oder -identität stellt dieses Ereignis eine ewige, historische Schande dar. Wie viele Busladungen von Hitler-Anhängern auch immer zur Ansprache gekarrt wurden[174], die Zahl der einheimischen Wiener war ungleich größer – die Begeisterten handelten aus Angst, Berechnung und auch aus Überzeugung. Dennoch stellt diese berühmte Szene nicht das getreueste Porträt von Österreichs Fall dar. Dafür müssen wir drei Tage zurückgehen, zum „feierlichen Einmarsch" der deutschen Armee am 12. März (diesen als Invasion zu beschreiben, wäre lächerlich). Deutsche Patrouillen waren an jenem Tag vor Morgengrauen über die verlassene österreichische Grenze geschlüpft, und zur Frühstückszeit hatte Hitlers 8. Armee die Hauptareale von Salzburg, Passau und Kiefersfelden besetzt, welche Schuschnigg nur 24 Stunden zuvor noch zu halten entschlossen gewesen war.[175] Es fiel kein einziger Schuss. Die einzigen Gegenstände, die auf die Soldaten geworfen wurden, waren Blumen, zu kleinen Sträußen zusammengebunden oder auch nur einzelne Blüten.

Dieser seltsamste aller Tage nahm bizarre Züge an, als der Führer kurz vor vier Uhr nachmittags seinen Soldaten nach Österreich nachfolgte. Aber in welcher Rolle sollte er nun wirklich auftreten? Es gab nicht die geringsten Auseinandersetzungen, geschweige denn irgendeine richtige militärische Kampfhandlung. Somit konnte er also auch nicht als siegreicher Oberbefehlshaber auftreten, der die Kapitulation annahm. Da die Nazi-Bewegung in Österreich prinzipiell noch immer verboten war, konnte er wohl kaum an einer Massenveranstaltung der Partei teilnehmen. Da Österreich darüber hinaus noch immer, zumindest am Papier, als Staat existierte, gab es da jedenfalls gewisse Spielregeln zu beachten. Das Ganze konnte nicht als Staatsbesuch deklariert werden, da er nicht vom Bundespräsidenten der Republik, Wilhelm Miklas, eingeladen worden war. Es lief nicht einmal unter offizieller Besuch, da sein eigener Marionettenkanzler, Seyß-Inquart, keine Einladung ausgesprochen hatte. In seiner Ansprache, die vor seiner Abreise an jenem Morgen von Berlin aus übertragen wurde, hatte er Folgendes verkündet: „Ich selbst als Führer und Kanzler des deutschen Volkes werde glücklich sein, nunmehr wieder als Deutscher und freier Bürger jenes Land betreten zu können, das auch meine Heimat ist." Es war, als ob Hitler sich selbst eingeladen hatte, praktisch als Tourist. Tatsächlich wurde in Berlin zunächst offiziell verlautbart, dass der Grund seiner Reise der „Besuch des Grabes seiner Mutter" wäre.[176] Der Führer war im wahrsten Sinne des Wortes heimgekommen, und seine Absichten gegenüber seinem Heimatland schienen fast väterlicher Natur zu sein. Der ursprüngliche Entwurf für die österreichische Verfassung unter neuer Ordnung (welcher von Staatssekretär Stuckhart vom Innenministerium in Berlin aufgesetzt wurde) sah eine Art *Personalunion* zwischen den zwei Ländern vor. Hitler würde der oberste Herrscher sein und das Nazi-System ein unangefochtenes Instrument seiner Herrschaft. Eine Fusion würde aber der totalen Einverleibung vorgezogen, damit Österreich einen etwas vagen und unklaren Status seiner nationalen Identität beibehalten konnte. All das lag tatsächlich eng an jener Vision von einem *Zusammenschluss*, von der Seyß-Inquart und seine hoffnungsvollen Kollegen geträumt hatten. Selbst wenn diese Vision in der Praxis überlebt hätte, so wurde doch der Traum innerhalb von Stunden zerstört.

An jenem Abend erreichte der Konvoi des Führers nach einer langen Fahrt in seinem offenen Mercedes-Benz durch die Landstriche Oberösterreichs die Hauptstadt des Bundeslandes, Linz – jubelnde Mengen säumten die Straßen in jeder Stadt und in jedem Dorf entlang seiner Route. Seyß-Inquart war am Nachmittag zu seiner Begrüßung dorthin geflogen, unter gestrenger Begleitung von Wilhelm Keppler, Hitlers Reichskommissar für Österreich, und Heinrich Himmler, sein Hauptvollstrecker für das ganze Reich. In Hinblick auf den weiteren Verlauf des Bühnenauftritts war der Prolog die reinste Farce gewesen. Seyß-Inquart hieß den Besucher im Namen „aller Österreicher" willkommen und war darauf bedacht, ihn nicht präziser als mit „Führer der deutschen Nation" anzusprechen. Als sich Hitler erhob, um seine Antwort vom Balkon des Rathauses zu geben, begann er wiederum mit einem dreifachen Gruß: „Deutsche, deutsche Volksgenossen und -genossinnen, Herr Bundeskanzler!" Das zwischenstaatliche Protokoll geisterte zu diesem Zeitpunkt noch immer umher. Der Empfang, der ihm von der versammelten Menge zuteil wurde, war es, der Hitler innerhalb von Minuten alles vergessen ließ.

Zu jener Zeit belief sich die Bevölkerungszahl von Linz auf etwa 120.000 Menschen, und beinahe 100.000 drängten sich auf dem Platz. Sie hießen seine emotionalen Worte mit jener Massenhysterie willkommen, welche Hitler so meisterhaft hervorzurufen imstande war, gepaart mit einer offensichtlichen spontanen Anerkennung, die sich mit der Atmosphäre auf seinen Massenveranstaltungen in Nürnberg vergleichen ließ. Seine Absichten schienen sich im Verlauf der kurzen, improvisierten Rede in seinem Inneren zu ändern, da er seinen Zuhörern am Ende mitteilte, dass sie eines Tages, in nicht allzu ferner Zukunft, „gerufen würden". Dann, fuhr er fort, müssten sie „mit ihrem eigenen Bekenntnis einstehen", und als Ergebnis würde er „mit Stolz auf meine Heimat hinweisen" können. Er hätte keinen deutlicheren Hinweis auf das nahende Ende ihrer Tage als Österreicher geben können. Nichtsdestotrotz erntete seine Aussage neuerliche Beifallsstürme, die den Vorklatschern der Nazis fast keine Arbeit übrig ließen.

Diese Jubelrufe sollten eine schicksalhafte telepathische Verbindung zwischen dem Führer in Linz und seinem Stellvertreter Göring in Berlin bewirken. Der Feldmarschall klebte mit den Ohren am Radio und lauschte den Worten seines Meisters aus dem Rathaus, doch als die Minuten vergingen und das Toben immer lauter wurde, wurde er immer mehr vom Publikum als vom Redner in den Bann gezogen. Für den Mann, der schon oft geschworen hatte, das österreichische Problem „so oder so" zu lösen, konnte solch eine Euphorie nur ein weiteres Zeichen für seine Sendungsaufgabe sein. Die Eroberung, die er am Nachmittag des Vortages in einem Telefonat nach Wien begonnen hatte, wurde für ihn tatsächlich am Hauptplatz einer Landeshauptstadt zum Abschluss gebracht. Kaum war die Übertragung zu Ende, hatte er ein spezielles Kurierflugzeug nach Linz entsandt, um Hitler zu fragen, ob sie unter diesen Umständen den Plan einer Personalunion nicht lieber fallen lassen und aufs Ganze gehen sollten. Sein Flugzeug kreuzte sich in der Luft mit einer anderen Kuriermaschine, welche vom Führer mit der Frage an seinen Stellvertreter entsandt worden war, was dieser nun von einer Totalannexion halte.[177] Die Einwohner von Linz hatten den letzten Nagel in den Sarg der Ersten österreichischen Republik getrieben.[178] Am nächsten Tag, dem 13. März, stattete Hitler, wie geplant, zunächst dem Familiengrab einen Besuch ab, das sich in seinem Geburtsort Braunau am Inn befand, und machte sich dann an das Begräbnis seiner Heimat.

Wie es mit so vielen impulsiven Entscheidungen des Führers üblich war, erfolgte auch deren Ausführung mit Blitzesschnelle. Staatssekretär Wilhelm Stuckhart wurde noch in der Nacht nach Linz beordert, um ein neues Verfassungsdekret aufzusetzen, diesmal geradewegs für eine Annexion. Dieses „Wiedervereinigungsgesetz" lag bereits zu Mittag des 13. als Entwurf vor und wurde am selben Nachmittag von Stuckhart nach Wien zur Veröffentlichung geflogen. Miklas, stur wie immer, weigerte sich, zu unterschreiben. In Hinblick auf das Unabwendbare war seinem Trotz jedoch auch Pragmatismus beigemengt. Er übertrug seine gesamte Regierungsgewalt an Seyß-Inquart und übergab damit auch die Verantwortung für die Totalkapitulation an denjenigen, dem sie gebührte – auf die Schultern von Hitlers Marionettenkanzler. Um 16 Uhr rief Seyß-Inquart seine Kollegen zusammen, die unterwürfigste und mit Kriegsangst behaftete Gruppe von Männern, die jemals ein Kabinett gebildet hatten. Er verlas ihnen die neue Verfassung, die für ihr Land verordnet wurde. Artikel 1 sagte alles: „Österreich ist ein Land des Deutschen Reiches." Es gab keine Diskussion, geschweige denn eine Debatte. Seyß-Inquart erklärte das Gesetz einfach als angenommen, und seine „Minister" folgten ihm mit ihren Unterschriften unter das Dokument. Keine fünf Minuten hat es gedauert, um die österreichische Republik auf der Landkarte Europas auszuradieren – genau so, wie es auf jenem Fresko an der Wand von Görings Jagdschloss Karinhall dargestellt wurde.

Die Vorstellung, dass im nicht existierenden Österreich noch immer irgendwie eine Regierung überleben durfte, wurde aus administrativen Gründen für weitere zwei Tage beibehalten. Dann folgte jene Regierung dem Land pflichtbewusst ins Nichts, als der Eintageskanzler zum Reichsstatthalter der Ostmark ernannt wurde (eine unbedeutende Rolle, die von der Macht des Reichssonderkommissars in den Schatten gestellt wurde).[179] Das geschah am 15. März 1938, am Tag von Hitlers gefeierter Thronbesteigung auf dem Heldenplatz, jenem Ereignis, zu dem wir nun zurückkehren müssen.

Wenn man von der ziemlich sicheren Annahme ausgeht, dass vor dem deutschen Einmarsch nicht mehr als 15 Prozent der österreichischen Bevölkerung Nazis waren (Fanatiker oder Anhänger), wie konnte sich diese Minderheit plötzlich als überwältigende Mehrheit präsentieren, als der Führer auf der Bühne aufgetreten war? Diese Frage ließ die habsburgischen Exilanten schon zu jener Zeit rätseln und auch verzweifeln und hat seit damals auch immer wieder die Analysten beschäftigt. Es reicht nicht aus, zu behaupten, dass es sich bei vielen jener im Delirium befindlichen Begrüßungsscharen um Wendehälse, Opportunisten oder einfach nur um Zuschauer gehandelt hatte, die dieses große Ereignis nicht verpassen wollten.[180] In diesem Kontext ist es auch nicht relevant, die Abwesenheit jener zu betonen, die sich aus Angst versteckt hatten (z. B. die 175.000 Juden in Wien) und die tausenden auf Himmlers Fahndungsliste, von denen viele schon früher von der Gestapo verfrachtet wurden, noch bevor sich der Führer zu seiner Ansprache erhoben hatte. Unter der Viertelmillion Wiener, die sich auf dem Heldenplatz eingefunden hatten (immerhin ein Siebtel der Gesamtbevölkerung Wiens), *hatte* wahrhaftig ein allgemeiner Stimmungswandel der Masse stattgefunden. Die Gründe hierfür sind fest in der Geschichte der Nation verankert, welche schon in früheren Kapiteln herausgearbeitet wurden.

Materialermüdung kann die Flügel eines Flugzeuges, das viele tausende von Stunden geflogen ist, abbrechen lassen. Im März 1938 hatte die österreichische Republik über tausend Wochen beinahe pausenloser Anspannung und Erschütterungen hinter sich. Als Ergebnis hatte sich emotionale Ermüdung innerhalb der Nation breit gemacht. Zunächst hatten ihre Bürger den Schock über den Verlust des Kaiserreiches und der Dynastie zu verkraften, der sich innerhalb von wenigen Wochen ereignete. Hatten doch das Habsburgerhaus und das Reich ihnen in den davor liegenden Jahrhunderten stets zur Identität verholfen. In ihrer Panik vor der Bedeutungslosigkeit hatte die kleine Republik dann versucht, sich mit dem viel größeren deutschen sozialistischen Staat im Norden zu verbünden, auch jener ein Nachfolger eines gefallenen Reiches. Als auch dieser Versuch scheiterte und die Österreicher gezwungen waren, ihren Weg allein fortzusetzen, wurde ihr Nationalbewusstsein noch weiter angenagt durch die ideologische Schlacht zwischen den „Roten" und den „Schwarzen", welche im Februar 1934 auf den Straßen ausgetragen wurde. Dann kam der „kleine" Engelbert Dollfuß, der ihnen versicherte, dass sie wirkliche Österreicher und keine Süddeutschen waren und darauf stolz sein sollten. Diese Botschaft war kaum erst in den Köpfen der Bürger verankert, als sie auch schon durch seine Ermordung durch die Agenten eines neuen und stark einschüchternden Deutschlands gedämpft wurde, welches Österreich in den nächsten vier Jahren immer näher an seinen Schlund heranziehen sollte.

Die endgültige und psychologische Zerreißprobe passierte natürlich in jenen außergewöhnlichen 48 Stunden, die dem Untergang der Republik vorausgingen. Am 9. März wurde das Volk plötzlich aufgefordert, sich gegen Hitler zu stellen und der magnetischen Anziehungskraft alles Deutschen zu widerstehen, indem es Schuschnigg in seiner Volksabstimmung unterstützen sollte. Am Abend des 11. März war es der Organisator des Referendums selbst, der ihnen via Radio dessen Aufhebung mitteilte und gleichzeitig eine unaufhaltsame Einnahme durch die Deutschen andeutete. Es verwunderte kaum, dass sich so viele Arme zum ehrerbietigen Gruß in die Höhe reckten und dass so viele Hälse vom Jubelgeschrei heiser wurden, als der Führer und seine Kriegsmaschinerie wie erwartet in ihrer Mitte erschienen. Endlich hatte ihnen doch noch jemand die Entscheidung abgenommen. Da sie sowieso anfällig waren für schnelle Meinungswandel, war diese autoritäre Ohrfeige etwas, was die Österreicher schon immer gebraucht hatten, um ihre Bestimmung zu formen. Napoleon hatte für sie das Heilige Römische Reich beendet; Bismarck hatte ihre Unentschlossenheit bezüglich des Deutschen Bundes beendet, indem er die Österreicher kurzerhand hinausgeschmissen hatte. Nun war ihr eigener Sohn zurückgekehrt, um ihnen vorzuschreiben, wie sie sich zu verhalten hatten. Die meisten von ihnen halfen in den nächsten sieben Jahren aktiv oder passiv mit, seine Befehle auszuführen.

Doch es gab auch welche, die sich weigerten, ihren Kotau zu machen, und es gab noch mehr, deren Widerstand die Gestapo von vornherein als selbstverständlich ansah. Gleich nach dem Krieg schätzte die wiedererstandene österreichische Republik die erste Welle politischer Verhaftungen nach dem Anschluss auf 76.000.[181] Diese Zahl erwies sich als stark übertrieben. Ein Grund dafür mag wohl darin gelegen haben, dass genaue Zahlen zur damaligen Zeit noch schwer zu ermitteln waren. Doch die Politik und Propaganda trugen Ihres dazu bei. In Hinblick auf den oben angegebenen Kurzbericht über ihr Verhalten hatten die Österreicher extremes Glück gehabt, nach dem Krieg als „die ersten Opfer der Nazigewalt" etikettiert zu werden. Es überraschte nicht, dass sie sich bemühten, ihre nicht unbedeutende Rolle in Hitlers Kriegsmaschinerie herunterzuspielen und ihre Leiden unter seiner Herrschaft hervorzukehren.[182] Laut Gestapo – die zur damaligen Zeit sicherlich kein Interesse daran hatte, ihre Aktivitäten zu verniedlichen – wurden im Jahr 1938 insgesamt 21.000 Verhaftungen durchgeführt, davon befanden sich nur noch 1500 Österreicher gegen Ende des Jahres in, wie sie es nannten, „Schutzhaft". Viele jener ursprünglich 21.000 Personen sind sicherlich von den Ostmarklisten der Gestapo gestrichen worden, weil sie mittlerweile in diverse Konzentrationslager innerhalb Hitlers Reich gebracht worden sind. Ottos Anhänger machten einen hohen Prozentsatz unter diesen Opfern aus, wie er mit wachsender Bestürzung erfahren musste: Beamte wie Dr. Hornbostel vom Außenministerium und Dr. Vollgruber von der Pariser Botschaft; Bauernbundführer wie Leopold Figl in Niederösterreich; Führer der Vaterländischen Front wie z. B. Dr. Stepan in Graz und zwangsläufig auch das wahre Oberhaupt der monarchistischen Bewegung, Baron Friedrich Wiesner, teilten das Schicksal tausender von anderen Nazi-Gegnern hinter den Stacheldrahtzäunen.[183]

Schließlich stieß auch Schuschnigg zu ihnen. Sein Schicksal spiegelte wider, wie sich Seyß-Inquarts Traum während des Frühlings und Sommers 1938 allmählich in Nichts auflöste.[184] Zuerst sah es so aus, als ob er als einer der „beiden deutschen Kanzler" vom Ärgsten verschont bliebe. In den frühen Morgenstunden des 12. März wurde er in seinem alten Dienstwagen zu seiner alten Dienstwohnung im wunderschönen „Gartenhaus" des Schlosses Belvedere gebracht. Obwohl sich schon bald SS-Wachen vor seiner Tür postierten, residierte er dort in relativem Komfort und passabler Ruhe, bis er am 23. Mai plötzlich in ein Zimmer im fünften Stockwerk des Wiener Hotels Metropol verlegt wurde. Unter normalen Umständen hätte es sich um eine angenehme Unterkunft gehandelt. Doch das Hotel war mittlerweile zum Gestapo-Hauptquartier von Wien umfunktioniert worden, und sein fast 18-monatiger Aufenthalt im Hotel entpuppte sich als alles andere als angenehm, obwohl er keiner physischen Gewalt ausgesetzt war – zu jener Zeit und auch später nicht.

Nach seinem Aufenthalt im Hotel Metropol wurde Schuschnigg, wie das Land, das er einst regiert hatte, vom Reich verschluckt, welches nun Krieg führte. Von Oktober bis Dezember 1939 war er in Einzelhaft im Münchner Gestapo-Gefängnis (wo er die Einstellung der bayrischen Nazis bei weitem sympathischer fand als die ihrer Wiener Kollegen). Darauf folgten mehr als vier Jahre in drei deutschen Konzentrationslagern: Sachsenhausen, dann Flossenbürg und schließlich eine kurze Internierung in Dachau. Ihm sollte jedoch der Horror in den drei Lagern erspart bleiben, und ihm wurde sogar ein großes Privileg gewährt. Es wurde jenem Mut gerecht, mit dem es erreicht wurde. Am 9. Dezember 1941, dem Tag seiner Ankunft in Sachsenhausen, schickte die zweite Frau des Witwers, Vera, ein persönliches Gesuch an Himmler, zusammen mit ihrem Mann sein Schicksal voll und ganz teilen zu dürfen. Selbst der Oberherr der Nazi-Terrormaschinerie war von dieser Bitte beeindruckt, der er schließlich auch zustimmte.

Zu Kriegsende sollte das Leben des ehemaligen österreichischen Kanzlers von einem Adeligen gerettet werden, der in Hitlers mittlerweile zerstörter Armee gedient hat. Seine letzte Verlegung unter SS-Eskorte war in ein im Pustertal gelegenes Hotel, wo eine Gruppe politischer Gefangener aus 17 verschiedenen Nationen zusammengesammelt worden war. Ende April 1945 ging in der Nachbarschaft das Gerücht um, dass es Befehle aus Berlin gab, die prominentesten der Geiseln zu exekutieren. In letzter Sekunde umstellte eine Sondereinheit der Wehrmacht unter dem Kommando von Hauptmann Wichard von Alvensleben das Hotel, entwaffnete die SS-Wachen und befreite die Gefangenen.

Die Art seiner Befreiung – ein adeliger Offizier der alten Armee entwaffnet Hitlers SS – ließ ihn wohl einmal mehr über jene Kernfrage nachdenken, mit der er in der Zeit seiner jahrelangen Haft gerungen hatte und auf die er immer wieder in Büchern, Ansprachen und Briefen nach Ende des Krieges zurückkommen sollte: Hätte er den Befehl zum militärischen Widerstand gegen die so genannte Märzinvasion des Jahres 1938 geben sollen? Seine Rechtfertigung, warum er sich damals dagegen entschieden hatte, war immer dieselbe: In Anbetracht der Lage, dass Österreich praktisch von allen Stresa-Front-Führern (einschließlich seines ursprünglichen Beschützers, des Duce) aufgegeben war, wäre es eine hoffnungslose Schlacht und damit ein unsinniges Blutvergießen geworden. Doch natürlich hatte es sich um das deutsche Blut in den Adern beider Armeen gehandelt, welches er nicht vergießen wollte. Selbst jene zwei Tage der totalen Schlacht, die ihm der österreichische Generalstab versprochen hatte[185], wären genug gewesen, um seinem Land auch eine Art kriegführenden Status an der Seite der westlichen Demokratien im darauf folgenden großen Krieg zu bescheren. Das hätte bedeutet, dass die Viermächtebesetzung seines Landes im Frühling 1945 nicht wie geschehen durchgeführt hätte werden können und von den Russen nicht für weitere zehn Jahre in die Länge hätte gezogen werden können, aufgrund der Behauptung, dass Österreich schon immer ein williger Partner Hitlers gewesen war. Ein paar österreichische Kugeln im März 1938 hätten die Westmächte, einschließlich Amerika, ebenso dazu bewegen können, aufzuhorchen und der Bedrohung durch die Nazis mehr Bedeutung beizumessen. Schließlich hätte der zeitliche Ablauf dieser Bedrohung sehr wohl abgeändert werden können. Hätten die Österreicher ihm und dem Rest der Welt im Frühling 1938 einen triftigen Grund zur Besorgnis gegeben, so hätte Hitler wohl kaum nur sechs Monate später gegen die Tschechoslowakei wieder zum Schlag ausgeholt.

All das ist reine Spekulation. Tatsache ist, dass sich Hitler sicherlich keinerlei Sorgen wegen seines Anschlusses zu machen brauchte, wenn die völlige Widerstandslosigkeit sogar schon die „Invasoren" erstaunte. Infanteriegeneral Schilhawsky, jener Mann, der, wenn Schuschnigg nicht gewesen wäre, den Schussbefehl erteilt hätte, konnte seinen wahren Mut ein paar Wochen später unter Beweis stellen, als er den Treueschwur auf Hitler verweigerte. Er wurde für seinen Loyalitätsbruch sofort in Pension geschickt. An Staatssekretär General Zehner, der gerne die Anweisung an ihn weitergegeben hätte, trat man wegen des Eides nicht einmal heran. Stattdessen wurde er am Abend des 10. April 1938 in seiner Wiener Wohnung im Beisein seiner Frau von zwei österreichischen Nazi-Schergen niedergeschossen, die dann versuchten, den Mord als Selbstmord darzustellen.

Obwohl es einen harten Kern von aufsässigen österreichischen Offizieren gab, die sowohl gegen die Verlockungen als auch gegen die Erpressungen des neuen Regimes Widerstand leisteten, so waren diese doch in der Minderzahl.[186] Ein sechs Seiten umfassender Bericht, der Otto bald nach dem Anschluss von einem begeisterten Monarchisten, einem gewissen Dr. Phillip, geschickt wurde, war äußerst ernüchternd.[187] Nachdem er die (im Großen und Ganzen korrekten) Namen der sich bereits in Haft befindlichen Anhänger des Thronfolgers aufgelistet hatte, schilderte der Verfasser des Berichtes das Verhalten des österreichischen Bundesheeres. Die Haltung, die General Schilhawsky eingenommen hatte, blieb eine Ausnahme. „Die meisten Offiziere haben sich unehrenhaft verhalten, da sie Hitler die Treue schworen, sobald sie danach gefragt wurden." Er zitiert den Namen eines bestimmten Offiziers in mittleren Jahren, dekoriert mit Orden des verschwundenen Reiches, der der Beförderungsstelle des deutschen Militärs mitteilte, dass er nun bereit wäre, der nationalsozialistischen Sache seine Dienste anzubieten, obwohl er ursprünglich ein Monarchist gewesen war. Mit einem Blick auf seine Orden, erwiderte der Vorsitzende dieser Kommission ruhig: „Was hätten Sie auch sonst sein können, wenn nicht Monarchist?" Auch die niedrigeren Ränge entkommen im Bericht nicht dem Tadel. Es wurden Vorfälle angeführt, laut denen gewöhnliche Soldaten des Bundesheeres die deutschen Offiziere auf den Straßen Wiens mit dem Ruf „Heil Hitler" gegrüßt und ihre Arme zum Nazi-Gruß ausgestreckt hätten. In allen Fällen hatten die Offiziere diese Männer gedemütigt und ihnen befohlen, noch einmal, aber diesmal mit vorschriftsmäßigem Armeegruß, zu grüßen. Dabei schien es sich um tatsächliche Verachtung zu handeln und nicht einfach nur um deutsche Leidenschaft für Disziplin.

Damit all jene Begeisterung des Volkes für die Nachwelt in den Nazi-Statistiken Eingang finden konnte, verlor Hitler keine Zeit, um eine Volksabstimmung anzusetzen. Der Wortlaut war bei weitem präziser gewählt und hörte sich auch um einiges einschüchternder an als jene windelweichen Phrasen in Schuschniggs fehlgeschlagenem Referendum. Die sechseinhalb Millionen Einwohner der Ostmark wurden nun aufgerufen, die kompromisslose Frage zu beantworten: „Bist du mit der am 13. März 1938 vollzogenen Wiedervereinigung Österreichs mit dem Deutschen Reich einverstanden und stimmst du für die Liste unseres Führers Adolf Hitler?" Die Abstimmung wurde für Sonntag, den 10. April festgesetzt, und es wurde schon lange vor diesem Datum klar, dass die Nazis diesen Zuschlag bekamen, nicht aufgrund militärischen Druckes, sondern aufgrund stärkerer Kräfte.

Die höchsten Ränge der Vaterländischen Front und die monarchistische Bewegung waren bereits weggesperrt worden, zusammen mit all den Revolutionären vom linken Flügel, den ehemaligen Gewerkschaftern und anderen verdächtigen Störenfrieden auf den Fahndungslisten der Gestapo. Es mussten nur noch die Zauderer für die Volksabstimmung eingesackt werden und diese ließen sich hauptsächlich in zwei Lagern finden: bei der katholischen Kirche, die sich um die Seele der Nation kümmerte, und bei den gemäßigteren Sozialisten, den Bewahrern des ramponierten republikanischen Erbes.

Die Kirche verlor keine Zeit, dem neuen europäischen Eroberer zu überlassen, „was des Kaisers ist", welches dieser auch sogleich dankbar an sich gerissen hatte. Während Hitler noch auf dem Weg nach Wien war, hatte ihm der Wiener Erzbischof, Kardinal Theodor Innitzer, eine Willkommensbotschaft geschickt und allen Kirchen entlang seiner Route angeordnet, die Glocken zu läuten. Die Blütenblätter, die unten auf den Straßen gestreut wurden, passten somit zum Willkommensgeläute von oben. Sobald Hitler in der Hauptstadt eingetroffen war, sorgte Franz von Papen, der Österreichs Grab geschaufelt hatte, dafür, dass das Begräbnis auch gebührend zelebriert würde. Noch bevor die Feiern auf dem Heldenplatz vorüber waren, hatte er den Führer zu einem anschließenden Treffen mit dem Kardinal überredet. Das Ergebnis dieses Treffens (welches im nahe gelegenen Hotel Imperial stattfand) übertraf sogar Papens Erwartungen – und führte zu hochgezogenen Augenbrauen im Vatikan. Der Kardinal verkündete seine Freude über „die Verwirklichung des alten Traums von deutscher Einheit" und versprach persönlich, dass Österreichs Katholiken „die aufrichtigsten Söhne des großen Reiches, in dessen Arme sie zurückgeführt wurden, werden würden".

Es ist nicht ohne Bedeutung, dass Innitzer etwas sudetendeutsches Blut in seinen Adern hatte. Nichtsdestotrotz handelte es sich um einen bemerkenswert behänden Salto des Primas, der erst eine Woche zuvor die Gläubigen gedrängt hatte, Schuschniggs Volksabstimmung für „ein freies und unabhängiges Österreich" zu unterstützen. Diese Kehrtwende kam überraschend, aber irgendwie verständlich, wenn man sie im Kontext der jahrhundertealten Tradition sah, laut der die Kirche den politischen Körper seinen Herren überließ, vorausgesetzt, sie konnte sich um dessen Seele kümmern. Innitzer hatte einfach sein eigenes, blitzschnelles Konkordat verfasst. Am 27. März wurde der Hirtenbrief ordnungsgemäß von allen Kanzeln des Landes verkündet. Darin erklärten sich Österreichs Bischöfe aus „eindeutiger, nationaler Pflicht" zu „Deutschen für das Deutsche Reich" und forderten, dass sich auch die Gläubigen im bevorstehenden Plebiszit dementsprechend verhalten würden. Wäre Engelbert Dollfuß ein Bauer geblieben, anstatt Politiker zu werden, wäre wahrscheinlich selbst sein robustes österreichisches Herz ins Wanken geraten angesichts dieser Predigt in seiner Dorfkirche in Kirnberg.

Jetzt fehlten nur noch die gemäßigten Sozialisten mit ihrem öffentlichen Bekenntnis zu Hitler. Hier fungierte als Schlüsselperson der erste Staatskanzler der Republik, Karl Renner, der für seine Anhänger so etwas wie ein Laienkardinal war. Auf ihn wurde lange Druck ausgeübt, und erst am 3. April, eine Woche vor der Abstimmung, tanzte auch er schließlich nicht mehr aus der Reihe. Seine Unterstützungserklärung geriet denn auch weniger leidenschaftlich als jene der Bischöfe. In einem Zeitungsinterview[188] begann er sogar Vorbehalte gegen die Methoden anzumelden, durch die die Vereinigung mit Deutschland erzielt worden war. Doch dann folgte all das, worauf die Propagandamaschinerie der Nazis gehofft hatte. Die Erniedrigungen der Friedensverhandlungen wurden behoben, und in diesem Prozess „wurden die zwanzig herrenlosen Jahre des österreichischen Volkes beendet, und es kehrt nun, vereint, zum Neubeginn zurück, der in der feierlichen Deklaration vom November 1918 gesetzt wurde".

Natürlich war es Renner gewesen, der damals seine in den Kinderschuhen steckende Republik als einen Teil des vereinigten „Deutsch-Österreich" erklärt hatte, um das Konzept von den siegreichen Alliierten in den Verhandlungen verboten zu bekommen, und es war Renner selbst, der die Erniedrigung eines Diktats erdulden musste. Es kam daher einigermaßen überraschend, dass dieser pragmatische Berufspolitiker so lange zugewartet hatte, bis er Hitler seinen Segen gab. Nun hatte er ihn jedoch erteilt, und den Mietshausbewohnern und Fabrikarbeitern wurde dieselbe starke Führung von oben zuteil wie zuvor den Kirchengemeinden. Innitzer und Renner, die sich so selten einig waren, sprachen nun aus einem Mund zur folgenschwersten Frage, die dem österreichischen Volk jemals gestellt wurde.

Als die Wahlurnen am 10. April geleert wurden, überraschte es nicht, dass über 99 Prozent der Wähler mit „Ja" gestimmt hatten.[189] Nur knapp unter 12.000 der viereinhalb Millionen Stimmberechtigten hatten dagegen gestimmt, während weitere 5776 tapfere Seelen ungültige Stimmzettel abgaben. Die Zahlen dürften wohl von der Reichspropagandamaschinerie auffrisiert worden sein. Dennoch besteht kein Grund zum Zweifeln, dass eine überwältigende Mehrheit aus mannigfaltigsten Gründen, wie oben angeführt, den Anschluss vom März 1938 gutgeheißen hatte, wie wohl eine satte Mehrheit im Februar mit Schuschnigg dagegen gestimmt hätte.

Das winzige Tiroler Dorf Tarrenz, das von der Welt abgeschnitten in den Bergen zwischen Nassereith und Imst liegt, wurde zum perfekten Beispiel für diesen plötzlichen Meinungswandel der Massen. Am 13. März wurden die Dorfbewohner, die offenbar weder über Radio noch Tageszeitung verfügten, von ihrem Bürgermeister Kuprian, angehalten, über Schuschniggs Frage im Referendum abzustimmen, trotz der Tatsache, dass die Abstimmung zwei Tage zuvor abgesetzt worden war. Das Ergebnis lag bei 100 Prozent Zustimmung. Am 10. April, als die Dorfbewohner auf den neuesten Stand der Dinge gebracht worden waren, stimmten sie abermals ab, diesmal über Hitlers Referendum. Das Ergebnis war 100 Prozent Zustimmung.

Flucht nach Amerika

KAPITEL EINS

Neue Horizonte

Die Dynastie im Exil wie auch die Leute in ihrer alten Heimat mussten sich nun mit ein paar ernüchternden Realitäten abfinden. Am Tag des deutschen Einmarsches hatte Otto so gehandelt, als wäre er noch immer der rechtmäßige Vertreter der österreichischen Nation. In einer auf Schloss Ham auf Französisch verfassten Erklärung vom 12. März ernannte er sich zum „Sprecher der leidenschaftlichen, patriotischen Gefühle von Millionen von Österreichern". Er appellierte an die Weltöffentlichkeit, „das österreichische Volk in seinem unstillbaren Verlangen nach Freiheit und Unabhängigkeit zu unterstützen".[190] Als Erbe einer Dynastie, die, in seinen Worten, „über 650 Jahre hinweg die Größe und den Wohlstand Österreichs bestimmt hatte", hätte er die Dinge auch kaum anders formulieren können. Doch sobald die Augenzeugenberichte aus den Wiener Gesandtschaften eintrafen, wusste die Weltöffentlichkeit, dass die österreichische Republik, innerhalb und außerhalb des Bundeskanzleramtes, nach Niederschlagung der letzten Herausforderung herzlich wenig Verlangen nach Unabhängigkeit gezeigt hatte. Welch einen Unterschied hätte es für Österreichs Ansehen gemacht, hätte jene Erklärung tatsächlich auf „heroischen Widerstand gegen übermächtige Widrigkeiten" hinweisen können.

Doch es hatte keinen Widerstand gegeben; Österreich wurde mühelos verschlungen, und mit der Tschechoslowakei als nächste an der Reihe saß Hitler fest im Sattel Mitteleuropas. Das bedeutete, dass der Führer sogar schon vor dem Krieg, welcher seine Eroberungen vermehrt hatte, jegliche Möglichkeit für diese habsburgische Restauration ausgeschlossen gehabt hatte, welche während der 18 Monate vor dem Anschluss noch so wahrscheinlich erschien. Für die nahe Zukunft musste Otto alle Gedanken an die Krone beiseite schieben. Stattdessen musste er sich, was Österreich anbe-langte, darauf konzentrieren, von seinem Exil aus die Vorstellung und den Glauben an die österreichische Identität aufrechtzuer-halten. Diese Aufgabe sollte in den nächsten sieben Jahren mit allen Mitteln und mit allen zur Verfügung stehenden Helfern auf beiden Seiten des Atlantiks verfolgt werden.

Unmittelbar nach dem Anschluss wurde in Paris mit der Be-schaffung des grundlegendsten aller Identitätsbedürfnisse begon-nen – den Identitätsnachweisen. Die Regierung Daladiers wurde schon bald von Berlin aus unter größten Druck gesetzt, alle Öster-reicher, die in Frankreich lebten – ob etablierte Geschäftsleute oder politische Flüchtlinge –, als deutsche Bürger zu dokumentie-ren. Otto, der mittlerweile sein Hauptquartier im Hotel Cayré am Boulevard Raspail aufgeschlagen hatte, führte die Protest-kampagne an. Ihm stand eine große Schar an Helfern innerhalb des französischen politischen Establishments zur Seite: sein Onkel, Prinz Sixtus; mehrere Mitglieder aus Daladiers Kabinett, darunter Arbeitsminister Anatole de Monzie, und der unentbehr-liche Innenminister, Georges Mandel; Parteiführer wie z. B. Louis Marin, Anführer der demokratisch-republikanischen Bewegung, als auch Schlüsselfiguren wie Generalsekretär Rochat vom Außenministerium. Keine geringere Bedeutung fiel Martin Fuchs zu, dem ehemaligen Presseattaché der österreichischen Gesandt-schaft vor dem Anschluss, ein Posten, den er auch noch nach der Eingliederung der Gesandtschaft in die deutsche Botschaft halten konnte. Als Folge des dezenten Drucks, der gemeinsam von all diesen Kanälen ausgeübt wurde, genehmigten die französischen Behörden die Einführung einer speziellen Kategorie von „Ex-Österreichern" („ex-Autrichiens"). Diese Kategorie rettete jene, die sich vor der Deklaration und Behandlung als Bürger des Dritten Reiches fürchteten, welches bereits ihre österreichischen Dokumente für ungültig erklärt hatte.

Unglücklicherweise – aber ganz und gar typisch – war es den „Ex-Österreichern" zur damaligen Zeit und auch später nicht mög-lich, eine geschlossene Front in Frankreich oder in irgendeinem anderen der westlichen Staaten, in denen sie sich ansiedelten, zu bilden. Überall splitterten sich die Gruppen der Exilanten gegen- und untereinander auf und trugen die alten ideologischen Kämpfe zwischen den sozialistischen „Roten" und den katholischen „Schwarzen" weiter aus, während sie sich eigentlich nur auf die Konfrontation mit den Nazi-Braunen konzentrieren hätten sollen. Selbst der Ausbruch des Krieges vermochte keine Versöhnung der Streithähne herbeizuführen; trotz der Tatsache, dass es nun, mehr denn je, Bedarf an einer Art österreichischer Exil-Regierung gab, um es den anderen Exilantenregierungen, die vom Westen willkom- men geheißen wurden, gleich zu machen. Wie offensichtlich und dringend die Notwendigkeit dafür auch gewesen sein mag, eine Lösung konnte nicht erreicht werden.

Eines der Hauptprobleme war, einen Anführer von geeignetem Format zu finden. Otto, der noch nie auf einem Thron gesessen war, galt nicht als König im Exil, im Gegensatz zu Haakon VII. von Nor- wegen, der schon 35 Jahre lang die Krone getragen hatte, bevor er 1940 nach England flüchtete. Obwohl Otto der bei weitem bekann- teste aller österreichischen Exilanten und Flüchtlinge war, kam ein habsburgischer Thronfolger als Oberhaupt einer republikanischen Schattenregierung einfach nicht in Frage. Stattdessen unterstützte er mit finanziellen Mitteln die Kandidatur von Hans Rott, dem ein- zigen ehemaligen Minister innerhalb der Österreicherkolonie in Paris. Als Minister ohne Ressort in Schuschniggs letzter Regierung war Rott jedoch selbst auf der Wiener Bühne eine relativ unbedeu- tende Persönlichkeit und auch dem Rest der Welt nicht sehr bekannt. Eine Qualifikation als möglicher Brückenbauer zwischen den rivalisierenden ideologischen Richtungen besaß er dennoch, zumal er dem liberalen Flügel der alten Christlichsozialen Partei angehört hatte.

Diese brachte ihm die Akzeptanz der Gemäßigteren unter den verbannten Sozialdemokraten ein, die von Karl Hartl in Paris und von Heinrich Allina in London (wo Ottos Bruder Robert sehr aktiv im Einsatz war) angeführt wurden. Er wäre auch von Frankreichs sozialistischem Premierminister, Edouard Daladier, anerkannt wor- den, der im Juli 1939 bei einem privaten Treffen auf Chantilly den Thronfolger ermutigt hatte, das Konzept eines freien und unabhängigen Österreich wieder zu beleben und voranzutreiben. Das Konzept kam jedoch nie zum Einsatz. Die so genannten Revolutionären Sozialisten, die ideologischen Brüder Otto Bauers, die mit ihm vor den Regierungen Dollfuß' und Schuschniggs geflohen waren[191], lehnten die vorgeschlagene Ernennung Hans Rotts zum Führer der „Freien-Österreicher-Bewegung" und zum De-facto-Oberhaupt einer Exilregierung rundweg ab. Ihr Vorwand war, dass er als zweitrangiges Mitglied in Schuschniggs autoritärer Regierung – wenn auch in einer, die einen gemeinsamen Weg mit den Sozialisten zu finden suchte – noch immer mit einem Makel behaftet war und daher als politisch unberührbar galt. Dieses Ressentiment einer Partei, die vom „Austrofaschismus" in den Untergrund getrieben wurde, musste respektiert werden, wie überholt es in der Zwischenzeit auch geworden sein mochte. Das Problem war, dass der wahre, von ihnen nicht preisgegebene Grund für die Ablehnung tiefer lag. In ihrem Innersten lehnten diese radikalen Linken die Vorstellung einer jeden unabhängigen österreichischen Regierung ab, sei es in einem Wien zu Friedenszeiten oder sei es eine Übergangsregierung in Kriegszeiten mit Sitz in Paris, London oder sonst wo. Selbst im Exil hielten die meisten von ihnen noch an ihrem pathetischen Traum einer Vereinigung mit einem sozialistischen Deutschland fest – pathetisch deshalb, weil Deutschland zu keiner Zeit daran dachte, sie zu akzeptieren.

Ottos Bemühungen, eine „Österreichische Legion" von Freiwilligen für einen Kampf an der Seite der alliierten Armeen aufzustellen, nahm ein ähnlich trauriges Schicksal. Er hatte alles über die Tschechische Legion in Erfahrung gebracht, die von seines Vaters gefährlichstem Gegner, Tomáš Masaryk, inmitten des Ersten Weltkriegs gegründet wurde. Ihre bemerkenswerten Kampferfolge im russischen Feldzug (während des Sommers 1918 kontrollierte sie praktisch die ganze Länge der Transsibirischen Eisenbahn) garantierten ihr einen Platz als „kriegführende" Partei auf Seite der Alliierten bei den Friedensverhandlungen – ein Privileg, das von Masaryk und Beneš auf Kosten der Habsburgermonarchie auf geniale Weise ausgenutzt wurde. Bereits in dieser frühen Phase des Zweiten Weltkriegs scharte sich eine weitere Generation von tschechischen und polnischen Freiwilligen um die Alliierten. Wie könnten die Österreicher dasselbe tun?

Abgesehen von den ideologischen Rivalitäten galt es große Hindernisse zu überwinden. Masaryks Legion hatte ein solides militärisches Fundament, nämlich ein ganzes Armeekorps an tschechischen und slowakischen Landsmännern, die seit 1916 unter russischem Kommando gekämpft hatten. Im Gegensatz dazu besaßen die österreichischen Exilgruppen während des Zweiten Weltkriegs untereinander nicht einmal einen einzigen einsatzbereiten Zug von Soldaten, geschweige denn einen einzigen Ex-Offizier von geeignetem Rang und Erfahrung, der das Kommando übernehmen hätte können. Daher schlug ein ausgefeilter Rekrutierungsplan, der von Ottos Beratern im Frühling 1939 ausgearbeitet worden war, vor, dass, sobald eine österreichische Freiwilligentruppe aufgestellt worden wäre (um als Teil der französischen Armee zu dienen), ihre Offiziere von „Ihrer Majestät, dem obersten Kriegsherrn der österreichischen Nation", ernannt würden. Es handelte sich um eine Zweckmäßigkeit, die aus einer Notlage heraus entstanden war, doch einen besseren Plan, um alle aus dem linken Lager von den Rekrutierungsbüros in Paris fernzuhalten, hätte man sich nicht ausdenken können. Denn der „Oberste Kriegsherr" konnte kaum etwas dafür, dass er noch ein junger Mann war und noch nie in seinem Leben etwas Martialischeres als eine Jagdflinte abgefeuert hatte. Wie dem auch sei, die „Österreichische Legion" fand sich niemals auf einem Exerzierplatz ein, zumindest nicht auf der europäischen Seite des Atlantiks.

Dank der ihm großzügig zur Verfügung gestellten finanziellen Mittel (hauptsächlich vom Oberhaupt der Pariser Linie der Rothschild-Familie, Baron Robert) war Otto auf der Propagandafront dennoch erfolgreich. Eine Zeitung, *Die Österreichische Post,* wurde ins Leben gerufen, um der veralteten revolutionären Botschaft, welche vom Lager Bauers verbreitet wurde, zu entgegnen, und es wurden auch Radioübertragungen vorbereitet, die sowohl über bereits existierende französische Kanäle als auch über eine separate österreichische Station gesendet wurden. Eines der Ziele der Propaganda war es, Widerstand gegen die Nazis in der Heimat zu fördern, und hier stieß Otto geradewegs gegen eine Ziegelmauer mit sehr wenigen losen Ziegeln darin.

Zu Beginn hat es so ausgesehen, als ob an der Mauer gerüttelt werden könnte. Am 7. Oktober 1938, nur sechs Monate nach Hitlers Plebiszit, versammelten sich rund 10.000 Katholiken auf dem Wiener Stephansplatz unter dem Vorwand, das Rosenkranzfest zu feiern. Dieses Fest knüpfte tatsächlich an die patriotischen Assoziationen an, die dreieinhalb Jahrhunderte zurücklagen[192], doch diesmal zeigte sich der Patriotismus mit deutlich zeitgenössischen Merkmalen. Die Demonstranten, großteils Buben oder Studenten der katholischen Jugendbewegung, stießen mit Rowdys aus der Nazi-„Hitlerjugend" zusammen, und es kam sowohl zu verbalen Gefechten als auch zu Handgreiflichkeiten. Die österreichische Polizei stellte schließlich die Ordnung wieder her, indem sie die katholischen Anfeuerer der Gestapo übergab. Die jüngeren Schulkinder wurden in die Schule zurückgeschickt, wo sie eine Strafe erwartete; dutzende der Älteren lernten die brutalere Disziplin in den Konzentrationslagern Dachau und Mauthausen kennen.

Diese große, öffentliche Demonstration gegen die Nazis sollte die erste und auch die letzte gewesen sein, die jemals in Österreich stattfand. Sie wies jedoch auf jene Stellen hin, wo man Funken von Widerstand finden hätte können. Otto tat sein Bestes, um diese Funken am Glühen zu erhalten. Er beschrieb später[193], wie er nach der Münchner Krise starke Kontakte mit den katholischen Widerstandszellen schließen konnte: über ein Koordinationszentrum in Holland, das von einem Jesuitenpriester, Pater Muckermann, geleitet wurde, und auch direkt mit einem jungen bayrischen Priester namens Rudolf Graber, der später zum Bischof von Regensburg ernannt wurde. Versuche, ähnliche direkte Kontakte in Österreich aufzuziehen, wurden oft, wie er reumütig zugab, vereitelt, weil die Widerstandszellen in seiner alten Heimat dazu neigten, sich selbst durch zuviel Geschwätz zu verraten.

Zu ihrer Verteidigung sollte bemerkt werden, dass die Österreicher, im Gegensatz zu den Franzosen, Polen, Dänen, Norwegern, Holländern und all den anderen Widerstandsbewegungen im von den Nazis besetzten Europa, eine gemeinsame Muttersprache, sowie auch eine gemeinsame Kultur und Geschichte mit ihren neuen Meistern teilten. Aus diesem Grund zögerten sie zunächst einmal, Widerstand in Betracht zu ziehen, und waren gegenüber der Gestapo-Unterwanderung nur allzu leicht verletzbar, wenn sie es schließlich versuchten.[194] Darüber hinaus blieben sie bis zur letzten Phase des Krieges isoliert und von jeglicher Hilfe von außen abgeschnitten. Österreich hatte keine Atlantikküste im Westen, die eine unzerstörbare, wenn auch gefährliche Verbindung zu den Alliierten gebildet hätte. Dennoch, wenn ihre katholischen Widerstandskontakte schon keine sofortigen Resultate an Ort und Stelle lieferten, so statteten sie Otto zumindest mit der nächstbesten Sache aus – nämlich mit Informationen darüber, was sich tatsächlich innerhalb des „Tausendjährigen Reiches" abspielte. Durch diese Information wendete sich für den Erzherzog unerwartet das Blatt. Der Katalysator für die Veränderung war der amerikanische Botschafter im Paris der Kriegszeit, William Christian Bullitt.

Bullitt war eine der außergewöhnlichsten Persönlichkeiten im amerikanischen Außendienst – und sollte auch eine der außergewöhnlichsten Karrieren durchlaufen. Es hatte auf der Pariser Friedenskonferenz begonnen, wo er als einer der vielen Sonderberater Präsident Wilsons diente, die er die „Argonauten" zu nennen pflegte. Bullitts Job war das relativ eintönige Vorbereiten der täglichen Geheimdienstbesprechungen über die Vorgänge auf der Konferenz. Doch Oberst Edward House, Wilsons *Alter Ego*, wurde auf ihn aufmerksam, und im Februar 1919, im Alter von 28 Jahren, wurde er ins bolschewistische Moskau auf die Mission seines Lebens entsandt: Er sollte untersuchen, ob das bolschewistische Regime dort überleben würde und ob Washington mit ihm Geschäfte machen konnte. Von jenem Augenblick an, an dem er in Petersburg an Land ging, wurde er als bevorzugter Gast behandelt, hatte mit Lenin persönlich eine lange Besprechung, und kehrte triumphierend nach Paris zurück mit einem sieben Punkte umfassenden Memorandum der Sowjets. Die Tatsache, dass keine Besprechungen stattfanden, schwächte Bullitts über Nacht erlangten Status als seines Landes führender Experte in russischen Angelegenheiten keineswegs. Im Jahr 1933, als die Vereinigten Staaten als letzte westliche Macht die

Sowjetunion offiziell anerkannten, wurde Bullitt als ihr erster Botschafter nach Moskau entsandt. Nach seiner Zeit in Russland (während der seine anfängliche Sympathie für den Kommunismus entscheidend abgenommen hatte) wurde er nach Paris versetzt. Das war also jener außergewöhnliche und hochintelligente Diplomat, mit dem Otto schon bald in Kontakt kam und sehr schnell eine enge Freundschaft schloss. Im Gegensatz zu einigen seiner Kollegen in Washington war Bullitt zur Gänze gegen die Nationalsozialisten eingestellt. Er wusste, dass Präsident Roosevelt seine Ansichten schon vor Ausbruch des Krieges geteilt hatte, und was er nun brauchte, war Munition, um diese Sichtweise einem unsicheren Weißen Haus schmackhaft zu machen. Bullitt, der Sammler von Geheiminformationen, der als junger Beamter herauszufinden versucht hatte, was Lenin im Jahr 1919 vorgehabt hatte, wollte nun, 20 Jahre später, als Botschafter dieselbe Frage über Hitler stellen. Hier entpuppten sich Ottos Kontakte zum Untergrund für beide Männer als wertvoll. Der Erzherzog gab alles, was er über die Entwicklungen im Dritten Reich herausfinden konnte, weiter, ohne zu wissen, dass seine Berichte auf Roosevelts Schreibtisch landeten. Die wichtigste Information kam bald nach dem Anschluss von Pater Grabers bayrischem Netzwerk: Details einer geheimen Besprechung, in der der Führer seinen Vertrauensmännern seine Pläne für die zukünftige Expansion der deutschen Macht umrissen hatte. Als der Präsident das las, schickte er via Bullitt eine Einladung an den Erzherzog, nach Amerika zu kommen und ihn zu treffen. Die Einladung sollte den Lauf von Ottos Leben verändern – und ihn selbst und seine Familie bald aus den Klauen der Nazis retten.

Als Gast des Präsidenten wurde er von Anfang an mit Vorzug behandelt. Am 4. März 1940 traf er an Bord eines der legendären Pan-American-*Clipper*-Flugboote in Baltimore ein, und der Flug war selbst für den vielgereisten jungen Mann ein Erlebnis. Eine Woche später, am 10. März, traf er im Weißen Haus zu seinem ersten Gespräch mit Roosevelt zusammen. Eine herzliche und persönliche Verbindung schien sich sofort zwischen dem kränkelnden[195], älteren Mann, der die Neue Welt anführte, und dem energiegeladenen jungen Thronfolger aus der Alten Welt anzubahnen. Als Oberhaupt der größten aller Demokratien konnte man von Roosevelt kaum erwarten, dass er die Interessen einer gefallenen Dynastie unterstützen würde. War es doch sein Vorgänger, Woodrow Wilson, der der Entmachtung jener Dynastie zugestimmt hatte. Darüber hinaus befand sich Eduard Beneš, der tschechische Führer, der den Prozess im Jahr 1919 überwacht hatte, zu diesem Zeitpunkt abermals in Amerika – der einflussreichste von allen europäischen Exilanten, der das Versprechen einer Restauration der Tschechoslowakei von Versailles bereits in der Tasche hatte.

Und doch wiesen diese zwei Männer bereits bei ihrem ersten Treffen gewisse Gemeinsamkeiten auf. Franklin Delano Roosevelt entstammte selbst einem Patriziergeschlecht und hatte einen angeborenen Respekt vor der Tradition. Er hegte überdies liebe, persönliche Erinnerungen an die verschwundene Habsburgermonarchie. Vor dem Ersten Weltkrieg machte er sich mit dem Fahrrad auf den Weg durch den europäischen Kontinent, und seine Route führte ihn durch Ungarn und Siebenbürgen zu einer Zeit, als noch der Doppeladler über beide Länder wachte. Im Frühling 1940 verhielten sich die Vereinigten Staaten noch immer neutral, und Roosevelts Hauptsorge als Präsident war, wie sich der Zweite Weltkrieg entwickeln würde, und er wollte von Otto alles über die wahre Stärke Hitlers erfahren. Die bloße Vorstellung, dass Frankreich innerhalb von nur zwei Monaten zusammenbrechen könnte, war so unvorstellbar, dass die militärische Situation nicht einmal diskutiert wurde.

Worüber sie jedoch ausführlich sprachen – bei diesem ersten Treffen und bei einem zweiten Gespräch gegen Ende von Ottos Aufenthalt –, waren die möglichen Ereignisse entlang der Donau, nachdem Hitlers Krieg gewonnen wurde. Bezüglich einer Restauration – diese wurde im Laufe der Gespräche kein einziges Mal beim Namen genannt – vertrat der Erzherzog den Standpunkt, dass künftige Staatsformen weder seine Angelegenheit noch die seiner Familie seien:

„Ich machte Roosevelt schon von Anfang an klar, dass die Frage der Verfassung oder des Wirtschaftssystems eines jeden Landes nur vom Volk jenes Staates selbst entschieden werden konnte, nachdem dessen eigene Souveränität wiederhergestellt worden war." [196]

Worum er den Präsidenten jedoch bat, war dessen Hilfe bei der Wiederherstellung jener Souveränität, sowohl in Ungarn, sobald es Horthy einmal abgeschüttelt hatte, als auch in Österreich, sobald es sich einmal vom Dritten Reich losgekämpft hatte. Die Reaktion darauf fiel wohlwollend aus, obwohl Roosevelt sich nur schwer im Voraus auf Nachkriegseinigungen festlegen konnte, da Amerika sich noch nicht einmal im Krieg befand. Die Basis war jedoch geschaffen – in Roosevelts Fall vor allem für die Befreiung Ungarns aus Hitlers militärischem und politischem Würgegriff.

Die Treffen im Weißen Haus waren beide strikt privater Natur. Im Gegensatz dazu fanden Ottos Auftritte in den Wochen zwischen den Treffen vor einer äußerst positiv gestimmten Öffentlichkeit statt, was für ihn ebenso hilfreich wie auch ungewohnt war. Einem offiziellen Auftritt kam er am nächsten, als er eine Ansprache vor dem US-Senat hielt, die mit stehenden Ovationen beklatscht wurde. Die Ehefrauen der reichen Industriellen versuchten sich mit Einladungen an „Ihre Majestät" zu überbieten. Die Redakteure von Zeitungen, Nachrichtenagenturen und Radiostationen waren genauso erpicht auf Interviews mit ihm, wobei sie ihn aber weniger reißend und angemessener als „Erzherzog Otto von Habsburg" betitelten. Die Botschaft, die er vermittelte, war in ihren Grundzügen dieselbe, die er auch dem Präsidenten mitgeteilt hatte: die Notwendigkeit, nach dem Krieg eine Föderation der Donaustaaten zu bilden. So konnte er, ohne die Frage seiner eigenen Restauration aufkommen zu lassen, dem amerikanischen Volk die Vision eines Mitteleuropas geben, das aus Hitlers Würgegriff befreit und geeint sein würde, um es vor jeglichen zukünftigen Tyrannen zu schützen. Die Tatsache, dass die meisten Zuhörer und Leser die angesprochenen Länder gar nicht identifizieren hätten können, war hier nicht relevant. Die Amerikaner waren schon immer Anhänger „der großen Idee" gewesen. Diesmal hatten sie eine sehr große Idee, wie nebulös auch immer, in ihrer Vorstellung unterzubringen.

Neben seiner Öffentlichkeitsarbeit hatte Otto auch persönliche Kontakte knüpfen können. Einige davon, wie z. B. mit dem Außenminister, Cordell Hull, sollten nur wenig Nutzen bringen. Andere wiederum, wie z. B. seine Treffen mit Senator Robert Taft oder dem

Vizepräsidenten John Garner, sollten ihm in Zukunft zugute kommen. Seine gedeihende Freundschaft mit dem Präsidenten war aber der Grundpfeiler für die amerikanische Hilfe, vor allem als Roosevelt bei der Verabschiedung seiner Gäste seinen Schutz für die verbannte Dynastie angeboten hatte, sollten diese ihn jemals brauchen. Keiner der beiden hatte zu diesem Zeitpunkt auch nur die geringste Ahnung, wie rasch und unerwartet dieser Schutz vonnöten sein würde.

Otto war gerade rechtzeitig nach Schloss Ham zurückgekehrt, um den Familienfeierlichkeiten zum 48. Geburtstag seiner Mutter beizuwohnen. Während jener Nacht vom 9. Mai sandte Hitler seine eigenen, jedoch unpassenden „Glückwünsche". Als Auftakt zu seinem Blitzkrieg, der schon bald Frankreich niederwerfen sollte, schwebten deutsche Fallschirmjäger auf belgischen Boden nieder. Eine Einheit landete sogar innerhalb einer oder zwei Meilen von Steenockerzeel entfernt. Die königliche Familie, seit über 20 Jahren im Exil, wurde abermals zu Flüchtlingen. Jener Haftbefehl der Gestapo für das junge Oberhaupt der Dynastie, der bis dahin nur verachtet worden war, stellte plötzlich eine tödliche Bedrohung dar. Zu Mittag war der gesamte Hofstab, der vom Verteidigungsminister in Brüssel gewarnt worden war, reisefertig und hatte das Schloss verlassen. Einige Stunden später, ob versehentlich oder absichtlich, griffen Görings Sturzkampfflugzeuge das verlassene Schloss an und landeten einen direkten Treffer auf dem Dach.

Otto erinnerte sich später, dass die Kaiserin, er selbst und all seine Brüder und Schwestern mit belgischen Diplomatenpässen ausgestattet waren, die ihnen freie Fahrt zusicherten, bis diese durch die plötzliche Kapitulation von König Leopold III. vor den Invasoren am 28. Mai wertlos wurden. Der Rest des Hofstabes reiste mit Sonderreisegenehmigungen der französischen Regierung, die großteils der Hilfe des Familienschutzengels, Georges Mandel, zu verdanken waren. Ein gewisser General Jouarre hatte geholfen, den Transport zu arrangieren.[197]

Im Hauptkonvoi zwängten sich 17 Passagiere mit ihrem leichten Gepäck in nur drei Autos: die Kaiserin und ihre Kinder (zusammen mit drei weiteren, die ihrer Schwägerin, der Großherzogin von

Luxemburg, gehörten) und Mitglieder des Stabes, wie z. B. Graf Degenfeld und Gräfin Kerssenbrock. Otto und Karl trennten sich für einige Stunden von der Gruppe, um herauszufinden, ob irgendetwas getan werden konnte, um der Österreicherkolonie in Brüssel bei der Erlangung desselben Sonderstatus zu helfen, den er für ihre Pendants in Paris zwei Jahre zuvor aushandeln hatte können. Damals hatte er genügend Zeit gehabt. Diesmal hatte er keine. In einer zu spät kommenden und unangebrachten Geste stellte die „Österreichische Legion" mit ihren über 1000 registrierten Mitgliedern (fast alle von ihnen gemeldete Exilanten) beim belgischen Außenminister am selben Tag, an dem die deutschen Panzer die Grenze überquerten, das Ansuchen, als offizielle Repräsentanten der Österreicherkolonie in Belgien anerkannt zu werden. In weniger als 14 Tagen gab es keinen Außenminister und auch keine freie Regierung mehr in Brüssel, die irgendjemandem einen Gefallen hätte tun können.

Die beiden Brüder stießen bei einem vorher geplanten Treffpunkt am frühen Abend wieder zur Familie. Der Konvoi fuhr dann in südlicher Richtung weiter nach Frankreich und erreichte um Mitternacht Dünkirchen, wo sie sich für die Nacht in einem Hotel einquartierten. Am nächsten Morgen teilten sie sich wieder auf. Otto reiste nach Paris, wo er am 14. Mai ankam und bis zum Vorabend des deutschen Einmarsches fast einen Monat später blieb. Das langsame Abrutschen Frankreichs in die Kapitulation hatte bereits begonnen, und es gab herzlich wenig, was ein exilierter Thronfolger ohne einen einzigen Soldaten, den er in den Kampf schicken könnte, zu dessen Verlangsamung beitragen hätte können.

Otto setzte ein, was er an persönlichen Kontakten aufbieten konnte, um die resoluten Geister zu ermutigen. Er machte die Runde bei den Patrioten, die vom Ministerpräsidenten Paul Reynaud angeführt wurden, besuchte Georges Mandel, seinen engsten Freund, und einen neuen Bekannten, General de Gaulle, der der umgebildeten Regierung als Staatssekretär für nationale Verteidigung und Kriegswesen beigetreten war. Doch die Defätisten, die Gruppen um Marschall Pétain (nun Vizepräsident des Rates) und die lauernden Verräter, wie Pierre Laval, gewannen mit jedem Kilometer, den die

Deutschen vorrückten, an Stärke. Otto blieb mit seinem Bruder Karl Ludwig bis zum Vorabend der Übernahme der Hauptstadt durch die Wehrmacht am 14. Juni in Paris. Der Abschied wurde in bewusst protzigem Stil gefeiert: eine Abendgesellschaft im Ritz, deren Gastgeber der berühmte amerikanische Autor und Journalist Clare Booth Luce war. Otto erfuhr nach dem Krieg, dass Feldmarschall Rommel als Nächster hinter ihm in der Schlange gestanden war, um sich ins vornehme Gästebuch einzutragen.[198]

Die Familie wurde am 16. Juni wieder vereint, wie es schien, eine Welt weit von Paris entfernt. Die Kaiserin (die als *Duchesse de Bar* reiste) hatte auf der Reise nach Süden drei Aufenthalte mit ihrer Gruppe eingelegt. Der Erste war auf Château Froudrain in Laon, der alten Hauptstadt ihrer bourbonischen Vorfahren in Nordfrankreich, doch dieser Ort erwies sich nur allzu schnell als zu nahe an der vorrückenden Front der Deutschen. Von dort aus eilten sie weiter nach Bostz in Mittelfrankreich, wo ihr Bruder, Prinz Xavier, ein Anwesen besaß. Die Zeit in Bostz brachte Erinnerungen an die vielen Familientreffen in Friedenszeiten auf, doch nun gab es wenig Zeit, darin zu schwelgen. Wieder wurden sie vom ständig wachsamen Mandel über Telefon gewarnt, näher an Bordeaux heranzukommen, wo er selbst noch immer versuchte, als Innenminister in Reynauds letzter Regierung zu dienen, welche nun wenig besser als ein Kabinett auf der Flucht war. Der letzte Zufluchtsort der Habsburger war einmal mehr ein Château, diesmal in Lamonzie-Montastruc, unweit des großen Seehafens an der Gironde. In der Tat kam es zu einem zweifachen Familientreffen. Das Anwesen gehörte Zitas Schwester, der Großherzogin Charlotte von Luxemburg, die dort – bewacht von französisch-marokkanischen Soldaten – auf ihre drei Kinder wartete, die sich in der Obhut der Kaiserin befunden hatten. Man schrieb mittlerweile Sonntag, den 16. Juni, den letzten Tag der Dritten Republik.

Bordeaux hatte schon zweimal zuvor die provisorische Regierung Frankreichs beherbergt: einmal im Jahr 1871, als Paris nach der Niederlage im Krieg gegen Preußen in die Hände der Feinde fiel; und für kürzere Zeit im Jahr 1914, als die Hauptstadt wieder von einer deutschen Besetzung bedroht wurde. Doch kein Ereignis in

m Familienkreis: friedliches Asyl in Spanien (Privatbesitz).

er Größe nach: Erzherzog Otto und seine Geschwister (Privatbesitz).

Schneeballschlacht in Lequeitio (Privatbesitz).

Das Palais Steenockerzeel in Belgien, wo die Familie die Dramen der 30er Jahre erlebte (ÖNB).

Legitimistische Propaganda

Falsch: Falsche und richtige Werbemethoden **Richtig:**

Im „Neuigkeits-Weltblatt" erschien anläßlich des Katholikentages das nachstehende Inserat, das hier in seiner ganz genauen Form wie ergegeben ist:

Dieses Inserat ist werbekräftig. Es sagt klar heraus, was wir wollen. Das Wichtigste sind wahrlich n i c h t die wenig populären Namen der Funktionäre, sondern einzig und allein die Rückkehr des

> # Reichsbund der Österreicher
>
> **Bundesleitung:**
> Ehrenpräsident: Prinz Johannes von und zu Liechtenstein, k. k. Linienschiffskapitän a. D. / Präsident: Generaloberst d. R. Victor Graf Dankl-Krasnik / Geschäftsführender Vizepräsident: Dr. Friedrich Ritter v. Wiesner, bev. Minister und Gesandter a. D.
>
> **Landesleitung:**
> in Wien und Niederösterreich: Wien I, Wollzeile 7/II / Oberösterreich: Linz a. D., Bethlehemstraße 7 / Kärnten: Klagenfurt, Villacherring 37 / Salzburg: Salzburg, Kurfürstenstraße 1 / Steiermark: Graz, Staringerhofgasse 4 / Tirol: Innsbruck, Erlerstraße 10 / Vorarlberg: Bregenz, Weiherstraße 2
>
> Der Reichsbund der Österreicher ist eine alle Stände umfassende Organisation, die sich auf dem Boden lebendiger österreichischer Tradition die Pflege des österreichischen Gedankens zur Hauptaufgabe gesondt [?]. Er kämpft für Recht und Gerechtigkeit auf allen Gebieten des öffentlichen Lebens und sieht in der Schaffung eines neuen Großösterreich unter der Führung der altangestammten Dynastie sein erhabenstes Ziel, für das er unentwegt und unbeirrbar arbeitet.
>
> **Österreicher!**
> **Tretet dem Reichsbund der Österreicher bei!**

Dieses Inserat ist gänzlich falsch aufgesetzt. Der Zweck war, den flüchtigen Leser auf eine legitimistische Organisation aufmerksam zu machen und ihn als Mitglied zu gewinnen. Der Name „Reichsbund der Österreicher" sagt nichts; ebensowenig die Namen oder die angegebenen Adressen. Zu dem kleingedruckten, verworrenen und weitschweifig gehaltenen Programmwortlaut dringt der Leser gar nicht erst vor.

Ein werbekräftiges Inserat muß anders beschaffen sein; die „Kaisertreue Volkspartei" würde es etwa so aufsetzen:

>
>
> **KAISERTREUE VOLKSPARTEI**
>
> Kaiser Otto
>
> # Wir fordern die Heimkehr Kaiser Otto's
> und ein
> # Neues Österreich unter Habsburgs Szepter
> auf legalem Wege
>
> **Österreicher, helft uns!**
> Tretet der Kaisertreuen Volkspartei bei!
>
> **Das Ziel ist nah!**
>
> (Das Parteiorgan „Die Staatswehr" für Mitglieder kostenlos)
>
> An die · Bitte sogleich einsenden!
> Kaisertreue Volkspartei,
> Wien XVIII.
> Gentzgasse 138
> Ich melde hiemit meinen Beitritt an.
>
> Ort und Datum. · Name und Adresse.
> Bitte deutlich schreiben!

Kaisers. Die Adressen gehören an den Schluß. Wer beitreten will, liest das Inserat ohnehin bis ans Ende. Niemand aber wird bloß auf Grund von angegebenen Adressen einem Verein beitreten oder sich die Zeit nehmen, auch das Kleingedruckte zu lesen, wenn ihn das vorher angeführte langweilt.

Eine Seite aus der Broschüre von Otto Günther „Unser Kaiser kehrt heim!" (Sammlung Vocelka).

Treffen mehrerer Heimwehroffiziere mit Otto in Steenockerzeel 1935. Zu sehen sind Botho (Graf) Coreth, Arthus (Freiherr) Karg von Bebenburg und Peter (Graf) Revertera-Salandra (ÖNB).

Der junge Thronprätendent in seinem belgischen Exil (Privatbesitz).

In Amerika während des Krieges: Otto besucht ein Filmstudio (Privatbesitz).

Otto mit amerikanischen Soldaten beim Drehen eines Propagandafilmes (Privatbesitz).

Die jungen
Neuvermählten
Otto und Regina
in den 50er-
Jahren (Samm-
lung Vocelka).

Erzherzog Otto
mit seinem
Bruder Rudolf
Amerika
Sammlung
Vocelka).

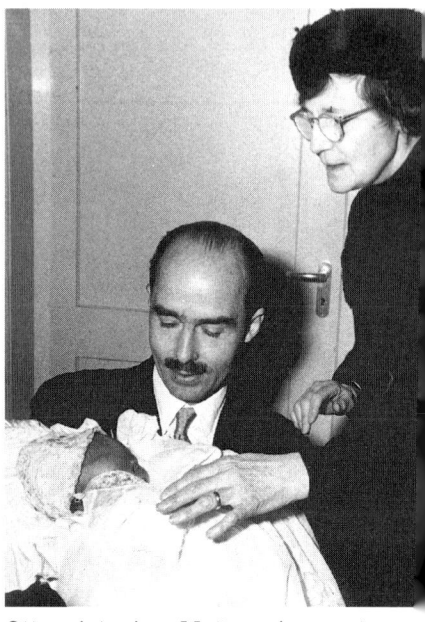

Erzherzog Otto mit Graf Degenfeld, seinem langjährigen Berater und Sekretär, im Jahr 1957 (Privatbesitz).

Otto zeigt seiner Mutter seinen ersten Sohn Karl (Privatbesitz).

Familienschiausflug in den Bayrischen Alpen 1969 (Privatbesitz).

Die Familie im Sommer 1969.

Erzherzog Otto 1966 in Madrid – im Vordergrund General Franco (Privatbesitz).

Der erfahrene Politiker Otto während seiner 20jährigen Zeit im Europäischen Parlament (Privatbesitz).

seiner Geschichte war dem Drama und der Tragödie des Mittsommers von 1940 gleichzusetzen. Otto und Karl Ludwig warfen sich bereits eine Stunde nach ihrer Ankunft in Lamonzie mitten ins Getümmel. Sie suchten, wonach auch alle anderen Ausschau hielten: Reisepapiere und Visa, um sie über die Pyrenäen in Sicherheit zu bringen. Otto erinnerte sich speziell an eine Persönlichkeit in der bunten Mischung aus westlichen Diplomaten, die irgendwie in diesem Chaos zu funktionieren schienen: ein Adeliger, der sich mit dem vollen Namen Aristides de Sousa Mendes do Amaral Abranches schmückte.

„Der portugiesische Generalkonsul war ein regelrechter Held, der nicht nur uns, sondern auch den vielen tausenden von Österreichern Hilfe zukommen ließ, die in der Nähe von Lectoure konzentriert waren. Er stand unter dem Befehl Lissabons, so wenige Visa wie möglich auszugeben und gewissen Kategorien von Flüchtlingen, darunter Juden, diese zur Gänze zu verweigern. Er widersetzte sich einfach den Anordnungen und fuhr ohne Unterbrechung fort!"[199]

Es handelte sich nicht nur um die Österreicher, die von dieser Befehlsverweigerung profitierten, und ebenso wenig nur um die Schlangen von Antragstellern, die sein Konsulat am Quai Louis XVIII belagerten. Sousa Mendes, ein konservativer Katholik, hatte nicht weniger als 14 Kinder, er hatte eine spezielle Erweiterung an seinem Ford-Automobil angebracht, um diese auf Reisen alle im Wagen unterbringen zu können. Mit diesem außergewöhnlichen Vehikel unternahm er nun überall im ganzen Stadtgebiet *sorties*, um Visa auf den Straßen oder in seinem Auto abzustempeln für jeden, der Reisepapiere bei sich trug: Juden und Nichtjuden gleichermaßen; Deutsche, Österreicher, Tschechen, Polen und sogar baltische Flüchtlinge, die auf ihrer Flucht vor den Nazis irgendwie in dieser südwestlichen Ecke Frankreichs gelandet waren. Otto Habsburg und seine Familie gehörten zu den natürlichen Nutznießern (und erhielten vom spanischen Repräsentanten in Bordeaux, Propper y Calejon, auch die lebenswichtige Durchreisegenehmigung ausgestellt). Man schätzte, dass Sousa Mendes, der Tag und Nacht arbeitete, an die 30.000 weitere Visa ausgehändigt hatte (ein

Drittel davon an Juden) in den drei Wochen, die ihm noch bleiben sollten, bevor die Deutschen nach Bordeaux kamen, um seinen Heldentaten Einhalt zu gebieten. Als letzte Trotzreaktion brachte er die letzten von ihm abgestempelten Dokumente persönlich zur französischen Grenze, am Steuer seines außergewöhnlichen Wagens.[200]

Wie alle anderen auch, die in Bordeaux hin und her liefen, empfand Otto die Atmosphäre als hektisch und bedrohend, doch irgendwie irreal. Ein Grund dafür war, dass der Feind noch immer unsichtbar blieb, so dass das offizielle Leben in allen Bereichen weitergeführt werden konnte. Doch die Art, wie diese Bürokratie nun funktionierte, war es, die alles so bizarr erscheinen ließ. Frankreich zerbröckelte hier langsam, und die um die Macht kämpfenden, rivalisierenden Lager waren im ganzen Stadtgebiet auf absurde Weise verstreut. Pierre Laval, der schließlich das Amt unter Hitler erben sollte, hatte einen Verbündeten und Mitverschwörer in Bürgermeister Andrew Marquet gefunden. Er teilte seinem Freund die beste Unterkunft im besten Hotel zu (mit dem passenden Namen *Splendide*), indem er einfach die Exkönigin von Portugal aus der Suite hinauswerfen ließ. Gräfin Hélène de Pourtes, Reynauds britenfeindlicher Geliebten, wurde ein Doppelzimmer mit Bad im selben Hotel zugewiesen.

So begab es sich, dass sowohl der letzte Premierminister eines freien Frankreich und sein Pro-Nazi-Nachfolger einige ihrer politischen Schlachten von separaten Hotelschlafzimmern austrugen, obwohl Reynaud seine Basis im Militärhauptquartier hatte und Laval ein „Büro" im Salon in Marquets Räumlichkeiten im Rathaus besaß. Mandel gab sich in der Nacht mit einem Klappbett im Haus des Präfekten von Bordeaux zufrieden, wo Albert Lebrun, der Präsident der Republik, noch immer die Rolle des Staatsoberhauptes spielte. Der 84-jährige Marschall Pétain, der nun schon bald das Amt von Reynaud übernehmen und den Waffenstillstand mit Hitler unterzeichnen sollte, war im Haus eines Freundes am Boulevard Wilson untergebracht. Doch hin und wieder kamen alle von ihnen, außer dem betagten Marschall, am ungewöhnlichsten Schauplatz von allen zusammen – im grottenähnlichen Speiseraum des *Le Chapon Fin* in 5, Rue de Montesquieu.

Es handelte sich um das feinste Restaurant[201] in Bordeaux, doch Otto kam nicht so sehr wegen des guten Essens hierher, sondern – wie die anderen Koryphäen des politischen Durcheinanders der Stadt – eher, um mit dem Klatsch und den Diskussionen auf dem Laufenden zu bleiben. Diese drehten sich jede Nacht darum, wie der Kampf zwischen den Defätisten mit Laval an der Spitze und Pétain im Hintergrund und den Patrioten stand, die sich noch immer um Reynaud scharten, mit Georges Mandel als ihr Herzstück.[202] Die Fraktionen und die Mächtigen hatten alle ihre speziellen Tische. Laval und Marquet aßen üblicherweise allein an einem Ecktisch. Reynauds Anhänger saßen an einem großen Tisch, ebenso Sir Ronald Campbell, der britische Botschafter, und Generalmajor Sir Edward Spears, der Oberste Verbindungsoffizier des britischen Militärs, die sich auf Churchills Befehl vergeblich bemühten, Reynaud im Amt und Frankreich im Krieg zu halten. Dessen Geliebte, Madame de Pourtes, war regelmäßiger Gast und kam immer in männlicher Begleitung.

Auch Mandel erschien in unregelmäßigen Abständen, besonders zum Mittagessen. Sein Hauptquartier war im Hotel Montré (wo auch Campbell seine „Botschaft" eingerichtet hatte), und dessen Haupteingang lag genau gegenüber dem Chapron Fin. Das politische Aus sollte für ihn während des Mittagessens am 17. Juni kommen. Der Kampf um die Wahrung des Anscheins eines freien Frankreich hatte spät am Vorabend mit einem erschöpften Paul Reynaud geendet, der dem defätistischen Lager unterlegen war und sein Amt an Marschall Pétain übergab. Der Marschall hatte sofort ein neues Kabinett mit seinen Anhängern zusammengestellt, die alle auf einen unverzüglichen Waffenstillstand mit Deutschland eingeschworen wurden. Mandel wusste, dass seine politische Zukunft nun zu Ende war, er hatte jedoch keine unmittelbare Angst um seine persönliche Sicherheit.

Diese Illusion wurde mit einem Klopfen auf die Schulter von hinten zerstört, gerade als er den Hauptgang seines Mahles beendet hatte. Ein Gendarmerieoberst war gekommen, um ihn festzunehmen. Mandel behielt die Fassung und bat höflich, zuerst sein Kirschdessert essen zu dürfen, welches ihm gerade eben serviert worden war. Die Bitte wurde abgeschlagen, und der Mann, der noch am Vortag der französische Innenminister gewesen war, wurde abgeführt. Er wurde nach einigen Stunden mit einer persönlichen Entschuldigung Pétains für das „Missverständnis" entlassen.[203] Mandel erkannte jedoch, dass er nicht auf freiem Fuß bleiben würde, sobald sich Deutschlands Griff enger um den Marschall schloss. Viel weniger noch seine habsburgischen Protegés, da der Gestapo-*Haftbefehl* für Otto drauf und dran war, von Pétains „Ordre d'Arrêt" noch verstärkt zu werden. Mandels erste Handlung nach Wiedererlangung seiner Freiheit an jenem Tag war die Zustellung einer Nachricht an die Exilanten, in der er ihnen nahe legte, unverzüglich in Richtung Grenze aufzubrechen.

Otto brauchte keinen weiteren Beweis für die Notlage, in der sie sich befanden, sobald jene mächtigen Ministerhände, die sie seit Ausbruch des Krieges beschützt hatten, gefesselt würden. Doch während der Fluchtkonvoi zusammengestellt wurde, riskierte er noch einen letzten Ausflug in das von „Neonazis" volle Bordeaux, um dem Rest der Österreicherkolonie helfen zu können. Durch eilige Anrufe in den portugiesischen und spanischen Konsulaten konnte er die Versprechen erlangen, dass alle Österreicher, die noch immer ohne Visa gestrandet waren, ihre Bewilligungen noch vor Ankunft der Deutschen erhalten würden. Was Spanien betraf, so legte er seine Bitte vor allem für seine sozialistischen und kommunistischen Feinde ein – von denen hunderte nach ihrer Flucht vor dem Franco-Regime, welches sie im Bürgerkrieg vernichtet hatte, ihre Zuflucht in Südfrankreich gefunden hatten.

Als er nach Lamonzie zurückkehrte, war der Konvoi bereit zur Abfahrt; er war zu einer beträchtlichen Karawane von fünf Personenwagen und zwei Lastwagen angewachsen. Die Insassen reisten alle mit einem speziellen Passierschein, der von Mandel in seinen letzten Tagen als Innenminister ausgestellt und von Rochat, einem alten Verbündeten, auf Kanzleipapier des Außenministeriums unterzeichnet wurde. Er kam einer Allgemeinbefugnis für die Kaiserin gleich, die alle Zivil- und Militärbehörden anhielt, „Madame Gräfin von Bar den ihrem Rang entsprechenden Respekt zu zollen, während sie sich mit ihrer Familie und ihrer Gefolgschaft auf ihrer

Reise durch Spanien befindet."[204] Das Dokument war beeindruckend genug, mit dem einzigen Fehler, dass es von Behörden ausgestellt worden war, die nun nicht mehr an der Macht waren. Die quälende Frage war nun, ob das Pétain-Regime in Bordeaux genug Zeit gehabt hatte, ihren französischen Grenzwachen die Nichtanerkennung dieser Reisepapiere zu befehlen, und ob sie tatsächlich einen der Reisenden verhaften würden.

Sie fanden es niemals heraus, da sie durch eine Laune des Schicksals am Morgen des 18. Juni sicher über die Grenze kamen. Der französische Offizier, der das Kommando über den Grenzposten führte, hatte gerade de Gaulles berühmter Radioansprache aus London gelauscht, die an alle patriotischen Franzosen appellierte, zu kommen und bei seinem Kampf mitzumachen. Der Leutnant an der Grenzstation beschloss auf der Stelle, dass dieser Ruf ihm galt, und mit militärischem Gruß winkte er den Konvoi der *Duchesse de Bar* durch.

Die Kontrollen auf der spanischen Seite waren verständlicherweise sehr streng, und sie wurden aufgehalten, damit ihre Papiere untersucht und besprochen werden konnten. Durch einen zweiten Zufall ergab es sich, dass einer der Beamten ein Einwohner des nahe gelegenen Fischerdorfes war, in welchem die Familie in den zwanziger Jahren sieben glückliche Jahre verbracht hatte. Er jubelte Zita als „unserer Kaiserin von Lequeitio" zu und hieß sie willkommen. Es handelte sich um eine erfreuliche Überraschung, doch wahrscheinlich hätten sie ohnedies passieren können. Dank der Bemühungen von Señor Propper y Calejons in Bordeaux erwartete den Konvoi bereits eine Militärwache, die sie zum nächsten Zug nach Portugal eskortierte.[205]

Lissabon hätte sich als sicherer Hafen für die Flüchtlinge herausstellen sollen. Dennoch fühlte sich die Stadt weder sicher an, noch war sie das tatsächlich. Das Dritte Reich war in der Hauptstadt dieses kleinen, neutralen Landes besonders stark vertreten, und es ließ seine Präsenz deutlich spüren, sobald die Ankunft der Gruppe bekannt geworden war. Wie immer war Otto das Hauptziel der Nazis. Die deutsche Botschaft wurde sofort beim portugiesischen Außenminister mit der Forderung vorstellig, dass Otto verhaftet und ihnen ausgehändigt werden sollte, gemäß den Abmachungen des französischen Waffenstillstands.[206] Der Außenminister leitete das Problem an Präsident Salazar weiter, der das Land in den letzten acht Jahren mit eiserner Faust regiert hatte und alle wichtigen Entscheidungen traf.

Es handelte sich um ein schwieriges Problem für den Diktator. Erst vier Monate zuvor hatte Salazar Otto in Lissabon begrüßt, als der junge Erzherzog das Privileg hatte, als persönlicher Gast des Präsidenten in die Vereinigten Staaten zu reisen. In diesem illustren Kontext war der Thronfolger eine nützliche Person, die man kennen sollte. Nun war er ein Mann auf der Flucht, und seine Verfolger sahen bedrohlich wie die neuen Herren Europas aus. Otto war auf das, was dann passierte, vollkommen vorbereitet:

„Salazar rief mich zu sich, um mir mitzuteilen, dass es natürlich außer Frage stünde, mich jemals an die Deutschen auszuliefern. Doch er befand sich in einer schwierigen Lage, und so musste er mich als Freund ersuchen, so schnell wie möglich das Land zu verlassen. Für mich klang das sehr verständlich in Anbetracht der Umstände."[207]

Doch wohin? Dies war das Problem, das nun von der Familie in Eile ausdiskutiert werden musste. Die Familie selbst war nahe der Hauptstadt in Dafundo, dem Heimatsitz eines ihrer engsten portugiesischen Freunde, Graf José Saldanha da Gama, untergekommen. Otto war ganz und gar für London und schlug vor, seine Brüder Karl Ludwig und Rudolf dorthin mitzunehmen, wo sie auch Karl treffen würden. Das so genannte „österreichische Büro", welches in der britischen Hauptstadt eingerichtet worden war, entsprach noch am ehesten einem politischen Hauptquartier der Flüchtlingsbewegung. Vielleicht konnte es eines Tages in eine richtige Regierung im Exil verwandelt werden. In jedem Fall schien es das einzige Organ zu sein, das eine glaubwürdige Erklärung herausgeben konnte, im Namen aller österreichischen Exilanten und in Solidarität mit den Alliierten. Und abgesehen von der österreichischen Politik war London jener Platz, wo sich alle europäischen Geschehnisse abspielten. König Haakon von Norwegen war gekommen, um seine Regierung in Kriegszeiten dort aufzubauen. General de Gaulle, den

Otto gut kannte und sehr verehrte, hatte gerade die Flagge eines freien Frankreich von einem Haus in Westminsters Carlton Gardens gehisst. Die freien Polen ließen hier ebenfalls ihre Fahnen wehen, und Otto kannte auch die Anführer ihrer Exilregierung, darunter General Sikorski, deren Ministerpräsident, und General Sosnowski, den Stabschef ihrer stetig wachsenden Streitkräfte. Er machte sich bezüglich der Gefahren, mit denen sich Großbritannien konfrontiert sah, nichts vor. Doch er fühlte tief in seinem Innersten, dass es Großbritannien unter Churchill durch den Winter schaffen würde und danach alles Mögliche passieren könnte.

Otto stand ganz allein da mit seiner Idee. Alle anderen, zuvorderst seine Mutter und der einflussreiche Graf Degenfeld, wurden von der Vorstellung, alle vier verfügbaren Habsburgbrüder (Felix, der Fünfte, war bereits in Washington) in einer direkt vom Feind bedrohten Hauptstadt zu konzentrieren, abgeschreckt. Sie teilten auch nicht zur Gänze Ottos Zuversicht in Großbritanniens Überlebenschancen. Das Beste wäre sicherlich, nach Washington zu fliegen und über Erzherzog Felix das Asylangebot des Präsidenten anzunehmen, das bereits fertig auf dem Tisch lag. Was die freien Polen anbelangte, so wurden diese auch in Kanada ausgebildet, was die Kontaktaufnahme drüben sicherstellte.[208] Ihre Argumente trugen den Sieg davon, nicht zuletzt auch aufgrund der Logistik in der damaligen Situation, wie sich Otto später erinnerte. Zu jener Zeit existierten praktisch keine Luftverbindungen zwischen Lissabon und London, im Gegensatz zu jenen luxuriösen Pan-American-Flugbooten, die regelmäßig über den Atlantik flogen. So ging Otto also in der ersten Juliwoche 1940 an Bord eines Clippers nach Amerika, und der Rest der Gruppe, die von seiner Mutter angeführt wurde, sollte einen Monat später nachfolgen.

Die Kaiserin begab sich auf ihren zweiten Flug in die Geschichte. Verglichen mit den engen Schalensitzen jenes gecharterten Junkers-F13-Eindeckers, der sie und ihren Mann vor fast 20 Jahren nach einer gefährlichen Landung in Westungarn abgesetzt hatte, waren der Komfort und die Sicherheit des großen Flugbootes tatsächlich luxuriös. Die Begrüßung, die sie erwartete, sollte sich auch als dauerhafter erweisen als die kurzlebige Ekstase ihres gescheiterten

Restaurationsversuchs. Doch die Aufgabe, der sich Mutter und Sohn nun stellen mussten, war um nichts leichter. Sie versuchten, die Neue Welt zu überreden, etwas von der zerstörten Ordnung in der Alten Welt wiederherzustellen: die Schäden zu reparieren, die durch einen amerikanischen Präsidenten in jüngster Vergangenheit angerichtet worden waren, die von einem Nazi-Diktator in der Gegenwart fortgeführt wurden und die schließlich abermals durch einen sowjetischen Tyrannen in der nahen Zukunft drohten. Es überraschte nicht, dass sie es nach ihrer Landung nicht leicht hatten.

Kapitel zwei

Über den Ozean

Die zwei Hälften des Reiches seines Vaters hatten jede für sich der Krone gehöriges Kopfweh bereitet, manchmal sogar beide zur gleichen Zeit. Wie wir gesehen haben, besaßen die deutschsprachigen Untertanen der österreichischen Hälfte kein klares eigenes Profil und deshalb auch kein Gemeinschaftsgefühl. Darüber hinaus musste sich Wien andauernd den Herausforderungen durch die slawischen Völker stellen, besonders jenen der Tschechen auf ihrem beharrlichen Marsch zur nationalen Selbständigkeit. Im ungarischen Königreich gab es diesen Mangel an Einheit oder Identität nicht. In der Tat besaßen die Magyaren für den Geschmack des Kaisers von beidem eher zu viel des Guten und nahmen jegliche Hilfe zur Unterstützung ihrer Sache von außen an. Ein großer Teil dieser Hilfe kam ironischerweise aus Deutschland, dem Hauptverbündeten der Monarchie.

Nun, eine Generation später, die Bestandteile jenes alten Kaiserreiches fast völlig amputiert und die Dynastie in der Verbannung, ging sein junger Thronfolger daran, dem verbliebenen Rest der beiden Hälften zu helfen – aus einer Entfernung von fast 5000 Kilometern. Er fand sich im Exil vor denselben Problemen wieder, mit denen einst sein Vater auf dem Thron konfrontiert gewesen war. Die dringlichste Aufgabe war noch immer jene altbekannte, nämlich die Österreicher von ihrer eigenen Identität zu überzeugen. Das war schon schwer genug gewesen, als sie sich noch alle auf Heimatboden befunden hatten. Dies in der Diaspora des Exils zu versuchen und die Bemühungen einer ziemlich skeptischen Regierung in Washington glaubwürdig zu präsentieren, war doppelt entmutigend – und schließlich zum Scheitern verurteilt. Die Kampagne wurde von Otto und seinen Brüdern[209] auf zwei Fronten lanciert, auf der militärischen und der politischen. Tödliche Kreuzfäden verbanden die beiden, doch man sollte sie am besten einzeln hernehmen.

Es war Präsident Roosevelt, der den Erzherzog bei ihrem ersten Wiedersehenstreffen im Juli 1940 drängte, aus den tausenden von Exilanten, die in den Vereinigten Staaten lebten, ein Freiwilligenbataillon aufzustellen, damit das Konzept eines „Freien Österreich" in den amerikanischen Augen Glaubwürdigkeit erlangen konnte. Der Präsident konnte sich sehr wohl noch daran erinnern, dass im Jahr 1938 kein einziger Schuss gegen die deutschen „Invasoren" gefallen war, und wusste ebenso, dass Hitlers Streitkräfte im Kampf gegen die Alliierten mit der Ostmark als wesentlichen Bestandteil der Nazi-Kriegsmaschinerie nun eine Million Österreicher als Soldaten in ihren Reihen hatten. Ihre Divisionen kämpften mit voller Begeisterung, besonders im Osten, nachdem Hitler törichterweise Russland im Juni 1941 in den Krieg hineingezogen hatte. Als jedoch Japan sechs Monate später ebenso voreilig die Vereinigten Staaten zu deren Beitritt in die „Große Allianz" hineingestoßen hatte, intensivierte Washington seine Suche nach jeglicher Hilfe gegen die Nazis, die es nur finden konnte. Was die österreichischen Emigranten und Exilanten anbelangte, so wurde schließlich gegen Ende 1942 das 101. US-Infanteriebataillon auf Camp Attenbury in Indiana aufgestellt. Dabei handelte es sich um die offizielle Bezeichnung des Kriegsministeriums einer Truppe, die den Kampfarm eines „Freien Österreich" darstellen sollte – klein an Stärke, aber umso stärker an Symbolkraft.

Das Projekt erwies sich als Fehlschlag und erzielte absolut keine Beachtung in der Öffentlichkeit. Unter den ersten Freiwilligen befanden sich die Erzherzöge Felix und Ludwig, die sich als einfache Soldaten meldeten. Einige Wochen lang schien alles gut zu laufen, nachdem sich mehrere hundert österreichische Landsleute auf Camp Attenbury einfanden. Die meisten von ihnen wechselten aus anderen amerikanischen Armeeeinheiten, denen sie zuvor zugeteilt worden waren. Zahlenmäßig hatte die geplante Einheit nun zwei Drittel ihrer Stärke erreicht. Seine tatsächliche Stärke wurde jedoch auf erniedrigende Weise am 25. März bloßgelegt, als ranghohe Offiziere des Kriegsministeriums – in Begleitung von etwa

30 Pressefotografen – zum offiziellen Einberufungsverfahren erschienen waren, um das „Freie Österreichische Bataillon" aus der Taufe zu heben. Wessen sie jedoch stattdessen Zeuge wurden, war ein Massenaustritt. Jeder Mann wurde einzeln interviewt, und alle wurden sie gebeten, ihre Rekrutierung zu bestätigen. Die überwiegende Mehrheit lehnte ab und machte sich einfach davon. Am Ende jenes Nachmittags schrieb Felix traurig an Otto[210], dass die vielbeworbene Einheit von 650 Mann auf nur mehr 90 gesunken war. Die jüdischen Exilanten, die den Großteil jener „Refuseniks" (sowjetischer Jude, dem die Ausreise nach Israel verweigert wurde, Anm. d. Übers.) ausmachten, desertierten fast bis zum letzten Mann. Das „Österreichische Bataillon" war praktisch an jenem Tag gestorben, an dem es gemustert werden sollte. Im Juli jenes Sommers sprach das Kriegsministerium in Washington erwartungsgemäß das Todesurteil über das 101. US-Infanteriebataillon aus, indem es dieses offiziell auflöste.

Otto hatte sich in Amerika auffallend aus dem militärischen Rampenlicht herausgehalten. Er war sich nur allzu sehr bewusst, dass die Vorstellung von ihm als „Oberster Kriegsherr" (einer verschwundenen Dynastie, die es nun mit weit verstreuten und bunt gemischten Exilanten zu tun hatte) all die mageren Chancen, die das Projekt „Österreichisches Bataillon" jemals in Frankreich gehabt hatte, torpedierte. Doch nach dem Fiasko auf Camp Attenbury spürte er, dass eine kleine symbolische Verbindung mit dem Kriegsministerium aufrechterhalten werden musste, um zu suggerieren, dass zumindest die Habsburger auf einen Kampf für die Sache der Alliierten vorbereitet waren. So wurde also mit der persönlichen Unterstützung Präsident Roosevelts ein Infanterietrainingslager für Otto auf Camp Robinson im Bundesstaat Arkansas arrangiert, nach dessen Absolvierung er als Offizierskandidat in die Abteilung des Generaladjutanten weitergeleitet werden sollte. Diese Verbindung scheint symbolhaft geblieben zu sein, wenn auch nur, weil die Habsburgbrüder (die im Broadmore-Hotel in Washington residierten) nun ihre Bemühungen auf die politische Front konzentrierten. Das Ziel war dasselbe, das schon auf der anderen Seite des Atlantiks in Angriff genommen worden war: irgendein vereintes Forum aufzustellen, dass eine Ähnlichkeit mit einer österreichischen Exilregierung aufweisen würde. Otto fand bald heraus, dass es ein Kinderspiel war, alle österreichischen Flüchtlingsgruppen auf demselben Exerzierplatz zu versammeln, verglichen mit der Aufgabe, alle diese zur Versammlung unter einer politischen Schirmherrschaft zu überreden.

Das Hauptproblem war in Washington dasselbe wie in Paris: die Weigerung des linken Flügels der sozialistischen Fraktion, sich einer Verbindung anzuschließen, die ihre verhassten Gegner vom rechten Lager aus der Dollfuß-Schuschnigg-Ära miteinschloss. Zwei Dinge ließen eine Lösung sogar noch in weiterer Ferne erscheinen. Das erste war der zerstörerische Effekt von Zeit und Entfernung: Je länger sich die Verhandlungen hinauszögerten, desto erbitterter wurden sie. Je höher die Kilometeranzahl, die die Exilanten von ihrer Heimat entfernt waren, desto breiter schien sich die ideologische Kluft zwischen ihnen auszudehnen. Dieser Umstand bedroht natürlich jede Emigrantenpolitik, in der die Akteure ohne wirkliche Macht ihre Zeit damit verbringen, sich über die Vergangenheit den Kopf zu zerbrechen und über die Zukunft zu diskutieren. Doch darüber hinaus und jenseits von all dem hatten sich die österreichischen Exilanten aus dem rechten Lager im Allgemeinen und der Habsburgclan im Besonderen nun einem Feind zu stellen, der ebenso mächtig wie erbarmungslos war: Eduard Beneš.

Beneš hatte Masaryk als rechte Hand bei der Gründung der Tschechoslowakischen Republik vor 20 Jahren gedient und ihn 1935 als Präsident des neuen Staates abgelöst. Nachdem er von Hitler ins Exil getrieben worden war, fiel die Wahl als Oberhaupt der provisorischen tschechischen Regierung, die 1940 in London aufgestellt wurde, zwangsläufig auf ihn. Auch in Amerika war er hyperaktiv, gestützt durch großzügige finanzielle Mittel aus Goldreserven und anderen Vermögenswerten, die vor der Übernahme Prags durch die Nationalsozialisten nach Großbritannien gebracht worden waren. Abgesehen vom Geld und seinem politischen Status, der ihn haushoch über alle anderen Emigrantenführer stellte, befand Beneš, dass die Dinge für ihn nun günstiger denn je standen. Als das enorme Ausmaß der Kriegsleiden in Russland immer augenscheinlicher wurde und damit auch der Beitrag der Russen zu den Bemühungen der Alliierten, wurde die Sympathiewelle für die Sowjets, die die Washingtoner Regierung umspülte, immer größer und schwappte schließlich sogar ins Weiße Haus herein. Ottos natürliche Verbündete saßen im katholischen Lager, doch er sammelte unterwegs auch andere ein, wo immer er sie finden konnte. Die Ausbeute betrug schließlich mehrere einflussreiche Persönlichkeiten: Kardinal Spellman; Richter des Obersten Gerichthofs, Frank Murphy; die Senatoren Robert Taft, Claude Pepper von Florida, Langer von North Dakota und die Kongressmänner Pete Jarman und Herman P. Eberharter sowie Sol Bloom, Präsident des Komitees für Auslandsangelegenheiten.[211] Alle waren der Idee eines konservativen, katholischen Forums wohlgesinnt, welches ohne Mitwirkung der sozialistischen Emigranten und ungeachtet der erbitterten Opposition aus dem Beneš-Lager aufgestellt werden sollte. Solch ein Organ, die „Freie-Österreicher-Bewegung" genannt, war in der Tat 1942 in New York ins Leben gerufen worden. Die Habsburger achteten darauf, dass ihre Namen nicht auf dem Briefpapier auftauchten, trotz der Tatsache, dass Otto der einzige österreichische Exilant war, der einen Namen am politischen Horizont in Washington hatte. Stattdessen fungierte als ihr Präsident derselbe Hans Rott, der als einziger Ex-Minister im Exil die Gruppe in Paris angeführt hatte. Im Komitee standen ihm weitere treue Anhänger aus dem rechten Lager zur Seite, die mit Otto über den Atlantik gekommen waren: Martin Fuchs, Franz von Hildebrand und Walter Schuschnigg, der Sohn des Ex-Kanzlers aus erster Ehe.[212]

Ein Komitee, das von einem obskuren Minister ohne Ressort aus Schuschniggs letztem Kabinett angeführt wurde, konnte sich mit der offiziell konstituierten provisorischen tschechischen Regierung, dessen Vorsitz Beneš innehatte, nicht messen. Der tschechische Staatsmann und Befürworter seiner selbst war entschlossen, die Sache der Habsburger und damit ihr Programm einer von Konservativen angeführten Nachkriegsföderation der Donaustaaten zu zerstören. Der Kreml war gleichermaßen, und zu seinem eigenen Nutzen, entschlossen, dieses Konzept zu blockieren und unterstützte nach Russlands Kriegseintritt eine tschechisch-sowjetische Propagandakampagne, die von Büros im New Yorker Rockefeller Centre aus geführt wurde. Angeblich sollen die Mitarbeiter sympathisierende Kanäle zu 400 Zeitungen oder örtlichen Radiostationen innerhalb der Vereinigten Staaten gefunden (oder gekauft) haben, und der Zusammenbruch des „Österreichischen Bataillons" ging nicht zuletzt auf ihr Konto. Otto gelang es, besonders in den Scripps-Howard- und Gannet-Zeitungsimperien, einige Unterstützer für seine konservative Botschaft zusammenzutrommeln, aber die mediale Schlacht mit Beneš, ebenso wie die politische, war von Beginn an unausgeglichen gewesen.

Seine beste Karte – die höchste im ganzen Stoß – blieb jedoch Präsident Roosevelt persönlich. Des Präsidenten Sympathie für die königlichen Exilanten hatte sich nach seinem Treffen mit Ottos Mutter noch vertieft. Im September 1943 hatte die Kaiserin ihren Zufluchtsort in Quebec verlassen, um den den USA einen weiteren Besuch abzustatten. Sie bezog ihre Unterkunft im luxuriösen Landgut in Royalston, Massachusetts, von Calvin Bullock, desselben wohlhabenden Bankiers, der schon bei der ersten Landung der Familie im Jahr 1940 als deren Gastgeber fungiert hatte. Wie alle, die diese bemerkenswerte Dame kennen lernen durften, damals wie auch später, war auch der Präsident von ihrer Persönlichkeit beeindruckt, die so viel natürliche Würde und Intelligenz mit so wenig Bitterkeit oder Intrige vereinte. Wie ihr Sohn vermied auch sie Anschuldigungen über die Vergangenheit wie auch Gespräche über eine zukünftige Restauration.

Der Umstand, dass die Familie hoch in der Gunst des Weißen Hauses stand, half ihr bei ihrer Kampagne, eine gewisse öffentliche Anerkennung für die österreichischen Exilanten und für ihre ferne Heimat zu erlangen. Es handelte sich dabei sowohl um einen Kampf gegen die Washingtoner Bürokratie als auch gegen den alles durchdringenden Einfluss des Beneš-Lagers. Die erste der zwei Runden war schon früh im Jahr 1942 gewonnen worden, als durch den Kriegseintritt der Vereinigten Staaten die meisten Österreicher in Amerika, zusammen mit den Deutschen und Japanern, verhaftet und als feindliche Ausländer in Internierungslager geschickt wurden. Nach einer langen Auseinandersetzung mit dem Justizministerium wurden sie neu eingestuft und als „freundliche Ausländer" freigelassen. Ihre Bankkonten und anderes Vermögen, die nach dem Angriff auf Pearl Harbour eingefroren worden waren, wurden ihnen wieder zugänglich gemacht. Otto war der Leiter der Kampagne gewesen, obwohl sie natürlich von jeder Fraktion in der Österreicherkolonie unterstützt wurde. Wie so oft in ihrer Geschichte hatten sich die Österreicher wieder einmal „durchgewurschtelt", indem sie weder den einen noch den anderen Status einnahmen.

Die zweite Runde in diesem Kampf um einen separaten Status fand gegen Ende des Folgejahres statt, und hier gebührte die Ehre dem Anführer des habsburgischen Lagers. Für ihn war dieser Erfolg besonders erfreulich, da er sich diesen in einem, man könnte sagen, philatelistischen Wettbewerb mit Beneš und den Tschechen gesichert hatte. Die Post der Vereinigten Staaten hatte eine spezielle Briefmarkenserie für die „Besetzten Nationen" herausgegeben, und als Otto erfuhr, dass der Tschechoslowakei (zusammen mit Belgien, Dänemark, Norwegen und den anderen Ländern) gedacht werden sollte, initiierte er eine Einmannkampagne im Senat, in der Regierung und darüber hinaus im vom sympathischen Frank Walker geleiteten Postministerium, um auch für Österreich eine entsprechende Würdigung zu erreichen. Aus persönlicher Erfahrung war er sich Österreichs Unzulänglichkeiten in der Vergangenheit nur allzu bewusst. Er versuchte nun, all das hinter sich zu lassen und zumindest die Symbolik für eine bessere Zukunft zu schaffen.

Wieder war das Weiße Haus eine außerordentlich wertvolle Unterstützung. Obwohl der Präsident anscheinend nicht direkt in diese Angelegenheit involviert gewesen war, so tat er doch alles in seiner Macht Stehende, um seinem Protegé in seinen Bemühungen zu helfen, wenigstens ein äußeres Zeichen für eine österreichische Exilregierung zu schaffen. Als der Erzherzog also im Juni 1943 einen Plan zur Einrichtung und Anerkennung dreier österreichischer Konsulate vorantrieb, erwiderte Roosevelt (in einem Brief vom 12. Juni beginnend mit „Mein lieber Otto")[213], dass er den Vorschlag mit seinem Segen an das Außenministerium weiterleiten würde. Noch ermutigender waren des Präsidenten Worte, dass „das amerikanische Volk glücklich wäre, wenn das österreichische Volk seinen Platz als unabhängige Nation zurückerhielte".

Dieses „Ein-Volk-an-das-andere-Volk"-Konzept erreichte absichtlich keine Anerkennung durch die Regierung. Es war jedoch stark genug, um das Briefmarkenprojekt durchzusetzen, und am 28. November 1943 bekam Österreich seinen Platz in der Gedenkserie. Wenn man bedenkt, wer der Pate des Projektes gewesen war, so handelte es sich wahrscheinlich um keinen Zufall, dass das habsburgische Kaiserreich, und nicht die österreichische Republik, als Symbol für die nationale Identität gewählt wurde. Die Ersttagsausgaben wiesen neben der amerikanischen Standardfrankierung zu fünf Cent auch eine Reproduktion der Zehn-Heller-Militärpostbriefmarke aus der Monarchie aus dem Jahr 1917 auf, auf der Ottos Vater in der Mitte prangt. Beneš muss sehr entrüstet gewesen sein.

Mittlerweile spielte sich Österreichs Auferstehung weit abseits der Philatelie ab. Vier Wochen vor Ausgabe jener Gedenkbriefmarke war das Schicksal des Landes besiegelt worden – wie immer, komme, was will, durch Kräfte von außen. Am 1. November 1943 veröffentlichten die Außenminister der Großen Allianz[214], die sich in Moskau zur Gestaltung eines zukünftigen Europas trafen, eine gemeinsame Erklärung, die praktisch die Geburtsurkunde des österreichischen Nachkriegsstaates darstellte. Nachdem sie Österreich (ein wenig schmeichelhaft) als „das erste freie Land, das Hitlers Gewalt zum Opfer fiel", beschrieben, hielten sie ihren Wunsch fest, dass seine Unabhängigkeit wiederhergestellt werden sollte. Es musste anerkannt werden, dass die Österreicher als Bürger und Soldaten des Dritten Reichs sowohl zu Instrumenten als auch zu Opfern des Nazi-Terrorregimes wurden. Dementsprechend schloss die Erklärung wie folgt: „Österreich soll jedoch daran erinnert werden, dass es Verantwortung für die Teilnahme am Krieg an der Seite Hitler-Deutschlands trägt und dass in der endgültigen Beilegung Österreichs Beitrag zu seiner Befreiung unvermeidlich berücksichtigt werden wird."

Otto hätte gegen keines der Worte Einwände gehabt. Er wusste alles über die historische Schuld, die seine Landsleute zu begleichen hatten, und hatte sich seit Kriegsausbruch bemüht, einen österreichischen Beitrag zum bewaffneten Kampf der Alliierten auf die Beine zu stellen – entweder durch einen Pro-forma-Widerstand innerhalb der Ostmark oder durch den Versuch, eine österreichische Militäreinheit im Westen zu gründen. Nun wurde die Notwendigkeit, dass das österreichische Volk seine eigene *bona fide* herstellt, auch von der Großen Allianz betont, obwohl es wichtig ist, sich zu erinnern, wie genau es dazu gekommen ist – in Hinblick auf die Mythen und falschen Vorstellungen, die sich um diese dreiseitige Erklärung ranken. Das unaufhörliche Lobbying des Habsburg-Teams hatte sicherlich seinen Teil dazu beigetragen, dass das Konzept von der Freiheit Österreichs nach dem Krieg lebendig blieb. Wenn sie nur gewusst hätten, dass es sogar von Stalin selbst schon im Dezember 1941 für seine Zwecke gefordert worden war, als Churchill Anthony Eden auf die erste politische Erkundungsreise seit Entstehung der Großen Allianz nach Moskau entsandt hatte. Stalin schlug vor, dass die polnischen Nachkriegsgrenzen auf Kosten Deutschlands nach Westen hin ausgedehnt werden sollten, wohingegen alle anderen besetzten Länder zu ihren alten Grenzen zurückkehren sollten, mit dem speziellen Zusatz, dass „Österreich wiederhergestellt werden sollte". Eden erwiderte in Churchills Namen: „Wir sind sicherlich für ein unabhängiges Österreich."[215]

Es hatte auch konfuse Auslegungen jener Forderung gegeben, die zwei Jahre später in Moskau festgelegt wurde, wonach die Österreicher ihre Nachkriegsfreiheit verdienen müssten, indem sie zunächst zur Beendigung des Krieges beitragen sollten. Es handelte sich hierbei jedoch nicht, wie in Umlauf gebracht[216], um einen Befehl, der plötzlich von Stalin auf den Tisch geknallt worden war, um Österreich seinen Anspruch auf Unabhängigkeit schwerer erkämpfen zu lassen. Der Wortlaut hatte sich im Laufe langwieriger Diskussionen zwischen britischen und amerikanischen Beamten während des Sommers und Frühherbsts 1943 entwickelt. Aufgrund der Tatsache, dass sich Österreich 1938 wie ein kleines Hündchen vor der deutschen Armee auf den Rücken gerollt hatte, diskutierte man lange darüber, ob der Anschluss überhaupt als Annexion bezeichnet werden konnte. War es nicht bloß auf eine „Okkupation" hinausgelaufen? Die Formulierung der Klausel über die Kriegsschuld gestaltete sich am schwierigsten, doch sie war auch am wesentlichsten. In Italien warfen die lebhaften Kampagnen der Partisanen (deren Mitglieder den Duce schließlich auf eigene Faust exekutieren sollten) die Frage auf, wie die scheinbar schwerfälligen Österreicher zu ähnlich bewaffnetem Widerstand angespornt werden könnten.

Die ausgearbeitete Formel war eine Mischung aus Zuckerbrot und Peitsche: Österreichs künftige Unabhängigkeit würde zugesichert, sofern sein Volk selbst einige entscheidende Schritte in diese Richtung machen könnte.[217] Alles, was Stalin in Moskau am Entwurf aus dem Westen änderte, war die sprachliche Verschärfung eines oder zweier Punkte: Somit wurden die Österreicher nicht mehr länger höflich „gebeten", sich an ihren Teil beim Einmarsch Hitlers „zu erinnern", sondern wurden nun direkt „daran erinnert". Hierbei handelte es sich wohl kaum um eine übertriebene Forderung eines Kriegführers, der dutzenden österreichischen Divisionen bei ihren tödlichen Kriegshandlungen auf seinem Boden zusehen musste.[218]

Die wahren Unterschiede zwischen den angloamerikanischen und den sowjetischen Vorstellungen über ein Nachkriegsösterreich reichten viel tiefer als jegliches Herumbasteln an der Kriegsschuldklausel. Hier spielte die Zukunft der Habsburger selbst eine wichtige, wenn auch nicht zur Sprache gebrachte Rolle. Die habsburgischen Exilanten rannten mit ihren Plänen für ein Nachkriegsmitteleuropa offene Türen ein. Der Traditionalist und Maler großer geschichtlicher Gemälde ging im Protokoll sogar weiter, als sie im Privaten zu gehen vorbereitet waren. Als die Frage eines unabhängigen österreichischen Bataillons zur Diskussion kam, erklärte Winston Churchill am 13. Dezember 1942, dass es sich dabei um „eine sehr gute Sache handelte […] wenn sie ohne zu große Schwierigkeiten verwirklicht werden könnte". Dann fuhr er fort:

„Ich bin an Österreich sehr interessiert und hoffe, dass Wien die Hauptstadt einer großen Donauföderation werden möge […] die Trennung der Österreicher und Süddeutschen von den Preußen ist wesentlich für die harmonische Wiederherstellung der Geschichte."[219]

Zu diesem Zeitpunkt hatte Otto Churchill noch nicht getroffen und, obwohl sich sein Bruder Karl für die konservative, österreichische Sache in London eingesetzt hatte, bedurfte der unermüdliche Visionär keinerlei Überredung, einem weiteren seiner historischen Steckenpferde zu frönen. Eine Weile lang hatte er Roosevelt auf seiner Seite, und im Sommer 1943 war es noch immer feststehende angloamerikanische Politik, dass Österreich zum Herzstück einer demokratischen Föderation werden sollte, die Bayern, Württemberg und Baden einschloss.[220] Es sollte angemerkt werden, dass dieser Plan weit von einem Unterstützungsaufruf für die Habsburger entfernt war. Tatsächlich hätte der Einschluss süddeutscher Bundesländer in die geplante Föderation praktisch jegliche Restauration der Dynastie ausgeschlossen, außer einer möglichen Präsidentenrolle. Und selbst dieser Möglichkeit wurde schon bald ein Ende gesetzt. Es begann damit, dass Roosevelt „Uncle Joe" immer mehr (unter dem Einfluss seiner prosowjetischen Berater) als einen liebenswerten und wohlmeinenden Verbündeten ansah. Darüber hinaus wurde es immer offensichtlicher, dass der russische Bär entschlossen war, seine eigenen Pranken entlang der Donauufer einzusetzen, und dass es sehr schwierig werden würde, ihn davon abzuhalten, einen „unabhängigen" Donaustaat nach dem anderen an sich zu reißen.

In diesem Kontext kann die Moskauer Deklaration über Österreich als Teil einer sowjetischen Kampagne vom November 1943 angesehen werden, die Idee der Donauföderation zu Grabe zu tragen. Die Wiederherstellung einer unabhängigen Republik mit den Grenzen von 1938 würde sicherstellen, dass ein Nachkriegswien wohl kaum über diese Grenzen hinausschauen würde. Die Deklaration entpuppte sich für die Österreicher als unerwartet großartige Nachricht. Ironischerweise verminderte gerade sie die Chancen der Habsburger, die sich so sehr für sie eingesetzt hatten. Otto war darüber weniger besorgt, als man annehmen hätte können. Seit dem ominösen Pakt zwischen Schuschnigg und Hitler im Jahr 1936 hatte er den Kampf um Österreichs Unabhängigkeit über die kurzfristigen Interessen der Dynastie gestellt. Dank der hartnäckigen Opposition Stalins (und dem wachsenden Einfluss der Roten Armee) wurde das Projekt der Donauföderation also zunächst zur Seite gestellt und dann auf den folgenden Gipfeltreffen ganz aufgegeben. Churchill konnte zum Verlust seines politischen Einflusses nur ein verdrießliches Gesicht machen, obwohl er ihn, wie wir sehen werden, an der militärischen Front zurückerobern konnte. In dieser letzten Phase trafen sich alle drei Mitglieder der Großen Allianz und die verbannte Dynastie bezüglich eines Punktes auf einem gemeinsamen Nenner: die Notwendigkeit, Horthys Ungarn auf die Seite der Alliierten zu ziehen. Im Januar 1943 gab es einen Zeitpunkt in diesem Krieg, an dem der Reichsverweser nicht nur erkannte, dass er sich im Rennen auf das falsche Pferd gesetzt hatte, sondern auch, dass sein Volk einen inakzeptablen Preis für den Ausritt zu zahlen hatte. Die Einsicht, dass Hitler sehr wohl auf eine Niederlage zusteuern könnte, war – für Horthy wie auch für hunderttausende andere, die im besetzten Europa lediglich Zaungäste waren – natürlich mit der Auslöschung der deutschen 6. Armee bei Stalingrad gegen Ende jenes entscheidenden Monats gekommen. Doch für Ungarn hatte die vernichtende Katastrophe, die alles verändern sollte, 14 Tage zuvor stattgefunden, etwa 630 Kilometer in nördlicher Richtung entlang derselben Don-Kampflinie.

Die 2. Ungarische Armee, die einen langen Abschnitt der Front am Don ohne geeignete Befestigungsanlagen und ohne regelmäßige Versorgungslinien hielt, wurde bei Woronesch von einer Offensive der Roten Armee am 12. Januar zerschmettert. Innerhalb einer Woche war die Hälfte der ursprünglichen Streitkräfte ausgelöscht: über 50.000 wurden gefangen genommen und etwa 30.000 getötet. Es handelte sich um den katastrophalsten Verlust durch eine einzige Kriegshandlung in der ungarischen Militärgeschichte. Zur Trauer kam noch Bitterkeit, als klar wurde, dass deutsche Divisionen mehrere Male im Kampfgeschehen ungarische Truppen geopfert hatten, um ihr eigenes Entkommen zu sichern. Daraufhin beschuldigten die Deutschen die 2. Armee noch der feigen Kapitulation. Nach den Vorkommnissen in Woronesch bestand eine militärische Zusammenarbeit zwischen den zwei ungleichen Verbündeten nur mehr am Papier. Dies hatte auch unmittelbare Auswirkungen auf politischer

Ebene, da vermehrt Bemühungen angestrengt wurden, Ungarn zur Gänze aus der Nazi-Allianz zu bekommen.

Die Hauptperson in diesem Unterfangen war Miklós Kállay, Horthys Premierminister, der bis Juli 1943 auch das Ressort des Außenministeriums innehatte. Er hatte schon lange mit dem Gedanken gespielt, Budapest einen unabhängigeren Kurs zwischen den Lagern der Nazis und der Alliierten steuern zu lassen, und er setzte nun die Segel auf Westen und steuerte jeden nur erdenklichen Hafen an. Innerhalb der ersten sechs Wochen des neuen Jahres waren seine Geheimbotschafter in Istanbul, Stockholm, Genf, Rom und Lissabon aufgetaucht. Alle überbrachten sie den Beamten im Westen dieselbe Botschaft: Ungarn ist bereit, die Seiten zu wechseln, wenn es die Alliierten nur ermöglichten. Über den Informationskanal in Lissabon erreichte die Botschaft direkt Otto, der einige vertrauenswürdige Helfer in der portugiesischen Hauptstadt sitzen hatte. Einer von ihnen war der leidenschaftliche Nazi-Gegner und ungarische Gesandte vor Ort, M. Wodianer, der die wichtige Kommunikationsverbindung herstellte. Otto erinnerte sich später:

„Kontakte zur ungarischen Gesandtschaft in Lissabon wurden schon sehr bald nach Pearl Harbour hergestellt. Zunächst liefen sie über unseren guten Freund José Saldanha da Gama, der schließlich[221] in die Vereinigten Staaten kam, um mit mir und der amerikanischen Regierung über den Aufbau geeigneter Verhandlungen mit der ungarischen Regierung zu diskutieren."

„In Washington arbeitete ich hauptsächlich mit Herrn Tibor Eckhardt zusammen, dem früheren Präsidenten der Unabhängigen Kleinbauernpartei Ungarns, der das Land verlassen hatte, als er sah, welchen Weg Horthy zur Errichtung einer ungarischen Auslandsvertretung einschlug. Eckhardt war ein sehr mutiger und intelligenter Mann und überdies ein Experte für auswärtige Angelegenheiten, da er sehr aktiv beim Völkerbund mitarbeitete. Ich traf ihn 1937 zum ersten Mal, und seit damals standen wir in engem Kontakt. Aus verständlichen Gründen hatte er keinerlei politische Verbindungen in den Vereinigten Staaten, und ich konnte ihm diese ermöglichen. Als Gegenleistung führte er die tatsächliche Planung durch, wie Ungarn durch einen Seitenwechsel gerettet werden könnte."[222]

Horthy wusste natürlich im Großen und Ganzen über Kállays Bestrebungen Bescheid, obwohl ihm die genauen Details oft verschwiegen wurden. Ihn auf Distanz zu halten, war auch ratsam, denn wann immer der Reichsverweser sein eigenes Ruder in den Potomac setzte, wurde alles nass. Otto erinnert sich:

„In den Botschaften, die wir im Namen des Reichsverwesers in Washington erhielten, sorgte sich dieser weniger um das Schicksal seines Landes als um seine persönlichen Aussichten, sollte Ungarn ins Lager der Alliierten aufgenommen werden. Er wollte z. B. wissen, welche Pension oder welches Einkommen ihm zustünde und welche Ämter, Ehrentitel oder Auszeichnungen er behalten können würde und ob diese auch tatsächlich vermehrt würden. Es war alles so peinlich, dass wir beschlossen, die Wünsche einfach zu ignorieren, anstatt sie weiterzuleiten."[223]

Hier ging es um einen Donau-Leoparden, der nicht aus seiner Haut herausgekommen war. Es handelte sich noch immer um denselben Nikolaus Horthy, der dieselben absurden Forderungen stellte, die schon 20 Jahre zuvor Ottos Vater zur Verzweiflung getrieben hatten, als er seinen perfiden Reichsverweser in seinem eigenen Königspalast in Budapest zur Machtrückgabe überreden wollte.

In Hinblick auf all die Bemühungen, die Otto und Eckhardt auf der Ebene des Weißen Hauses in Washington leisteten, mutet es irgendwie ironisch an, dass im Jahr 1943 stattdessen in Istanbul so etwas wie ein Durchbruch in diesen verworrenen Verhandlungen mit den Alliierten erreicht wurde. Darüber hinaus waren es die Briten und nicht die Amerikaner, die die Initiative ergriffen. Kállays Hauptgesandter für die Alliiertenmissionen in der türkischen Hauptstadt war László Veress, ein höherer ungarischer Beamter, der fast den ganzen Sommer lang auf eine günstige Gelegenheit gewartet hatte, allerdings erfolglos. Am 8. September wurde Veress dann plötzlich zu einem mitternächtlichen Treffen auf die im Marmarameer vor Anker liegende Yacht des britischen Gesandten, Sir Hugh Knatchbull-Hugesson, gerufen. Sir Hugh legte sein Beglaubigungsschreiben vor (in Form einer von Eden unterzeichneten Genehmigung, die als Telegramm gekommen war) und zählte dann eine Liste von „Voraussetzungen" für offizielle Gespräche mit der ungarischen Regierung auf.

Das eigentliche Dokument wurde nicht überreicht; Veress musste die Punkte im Diktat aufnehmen. Hier handelte es sich wohl kaum um ein viel versprechendes Omen; alles Angebotene konnte später bei Bedarf abgestritten werden. Nichtsdestoweniger hatten sich die beiden Seiten zum ersten Mal die Hände gereicht. Der Schauplatz einer Yacht war sicherlich geeignet, um zu ergründen, ob die Ungarn das Schiff der Achsenmächte nun verlassen könnten oder nicht. Die Hauptpunkte, die in Edens Namen festgelegt wurden, besagten, dass jegliche Übereinkunft, die auf diplomatischer Ebene offiziell getroffen würde, nicht veröffentlicht werden sollte, „bevor die Alliierten die Grenzen Ungarns erreichten", doch dass Budapest in der Zwischenzeit alles in seiner Macht Stehende unternehmen würde, um den Streitkräften der Westmächte zu helfen. Maßnahmen, die darunter fielen, beinhalteten eine ständige Verringerung der militärischen und wirtschaftlichen Zusammenarbeit mit den Deutschen; Widerstand gegen jedweden Versuch Hitlers, ihr Land einzunehmen, und sogar geheime Vorbereitungen für einen Angriff auf seine Streitkräfte; weiters den Rückzug des letzten Überrests der 2. Ungarischen Armee (in ihrer Heimat nunmehr als *Tote Armee* bekannt) aus Russland; und ein Versprechen, alle Ressourcen, einschließlich der Luftwaffenstützpunkte, den Alliierten „zu einem bestimmten Zeitpunkt" zur Verfügung zu stellen.[224]

Kállay konnte diesen Konditionen nicht viel entgegensetzen, als Veress sie eine Woche später in Budapest überreichte. Der ungarische Premierminister sträubte sich jedoch vehement gegen die Forderung nach „bedingungsloser Kapitulation", in welche das ganze britische Paket eingepackt war.[225] In der Tat konnte in dieser grundsätzlichen Frage niemals eine Einigung erzielt werden. Sie wurde deshalb ausgelassen, als der Entwurf von Istanbul schließlich im Oktober „ratifiziert" wurde.[226]

Diese diplomatischen Formalitäten wurden in Lissabon beendet, wo Wodianer für Kállay unterschrieb und Sir Ronald Campbell, nun sein Kollege als britischer Gesandter in Portugal, der das Dokument im Namen der Alliierten unterzeichnete. Wie wir bereits gesehen haben, war Lissabon schon immer Ottos wichtigster

Kanal für die Kommunikations- und Überzeugungsarbeit rund um die Donauangelegenheiten gewesen, und es ist durchaus möglich, dass dieser transatlantische Einfluss eine indirekte Rolle beim Istanbul-Pakt spielte. Denn am 19. August 1943 – nur drei Wochen bevor Kállays Gesandter an Bord der britischen Yacht kam – wurde in Quebec die erste Plenarsitzung der weitreichenden anglo-amerikanischen Gipfelkonferenz mit Kodenamen *Quadrant* eröffnet. Wie Churchills persönlicher Bericht über das Treffen deutlich macht[227], erschien die Zukunft Mitteleuropas nicht als solche auf der Tagesordnung. Diese war völlig mit anderen Angelegenheiten ausgebucht, wie z. B. den Vorbereitungen für die Invasion des von den Deutschen okkupierten Frankreich im Jahr 1944, der Entwicklung der Italien-Offensive, einem neuen Gemeinschaftskommando in Südostasien und natürlich mit „Tube Alloys" (Röhrenlegierung), wie das Atombombenprogramm mit Decknamen hieß. Verglichen mit diesen Punkten, von denen alle gleichermaßen gewaltig und dringend waren, schien die Nachkriegspolitik entlang der Donauufer in ziemlich weiter Ferne zu liegen. Otto war jedoch, wie immer bei großen Ereignissen, involviert. Obwohl sein Name nicht im Index des entsprechenden Bandes von Churchills Memoiren aufscheint, ist bekannt, dass der Erzherzog die beiden großen Kriegsherren gesehen hatte und dass ihm sowohl vom Präsidenten als auch vom Premierminister versichert wurde, dass sie noch immer seinen Wunsch nach einer konservativen Lösung für Mitteleuropa unterstützten.[228] Das Treffen im Marmarameer passte sicherlich gut zu diesen Bestrebungen.

Auf der anderen Seite stellte der Konflikt, der in Quebec zwischen den langfristigen politischen Visionen und den vordringlichen militärischen Angelegenheiten wieder an die Oberfläche kam, Ottos Kernproblem dar. In Ersterem fühlte er sich zwar stark, war aber in Zweiterem ziemlich unerfahren und in der Tat uninformiert. Und gerade damals handelte es sich um Zeiten, in denen die Entscheidungen eher vom Schlachtfeld als von der Ratskammer her diktiert wurden. In dieser Angelegenheit sollte angemerkt werden, dass die einzigen Resultate, die 1943 von Kállays Kundschaftern im Westen erbracht wurden, die praktischen Grundlagen der tatsächlichen Kampfhandlungen betrafen. Ob in Stockholm, der Schweiz, Istanbul oder Lissabon, die westlichen Gesandten (einschließlich jenes mysteriösen „Mr. H." aus London) hatten darauf bestanden, dass die Alliierten lieber Taten statt Worte wollten. Sie bedurften einiger positiver Zeichen dafür, dass sich Ungarn selbst aus Hitlers militärischem Würgegriff befreite. Nach dem Zusammenbruch Italiens im Juli 1943 nahm Kállay seinen ganzen Mut zusammen, um sorgfältig abgewogenen Widerstand zu üben. So leitete er im August den Großteil des deutschen Schienenverkehrs in den Balkan von Budapest weg um und zwang so die Wehrmacht, ihre Versorgungstransporte auf einspurige, kurvenreiche Gleisstrecken zu verlegen. Im Herbst ging er noch einen Schritt weiter, indem er den Bombern der Alliierten erlaubte, unbehelligt über ungarisches Territorium zu fliegen – vorausgesetzt, dass keine ihrer Ladungen *en route* abgeworfen würde.[229]

An dieser militärischen Front sollten nun also all die politischen Träume Ottos, Eckhardts, Kállays und vieler anderer entweder in Erfüllung gehen oder zerplatzen. Alles kreise um die einzige, großstrategische Kernfrage der Alliierten: Wie wichtig war der mediterrane Kriegsschauplatz im Vergleich zur Westfront und vor allem im Vergleich zu den Landungen in der Normandie? Diese Debatte führte zu einer weiteren: Konnte die mediterrane Offensive, in welcher Dringlichkeitsstufe auch immer, jemals zu einem Angriff in Richtung Norden zum Donaubecken hin ausgeweitet werden?

Es braucht nicht erwähnt werden, dass Churchill voll und ganz für den Angriff war, und seine Leidenschaft wurde nur noch weiter angefacht, als die Kämpfe im Sommer 1944 ihren Höhepunkt erreichten. Auf der einen Seite war die Schlacht in Frankreich nun im Gange, so dass die Diskussion über eine Verteilung alliierter Ressourcen vom Reißbrett genommen wurde und nun als dringlicher Punkt auf der Tagesordnung stand. In der Zwischenzeit rückte die Rote Armee im Osten immer näher an Mitteleuropa heran und schleppte ihre kommunistische Doktrin auf den Panzerketten mit. Wie Churchills Leibarzt anmerkte, schien dieser Umstand beinahe die mentale Ausgeglichenheit seines berühmten Patienten zu gefährden: „Winston spricht dieser Tage nie über Hitler", schrieb er im letzten Mittsommer des Krieges; „er beklagt sich nur mehr über die Gefahren des Kommunismus. Er träumt von der Roten Armee, die sich wie ein Krebsgeschwür von einem Land zum nächsten ausbreitet. Dieser Gedanke ist zu einer Zwangsvorstellung geworden, er scheint an nichts anderes mehr zu denken."[230]

Angesichts der grauenvollen Erfüllung jener Vorahnungen war es schade, dass diese Obsession nicht auch von vielen anderen im westlichen Lager geteilt wurde. Ein Problem war Churchills schwache Ausbeute bei solchen Unterfangen. Gab man ihm einen Atlas in die eine Hand und eine Hand voll Divisionsflaggen in die andere, so konnte er niemals dem Drang widerstehen, große Pfeile quer über die Landkarte zu malen, denenzufolge ein militärisches Vorrücken auch politische Triumphe mit sich bringen würde. Beim Unternehmen Gallipoli im Jahr 1915 hatte es sich um einen dieser Pfeile gehandelt, der auf katastrophale Weise schon nach kurzer Entfernung im türkischen Schlamm landete. Der geplante Marsch der weißrussischen Armeen von der Krim bis ins bolschewistische Moskau im Jahr 1921 (ein Projekt, das Churchill fast als Einziger im damaligen Kabinett unterstützte) floppte haushoch, da die Entfernung einfach zu groß war.

Hier war er nun wieder mit dabei, wie üblich mit einer grafischen Darstellung seiner Pläne. Genauso wie der gesamte mediterrane Schlachtplan (der von Anfang an unter der Leitung der Briten stand) als Schlag gegen die „verwundbare Stelle der Achse" ausgelegt war, so wurde ihr Ende nun als „Dolchstoß in die Achselhöhle des Feindes" inszeniert. Das hieß im Klartext, dass Triest mit Seestreitkräften von etwa fünf oder sechs alliierten Divisionen eingenommen werden musste. Diese würden dann in Richtung Norden über die Julischen Alpen und über die strategische Laibacher Schlucht vorstoßen und sich dann zum Donaubecken hin ausfächern und somit der Roten Armee sowohl in Budapest als auch in Wien zuvorkommen.

Ernste Zweifel an diesem Plan wurden auch von der Einsatzseite her bekundet. Die Julischen Alpen würden eine steinige Achselhöhle für jeden zustechenden Dolch abgeben, selbst wenn die vorausgehende Einnahme Triests planmäßig verlaufen sollte. Für

die Marineexperten stellten die seichten Gewässer und die Minen-
felder in der Adria eine ernste Bedrohung für die Landungen dar.
Darüber hinaus konnte man sich auf die Hilfe von Titos Partisanen
nicht verlassen. Zu diesem Zeitpunkt war er noch immer ein leidenschaftlicher Kommunist und somit Genosse der Russen, die sich
gegen solch eine Kampagne stellen würden; und eigentlich verfolgte
er seine eigenen Ambitionen in Österreich.[231] War vor allem die vorgeschlagene Streitmacht stark genug? Einer Hand voll Divisionen
hätte es gelingen müssen, die gesamte mittlere Donauebene
einschließlich ihrer Zwillingshauptstädte Wien und Budapest zu
besetzen. Letzten Endes wurden die Debatten untereinander und
zwischen den Stabschefs der Alliierten durch die politischen Entscheidungen ihrer Anführer im Voraus entschieden.

Beim entscheidenden Gipfeltreffen in Teheran im November
1943 hatte Roosevelt zunächst seine Unterstützung für Churchills
istrischen „Dolch" weiterhin zugesagt. Doch am Ende ging er mit
einer von Stalin für das Jahr 1944 aufgestellten Strategie konform,
welche vorsah, den Dolch in der Scheide zu belassen. Er stimmte
nicht nur mit Stalin überein, dass der Operation „Overlord", der
Invasion der Normandie, absolute Priorität für den kommenden
Sommer einzuräumen war, sondern auch, dass die Nebenopera-
tionen an den Stränden Südfrankreichs gestartet werden sollten.
Aufgrund der Knappheit an geeigneten Landungsbooten für den
mediterranen Kriegsschauplatz stellte sich jeglicher gleichzeitiger,
amphibischer Schlag gegen Triest als ein Ding der Unmöglichkeit
heraus. Aus gutem Grund schloss der Marschall auch alle
angloamerikanischen Pläne für eine Donauföderation aus. Zu
Churchills Bestürzung schien der Präsident nun auch an dieser
Front klein beizugeben.

Otto und sein Team hatten natürlich nicht die leiseste Ahnung
von den Militärplänen der Großen Allianz noch von den Debatten,
die unter den Generalstäben über deren Durchführung entbrannt
waren. In der Tat sollte er erst nach Ende des Krieges von den politischen Entscheidungen erfahren, die in Teheran oder auf den nachfolgenden Gipfeltreffen getroffen worden waren. Wessen er sich
jedoch in den Endphasen des Krieges sehr wohl bewusst war, war

das Ausmaß, in dem sich sein honoriger Freund und Helfer zur prosowjetischen Linie hinüberzulehnen schien. Washington war, damals wie heute, eine große Gerüchteküche, und so stützte der junge Erzherzog seinen Eindruck nur auf das, was ihm der Präsident in Privatgesprächen anvertraut hatte.

Eine der Bemerkungen des Präsidenten hatte das vermehrte Eindringen von Sympathisanten des linken Lagers ins Weiße Haus und seine Zweifel über einige seiner Schlüsselberater zum Thema. Im September 1944 – bei ihrem letzten Treffen – überreichte Otto ihm eine Nachricht, die er gerade erst über Lissabon vom damaligen ungarischen Premierminister bekommen hatte.[232] Die Nachricht war persönlich und streng geheim, und der Erzherzog betonte, dass sie es auch bleiben müsse. Als er das Dokument an sich nahm, erwiderte Roosevelt:

„Ich werde es in jenen Safe im Weißen Haus legen, zu dem Harry Hopkins keinen Zugang hat."[233]

Seinen jungen Bewunderer verstörte diese Bemerkung mehr als sie ihn beruhigte. Hopkins war der engste Berater des Präsidenten im Krieg gewesen, der Mann an seiner Seite bei allen Gesprächen auf höchster Ebene mit Churchill und Stalin.

Ein weiterer, fast ebenso beunruhigender Kommentar folgte, als Otto den Präsidenten zu den Risiken der vielen Zugeständnisse an die Russen in Kriegszeiten befragte.

„Das wird kein Problem sein", erwiderte er zuversichtlich. „Sobald dieser Krieg zu Ende ist, werden die Russen wirtschaftlich so schwach und so sehr von unserer Hilfe abhängig sein, dass wir unsere eigenen Konditionen aufstellen werden können." Roosevelt war bereits ein todkranker Mann, als er diese Vorhersage traf. Für ihn war es nur zum Besten, dass er nicht mehr erleben sollte, wie völlig daneben er mit seiner Annahme gelegen hatte.

Zu dem Zeitpunkt, als sich Otto verabschiedete, schien der britische Plan für einen Vormarsch an die Donau bereits untergegangen zu sein, und was der Erzherzog nicht wissen konnte, war, dass sein großer Freund und Beschützer die letzten Torpedos zu dessen Versenkung abgefeuert hatte. Während des Sommers 1944 hatte Churchill wenig Schwierigkeiten gehabt, die Unterstützung durch seine eigenen Generäle im Mittelmeer zu gewinnen (den Obersten Befehlshaber der Alliierten, Sir Henry Maitland Wilson, und Sir Harold Alexander, den Oberbefehlshaber des italienischen Feldzuges). Wilson hatte eifrig Schlachtpläne entworfen, in denen er sechs Luftlandedivisionen in Triest landen lassen wollte, von wo aus der 160 Kilometer lange Vorstoß zur österreichischen Grenze lanciert werden sollte. Doch August war der letzte aller Monate, in denen sich die Russen – deren Hauptstreitkräfte zu diesem Zeitpunkt noch immer etwa 800 Kilometer von Budapest entfernt waren – realistischerweise der Herausforderung eines Kampfes um die Donau hätten stellen können. Trotz inständiger Appelle des Premierministers an den Präsidenten, wichtige gepanzerte Landungsboote vom Kriegsschauplatz in Südfrankreich an die Adria zu verlegen, stand Roosevelt unbeirrbar hinter seinen eigenen Militärberatern und den strategischen Versprechungen, die er Stalin in Teheran gegeben hatte.

Die beiden westlichen Kriegsherren diskutierten die Angelegenheit wieder in einem freundschaftlicheren Ton in Quebec (13.–16. September).[234] Doch der richtige Augenblick für eine entscheidende Handlung war verpasst worden. Sogar Churchill musste sich fragen, ob sich Alexander, als letzter Ausweg, nicht mit „einem Vorstoß mit seinen gepanzerten Wagen" in Richtung Donau zufrieden geben müsste. Von Anbeginn an waren alle ungarischen Geheimkontakte mit dem Westen so ausgemacht, dass sich das Land nur aus Hitlers Würgegriff befreien könnte, wenn es in einer starken Umarmung der Alliierten aufgefangen würde. Einige wenige Bataillone von gepanzerten Wagen – selbst wenn sie so weit gekommen wären – entsprachen kaum dieser Abmachung. Otto kehrte nach Europa[235] zurück, im Reisegepäck Churchills Vorahnungen für die Zukunft und nur wenig von Roosevelts leichtem Optimismus.

Als er, viele Jahre später, auf die unzähligen Eindrücke und Erinnerungen dieser vier Kriegsjahre in Amerika zurückblickte, stachen zwei Ereignisse ganz besonders hervor. Beim ersten handelte es sich um einen großen Fehler; beim zweiten um eine große Offenbarung. Jener Fehler, den er als den schwersten seines jungen

Lebens einschätzte, war, so viel Zeit, Geld und Energie für die selbstzerstörerischen Schlachten der Emigrantenpolitik vergeudet zu haben, anstatt sich von vornherein auf die breitere, diplomatische Front zu konzentrieren. Er konnte aus dieser Lektion lernen, doch die Auswirkung der Offenbarung ging viel tiefer und tauchte passenderweise wie ein Blitz aus heiterem Himmel auf.

Gegen Ende des Jahres 1941 traf er in Arizona ein, wo er eine Reihe von Ansprachen halten sollte. In einem Presseinterview auf dem Flughafen fragte einer der örtlichen Journalisten den ehrenhaften, polyglotten Besucher, welches Land er als seine Heimat bezeichnen würde. Sehr zu seinem eigenen Erstaunen, wie auch zu dem der anderen, hörte er sich selbst antworten: „Ich bin Europäer." Die Antwort bezeichnete eine Verschiebung seiner Horizonte, deren er sich bis dahin nicht bewusst gewesen war. Er hatte einmal ausgerechnet, dass er in seinem hektischen amerikanischen Reiseplan jeden einzelnen Bundesstaat der USA mindestens ein halbes dutzend Mal besucht hatte. Was sich in sein Unterbewusstsein eingeprägt hatte, war die Art, wie sie alle trotz ihrer unterschiedlichen klimatischen, kulturellen und bevölkerungspolitischen Verhältnisse von einer einzigen, kontinentalen Einheit zusammengehalten wurden, von gemeinsamen Banden, die über alle regionalen Loyalitäten hinausgingen. Warum konnte das nicht auch ein Muster für die Alte Welt in der Nachkriegszeit darstellen, welche nun so schmerzlich geteilt war? Und wenn dem so sei, dann müssten sogar die elf Nationen aus seiner eigenen Dynastie in diese erweiterte Heimat eingegliedert werden. Jene instinktive Reaktion auf einem Flughafen in Arizona sollte den Rest seines politischen Lebens völlig neu gestalten. Wie er dazu Jahre später bemerkte: „Ich habe plötzlich erkannt, dass es da etwas viel Größeres und Wichtigeres gibt als Österreich oder Ungarn oder sonst ein Land, ganz einfach weil Europa als etwas Eigenes existiert und wir seine Probleme nur durch Vereinigung lösen können."[236]

Die Kreise schließen sich

5

KAPITEL EINS

Ankerwurf

Der Clipper brachte Otto Habsburg 5000 Kilometer näher an seine alte Heimat heran, auch wenn er noch keine Ahnung hatte, wo sich sein eigenes Zuhause in Zukunft befinden sollte. Doch er war auch eine ganze Welt entfernt von Washington und dem Weißen Haus gelandet, welches in den letzten vier Jahren die Drehscheibe jeglichen politischen Drucks gewesen war, den er ausüben konnte. Solange der zusehends schwächer werdende Präsident Roosevelt noch am Leben war, überlebte auch die Verbindung über die lange Entfernung hinweg. Als z. B. Otto im Januar 1945 aus Portugal ins befreite Paris zog, weitete der Präsident für ihn und seinen Bruder Felix gerne dasselbe Privileg aus, welches ihnen in Lissabon zuteil wurde, nämlich ihre Korrespondenz mit dem Weißen Haus per diplomatischer Post zu senden.

Mittlerweile hatte sich mehr als ihre Einsatzbasis geändert. Auch ihr Ziel hatte sich durch den Lauf der Ereignisse verlagert. Nach dem Anschluss im März 1938 war Österreich für die Habsburger für die nähere Zukunft verloren, und so wurde Ungarn ins Visier genommen. Nun, in der Endphase des Krieges war wiederum die Lage für Ungarn aussichtslos geworden. Die erste Verschiebung hatte sich im Herbst 1944 ereignet, nur wenige Tage vor Ottos hoffnungsvoller Rückkehr nach Europa. Des Führers wachsende Ungeduld über Horthys Betrügerei mündete schließlich in einem rigorosen Vorgehen der deutschen Armee gegen Budapest, von wo aus der Admiral am 16. Oktober schließlich seine Abdankung als Reichsverweser offiziell bekannt gab. Da weder von ihm noch von jemand anderem ein Nachfolger vorgeschlagen wurde[237], besaß Ungarn kein Staatsoberhaupt mehr, weder *de facto* noch *de jure*. Die Stephanskrone wurde von Hitler in eine Art verfassungsmäßiges Niemandsland gestoßen. Das hatte jedoch kaum Bedeutung, da die Rote Armee innerhalb von sechs Monaten die Deutschen aus Budapest vertrieben hatte und Ungarn ins sowjetische Reich zu schlittern begann, genauso wie Österreich sechs Jahre zuvor vom Dritten Reich verschluckt worden war.

Dasselbe Österreich, das bald als Zweite Republik wiedergeboren werden sollte, löste abermals Ungarn in der Aufmerksamkeit der Habsburger ab. Zwei Probleme bereiteten Otto im Winter vor Österreichs offizieller Wiedererlangung der Unabhängigkeit Kopfzerbrechen. Das eine war im wahrsten Sinne des Wortes surrealistisch, da es so weit von der Realität entfernt war. Im Dezember 1944, mehr als ein Jahr nach der Aufforderung durch die Alliierten an Österreich, sich seine Freiheit durch Kampf zu verdienen, wurde schließlich ein Widerstandsorgan in Wien aufgebaut, welches von sich behauptete, die Nation als Ganzes zu repräsentieren. Es vergingen weitere sechs Wochen, bevor die Führung des POEN[238] endgültig feststand: Konservative aus dem rechten Lager, Sozialisten und Kommunisten (bei weitem die konsequent aktivsten innerhalb der Widerstandsbewegung) wurden mit einigen Kirchenmännern und Armeeoffizieren zusammengebracht. Während an diesem Prozess hart gearbeitet wurde, erhielt Otto überaus optimistische Geheimberichte, welche Hitlers Ostmark prophezeiten, bald wie ein Vulkan über den Köpfen der Nazis auszubrechen und diese unter seiner Asche zu begraben. Wie überraschend das auch geklungen haben mag (da das österreichische Temperament, wie er nur allzu gut wusste, eher von einer verdrießlichen Abwartehaltung als von einem Explodieren auf magyarische oder gallische Art gekennzeichnet ist), war Otto jedoch besorgt genug, um Roosevelt durch einen Anruf zu warnen. Der österreichische Widerstand, teilte er dem Präsidenten mit, dürfe auf keinen Fall zu früh ausbrechen, da sich sonst eine weitere Tragödie, ähnlich jener des katastrophalen Aufstandes in Warschau, ereignen könnte.

Der Erzherzog hätte sich keine Sorgen machen müssen. Wie bei fast allen österreichischen Widerstandsbewegungen wurde auch diese durch Indiskretion, einen Mangel an Disziplin und bewusstem Verrat unterminiert. Die Gestapo war beinahe von

Anfang an hinter der POEN her, und am 2. März 1945 stürzte sie sich auf die Gruppe, um sie auszulöschen. Nur in Tirol überlebte eine entschlossenere und geeintere Gruppe, die während der Endphase des Zusammenbruchs Deutschlands mit den Alliierten Kontakt aufnehmen konnte. Ottos jüngerem Bruder, Rudolf, der mit gefälschten französischen Dokumenten reiste, war es gelungen, dieser Bewegung beizutreten. Der Familie konnte nicht vorgeworfen werden, dass sie einfach nur aus dem Ausland ihren mahnenden Zeigefinger erhob.

Ottos andere Sorge bezüglich seiner Heimat in diesem letzten Winter des Krieges betraf sein Lieblingsgebiet in der Alliiertenpolitik. Während des Sommers des Jahres 1944 hatte sich ein wenig bekanntes Organ mit dem Namen „Europäische Beratungskommission" in London auf Botschafterebene versammelt, um eine Einigung über die Aufteilung der Besatzungszonen im Nachkriegs-Deutschland und -Österreich zwischen den amerikanischen, russischen und britischen Streitkräften zu erzielen, so wie über die gemeinsamen, dreigeteilten Kontrollmechanismen. Der anfängliche Vorschlag des amerikanischen Außenministeriums in punkto Österreich sah als höchsten amerikanischen Beitrag nur eine unbedeutende Infanteriedivision vor und – was noch bizarrer war – die Stationierung dieser Truppe in der Hauptstadt. Dieser Vorschlag hätte den Rest des Landes zwischen britischen und sowjetischen Truppen aufgeteilt, die vom Süden bzw. Osten her einmarschierten. Erst am 8. Dezember verwarf Roosevelt dieses absurde Szenario zugunsten einer angemessenen amerikanischen Besatzungszone im westlichen Teil Österreichs, die an die Territorien grenzte, welche ihre Streitkräfte in Süddeutschland einnehmen wollten.

Bei jenem Schlüsselberater, der hier dem Hausverstand zum Sieg verholfen hatte, handelte es sich um den amerikanischen Delegierten der Kommission, John G. Winant, der knapp zwei Jahre zuvor in London den Erzdiplomaten Joseph Kennedy als Botschafter abgelöst hatte. Winants Argument war unwiderlegbar: Wenn sie es den Alliierten mit der Führung einer eigenen Besatzungszone nicht gleichmachten, würden die Amerikaner nur wenig bei den Dreierentscheidungen in Wien mitreden können. Tatsächlich könnten sie auf einen bloßen Beobachterstatus degradiert werden. Es ist richtig, hier anzumerken, dass der immens populäre Winant zu seinem großen Freundeskreis auch Erzherzog Robert zählte. Ottos Bruder hatte über die letzten vier Jahre seine eigene pro-österreichische Gruppe mit Befürwortern aus Gesellschaft, Parlament und Wirtschaft aufgebaut und sogar mit Hilfe jenes bemerkenswerten jungen Diplomaten Frank Roberts[239] aus dem grundsätzlich feindlich gestimmten britischen Außenministerium. Sobald sich die Gelegenheit ergäben hätte, hätten alle Winant gedrängt, den unsinnigen Plan des amerikanischen Außenministeriums für Österreich aufzugeben.

Sie rannten jedoch offene Türen ein. Die Briten, die Österreich lediglich die 8. Armeedivision zugeteilt hatten, waren weder militärisch dazu ausgerüstet noch politisch gewillt, die anstrengende Aufgabe zu übernehmen, die gesamte Verantwortung für die Okkupation nur mit der Roten Armee zu teilen. Noch genauer: Selbst der sowjetische Repräsentant bei den Londoner Gesprächen, Botschafter Gusev, drängte Winant, die gesamten Vereinbarungen auszuarbeiten, wobei sich die Vereinigten Staaten der Allianz gegenüber verpflichten würden, selbst für ihre Besatzungszone die Verantwortung zu übernehmen. Diese Beharrlichkeit der Sowjets mag den Bürokraten in Washington, die sich weit weg vom tatsächlichen Schauplatz befanden, wohl seltsam erschienen sein. Doch Winant, wie auch alle anderen, die seit Monaten mit den Russen vor Ort in London zu tun gehabt hatten, kannten den Grund dafür. Die dreigeteilte Kontrolle in Österreich war Teil eines riesigen Szenarios für ein Nachkriegseuropa, auf das man sich bereits geeinigt hatte und das den Russen unter anderem 80 Prozent der Kontrolle über Bulgarien und Rumänien zugesichert hatte sowie einen starken Stützpunkt in Ungarn und Jugoslawien. Die Russen begegneten allem offiziell Vereinbarten fast mit Ehrfurcht und bestanden auf dessen wortgetreuer Ausführung. Sie fürchteten nun, dass ihr gesamtes Europapaket aufgeschnürt würde, falls die Amerikaner an Österreich herumzubasteln begännen – in Bezug auf dieses Land war Stalin sowieso zuversichtlich, dass er es eines Tages seinem Reich einverleiben könne.

Es handelte sich für die Habsburgbrüder im Allgemeinen – und für Otto im Besonderen – um ein großartiges Neujahrsgeschenk, als das befreite Frankreich von General de Gaulle zu Beginn des Jahres 1945 zur Großen Allianz zugelassen wurde. Darüber hinaus wurden Frankreich, als praktisch ebenbürtigem Partner, eigene Nachkriegsbesatzungszonen sowohl in Deutschland als auch in Österreich zugewiesen, was den gesamten Kontrollmechanismus in ein vierteiliges Unterfangen verwandelte. Das Gebiet, das für Frankreich in Österreich ausgesucht wurde, die zwei westlichsten Bundesländer Tirol und Vorarlberg, hätten von den Habsburgern selbst nicht besser gewählt werden können. Es handelte sich nicht nur um die am besten zugänglichen und wunderschönen Gebiete des Landes; für konservativ-monarchistische Verhältnisse waren sie auch die loyalsten. Mehr als einmal in ihrer bewegten Geschichte hatte die Dynastie in Innsbruck, der Hauptstadt Tirols und der Lieblingsresidenz von Maria Theresia, Zuflucht gesucht. Nun, knapp zwei Jahrhunderte später, traf ihr junger Nachkomme in der Stadt ein, um sich in den Strudel der republikanischen Nachkriegspolitik des 20. Jahrhunderts zu stürzen.

Er fühlte sich verständlicherweise geradezu ekstatisch. Das letzte Mal, als er das inmitten von Bergspitzen eingebettete Innsbruck gesehen hatte, war er sechs Jahre alt gewesen und hatte nur durch die Waggonfenster jenes Sonderzuges gestarrt, der seine ganze Familie ins Exil brachte. Seit seinen frühen Erwachsenenjahren hatte er versucht, Österreichs Schicksal mitzubestimmen, doch immer aus einer Entfernung von hunderten, ja sogar tausenden von Kilometern. Nun befand er sich wieder auf österreichischem Boden[240] und musste ironischerweise noch immer demselben Widersacher ins Auge blicken, der schon seinem Vater eine Generation zuvor gegenüberstand. Karl Renner, jener unendlich formbare und widerstandsfähige Pragmatiker, der reibungslos von der Monarchie zur Republik und von der Republik ins Dritte Reich geglitten war, setzte nun alles daran, von den Panzern der Roten Armee herab die Macht wiederzuerlangen.

Prompt hatte er die Russen in Gloggnitz aufgesucht, jenem Dorf am Fuß des Semmeringpasses, wo er die Kriegsjahre in freiwillig gewählter Versenkung verbracht hatte. Wie sich aber herausstellte, bestand für ihn gar keine Notwendigkeit, seine Dienste anzubieten, da der Kreml bereits nach ihm Ausschau hielt. Für Stalin stellte der ehemalige sozialistische Kanzler den perfekten Kandidaten dar, um einer weiteren Regierung der so genannten Nationalen Einheit, die für alle jene Donaustaaten vorgesehen war, die seine Streitkräfte eroberten, Ansehen zu verschaffen. Eine Gruppe von vier österreichischen Kommunistenführern, die die Kriegszeit in Moskau verbracht hatten[241], traf in Wien ein, und zwar am 3. April 1945, demselben Tag, an dem der Suchbefehl für Renner dem Kommandanten der nach Ostösterreich einfallenden 3. Ukrainischen Armeefront übermittelt wurde. Die vorher abgesprochene Aufgabe des Quartetts war es, sich derart in den Ministerien zu positionieren, dass sie tatsächliche Macht in jeglicher österreichischer Nachkriegsregierung ausüben konnten.

Diese Absicht ließ bei allen österreichischen Politikern aus dem rechten Lager, die Hitlers Krieg oder seine Konzentrationslager überlebt hatten und sich nun aus eigenen Stücken um eine Neuformierung bemühten, die Alarmglocken läuten. Mehrere von ihnen standen in Kontakt mit Otto in seinem „Hauptquartier" im Innsbrucker Hotel Kreith. Obwohl er sich nicht direkt in die Formierung ihrer Bewegung einmischen konnte, welche schließlich als „Volkspartei" von Neuem begann, war er imstande – und mehr als willig – gegen Renner in den Ring zu steigen. Am 15. April schrieb der ehemalige Kanzler seinen berühmten (oder berüchtigten) Brief an Stalin, und zwar von Schloss Eichbüchl aus, jener prunkvollen Residenz in Niederösterreich, die ihm nun von den Russen zur Verfügung gestellt wurde. Er begann den Brief mit dem Beschwören lieb gewordener Erinnerungen an seine eigenen Zusammenkünfte mit Lenin und Trotzki vor dem Krieg (die Erwähnung des Letzteren war sicherlich ein Ausrutscher). Und er beendete ihn mit einem direkten Angebot, sich den österreichischen Kommunisten anzuschließen, „um auf ebenbürtiger, brüderlicher Basis zusammen an der schrittweisen Wiederbegründung der Republik zu arbeiten".

Rückblickend handelte es sich um unnötige und peinliche Einschmeichelei. Brüderliche Zusammenarbeit unter den Kameraden des linken Flügels entsprach genau der Vorstellung der Russen, ebenso wie ein schrittweiser Prozess, der schließlich zur Übernahme durch die Kommunisten führen sollte. Dies war tatsächlich die Richtung, in die sich Österreich hinzubewegen schien, als Renner, nun wieder in seiner Funktion als Bundeskanzler, die Liste seiner „Provisorischen Regierung" dem sowjetischen Oberkommando zur Zustimmung vorlegte. Die Schlüsselressorts des Innenministeriums (Kontrolle über die Polizei) und Bildung (Kontrolle über die Propaganda) fielen beide in kommunistische Hände[242], und der rechte Flügel war schwer unterrepräsentiert, obwohl das zum größten Teil auf Unzulänglichkeiten in den eigenen Reihen zurückzuführen war.

Der rechte Flügel und die Westmächte selbst wurden jedoch erst beunruhigt, als inmitten des Sommers die Russen ihren Verbündeten den vollen Zugang zu ihren Zonen verweigerten, und was noch bedrohlicher war, den Zutritt zu Wien selbst. Am 2. Juli mischte sich Otto, so gut er konnte, mit einem Brief ans Weiße Haus ein. Zum Glück kannte er den neuen Präsidenten, Harry S. Truman (der nach Roosevelts Tod im April das Amt übernommen hatte), persönlich sehr gut: Sie hatten beide im selben Broadmore-Apartmentkomplex in Washington gewohnt. Truman besaß nur einen Bruchteil von Roosevelts politischer Schlagkraft, und er teilte auch nicht seines Vorgängers herzliche Freundschaft mit dem jungen Erzherzog. Aus diesem Grund konnte es leicht sein, dass Ottos Brief (der eine Bitte um amerikanische Militärverstärkung sowie eine Warnung vor der Bedrohung durch die Kommunisten enthielt) nicht mehr bewirkte, als noch einen weiteren Ziegel in die Mauer des westlichen Widerstandes einzufügen, der sich verspätet gegen das Eindringen der Russen in Wien aufzubauen begann. Der Zeitpunkt war sicherlich günstig. Innerhalb von etwas mehr als 14 Tagen tagte der letzte Gipfel der sich rasch auflösenden Großen Allianz in Berlin.

Österreich schien fast gar nicht auf der Tagesordnung auf, die sich hauptsächlich mit den Problemen der Abrüstung und der Viermächtekontrolle im eroberten Deutschland beschäftigte. Doch als gegen Ende des zweiwöchigen Treffens die politische Situation in Wien zur Diskussion gebracht wurde, weigerten sich Amerika und noch mehr Großbritannien, die Regierung Renners anzuerkennen. Ihre Zustimmung sollte nicht vor dem 20. Oktober beschlossen werden – erst als sich alle westlichen Alliierten in der österreichischen Hauptstadt niederlassen konnten und nachdem Renner, unter anderem, das fixe Datum des 25. November für die Abhaltung von freien allgemeinen Wahlen zugesagt hatte.

Im Rückblick zu dieser Episode bemerkte Otto:
„Ich zollte Renners Intellekt sicherlich Respekt, da er zu jener Zeit, als mein Vater noch auf dem Thron saß, einige exzellente Ideen über mögliche Lösungen auf Bundesebene und dergleichen vorgelegt hatte. Doch ich hatte absolut keinen Respekt vor seinem Charakter. Wie sollte ich auch? Hier handelte es sich um jemanden, der ‚Ja' zu Hitler gesagt und im Jahr 1938 überall in Österreich auf Plakaten in diesem Sinne geworben hatte und dann, nach Hitlers Niederlage, schrieb er diesen unterwürfigen Brief an Stalin – er hätte unterwürfiger nicht sein können. Wie konnte man auch nur einen Funken Hoffnung in so eine Person setzen?"

„Er war ein schwacher Mann, und darüber hinaus war ich von vielen Österreichern gebeten worden, darunter einige hohe politische Persönlichkeiten der damaligen Zeit, dieses Bittschreiben zu übernehmen. Also übernahm ich die Aufgabe und schrieb den Brief an Truman. Im Kontext der Geschehnisse zu jener Zeit schien es das Beste gewesen zu sein, was man tun konnte, obwohl sich die Dinge Gott sei Dank anders entwickelten."[243]

Sie taten es mit Sicherheit. Als bei jener historischen Wahl vom 25. November 1945 die Stimmzettel ausgezählt wurden, kam man auf fast 50 Prozent Unterstützung für den neuen Zusammenschluss des rechten Flügels, die Volkspartei, im Vergleich zu 44,6 Prozent für Renners Sozialisten und, als armseliges Drittel, nur knapp über fünf Prozent für die Kommunisten. Auf parlamentarischer Ebene ergab das für die Volkspartei die klare Führung mit 85 Sitzen, im Gegensatz zu 76 Sitzen der Sozialisten. Zur Überraschung aller[244] konnten die Kommunisten nur vier Sitze erreichen – gerade einmal je ein Sitz für das in Moskau ausgebildete Quartett. Was alle, und speziell die Russen, unterschätzt hatten, war die außergewöhnlich mutige Widerstandshaltung, die sowohl die Bauern als auch die

Fabrikarbeiter in der sowjetischen Besatzungszone an den Tag gelegt hatten.[245]

Doch Renner, der nach seinem Rücktritt als Kanzler erwartungsgemäß zum Bundespräsidenten ernannt worden war, hatte nichtsdestotrotz seine endgültige Rache gegen den Erzherzog erreicht. Es mutete wie eine unheimliche Wiederholung des Dramas auf Eckartsau eine Generation zuvor an. Damals wie jetzt war ein geschlagenes Österreich unter der Besatzung der alliierten Sieger. Damals wie jetzt hatte sich derselbe Kanzler, Karl Renner, bemüht, die Familie Habsburg aus ihrer Heimat zu vertreiben. Damals wie jetzt war der Kampf verloren, sobald eine rechtmäßige republikanische Regierung gewählt und offiziell anerkannt worden war. Im Jahr 1919 war diese Wende am 15. März eingetreten; im Jahr 1945 am 19. Dezember, als Österreichs neue Koalitionsregierung vom Rat der Alliierten anerkannt wurde. Beide Male hatten die Alliierten die Statuten der Republik stillschweigend anerkannt, welche dieselben Versprechen zur Verbannung und Enterbung der Dynastie enthielten.

Ebenso war beide Male ein Verbündeter aus dem westlichen Lager aufgetaucht: Oberst Strutt im Jahr 1919, der in der Tat so mächtig und einfallsreich war, dass er aus Karl Renner das herausknüppeln und von ihm erpressen konnte, was er wollte. Der Möchtegern-Retter hatte diesmal zwar einen höheren Rang vorzuweisen, besaß dafür aber weniger Macht: Es handelte sich um den französischen Hochkommissär und Oberbefehlshaber der westlichen Provinzen, General Béthouard, der gegen den Ausweisungsbefehl anzukämpfen versuchte. Letzten Endes mussten Otto und seine Brüder, Robert, Karl Ludwig und Rudolf, dennoch das Land verlassen, so dass vor Ende des Januars 1946 die sozialistische Presse Wiens „die Beseitigung des monarchistischen Nests in Innsbruck" feiern konnte.[246]

Ottos Appell an Präsident Truman sollte seine vorerst letzte öffentliche, politische Aktivität für viele weitere Jahre sein. Als er sich wieder ins Privatleben zurückzog, landete er jedoch im Nichts: er besaß keine rechtsgültige Identität. Er erinnerte sich später an diese besorgniserregende Situation:

„Nachdem ich gezwungen wurde, Österreich zu verlassen, geriet ich in wirkliche Schwierigkeiten, da ich keinen Pass und auch keinerlei Reisepapiere mehr besaß. Bis zu diesem Zeitpunkt hatte ich mich meines belgischen Diplomatenpasses erfreut, doch dieser wurde aufgrund eines direkten Befehls von Prinz Charles für ungültig erklärt, der sich selbst, in einem bitteren Thronfolgestreit mit seinem Bruder, dem ehemaligen König Leopold III., zum Regenten ernannt hatte. Ich hatte mich für Leopold eingesetzt, was zu diesem Zeitpunkt bedeutete, dass ich auf das falsche Pferd gesetzt hatte.[247] Ich hatte auch Schwierigkeiten, weil ich mich dem damaligen belgischen Staatssekretär, M. Theunis, anvertraut hatte, im Glauben, dass er auf meiner Seite stünde. Tatsächlich kam er aus dem anderen Lager, dem er all meine Pläne weiterleitete."

„Die Situation konnte erst gelöst werden, als mein Freund, General de Bénouville, der einer der Anführer des gaullistischen Widerstandes war, mit M. Witasse, einer weiteren Zielfigur der Gestapo zu Kriegszeiten, Kontakt aufnahm. Er war nun Staatssekretär im Fürstentum Monaco und überredete den dortigen Herrscher, mir einen monegassischen Pass zu geben, damit ich zumindest reisen konnte."[248]

Der frisch gebackene Bürger Monacos musste sich einer weiteren Überraschung stellen: Zum ersten Mal in seinem Leben musste der 34-jährige Erzherzog seinen Lebensunterhalt mit einem normalen Beruf verdienen. Während des Krieges, und besonders während seines Aufenthaltes in Amerika, war ihm die Politik ins Blut gegangen und sollte auch für den Rest seines Lebens ein Teil von ihm bleiben. Diese Neigung schien eine Karriere in Industrie oder Wirtschaft auszuschließen. Stattdessen entschied er sich für die Medien und wurde zum Journalisten, Autor und Vortragenden. Es handelte sich um eine unsichere Existenz eines Selbstständigen, doch zumindest konnte er seinen Lesern und Zuhörern überall in der Welt weiterhin seine konservative Botschaft überbringen.

Das weltweite Netz wurde durch eine ausgedehnte Vortragsreihe gelegt, die er mit seinem Bruder Robert im Jahr 1948 unternahm: Sie führte die beiden in den Nahen Osten, nach Pakistan, Indien, Vietnam, China, auf die Philippinen und andere Inseln im Pazifik.

Vor seinem asiatischen Publikum sprach er über Europa und den Westen. Die ganze Zeit über sammelte er Material für spätere Vorträge in den Vereinigten Staaten, wo seine Zuhörer vor allem an China interessiert waren. Jene Touren durch die Vereinigten Staaten stellten den anspruchvollsten und anstrengendsten Teil seines beruflichen Lebens dar. Sie waren bei weitem aber auch die lohnendsten. In der Tat hatten sie ihm in den fünfziger Jahren zu bescheidenem Wohlstand und der Genugtuung verholfen, all seine Schulden, die er während seiner Jahre im Asyl in den Vereinigten Staaten angehäuft hatte, zurückzahlen zu können. Sie wurden bis auf den letzten Cent beglichen. Er erinnerte sich, dass seine amerikanischen Gläubiger in ihrer Geduld sehr entgegenkommend waren.

Die Aussicht auf finanzielle Stabilität bedeutete, dass er ernsthaft den wichtigsten Schritt in seinem Leben, oder viel mehr im Leben eines jeden Menschen, in Betracht ziehen konnte: Heirat und die Gründung einer Familie. Es war höchste Zeit. Zu Beginn der fünfziger Jahre zählte Otto 38 Jahre, und zwei seiner Geschwister hatten bereits den Weg zum Altar angetreten: seine jüngste Schwester Elisabeth, die im September 1949 Prinz Heinrich Liechtenstein ehelichte, und sein Bruder Karl Ludwig, dessen Hochzeit mit Prinzessin Yolanda de Ligne im Januar 1950 stattgefunden hatte. Unter den ehemaligen Herrscherfamilien des katholischen Europas gab es keine augenscheinliche Partnerin für das Oberhaupt der Familie Habsburg.

Doch im Jahr 1950 tauchte aus heiterem Himmel, und nicht zuletzt durch den Krieg in Asien heraufbeschworen, eine Braut für ihn auf.

Es handelte sich um jenes Jahr, in dem entlang des 38. Breitengrades der Konflikt zwischen der kommunistischen und der nichtkommunistischen Hälfte Koreas ausbrach und sich die Schockwellen in ganz Europa auszubreiten begannen. Nirgendwo war das Beben deutlicher zu spüren als in den Lagern, die von den Alliierten für ungarische und andere Flüchtlinge aus einem von den Sowjets dominierten Mitteleuropa eingerichtet wurden. Einige von ihnen waren so nahe an der Trennlinie zwischen Ost und West, dass die

Flüchtlinge die Wachtürme der Roten Armee entlang der Grenze sehen konnten. Unter ihnen machte sich Panik breit, dass ein bewaffneter Konflikt nach koreanischem Vorbild auch hier aufflammen und sie abermals unter sowjetische Herrschaft bringen könnte.

„General Henyey, der aus einem deutschen Konzentrationslager befreit worden und der Außenminister der Pro-Alliierten-Regierung Lakotos' war, hatte die Kontrolle über das ungarische Emigrantenproblem übernommen. Er besuchte mich in Paris und bat mich, nach Deutschland zu kommen und den Ungarn in den Lagern zu versichern, dass sie nicht in Gefahr waren. Natürlich sagte ich zu und machte eine Tour entlang der gesamten tschechischen und österreichischen Grenze. Im Sommer 1950, in einem Flüchtlingszentrum in München, sah ich Regina zum ersten Mal. Sie arbeitete dort als Krankenschwester für eine katholische Wohltätigkeitsorganisation. Sie war selbst ein Flüchtling. Ihr Vater, Herzog Georg von Sachsen-Meiningen, dessen Besitzungen gerade noch in der sowjetischen Besatzungszone lagen, wurde von der Roten Armee gefangen genommen und war in der Gefangenschaft gestorben."[249]

Die physische Chemie zwischen dem Paar war unmittelbar, da sie dem mächtigsten aller Impulse entsprang, nämlich der Anziehungskraft von Gegensätzen. Regina, mit ihrem blonden Haar, den blauen Augen und den regelmäßigen Zügen, sah auf den ersten Blick wie eine typische germanische Schönheit aus. Regina war jedoch kein Prototyp: dafür war ihr Gesicht viel zu individuell ausgeprägt. Der dunkelhaarige Otto, obwohl gleichermaßen attraktiv, war schwieriger zu klassifizieren. Das verwunderte auch kaum, da seine unmittelbaren Vorfahren französischer und portugiesischer Abstammung waren, nebst dem österreichischen Blut seines Vaters. Auf jeden Fall „ging alles sehr schnell" nach diesem ersten Treffen, wie er sich später erinnerte. Das Paar verlobte sich innerhalb von sechs Monaten, und die Hochzeit fand am 10. Mai des folgenden Jahres statt.

Jener Tag besiegelte die eheliche Verbindung eines Paares, das sowohl im Aussehen als auch in seiner Abstammung zueinander passte und vor allem auch sehr ineinander verliebt war. Aber die Zeremonie selbst wurde bis zum letzten Detail als Feier einer ehemals mächtigen Dynastie inszeniert, die noch immer Resonanz besaß, obwohl sie machtlos und im Exil war. Tatsächlich handelte es sich um die beeindruckendste öffentliche Zurschaustellung von habsburgischem Stolz und Pomp, den man seit der Heirat der Eltern des Bräutigams in einem anderen Europa vor 40 Jahren erlebt hatte. 1951 konnte die Dynastie nur noch ihre Geschichte beschwören, doch davon gab es mehr als genug.

Der gewählte Schauplatz war in sich selbst eine Anrufung alter Zeiten. Sie wurden in der Kirche von „Les Cordeliers" in Nancy getraut. Nancy war einst die Hauptstadt des Herzogtums Lothringen gewesen, jenes winzigen Königreiches des mittelalterlichen Lotharingia, das 1738 nach der Heirat der zukünftigen Monarchin Maria Theresia mit dessen Herrscher, Herzog Franz Stephan, in die Habsburgerdynastie eingegliedert worden war. Bei der Kirche handelte es sich also in der Tat um die Familienkapelle des Herzogspalastes, und viele von Ottos Vorfahren lagen hier begraben. Er selbst hätte eine Hochzeit in Österreich vorgezogen, doch es sollten noch weitere 15 Jahre vergehen, bis er – nach ziemlich widerlichen Verhandlungen wie unten beschrieben – endlich wieder in seine Heimat zurückkehren durfte. Obwohl das republikanische Österreich durch seine Abwesenheit in der Menge der anwesenden Gäste glänzte, war die Heimat gebührend durch Symbole vertreten.

Reginas weißer Spitzenschleier wurde einst von einer der Töchter der großen Monarchin getragen, welche Maria Theresia nach ihrer Thronbesteigung im Jahr 1740 werden sollte.[250] Das prunkvolle, mit Diamanten besetzte Diadem war dasselbe – ein Hochzeitsgeschenk Kaiser Franz Josephs –, das ihre Schwiegermutter 1911 auf jener Hochzeit auf Schwarzau getragen hatte. Die Myrtenzweige im Brautbouquet waren im Park des Schlosses Schönbrunn gepflückt worden, und das Paar kniete auf Brokatkissen, die mit Erde aus Österreich gefüllt waren. Auf dem Altar befand sich das meist verehrte aller religiösen Symbole, die Statue der Magna Mater Austriae, der Patronin der Dynastie, deren letzte Aufbewahrungsstätte die bekannte steirische Wallfahrtskirche Mariazell war. Der Kapuzinermönch, der die Statue mitgebracht hatte, befand sich bei der Zeremonie, die vom Bischof von Nancy, Monseigneur Lalier, abgehalten wurde, in der Gesellschaft von nicht weniger als 40 weiteren Priestern aus Österreich und Ungarn. Das Schauspiel hatte zwar seine Wurzeln in der Vergangenheit, doch es suggerierte auch, dass noch nicht alle dieser Wurzeln verkümmert waren. Im Gegensatz dazu gab es eine schlichte Hochzeitsreise. Die erste Station war das kleine Fischerdorf Lequeitio, in dem Otto die friedlichsten Jahre seiner Kindheit verbracht hatte.

Sie sahen sich nun mit der Hauptsorge eines jeden frisch vermählten Paares konfrontiert: der Suche nach einem Heim, in dem eine Familie gegründet werden konnte. Die einzigen Vorbedingungen waren ein Standort nicht weit von der mitteleuropäischen Heimat entfernt und ein Haus in überschaubarer Größe, das einen sicheren und ruhigen Hafen bieten würde. Sie begannen ihre Suche von Frankreich aus – zunächst in einem kleinen Apartment in Paris und dann in einem Haus in der Nähe von Rambouillet, ein wenig außerhalb der Hauptstadt. Nachdem sich Otto sofort wieder auf seine Vorträge und seine Zeitungsarbeit stürzte, war es Regina, die den Großteil der Suche organisierte und schließlich auch fündig wurde. Die Villa mit Adresse Hindenburgstraße Nr. 15 im kleinen bayrischen Dorf Pöcking erfüllte mit Sicherheit die geografischen Erfordernisse und bot durch seinen das Haus umgebenden kleinen Park mit der kurzen, gewundenen Auffahrt auch die nötige friedvolle Ruhe. Doch wie sie sich später erinnerte:

„Die Villa war einfach in einem schrecklichen Zustand, als wir sie übernommen hatten. Sie war ursprünglich in separate Wohnungen aufgeteilt worden, und es musste eine enorme Menge an Arbeit hineingesteckt werden, um sie wieder in ein Einfamilienhaus zurückzuverwandeln."[251]

Das Paar hatte großes Glück, dass zu diesem Zeitpunkt gerade genügend Geld zur Verfügung stand, sowohl für den Kauf der Villa als auch für die erheblichen Umbaukosten. Die Mittel kamen hauptsächlich aus den beträchtlichen Honoraren, die Otto für seine Vorträge in Amerika bekam, und durch eine Glückssträhne hatte sich das Kapital vervielfacht.

„Zu jener Zeit war die Deutsche Mark noch immer ziemlich wenig wert, und heimische Geldmittel konnten nicht exportiert werden. Die amerikanische Filmindustrie hatte durch den Verleih ihrer Filme an das gierige Nachkriegspublikum riesige Geldbeträge angehäuft und war sehr interessiert daran, ihre blockierten Konten loszuwerden. So gelang es mir, ihnen einige dieser ausländischen Mark zu einem für mich sehr günstigen Rabatt mit meinen Dollar abzukaufen."[252]

Die *Kaiservilla* oder *Villa Österreich* (wie sie schon bald genannt wurde) stellte sich als geglückte und sehr dauerhafte Wahl heraus. Sowohl von innen als auch von außen ähnelte sie dem „großbürgerlichen" Heim eines wohlhabenden bayrischen Geschäftsmannes. Nur die Gesichter und Unterschriften in den silbernen Fotorahmen auf dem Flügel im bescheidenen Salon und einige der Ölgemälde auf den Wänden verrieten einen erlauchteren Besitzer. Doch sie unternahmen nichts, um die heimelige Atmosphäre der Villa zu verändern, dieses idealen Platzes für die Gründung einer Familie. Diese Familie wurde über die nächsten zehn Jahre hinweg sodann auch erwartungsgemäß und in regelmäßigen Abständen immer größer, obwohl man sich zusehends über das Gleichgewicht zwischen den Geschlechtern zu sorgen begann. Fünf Töchter erblickten, eine nach der anderen, innerhalb der ersten fünf Jahre das Licht der Welt[253], und es musste mit der beunruhigenden Tatsache gerechnet werden, dass das Haus Habsburg, wie das Haus Oranien, zur weiblichen Erbfolge der Maria Theresia zurückkehren könnte. Dann, zur großen Erleichterung, wurde jedoch im Jahr 1961 der erste Sohn (nach seinem Großvater auf den Namen Karl getauft) geboren, dem drei Jahre später sein Bruder, Paul Georg, folgte. Das bedeutete, dass es nun zwei männliche Nachfolger für das Haus und für den Rest seiner Ansprüche gab. Die Ankunft jener zwei Buben veränderte mehr als die Schlafgewohnheiten und die Tischordnung in der Villa Österreich. Es bedeutete, dass Otto seine dynastischen Ambitionen nun hinter sich lassen und sich ganz der Politik widmen konnte.

Diese Verlagerung seiner Interessen hatte sich allmählich in seinem Kopf während der letzten Jahre ergeben. Sie wurde durch die erschöpfenden und manchmal widerwärtigen Streitigkeiten mit nachfolgenden Regierungen in Wien beschleunigt, wann und zu welchen Konditionen nämlich das Verbot der Republik aus dem Jahr 1919 aufgehoben würde und er wieder einen Fuß in seine Heimat setzen dürfe. Er strengte nach Ende der Viermächtebesatzung Österreichs im Mai 1955 und der vollen Souveränitätsübernahme durch die Zweite Republik ein Gerichtsverfahren an. Trotz der Bemühungen des damaligen Kanzlers, Julius Raab (ein Pragmatiker aus dem rechten Flügel), die Habsburgergesetze von 1919 aufzulockern oder sogar aufzuheben, wurden jene in Artikel 10, Absatz 2 des Staatsvertrages abermals bestätigt.[254] Die Hauptmaßnahme dieser alten Gesetze, die am 3. April 1919 beschlossen und eine Woche später veröffentlicht wurden, verdient die Wiedergabe des vollen Wortlautes:

„Im Interesse der Sicherheit der Republik werden der ehemalige Träger der Krone und die sonstigen Mitglieder des Hauses Habsburg-Lothringen, diese, soweit sie nicht auf ihre Mitgliedschaft zu diesem Hause und auf alle aus ihr gefolgerten Herrschaftsansprüche ausdrücklich verzichtet und sich als getreue Staatsbürger der Republik bekannt haben, des Landes verwiesen."

Ottos erstes Angebot, welches er am 21. Februar 1958 vorschlug, beschränkte sich auf „die Anerkennung der derzeit gültigen Gesetze der Republik" und einer Loyalitätserklärung der Republik gegenüber. Dies wurde von der Regierung in Wien zurückgewiesen, die noch immer um Renners ganzes Stück Habsburgfleisch durch Demontage der Familie und der Dynastie kämpfte. Drei Jahre später, nach der Geburt seines ersten männlichen Erben[255], gab Otto nach und verfasste eine weitere Erklärung, die auf die volle Anerkennung der Gesetze von 1919 für seine eigene Person hinauslief.

Er wusste, dass seine Mutter dagegen sein würde. Immerhin war sie zur Apostolischen Majestät gekrönt worden und hatte ihrem Mann an dessen Sterbebett versprochen, ihren erstgeborenen Sohn in allen Belangen als zukünftigen Kaiser aufzuziehen. Deshalb hatte er sie und die anderen Mitglieder der Familie darauf vorbereitet, indem er mit ihnen die Fehler des, wie sie ihn nannten, *Chambordisme* diskutierte.[256] Alle kamen zur Übereinstimmung, dass Monarchien nicht an ihren alten Symbolen um ihrer selbst willen festhalten sollten, sondern mit der Zeit gehen mussten. Die

Frage war, wie bald und wie weit. Die Vorstellung einer Verleugnung der Familie als Preis für die Rückkehr in ihre Heimat steckte sowohl seiner Mutter als auch seinen konservativeren Brüdern wie ein Kloß im Hals.[257] Doch Otto gelang es trotzdem, die Matriarchin von der Sinnhaftigkeit seines Tuns zu überzeugen.

„In der Tat hatte ich mit ihr darüber gestritten, doch das war nichts, verglichen mit dem schmerzvollen Konflikt, der in meinem Inneren tobte. Also gut, sagte ich zu mir selbst, wenn ich auf der europäischen Bühne auftreten wollte – und ich hatte den europäischen Weg seit dem Zweiten Weltkrieg klar vor mir gesehen –, dann konnte ich es mir nicht leisten, mich als Thronfolger zu allen anderen Thronen jener europäischen Länder in einen Konflikt zu begeben, die es mir schwierig gemacht hätten, meine Ziele zu erreichen. Deshalb ging ich also diesen Schritt, aus rein praktischen Gründen. Doch ich gebe zu, dass es nicht leicht für mich gewesen ist, nicht weil ich irgendwelche Illusionen hegte, sondern aufgrund der blanken Niederträchtigkeit des Geforderten. Ich meine, dass jemand darauf bestand, seine eigene Familie zu verleugnen, war so eine verrückte Idee, die nur dem Hirn irgendeines wahnsinnigen *Soundso* entsprungen sein konnte."[258]

Sie entsprang tatsächlich einem Wahnsinn, im Sinne eines blinden Hasses, der während jahrzehntelanger politischer Niederlagen sich aufgestaut und das Urteilsvermögen getrübt hatte. Diese Gehässigkeit war es – im Exil und nun in der Heimat –, die Österreichs Fanatiker aus dem linken Flügel im Vergleich zu ihren Kameraden im restlichen Europa so bösartig gemacht hatte. Im bourbonischen Frankreich, im hohenzollernschen Deutschland, im Portugal der Braganzas und im Italien des Hauses Savoyen hatten die Republiken ihren Dynastien die Abreise nahe gelegt. Doch nur in Österreich war eine Gruppe von Fanatikern entstanden, die als „Habsburghasser" bezeichnet wurden.

Otto war im Besitz eines österreichischen Passes, etwas, was ihm als Kind österreichischer Eltern, das in der Villa Wartholz auf dem Semmering geboren wurde, nicht verwehrt werden konnte. Doch es handelte sich um ein groteskes und möglicherweise einzigartiges Dokument, da es dem Inhaber erlaubte, überall in der Welt zu reisen, außer, mit deutlichem, schriftlichem Vermerk, in seine eigene Heimat. Es war jener Ausschluss, den der exilierte Erzherzog durch sein unqualifiziertes Verzichtsversprechen aufzuheben versuchte. Als jenes aber dem österreichischen Kabinett im Juni 1963 ordnungsgemäß vorgelegt wurde, legten die Sozialisten, obwohl sie der kleinere Partner in der Koalition waren, auf Basis der alten Rennerschen Bestimmung „im Interesse der Sicherheit der Republik" ein Veto dagegen ein. Die Opposition wurde von Bruno Pittermann angeführt. Als Vizekanzler war er der höchste aller „Habsburghasser".

Es bedurfte des Auftrittes eines weiteren Sozialisten mit Namen Bruno, um in diesem langjährigen Gezänke zwischen Parlament, Regierung und dem Verfassungsgerichtshof den letzten Vorhang herunterzulassen. Bruno Kreisky hatte die Kriegsjahre in Stockholm verbracht, wo er eine Schwedin geheiratet und eine Familie gegründet hatte, an einem Schauplatz, der weit weg lag von jenem Kessel der Rivalitäten unter den Emigranten in Amerika. Kreisky war ein pragmatischer und gemäßigter Linker geblieben, trotz der Tatsache, dass er als Führer der sozialistischen Jugendbewegung vor dem Krieg unter den Regierungen von Dollfuß und von Schuschnigg interniert worden war. Darüber hinaus hatte er ein Gespür für die Geschichte.[259] Als Vierjähriger wurde er von seinem Vater mitgenommen, um dem Begräbniszug Kaiser Franz Josephs bei seinem gewundenen Weg durch die Straßen von Wien beizuwohnen, und er hatte die kleine Figur des fast gleichaltrigen neuen Kronprinzen unmittelbar hinter dem Sarg marschieren sehen. In Kreiskys Familie wurde weiterhin Respekt vor der Monarchie gelehrt, eine Tatsache, die dem Kronprinzen als verbannter Thronfolger nicht entging:

„Kreisky war ein Mann großer Visionen und hoher Intelligenz. Früher oder später konnte man immer eine Übereinstimmung mit solch einem Menschen erzielen, im Gegensatz zu jenen bornierten, kleinen Politikern aus der Provinz, von denen viel zu viele umherrannten."

„Er stammte aus der tschechischen jüdischen Gemeinde in Brünn, und diese Brünner Juden – die seit dem Dreißigjährigen

Krieg politisch prominent waren – waren etwas Besonderes: äußerst wichtig für die Wirtschaft, aber auch politisch sehr aufgeklärt."[260]

Dies war schließlich jener Mann, der als Außenminister der Republik mithalf, diese absurde Ausschlussklausel aus dem Pass des Erzherzogs zu tilgen, so dass „Dr. Otto Habsburg" am 31. Oktober 1966 zum ersten Mal seit fast einem halben Jahrhundert auf legale Weise österreichischen Boden betreten durfte. Seine erste Reise führte ihn nicht weiter als nach Innsbruck, um das Grab jener Säule der Dynastie, des Erzherzogs Eugen, zu besuchen. Regelmäßige Besuche nach Wien folgten, und während eines von ihnen kam es zum symbolischen Treffen zwischen ihm und Kreisky, der mittlerweile der Kanzler einer sozialistischen Mehrheitsregierung war. Diese schlichte Begrüßung kennzeichnete den Moment, in dem die wirre, kleine Republik endlich mit seiner kaiserlichen Vergangenheit ins Reine gekommen war. Die Brücke wurde durch einen einfachen Händedruck geschlagen.

Der ermüdende und zeitraubende Streit über die Staatsbürgerschaft ereignete sich zu einer Zeit, als Otto sowieso schon auf Hochtouren lief. Zunächst musste er ständig Geld verdienen, um seine stetig wachsende Familie in den fünfziger und frühen sechziger Jahren zu erhalten. Jene profitablen Vortragsreisen durch die USA stellten weiterhin die Haupteinnahmequelle dar, gingen jedoch aufgrund langer Trennungsphasen auf Kosten seiner Frau und der Kinder. Es gab Zeiten, in denen er sie zwei oder drei Monate nicht sah, manchmal zweimal innerhalb eines Jahres. Seine oftmalige Abwesenheit bürdete seiner Frau eine schwere Last auf, doch sie trug sie bereitwillig und bravourös. Was sich leicht zu einer schwierigen Erziehungssituation für die Kinder entwickeln hätte können, war die meiste Zeit über eine sorgenfreie.

Mit eigenen Worten beschreibt sie sich als der *Ruhepol* der Familie, und diese Tatsache spiegelte eine weitere Harmonie der Gegensätze zwischen dem Paar wider. Otto war schon immer der rastlose *Workaholic* gewesen, der immer auf dem Sprung war – außer bei seiner absoluten Hingabe an die Politik –, da er es immer so schwierig fand, ruhig sitzen zu bleiben. Sie war auf der anderen

Seite die geborene Hausfrau, die sich niemals in seine politischen Angelegenheiten einmischte und keinerlei eigene Ambitionen hegte. Die Ehe bildete somit die gleichermaßen harmonische Beziehung zwischen Ottos Eltern nach, doch mit vertauschten Rollen. In jener Verbindung war Kaiserin Zita die dynamische Partnerin gewesen, die den eher gemütlicheren Kaiser oftmals, wie z. B. bei den gescheiterten Restaurationsversuchen, zu Taten angetrieben hatte. Das war eine Rolle, die auf die unaufdringliche Regina niemals gepasst hätte, und zum Glück für ihren Mann hatte sie diese auch niemals angestrebt.

Die andere Sache, die in diesen frühen Jahren so viel von Ottos Energie raubte, war die endlose Suche nach einer ideologischen Plattform. Da er weder Privatvermögen noch die kleinste auszuübende Macht besaß, musste er sich einzig und allein auf seine Überredungskünste verlassen, und um diese wiederum anwenden zu können, brauchte er ein Forum. Die Paneuropäische Union, deren Präsidentschaft er von dessen Gründer, Richard Coudenhove-Kalergi, übernommen hatte, stellte sich als dauerhafteste der Arenen für eine öffentliche Überzeugungsarbeit heraus. Eine weitere und wenig bekannte lief unter den Initialen CEDI.[261] Er beschrieb später, wie diese mysteriöse Bewegung (die er mit eigenen Worten als „sehr dem rechten Lager zugehörig" beschrieb) ins Leben gerufen wurde:

„Alles hatte sich aus einem Gespräch, das ich 1952 auf dem Eucharistischen Kongress in Barcelona mit dem damaligen christlich-demokratischen Außenminister Spaniens, Alberto Martin-Artajo, und Alfred Sanchez-Bella, dem Präsidenten des spanischen Kulturinstitutes führte, entwickelt. Wir einigten uns darauf, eine internationale Bewegung zu gründen, die es als ihr Hauptziel ansah, Spanien in die Europäische Union zu bringen. Unter meiner Präsidentschaft wurden ihre Aktivitäten erweitert. So spielte sie zum Beispiel eine Rolle bei der Unterstützung General de Gaulles, besonders während der kritischen Phase des Aufstandes in Algerien, der ihn 1959 wieder zurück an die Macht brachte."[262]

Sobald Spanien jedoch sicher im Straßburger Parlament verankert war, war es der CEDI erlaubt, sich durch dieselben unsichtbaren Werkzeuge der privaten Beratungsgespräche aufzulösen, mit welchen sie auch hervorgezaubert wurde.

Es hatte etwas mit der Magie Ottos zu tun, mit der er die nächste Plattform entstehen ließ. Sie sollte die mächtigste werden, die er jemals gekannt und genossen hatte. Durch ein unerwartetes und unvermeidliches Ereignis sollte er zum professionellen Ganztagspolitiker werden, und das auf einer Bühne, von der er bislang nur träumen konnte.

KAPITEL ZWEI

„Mister Europe"

Schon kurz nachdem er sich in Pöcking niedergelassen hatte, zog es ihn in die Politik. Es ging nicht darum, ob der Bär vom Honig angelockt wurde. Otto brauchte kein Lockmittel. Nach jenen vier Jahren in Amerika, in denen er, wenn auch nur von der Seitentribüne, Zeuge der weltpolitischen Dramen wurde, war seine Lunge mit politischer Luft gefüllt, und er konnte nichts anderes mehr atmen. Zunächst musste er einmal mehr die Rolle des eifrigen und manchmal einflussreichen Zuschauers spielen. Die rechtsgerichtete Christlichsoziale Partei in Bayern war seine natürliche ideologische Heimat. Sein Oberhaupt, der dynamische, wenn auch umstrittene Ministerpräsident Franz Josef Strauß war sein natürlicher Schutzherr (die Tatsache, dass jener Metzgersohn aus München in den Tagen des alten Kaiserreiches auf die Namen Ottos illustrer Vorfahren getauft worden war, schien die Verbindung vorherbestimmt zu haben).

Als Österreicher konnte Otto der Partei von Strauß jedoch nicht beitreten. Was er tun konnte, war mit einigen seiner einflussreichen Mitglieder eng zusammenzuarbeiten wie z. B. mit Prinz Konstantin von Bayern und Heinrich Aigner. Er brachte sie so eng wie möglich mit seiner Paneuropäischen Union in Verbindung (wie immer ein treuer Diener seiner Ideen) und wurde allmählich zum inoffiziellen außenpolitischen Berater von Strauß. Und wieder fand sich auch dafür das ideale Forum. Die CSU, wie die meisten der politischen Parteien in Deutschland, unterhielt ihr eigenes Konferenzzentrum – in diesem Fall handelte es sich um ein ehemaliges königliches Jagdschlösschen in den Wäldern rund um Wildbad Kreuth. Auf dieser idyllischen und luxuriös ausgestatteten Tagungsstätte hieß man Gäste aus aller Welt willkommen.[263] Otto war bestens geeignet, diese Einrichtung für Strauß zu leiten, und er führte seine Arbeit in glänzendem Stil aus. Doch er war und blieb ein Außenseiter, der nur einen Fuß über die Mauer der bayrischen Politik baumeln lassen konnte. Dann folgte die Überraschungsaktion, die ihn mit beiden Beinen über eine viel breitere Mauer katapultieren sollte. Er erinnerte sich daran:

„Eines Tages, zu Beginn des Jahres 1978, schlug mir Dr. Aigner vor, welcher Bayern für viele Jahre im nicht-gewählten Europäischen Parlament vertreten hatte, dass ich selbst bei den nächsten Direktwahlen für einen Sitz kandidieren sollte. Ich wäre dazu, wie er sagte, absolut prädestiniert. Meine Reaktion darauf war, dass das einfach nicht möglich wäre. Ich war Österreicher, trotz meines langjährigen Wohnsitzes in Bayern war ich praktisch ein Ausländer, und ich war nicht bereit, meine Staatsbürgerschaft aufzugeben. Um das, was er vorschlug, machen zu können, so sehr es mich auch reizte, hätte bedeutet, dass ich stattdessen zum deutschen Staatsbürger hätte werden müssen. Seine Antwort darauf lautete: ‚Nun, wenn ich einen Ausweg finde, werden Sie es dann tun?‘ Natürlich sagte ich zu, doch ich fügte hinzu, dass Franz Josef Strauß, ganz gleich, wie die Antwort ausfiele, alles unterstützen müsste.“[264]

Die Antwort, zu der Strauß aus ganzem Herzen ja sagte, war, eine Doppelstaatsbürgerschaft für Otto zu arrangieren, sowohl die deutsche als auch die österreichische. Hier kam ihm seine geheimnisvollste aller Verbindungen zu Hilfe. Dr. Otto Habsburg war zufällig ein Mitglied der *Academie Française* (in die er mehrere Male hineingewählt wurde), und aus irgendeinem Grund berechtigte ihn dieselbe zur deutschen Staatsbürgerschaft, auch wenn er einen anderen Pass besaß. Wie bei seinem Amt in Wildbad Kreuth hätte man das Arrangement mit einem Gedanken an den Erzherzog regeln können.

Natürlich musste man auch an den Schatten des Dritten Reiches denken. Wie wir gesehen haben, wurden die besten und mutigsten Männer der österreichischen Monarchistenbewegung, zusammen mit tausenden anderen verdächtigen Nazigegnern, von der Gestapo aufgegriffen und hatten in Hitlers Gefängnissen und Konzentrationslagern gelitten oder sogar den Tod gefunden. Wie würden die Überlebenden und ihre Familien über den Erben der habsburgischen Ansprüche denken, wenn er nun zum Deutschen würde, auch wenn das Ende des Krieges mittlerweile beinahe 25 Jahre zurücklag? Ein Weg, diesen Ressentiments zu begegnen, bestand darin, an Ottos nachweisliche Rettung tausender Juden vor Hitlers Terrorregime zu erinnern. Diese Aufgabe wurde von Strauß persönlich übernommen, als der Ministerpräsident zur Verteidigung Ottos vor dem bayrischen Parlament sprach.

Eine andere Rechtfertigung reichte noch viel weiter in die Vergangenheit zurück: Seine Vorfahren waren seit Jahrhunderten die nominellen Herrscher des alten „Heiligen Römischen Reichs Deutscher Nation" gewesen, wovon Hitlers Kopie aus dem 20. Jahrhunderts nicht mehr als eine schlechte Karikatur darstellte. Es war eine simple Tatsache, dass Otto so viele symbolische Insignien in seinen Vitrinen besaß, dass jederzeit etwas Passendes für ihn hervorgezaubert werden konnte: Für diese Gelegenheit war es der Federhut der Französischen Akademie, gefolgt vom Bild der Krone Karls des Großen.

Die Angelegenheit wurde jedoch nicht nur in München in Frage gestellt. Die sozialistische Fraktion im Bundestag in Bonn stimmte, ermutigt durch einige ihrer Wiener Kollegen aus dem linken Flügel, ebenfalls in die Protestrufe ein. Selbst unter den Christlichsozialen in Bayern wurden einige Unmutsstimmen laut aufgrund der Vorstellung, dass ein Außenseiter mit ihnen um die begehrten Sitze in Straßburg ritterte. Doch letztlich war es der Kalender, der Otto bei seiner Nominierung die größten Schwierigkeiten bereitete. Selbst als das Problem mit seiner Doppelstaatsbürgerschaft bereinigt worden war, unterrichtete man den frisch gebackenen deutschen Staatsbürger, dass er die Dokumente mindestens zwölf Monate vor der direkten Europawahl empfangen haben musste. Er hatte es geschafft. Es sollten genau ein Jahr und ein Tag sein.

Der Familienwagen der Habsburger – mit Tochter Walburga und den beiden Söhnen im Vordergrund – ratterte vergnügt, wenn auch manchmal chaotisch, mitten auf die Wahlkampfbühne. Während seines ganzen Lebens war ihr Vater in der Politik involviert gewesen, einmal mit Einfluss, einmal ohne. Nun verhalfen sie ihm zu einem Posten, der, wenn auch niemals mächtig, so doch öffentlich und offiziell war (wie auch gut dotiert und mit einem befriedigenden Pensionsanspruch). Das Herzstück ihrer Kampagne war die Methode der Habsburger, ein Forum zur Unterstützung eines anderen zu verwenden. In diesem Fall handelte es sich um die Paneuropäische Bewegung (oder PEM, von Pan European Movement), welche zur Plattform wurde, um seinen Präsidenten auf eine höhere Stufe zu heben. München diente auf alle Fälle als Hauptquartier, und die 14.000 Personen, die am 12. Mai 1979 die Olympiahalle für eine Sympathiekundgebung für Otto füllten, stellten die größte Versammlung dar, die die Bewegung jemals organisiert hatte.

Doch Otto war selbst der erfolgreichste Architekt seines Sieges. Er entpuppte sich, möglicherweise zu seiner eigenen Überraschung, als Star auf politischen Wahlveranstaltungen. Bislang hatte es sich bei den Vorträgen und Ansprachen, die er in seinem Leben gehalten hatte (in einer von sechs Sprachen; ohne Manuskript; und auf die Minute genau auf eine halbe Stunde zugeschnitten), um formelle Angelegenheiten gehandelt, die hauptsächlich an ein gehobeneres Publikum adressiert waren. Nun fand er heraus, dass er den Ton, den Inhalt und die Länge seiner Reden an den Rummel einer jeden möglichen Wahlwerbung vor Ort anpassen konnte. Weiters zeigte er auch Talent für Wahlgags, als ob er schon immer ein Entertainer gewesen wäre. Bei einem seiner Auftritte in einem Bierzelt in einem abgeschiedenen bayrischen Dorf hatte ihn die örtliche Musikkapelle mit einer donnernden Kakophonie deutscher Weisen willkommen geheißen. Plötzlich stimmten sie als besonderen Tribut an ihren Ehrengast den Radetzkymarsch an. Hierbei handelt es sich um einen der großartigsten aller Militärmärsche, welcher von Johann Strauß Vater zu Ehren jenes österreichischen Generals komponiert wurde, der im Jahr 1848 einen seltenen Sieg für die Monarchie im Norditalien-Feldzug erringen konnte. In dem Moment, in dem er die ersten fröhlich anschwellenden Takte vernahm, sprang Otto auf, schnappte sich den Taktstock und „dirigierte" höchstpersönlich. Trotz der Tatsache, dass er wie jeder Nicht-Musiker genau falsch dirigierte – nämlich indem er den Stock zum Takt hinab statt hinauf bewegte –, hielten die Mitglieder der Kapelle mit wackerem Blick durch, und der anschließende Applaus ließ die Dachplane erbeben. Abermals reichten sich alte Verbindungen die Hände. Der Kandidat einer deutschen Wahl im späten 20. Jahrhundert hatte Erinnerungen an die verschwundene österreichische Monarchie aus der Mitte des 19. Jahrhunderts wachgerufen, um seiner eigenen Sache dienlich zu sein.[265]

Diese Verbindungen kamen abermals an die Oberfläche, als Otto am 17. Juli 1979 erwartungsgemäß seinen Platz als Abgeordneter für Oberbayern einnahm, im ersten direkt gewählten Europäischen Parlament mit damals neun Mitgliedsstaaten. Die Ehrenpräsidentin war die 86-jährige Louise Weiss, eine Veteranin im versuchten Brückenbau zwischen Frankreich und Deutschland in den zwanziger Jahren. Sie erwähnte Otto als einzigen nicht nur namentlich als Präsidenten der Paneuropäischen Bewegung. Sie beschwor auch die Erinnerung an seinen großen Vorfahren, Karl den Großen, als Herrscher des (zugegebenermaßen fehlgeschlagenen) geeinten Europas seiner Tage. Kein neuer Abgeordneter hätte sich einen besseren Beginn wünschen können.

Otto von Habsburg saß die nächsten 20 Jahre über im Parlament in Straßburg. Er wurde zum „Vater des Hauses", lange bevor er sich am 7. Mai 1999 zu seiner letzten Rede erhob. Es überraschte nicht, dass er seinen Sitz, so lange es die Umstände erlaubten, beibehielt, war ihm dadurch doch die größte politische Plattform seines Lebens beschert worden. Es sollte darauf hingewiesen werden, dass er diese jedoch niemals als persönliches Sprungbrett weder sah noch behandelte. Für ihn stellte Straßburg keine Arena für persönliche Ambitionen dar, sondern das Forum zur Förderung jener Ziele und Ideale, die er schon lange vor seinem Eintritt ins Parlament in Ehren gehalten hatte. Eine Jahr-für-Jahr-Bilanz wäre demnach überflüssig und auch langweilig. Die Hauptmotivation war zweifacher Natur und veränderte sich niemals.

Die erste Zinke der Gabel sollte alle christlich-demokratischen Mitglieder aus dem rechten Flügel und jeder Nationalität in einer Gruppe vereinen, mit eigenem Sekretariat und Budget und einem auf breiter Basis vereinbarten Programm. Daraus entwickelte sich die *Partie Populaire Européen* oder PPE, der schließlich die britischen und dänischen Konservativen beitraten, um die mächtigste aller Mitte-rechts-Fraktionen im Parlament zu bilden. Die Vielzahl der anderen politischen Gruppierungen, viele von ihnen innerlich gespalten, gab jedem die Gelegenheit, *ad hoc* taktische Allianzen zu bilden, um Programme über alle ideologischen Klüfte hinweg durchzubringen. Deshalb schwankte Otto niemals in seiner Überzeugung, dass der christliche Glaube in seinen Worten „die Seele Europas" sei[266] (er sollte die politische Bühne noch vor Auftauchen irgendeines moslemischen Staates verlassen), er hatte seine Freude daran, Sozialisten und selbst Kommunisten dort einzuspannen, wo sich ein gezieltes, gemeinsames Projekt ausmachen ließ.

Ottos einflussreichste Rolle in Straßburg begann, nachdem er 1981 zum Sprecher seiner Gruppe im parlamentarischen Ausschuss für auswärtige Angelegenheiten, Sicherheit und Verteidigungspolitik gewählt worden war. Hierbei handelte es sich um einen bedeutenden Ausschuss, der sich im Wesentlichen mit der Außenpolitik der Europäischen Union beschäftigte. Es muss betont werden, dass dieses Komitee die Außenpolitik nicht selbst festlegte. Diese war nur sehr langsam zu bilden und auch in besten Zeiten sehr schwerfällig in der Umsetzung und wurde vom Außenministerrat in regelmäßigen wie auch außerordentlichen Treffen entschieden. Abermals übernahm Otto innerhalb des Komitees die Rolle des Lobbyisten und Überzeugenden. Er und seine Kollegen stellten mit ihren Fragen den Rat auf den Prüfstand. Sie gaben ihre eigenen Resolutionen heraus – so verurteilten sie z. B. die sowjetische Invasion Afghanistans, unterstützten Großbritannien im Falkland-Krieg, kritisierten das amerikanische, militärische Weltraumprogramm namens „Star Wars" oder riefen einfach nur nach Frieden in Nordirland.

Doch weder die russische, die britische noch die amerikanische Regierung wollten ihre Politik auf diesen Appell hin ändern, und die Probleme auf der „Insel Irlands" blieben weiterhin unkontrollierbar. In der Ära des Kalten Kriegs nahmen die Großmächte tatsächlich hinsichtlich wichtiger Themen noch weniger Notiz vom Straßburger Parlament, als sie es von der Generalversammlung der Vereinten Nationen taten. Und auch jener Status, den das gewählte

Parlament in der westlichen Öffentlichkeit in seinen frühen Jahren innehatte, war der Sache nicht gerade dienlich. Es wurde weithin als ineffizienter Tratschverein angesehen, wo pensionierte oder erfolglose Politiker den Großteil der Redearbeit leisteten, während sie von netten Gehältern und Pensionen profitierten. Hinzu kamen noch die großzügigen Sondervergünstigungen für Reisen, Außendienste und Schreibarbeiten, die für den europäischen Steuerzahler noch weit schmerzlicher ausfielen, wenn Missbrauch mit ihnen getrieben wurde.[276] Ein einzelner Abgeordneter konnte wenig ausrichten – selbst so jemand wie Otto nicht, der sich während seiner Amtszeit immer strikt an die Regeln hielt –, um diese öffentliche Meinung zu korrigieren. Alles, was er tun konnte und auch tat, war dem Kampf gegen Missbrauch und Verschwendung beizutreten, einer Kampagne, die von seinem alten Freund und Förderer Heinrich Aigner in seiner Funktion als Vorsitzender des Ausschusses für Haushaltskontrolle geleitet wurde.

Doch wenn das Europäische Parlament auch daran gescheitert war, im Westen viele Funken öffentlichen Enthusiasmus zu entzünden, so verhielt es sich in Mittel- und Osteuropa ganz anders – vor allem während der langen Jahre der kommunistischen Hegemonie der Sowjets. So lange der Eiserne Vorhang bestand, sahen die Gefangenen dahinter Straßburg als eine Art Leuchtturm am Horizont einer besseren Zukunft, wie schwach und weit entfernt er auch immer war. Dies führt uns zur zweiten und beständigsten Antriebskraft für Ottos parlamentarische Karriere: all diese Völker, und im Besonderen die Nationen des alten Habsburgerreichs, unter ein gemeinsames, schützendes, europäisches Dach zu bringen. Daher auch die Idee vom „leeren Stuhl", die er initiierte und bis zum Ende beibehielt. Wie er sich später erinnerte:

„Von Anfang an waren meine Bemühungen im Ausschuss für auswärtige Angelegenheiten auf eine Erweiterung konzentriert. Das war keine leichte Aufgabe, da die Mehrheit des Ausschusses zunächst der Meinung war, dass jene Linie, die auf dem Jalta-Gipfel im Jahr 1945 quer durch Europa gezogen wurde, als permanente Teilung des Kontinents akzeptiert werden sollte. Tatsächlich gab es zunächst nur vier Mitglieder im Ausschuss, die entschlossen waren, diese Denkweise zu ändern und die Jalta-Grenzen für unannehmbar zu erklären. Diese vier waren der britische Konservative Adam Fergusson, der dänische Liberale Niels Haagerup, ein französischer Gaullist Gérard Israel und schließlich ich selbst. Die Schlacht ging erst richtig los, als ich den Vorschlag einbrachte, dass bei jeder Debatte über allgemeine, europäische Themen im Parlament ein leerer Stuhl reserviert werden sollte, um symbolisch jene Nationen zu vertreten, die in unserer Gemeinschaft fehlten. Es wurde gar heftig über diesen Vorschlag gestritten, bei dem Adam Fergusson, als der ‚Rapporteur' meines Vorschlags wohl das meiste abbekam. Zum Großteil aufgrund seiner Dynamik und seiner Entschlossenheit wurde der Vorschlag schließlich angenommen, wenn auch nur von einer kleinen Minderheit und erst nach zweijähriger Debatte."[268]

Otto hätte zweifelsohne gerne einen besonderen Sitz mit einer besonderen Bezeichnung innegehabt. Er musste sich indes mit etwas weniger zufrieden geben: mit einem jener zahlreichen Sitze, die während der Verhandlungen in Straßburg sowieso immer leer standen, manchmal ganze Reihen von ihnen. Doch dies hatte nur symbolische Bedeutung. Der wirkliche Sieg war das Fallenlassen des Jalta-Pakts durch den höchsten Ausschuss des Parlaments.

Sein Interesse galt allen Ländern, die sich einst oder noch immer unter russischer Herrschaft befanden. Er war zum ersten Mal mit antisowjetischen Emigrantenbewegungen aus den baltischen Ländern während der Kriegsjahre in Amerika zusammengetroffen und hatte gelernt, ihnen mit Respekt zu begegnen, „da sie wirkliche Patrioten waren, im Gegensatz zu einigen anderen Emigrantensprechern".

Von Anbeginn unterstützte er ihre Anliegen im Europäischen Parlament und wurde erwartungsgemäß zum Berichterstatter für baltische Angelegenheiten ernannt.[269] Doch seine bedeutendste Arbeit in dieser Funktion fand näher zu seiner alten Heimat statt, an einem Ort, genauer gesprochen das Herzstück dieser Heimat, nämlich Ungarn.

Am 26. April 1990 ernannte der Ausschuss für auswärtige Angelegenheiten „Herrn Habsburg" zum politischen Berichterstatter über Ungarn. Zwei Jahre später wurde er wieder gewählt, diesmal, um ein Assoziierungsabkommen zwischen der damaligen Europäischen Wirtschaftsgemeinschaft und der postkommunistischen ungarischen Regierung vorzubereiten. Als sechsjähriger Kronprinz hatte er durch die Fenster des Budapester Königspalastes zugesehen, wie sein Vater zum Souverän des alten magyarischen Königreiches gekrönt wurde. Nun, mehr als 70 Jahre später, fand er sich selbst in der Rolle des Führers wieder, in der er den republikanischen Rumpf jenes Königreiches auf dessen erster Reiseetappe zurück in den christlichen Westen begleiten würde. So lautete die Zukunftsvision. Die Realität war jedoch ein langer Marsch durch das Unterholz der Brüsseler Bürokratie. Die vorgeschlagene Zusammenarbeit musste von den Ausschüssen für Landwirtschaft, Fischerei und ländliche Entwicklung, für soziale Angelegenheiten, Beschäftigung und Arbeitsumwelt, Wirtschaft, Währung und Industriepolitik, Energie, Forschung und Technologie, Umwelt, öffentliche Gesundheit und Verbraucherschutz, Kultur, Jugend, Bildung und Medien, Außenhandelsbeziehungen und schließlich vom Ausschuss für Transport und Tourismus genehmigt werden.

Bevor der Vertrag vom Parlament ratifiziert werden konnte, musste jede dieser Körperschaften Otto Habsburgs Finanzierungspläne akzeptieren.[270] Diese gestanden Ungarn Unzulänglichkeiten zu: Inflation, Auslandsverschuldung, verheimlichte Arbeitslosigkeit, ein zu kompliziertes Wahlgesetz und der Widerwille sowohl der Gewerkschaften als auch der Berufsorganisationen, mit der postkommunistischen Ära ins Reine zu kommen. Ein schwerwiegendes Problem wurde auch bei der großen Zahl von ethnischen Ungarn konstatiert, die dank der Friedensverträge nach dem Ersten Weltkrieg noch immer als Minderheiten in den benachbarten Staaten lebten. Einige von ihnen wurden „nicht zufriedenstellend behandelt" (die Slowakei und Rumänien, in den Augen der Ungarn die Hauptschuldigen, wurden jedoch nicht namentlich genannt). Trotz all dieser Fakten kamen die Berichte zur Übereinstimmung, dass Ungarn nun in Richtung Demokratie und Stabilität unterwegs war und aus diesem Grund auf seinem Weg nach Straßburg Hilfe verdiente. Tatsächlich konnte die ungarische Nation – die keinem anderen Land in ihrem Enthusiasmus für die EWG nachstand – als

Beispiel vorangehen. Der Endbericht kam zu dem Schluss: „Ungarn hat eine gute Chance, weiterhin eine bahnbrechende Rolle für Mitteleuropas Freiheit und Demokratie zu spielen. Bei dieser Aufgabe verdient es die Unterstützung der Europäischen Gemeinschaft und der ganzen demokratischen Welt."[271]

Am 16. September 1992, weniger als zwei Monate nachdem diese Dokumente die Runde gemacht hatten, wurde diese Unterstützung offiziell zugesagt, indem das Europäische Parlament seine Zustimmung zum Assoziierungsabkommen gab. Der Berichterstatter wusste, dass das Ende des Weges – Ungarns Aufnahme als volles Mitglied in die Europäische Gemeinschaft – wahrscheinlich mehr als ein Jahrzehnt entfernt lag.

Es gibt auch eine Koda zu dieser Pro-Ungarn-Kampagne. Sie lieferte ein weiteres Beispiel für das habsburgische Talent, ihre Plattformen zu vernetzen. In seinem „Lagebericht" vom 17. Juli 1992 an das Europäische Parlament bemühte sich Otto, die Bedeutung des so genannten „Sopron-Picknicks" hervorzuheben, das drei Jahre zuvor an der österreichisch-ungarischen Grenze als eine Marschetappe Ungarns in Richtung Demokratisierung abgehalten wurde. Er wies darauf hin, dass die Organisatorin dieser Veranstaltung seine eigene Paneuropäische Bewegung war. Wenn diese Verknüpfung typisch für seine Methode war, so war die Art, wie dieses Ereignis zustande gebracht wurde, ein klassisches Beispiel für jenes spontane Improvisieren, mit welchem die Familie Habsburg die von ihr angeführte Bewegung leitete. Im Rückblick erinnerte sich Otto Jahre später:

„Ich weiß ehrlich nicht, wessen Idee es war. Es hat folgendermaßen begonnen: Wir hatten ein Treffen während meiner ersten Besuche in Ungarn im Sommer 1989 an der Universität von Debrecen, welche mein Vater zu seiner Zeit gefördert hatte. Sie hatten mich zusammen mit demokratischen, politischen Gruppierungen vor Ort eingeladen, um zu beraten, wie man mit dem kommunistischen Regime, das noch immer in Budapest an der Macht war, am besten in einen Dialog über eine Liberalisierung eintreten könnte. Nach einer mitreißenden Versammlung in der Universität begleiteten die örtlichen demokratischen Spitzen und einige Professoren mich und meinen jüngeren Sohn Georg und meine Tochter Walburga in das Restaurant des Irany Bika (Goldener Stier), des berühmten Hotels der Stadt. Wir suchten nach einem Weg, diese außergewöhnliche Wende in der öffentlichen Meinung zu dramatisieren, nach etwas, das zeigen würde, dass die Grenzen des Eisernen Vorhangs nicht mehr länger existierten. Dann hatte jemand die Idee, ein paneuropäisches Picknick in Sopron zu inszenieren, entlang der Stacheldrahtgrenze. Es war entweder Georg oder Walburga, doch keiner von ihnen erinnert sich mehr mit Sicherheit, da die Idee inmitten einer lebhaften Diskussion geboren wurde."

„Jedenfalls wurde sie von Szabó Lukács vom örtlichen Demokratischen Forum aufgegriffen, der mit enthusiastischer Hilfe der Soproner Bevölkerung die Organisation übernahm."[272]

Otto erschien nicht persönlich, als das Massenpicknick am 19. August 1989 über die Bühne ging. Viele der paneuropäischen Mitglieder waren mit Drahtschneidern für ihre eigene Abrisszeremonie ausgerüstet. Er hatte das Gefühl, dass seine Anwesenheit jener Demonstration, die ja einen spontanen Anschein haben sollte, ein zu großes politisches Profil aufdrücken könnte. Darüber hinaus konnte er nicht vergessen, dass Ostungarn einst zum Friedhof des Restaurationsversuchs seines Vaters geworden war. Walburga, die sich zu dieser Zeit in Budapest befand, um die Sprache zu erlernen (eine Aufgabe, die trotz ihres beachtlichen sprachlichen Talents mühsam war), vertrat ihren Vater sehr wirksam.

Wie aus ihrem eigenen Bericht des Ereignisses klar hervorgeht[273], waren die Demonstranten in keiner Weise für den Fall des Eisernen Vorhangs verantwortlich, weder hier noch an irgendeinem anderen Punkt entlang seiner schrecklichen 1200 Kilometer langen Grenze. Die Implosion des sowjetischen Kommunismus in ganz Osteuropa riss den Stacheldrahtzaun mit in den Abgrund. Was von einem jener Regimes in Budapest übrig geblieben war, hatte sich bereits mit den österreichischen und deutschen Behörden nicht nur auf einen Tag, sondern auch auf eine präzise Stunde geeinigt, nämlich auf 14.30 Uhr am 19. August, jenen Termin, an dem der Grenzübergang in Sopron geöffnet werden würde.[274] Die deutsche Regierung wurde miteinbezogen, da das Gelände um ihre

Botschaft in Budapest nun von hunderten Ostdeutschen belagert wurde, die hier auf ihrer Fluchtroute in den Westen kampiert hatten. Während der vorangegangenen zwei Wochen wurden ihnen von der Botschaft zu ihrem Essen und Wasser kleine Landkarten ausgeteilt, die den Weg nach Sopron beschrieben. Als sich die Tore öffneten, stürmten insgesamt 661 Ostdeutsche auf die andere Seite, um dem Picknick beizuwohnen. Es war, wie Walburga sagte, „als ob man Vögeln beim Ausbruch aus einem Käfig zusah. Sie umarmten die Freiheit, als ob es zum ersten Mal Frühling wurde." Sie und ihre jugendlichen paneuropäischen Kollegen waren ihrem Namen gerecht geworden. Sie mussten jedoch auch mit ansehen, wie das Willkommen, das die westlichen Regierungen jenen Auswanderern anfänglich bereiteten, dramatisch eingeschränkt wurde, sobald die „ausgebrochenen Vögel" von zunächst vereinzelten Scharen zu unkontrollierbaren, den Himmel füllenden Schwärmen heranwuchsen.

Zu diesem Zeitpunkt war praktisch Kroatien anstelle Ungarns in den Mittelpunkt von Ottos Sorgen und Aktivitäten getreten. Der Zerfall des kommunistischen Jugoslawien war durch die kroatische Unabhängigkeitserklärung angefacht worden, eine Herausforderung, die das Belgrader Regime durch eine massive und mörderische Invasion zu unterdrücken suchte. Nun, wie auch zu Zeiten seines Vaters, war Serbien als der erklärte Feind hervorgegangen. Otto warf alles, was er hatte, in die Waagschale, um Anerkennung für den noch so jungen kroatischen Staat zu erlangen, der einst der loyalste unter all den Kronländern seines Vaters Reiches war. Von seiner bayrischen Basis aus sprach er auf einem Treffen nach dem anderen vor kroatischen Auswanderern, die vor der Unabhängigkeit das Land verlassen hatten; er besuchte Zagreb, die kroatische Hauptstadt, während sich noch serbische Truppen in der Stadt befanden, und er hielt eine Rede nach der anderen zur Unterstützung der kroatischen Sache vor dem Europäischen Parlament.

Er bemerkte, dass sogar in seiner eigenen Mitte-rechts-Gruppierung anfänglich die historischen Bande gegeneinander Stellung bezogen. So waren einige konservative britische Abgeordnete pro-serbisch gestimmt, da sie einst mit den Partisanen Mihailovićs im

Zweiten Weltkrieg gekämpft oder diese unterstützt hatten. Die Griechen tendierten einer längeren Tradition zufolge auch zu den Serben. Auf der anderen Seite unterstützten die italienischen Mitglieder der Gruppe einstimmig das katholische Kroatien, das selbst in seinem Abstieg während des Krieges zum zweifelhaftesten aller faschistischen Marionettenstaaten vom Vatikan unterstützt worden war. Otto sah über all das hinweg und handelte nach dem von seinem Vater geerbten Prinzip, dass er den Glauben an die Völker nicht verlieren durfte, ganz gleich, was ihre Anführer auch immer getan hatten. Es gibt eine Filmaufzeichnung einer seiner Reden in Straßburg, bei der er mit eindringlicher Stimme auf Deutsch erklärt: „Ja, ich bin ein Kroate!" Obwohl er niemals einen kroatischen Pass besessen hatte, wies diese Behauptung eine gewisse historische Gültigkeit auf: König von Kroatien lautete einer jener Titel, den er als neunjähriges Kind im Exil geerbt hatte.

Letzten Endes übernahm Deutschland die europäische Aufgabe für eine diplomatische Unterstützung. Die Bundesrepublik sprach seine Anerkennung eines unabhängigen kroatischen Staates am 19. Dezember 1991 aus, ein Schritt, dem sich alle anderen Mitglieder der Europäischen Gemeinschaft einstimmig am 15. Januar 1992 anschlossen. In der Zwischenzeit hatte Otto Schritte unternommen, um Kroatiens Akzeptanz weit über die europäischen Grenzen hinaus auszuweiten. In einer außergewöhnlichen persönlichen Initiative – die er ohne offizielles Wissen, geschweige denn Genehmigung irgendeines Regierungs- oder parlamentarischen Organs durchführte – reiste er nach Marokko, um König Hassan, und durch ihn die ganze arabische Welt, von der Sache zu überzeugen. Der König, mit dem er befreundet war, empfing ihn gebührend in der Nacht vom 15. auf den 16. April 1992. Otto erinnert sich:

„Es bedurfte nicht viel Überredungskraft, um den König, der eine bemerkenswerte Persönlichkeit und sehr an europäischen Angelegenheiten interessiert war, die Wichtigkeit dieses Schrittes erkennen zu lassen.[275] Wie üblich traf er seine Entscheidung sehr schnell und beschloss, sofort zu handeln. Er rief sogleich seinen Außenminister Filali herein und wies ihn an, nicht nur Marokkos Anerkennung zu veröffentlichen, sondern auch andere arabische

Länder zum Mitmachen zu bewegen.[276] Das bedeutete, dass unsere Gespräche bis tief in die Nacht hinein dauerten, und ich erinnere mich, dass sich bei meinem Abschied im Vorraum Palästinenserführer Arafat befand, der stundenlang auf seine Audienz hatte warten müssen."

„Danach hatte ich viele Kontakte mit Kroaten und wurde tatsächlich Zeuge zweier größerer militärischer Konfrontationen zwischen serbischen und kroatischen Streitkräften: die Befreiung Ostslawoniens und jene der Krajina. In beiden Fällen nahm ich die Gelegenheit wahr, mit den besiegten Serben zu sprechen, und versicherte ihnen, dass sie vernünftig behandelt würden. Mein Serbokroatisch, welches ich als Kind fließend sprach, war schon sehr eingerostet, doch Deutsch half, da so viele von ihnen für ein oder zwei Jahre für die Mercedes-Werke in Baden-Württemberg gearbeitet hatten."[277]

Was auch immer Ottos Beruhigungen an der Frontlinie gebracht haben mögen, im Belgrad eines Slobodan Milosević war er für seine unermüdliche und wirksame Unterstützung der Kroaten schon seit langem zu Serbiens Staatsfeind Nummer eins erklärt worden. In der Tat erhielt er sogar eine Morddrohung von General Arkan, Serbiens berüchtigtem paramilitärischen Killer, der selbst im Januar 2000 ermordet werden sollte. In einem persönlichen Brief erinnerte Arkan Otto an das, was seinem Großonkel, Erzherzog Franz Ferdinand, in Sarajevo im Juni 1914 widerfahren war. Falls der Großneffe heute einen Fuß in die Stadt setzen sollte, warnte Arkan, würde ihn dasselbe Schicksal ereilen. Ottos Reaktion darauf war, Sarajevo so bald wie möglich zu besuchen. Nichts passierte, abgesehen von einigem Händeklatschen, als er durch die Straßen ging.

KAPITEL DREI

Bilanzen

Obwohl sich Otto ständig um die Völker sorgte, die einst hinter dem Eisernen Vorhang lebten – und besonders um jene, die ein Teil der Habsburgermonarchie gewesen waren –, breitete er seine parlamentarischen Flügel noch weiter aus und begab sich auch oft über den politischen Horizont hinaus. In der Tat spiegelten die komplette Sammlung seiner Resolutionsanträge, die von ihm eingereichten mündlichen und schriftlichen Anfragen und vor allem die Texte seiner zahlreichen Reden, die er während seiner zwanzig Jahre in Straßburg gehalten hatte[278], das Profil eines eifrigen Mannes wider, der sich jeder Angelegenheit annahm, in welcher Unrecht berichtigt oder sogar eine unnötige Beeinträchtigung des Lebens beseitigt werden musste.

Die Anträge, die er einzubringen half, reichten von wichtigen Themen, wie z. B. der Missachtung der Menschenrechte in China und der Sowjetunion, der Bekämpfung des Terrorismus, dem Krieg in Afghanistan, dem Konflikt am Persischen Golf, der Kaschmir-Krise und den Ost-West-Waffenkontrollgesprächen, bis hin zu einer verwirrenden Ansammlung kleinerer, jedoch nicht minder wichtiger Angelegenheiten. So plädierte er z. B. mit anderen Gleichgesinnten für eine europäische Katastrophenhilfe für die Länder in der Dritten Welt, die von Hungersnöten oder Überschwemmungen heimgesucht wurden, und es finden sich sogar Anträge für solch banale Themen wie fixe Preise für Bücher oder den Appell für „eine aktuelle und dringliche Debatte, um den Verkauf von Butter innerhalb der Gemeinschaft zu steigern". Doch sein eigener dynastischer Hinterhof, bestehend aus Mittel- und Osteuropa, bleibt nie lange unbeachtet. Eine ganze Serie von Anträgen für Debatten betreffen die Art und Weise, wie Rumänien seine Bürger in Siebenbürgen behandelte, welches den größten Teil der magyarischen Bevölkerung nach dem Ersten Weltkrieg vom ungarischen Vaterland abgeschnitten hatte. Und sobald sich der jugoslawische Staat im blutigen Konflikt aufzulösen begann, gab es zwangsläufig einen Antrag nach dem anderen für dringende Debatten über die dortige Krise. Hinsichtlich dessen, was er durch König Hassan zu erreichen hoffte, musste ironischerweise für eine sofortige Aktion des Parlaments bezüglich der „gegen Srebrenica gestarteten Offensive" appelliert werden, bei der tausende Moslems niedergemetzelt wurden. Wie viele andere besorgte Anträge war auch dieser nichts weiter als ein Schuss in die Luft. Die lange Liste an Fragen, die er schriftlich oder mündlich in seinem Namen eingebracht hatte, reichte abermals von gewichtigen internationalen Angelegenheiten, wie z. B. der Hilfe für die Opfer der Apartheid, bis hin zu ziemlichen Belanglosigkeiten. Letztere, die hauptsächlich auf dieser Liste aufscheinen, weisen eine bemerkenswerte Vielfalt auf. Er zeigte sich interessiert an der Lage ausländischer Touristenführer, an der Standardisierung von Kleidungs- und Schuhgrößen, an Subventionen für Kampfstiere (offensichtlich aufgrund seiner Sympathie für Spanien), an Au-pair-Visa und am Schutz von Kälbern, Kormoranen und Reihern.[279] Es gab eine ganze Reihe von Protesten gegen übermäßiges Handgepäck in Flugzeugen, ein aufreibender, doch in seinen Augen auch ernster Verstoß gegen die Sicherheit. Nichts schien sich in dieser Angelegenheit getan zu haben, trotz der wiederholten Beschwerden des Mannes, der praktisch im Flugzeug lebte.

Natürlich zeigen sich vor allem in seinen Ansprachen zu den Plenarsitzungen im Parlament seine wahren Qualitäten. Er konnte sie gleichermaßen fließend, in nicht weniger als sieben Sprachen zum Besten geben: Englisch, Französisch, Deutsch, Ungarisch, Italienisch, Spanisch und Portugiesisch.[280] Das bedeutete, dass er neben seiner Fähigkeit, bei der Mehrheit seiner Parlamentskollegen in deren Muttersprache vorzusprechen, auch während einer Krisensituation in einer Debatte schon einmal die Sprache wechseln konnte, wenn er es für angemessen hielt. Auch die „toten" Sprachen waren für ihn kein versiegeltes Buch. In einer Diskussion über ein rechtliches Thema versuchte ein Kollege, seinen Standpunkt mit holprigem und rudimentärem Latein zu vertreten. Otto antwortete in derselben Sprache, nur im Gegensatz zu seinem Gegenüber fließend und fehlerfrei. Niemand hat daraufhin jemals wieder versucht, ihm auf sprachlicher Ebene die Schau zu stehlen. Wenn man sich durch die Bände von Ansprachen liest, die er über die Jahre hinweg gehalten hatte, so ist man nicht nur von deren kompakter Präzision, sondern auch von deren Offenherzigkeit beeindruckt. Ein sehr lebhaftes Beispiel (wenn auch nur bezüglich einer relativ unbedeutenden Angelegenheit) betraf den Aufruhr über ein Buch, das von einem Kommissionsmitglied, der Dänin Ritt Bjerregaard, geschrieben worden war. Das Buch enthüllte vertrauliche Informationen über die Arbeit innerhalb der Kommission und übte namentlich Kritik an mehreren europäischen Politikern. Als es in Dänemark veröffentlicht wurde, erfreute es sich eines enormen *succès de scandale* und soll sich in einer Woche eine halbe Million Mal verkauft haben, ehe es durch einen Gerichtsbescheid aus dem Handel gezogen wurde. Otto Habsburg verlangte in der Debatte vom 14. November 1995 Aufklärung darüber, was die Kommission dagegen zu unternehmen gedenke und wie sie „jegliche Wiederholung dieser skandalösen Vorkommnisse" in Zukunft vermeiden wolle. Als der britische Vizepräsident der Europäischen Kommission, Sir Leon Brittan, den Versuch unternahm, die Angelegenheit aufgrund des Verkaufsverbots zu begraben, brachte der Abgeordnete für Oberbayern klar und deutlich zum Ausdruck, dass er sich mehr über die Autorin als über das Buch selbst beschwerte. Er fuhr fort:

„Frau Bjerregaard hat eine dunkle Vergangenheit. Seien wir ehrlich: Sie hatte Probleme als Ministerin, weil sie zu hohe Ausgaben hatte. Sie hatte Probleme als Parteivorsitzende aus demselben Grund – nämlich ihre Vorliebe für Glücksspiel und Geld. Dann schickte man sie uns, da man sie zu Hause offensichtlich loswerden wollte. Wie kann man von uns verlangen, solch ein Kommissionsmitglied zu akzeptieren? Wäre es nicht besser, wenn man ihr den Rücktritt nahe legte?"[281]

Ob die Dame diesem Ratschlag folgte oder nicht, ist nicht so bedeutend wie die Art und Weise, in welcher dieser präsentiert wurde. Otto war von Natur aus sicherlich nicht rachsüchtig, und es bestand jedenfalls kein Anlass zu der Annahme, dass die fragliche Kollegin irgendeinen Streit mit ihm angezettelt hätte. Was ihn wütend gemacht hatte, war die Tatsache, dass die Kommission als Ganzes, und mit ihr die Europäische Gemeinschaft und seine eigene Mitgliedschaft, erniedrigt worden war. Dennoch handelte es sich um eine ziemlich aggressive Wortwahl, und es mag angezweifelt werden, ob irgendein anderer Abgeordneter das nötige Selbstvertrauen gehabt hätte.

Er drückte sich ebenso eindeutig bei anderen Angelegenheiten aus, ob große oder kleine. Im November 1991 fand eine Debatte zum Thema „Bewegungsfreiheit für Arbeitnehmer und Transfergebühren für professionelle Fußballer" statt. Alle möglichen gewundenen und rechtlichen Argumente wurden von den Sprechern vorgebracht, um zu suggerieren, dass allen Arbeitern diese Freiheit als Bürgerrecht gemäß Artikel 48, Absatz 3, Unterabsatz (a) des EWG-Vertrags zustünde und nicht missachtet werden solle. Als sich Otto zu seiner Rede erhob, ließ er alle technischen Details beiseite und weitete den gesamten Bereich der Diskussion in dem ihm üblichen kompromisslosen Stil aus:

„Wir haben es hier mit einem echten Problem zu tun, das nicht nur den Fußball betrifft. Professioneller Sport ist heutzutage ein sehr großes Geschäft, und es findet in einem rechtlichen Vakuum statt, in welchem alle möglichen Dinge unkontrolliert wie im 19. Jahrhundert passieren. Es ist höchste Zeit, etwas dagegen zu unternehmen. Genau dasselbe spielt sich im Boxen, im Freistilringen und im Tennis ab. Es handelt sich hier um eine wirklich schäbige Szene."

„Wenn ich z. B. im Tennis mitverfolge, wie sechzehn-, siebzehn- und achtzehnjährige Kinder den Höhepunkt ihrer Karrieren vor dem zwanzigsten Lebensjahr erreichen und dann zum alten Eisen gehören – vollkommen ausgebrannt –, muss ich sagen, dass die Gesellschaft hier die Verantwortung trägt und im Besonderen die Europäische Gemeinschaft, die eine soziale Ordnung in Europa aufzustellen versucht. Sie sollte professionelle Regeln für den professionellen Sport festlegen, um diesen Übertreibungen und

Ausbeutungen ein Ende zu bereiten [...], weil es sonst zu einem schrecklichen Skandal kommen wird, der uns alle ruiniert."[282]

In Wahrheit gab es nichts, was das Europäische Parlament – oder irgendjemand anderer in dieser Angelegenheit – gegen sportliche Wunderkinder im Teenageralter tun konnte, die von ihren berechnenden Eltern oder Sponsoren wie zwangsgemästete junge Gänse aufgezogen werden, und von denen man erwartete, dass sie körbeweise goldene Eier für sie legten. Im Gegenteil, Otto Habsburgs „wirklich schäbige Szene" der kommerziellen Ausbeutung im Sport und seine Protagonisten wurden im Laufe der Jahre immer schäbiger. Doch sein Appell blieb ein gutes Beispiel für ein instinktives Gefühl für das breite Thema der moralischen Verantwortung im Gegensatz zum engen Spielraum der Vorschriften.

Wie wir gesehen haben, hatte er zum ersten Mal in seinem Exil in Amerika behauptet, ein Europäer zu sein (noch bevor er sich als Österreicher oder Ungar bezeichnete); doch als „Mr. Europe" war er immer stolz auf seine amerikanischen Verbindungen gewesen und auch dazu bereit, aus Erfahrungen der Amerikaner zu schöpfen. Somit lag sein wichtigster Beitrag in der Debatte über die Aufstellung eines Aktionsplans der Gemeinschaft zur Bekämpfung von Drogen im Vorschlag, die Kommission solle dem in den Vereinigten Staaten praktizierten Ansatz folgen. Dieser gestaltete die Rechtslage dahingehend, dass der Drogenhandel innerhalb der Abnehmerländer erschwert wurde. Im Gegensatz dazu verfolgte die Gemeinschaft anscheinend das Ziel, die Drogenlieferungen aus dem Ausland zu kontrollieren. Sobald es jedoch zu einem direkten Wettbewerb zwischen amerikanischen und europäischen Interessen kam, gab es keine Zweifel darüber, welcher Seite er sich anschließen würde.

Das beste Beispiel dafür war die Kontroverse im Jahr 1986 hinsichtlich der Entscheidung, ob sich Großbritannien mit amerikanischen Sikorsky-Helikoptern eindecken oder seine bewaffneten Streitkräfte mit einer größeren Anzahl an heimischen Westland-Produkten ausstatten sollte. Die Debatte spaltete die damalige konservative Regierung in zwei Lager: Premierministerin Margaret Thatcher (eine devote Amerikafreundin und Europaskeptikerin) stimmte für das amerikanische Kriegsgerät, während sich ihr Stellvertreter Michael Heseltine (ein Europhiler von Kopf bis Fuß) für das britische Modell einsetzte. Heseltine verlor und verließ aus Protest das Kabinett, jedoch nicht bevor er einige einflussreiche Verbündete in Straßburg gefunden hatte. Otto Habsburg stand an deren Spitze und, wie so oft zuvor, versuchte er auch diesmal, eine Antwort durch Ausweitung des Kontextes zu erreichen:

„Ich wollte nur darauf hinweisen, dass die Amerikaner vor fünfzehn Jahren 100 Prozent des zivilen Luftfahrtsmarktes beherrschten und dass der Airbus es uns nun jedoch ermöglicht hat, den ersten Platz zurückzugewinnen. Wir können denselben Erfolg mit den Helikoptern erzielen, wenn der politische Wille vorhanden ist [...] nur ein Europa, das auf seinen eigenen Füßen steht, kann auch ein Freund der Vereinigten Staaten sein. Ein Europa, das eine Art amerikanisches Technologieprotektorat darstellt, würde sich in Minderwertigkeitskomplexen winden und die Amerikaner ständig herausfordern und kritisieren [...] Es ist in unserem Interesse als Europäer, dass dieser fortgeschrittene Technologiestandard unserer Helikopterindustrie nicht aus europäischen Händen gegeben wird [...]."[283]

Diese besondere Schlacht hatte er nicht gewonnen, wie auch so viele andere nicht, in denen er mitgekämpft hatte. In der Tat zieht sich ein Hauch von Frustration durch jene zwanzig Jahre. Das aufregende Gefühl, auf der breitesten politischen Plattform seines Lebens gestanden zu haben, wird nie versiegen, doch es wird gedämpft durch die Einsicht, dass es nur das eine ist: ein öffentliches Forum für Argumentation und Deklamation, wohingegen die Entscheidungen aber woanders getroffen und seine Appelle nur allzu oft ignoriert werden. Dies traf besonders auf den bewaffneten Konflikt zu, welcher in seinen letzten Amtsjahren in Straßburg ausbrach. So gab er am 13. Februar 1995 aufgrund der russischen Invasion in Tschetschenien, welche zu diesem Zeitpunkt bereits seit zwei Monaten lief, einen eher verzweifelten *cri de cœur* von sich. Hier handelte es sich um keinen Krieg, erklärte er, sondern um Genozid, und es wäre „eine Schande", dass der Westen sich so zurückhaltend verhielt. Könnte der Präsident des Parlaments nicht zumindest eine „sofortige Erklärung" über diese Angelegenheit abgeben?[284] Dem Ausdruck der Sorge wurde pflichtgemäß nachgegangen, doch dieser bewirkte nicht das Geringste. Die Westmächte waren zu sehr damit beschäftigt, die Stabilität des postkommunistischen Regimes in Moskau zu untermauern, wie widerlich einige seiner Maßnahmen auch immer sein mochten. Otto wurde ein „Dankeschön" in Form einer Ehrenbürgerschaft von den Tschetschenen überreicht, doch die russischen Panzer rollten weiter.

Als noch viel näher zur Heimat ein Krieg ausbrach, inmitten des Chaos des jugoslawischen Kollapses, verwandelte sich solche Sorge verständlicherweise in reinste Qual über das, was er als Vorurteil der restlichen Welt zugunsten jener alten Feinde seines Hauses, den Serben, ansieht.

„Zum x-ten Mal stimmen wir Resolutionen über Bosnien oder Bosnien und Kroatien zu", beschwerte er sich einmal. „Es ist ein Zeichen der Schwäche Westeuropas und dessen langer Unfähigkeit, eine Ordnung zu schaffen, weil es sich einfach nicht die volle Wahrheit auszusprechen traut. Es kann in dieser Region keinen Frieden geben, so lange kein Gleichgewicht geschaffen wird und so lange das Waffenembargo gegen Kroatien und Bosnien aufrecht bleibt. Schließlich haben die Serben keinen Grund, Frieden zu schließen. Sie können so viele Waffen importieren, wie sie wollen. Die Kroaten und Bosnier können das nicht. Die Serben [...] werden die Stärkeren bleiben, so lange diese Situation andauert."[285]

Zwei Monate später greift er seine Anschuldigung auf und erklärt, dass die Art und Weise, wie sich die Europäische Union gegenüber dem ehemaligen Jugoslawien verhalten hatte, schlicht und einfach „skandalös" war. Ein Problem, wie er sagte, bestand darin, dass sie keinen eigenen, geeigneten Geheimdienst hatte und daher nicht in der Lage war, unabhängige Urteile zu fällen. „Wir brauchen ein Zentrum für Analysen, nicht nur für das Parlament, sondern für alle Institutionen unserer Union [...], nur mit solch einem Zentrum können wir die zukunftsorientierte Diplomatie ausüben, die so absolut wichtig ist für uns."[286]

Ihm bereiteten auch die Arbeitsprozesse innerhalb des Parlaments, dessen stolzes Mitglied er war, große Sorgen. Seine grundlegendste Sorge war die Tatsache, dass die überwiegende Mehrheit der Abgeordneten die Anwesenheit als eine Art Viertagewoche auffasste. Sie reisten schon am Donnerstag ab, unter Inanspruchnahme ihrer verschwenderisch kalkulierten Reisespesen, und tauchten erst irgendwann am nächsten Montag wieder auf. Dementsprechend glich das Gebäude gegen Ende einer jeden Arbeitswoche einer leeren Muschel. Dies machte Otto wütend, nicht nur, weil er (im Gegensatz zu vielen Abgeordneten) ein „Workaholic" war (und auch stolz darauf war), sondern weil es seine Überzeugung war, dass er und seine Kollegen die moralische Verpflichtung hatten, die Arbeit, für die sie so fürstlich entlohnt wurden, auch tatsächlich zu leisten. Es gelang ihm, mit einigen wenigen Gleichgesinnten den so genannten „Freitags-Club" ins Leben zu rufen. Hierbei handelte es sich um eine *Ad-hoc*-Versammlung von Abgeordneten aus allen Parteien oder politischen Richtungen, die nur eines gemeinsam hatten: den Willen, jene Fünftagewoche zu absolvieren, für die sie auch eingestellt wurden. Die Beteiligung reichte von, wie sich Otto erinnert, einer bloßen Hand voll bis zu 40 oder 50 Personen. Die parlamentarische Hauptmaschinerie – für die schon die bloße Existenz dieser Sitzungen eine stille Rüge darstellte – übte Rache, indem sie diese als Trivialität herunterzuspielen versuchte. Das Resultat war noch mehr Frustration für den Hauptinitiator der Idee. Am 3. April 1995 kam es zu diesem Zornesausbruch Ottos:

„Herr Präsident, ich möchte noch einmal Protest einlegen, *wie ich es auf jeder Sitzung tue,* gegen den zunehmenden Zweite-Klasse-Status des Freitags [...] Wir müssen endlich klarstellen, dass der Freitag ein Arbeitstag wie jeder andere ist. Aus diesem Grund sind wir hierher geschickt worden – und nicht damit wir schon am Donnerstag nach Hause gehen können!"[287]

Er widmete sich abermals dem Anliegen, als eine kleine Gruppe von nur elf Abgeordneten um neun Uhr morgens am Freitag, dem 27. Oktober 1995, unter dem Vorsitz einer gewissen Frau Pery ihre Sitze einnahm:

„Frau Präsidentin, ich möchte gerne Ihre Aufmerksamkeit auf die derzeitige Organisation unserer Tagesordnung lenken. Die heutige Agenda ist praktisch leer [...] Ich sehe dies als eine Maßnahme zur Aushungerung Straßburgs an, als Zerstörung unserer freitäglichen Teilsitzungen und der Beschäftigung mit interessanten Dingen anderswo."[288] Wie üblich wurden seine Proteste „zur Kenntnis genommen". Und wie üblich bewirkten sie nichts. Was ihn auf dieser Versammlung noch zorniger gemacht haben musste, war die Tatsache, dass ein Teil ihrer mageren Tagesordnung mit Streitigkeiten darüber vergeudet wurde, welche parlamentarische Gruppe die Hauptschuld an den Reihen von leeren Sitzen trug. Nachdem jede Gruppierung im Prinzip für die Freitagstreffen gestimmt hatte, handelte es sich um eine peinliche Angelegenheit. Zumindest blieb Otto die Genugtuung, dass seine eigene PPE die höchste Beteiligung an diesem Morgen aufzuweisen hatte – drei von elf waren anwesend.

Er holte immer das meiste aus einer Situation heraus, indem er diese Sitzungen für informelle Diskussionen über allfällige Themen verwendete, die für die Freitagstreffen wie zugeschnitten schienen. Diese reichten von bescheidenen Themen wie z. B. Fischereirechte bis hin zu großen Anliegen, wie die Einführung eines europäischen Passes, dessen erster Befürworter Otto war. Aufgrund der Unterschiede der Anwesenden waren diese Diskussionen oft stimulierend und nützlich und dienten dazu, seinen ohnehin schon großen Kreis von persönlichen Kontakten auszuweiten. Doch die blockierenden Taktiken, die gegen ihn angewandt wurden, erhöhten nur das unbehagliche Gefühl, dass die Europäische Union zu einem trägen Riesen geworden war, der sich jeglicher Änderung seiner festgefahrenen Methoden und Privilegien in den Weg stellen würde.

Die Krux dabei war, wie man die Kommission auf ihre eigene grobe Misswirtschaft ansprechen sollte. Otto hatte von 1982 bis 1994 in den Ausschüssen zur Haushaltskontrolle gedient und hatte mehr als genug gesehen und gehört, um seine Nase zu rümpfen. Doch die Beweise für die offensichtliche Misswirtschaft blieben größtenteils anekdotenhaft, bis angewiderte „Aufdecker", die in der Kommission gearbeitet hatten, mit Berichten aus erster Hand über Betrug, Vetternwirtschaft und Korruption in den eigenen Reihen auspackten. Die Skandale konnten nicht mehr länger unter den

Teppich gekehrt werden. Das Resultat am 14. Januar 1999 war der für das Europäische Parlament historische (wenn man dessen Lethargie bedenkt) Misstrauensantrag gegen die Kommission als Ganze, gepaart mit der Ablehnung ihres Budgets. Die Legislative hatte letzten Endes die bis dahin als uneinnehmbar geltende Exekutive angegriffen.

Die Bürokratie reagierte mit einer Mischung aus Leugnen, Ablenkung und vor allem mit Verzögerung. Unter Letzteres fiel die Ernennung eines Organs, das mit dem mystischen Titel „Die Weisen Männer"[289] versehen wurde und welches die Anschuldigungen untersuchen sollte. Ihre zwei Berichte, die im März und im September 1999 abgeliefert wurden, vertagten die Angelegenheiten bis Herbst, doch ihr endgültiger Urteilsspruch war vernichtend. Die Kommission hatte keine andere Wahl, als *en bloc* zurückzutreten. Mehrere Kommissionäre, deren Abteilungen wie auch sie selbst der Kritik entkommen waren, sollten wieder ernannt werden. Andere, die namentlich genannt und für schuldig befunden worden waren, verschwanden für immer aus der Szene, über die sie Schande gebracht hatten. Die Bekannteste von jenen, denen unter lautem Protestgeschrei die Tür gewiesen wurde, war die französische Kommissärin Edith Cresson, deren Liste von angelasteten Vergehen lange und vielfältig war.

Wir müssen uns nun wieder Otto zuwenden, der zur Zeit der Beilegung dieser lang andauernden Krise als Vater des Hauses schließlich seinen Posten als Abgeordneter des Europäischen Parlaments abgab. Darüber hinaus hatte auch sein älterer Sohn Karl, das nächste Oberhaupt der Familie, sein im Jahr 1995 erlangtes Mandat als Abgeordneter der konservativen österreichischen Volkspartei für Salzburg verloren. Es hätte in der Art ihres Ausscheidens keinen größeren Kontrast geben können, hätte es sich nicht um den Gegensatz zwischen den beiden Männern selbst gehandelt. Otto verließ seinen Sitz unter dem Abschiedsapplaus seiner bayrischen Kollegen aus dem christlichsozialen Lager und unter dem herzlichen Lob des Präsidenten des Parlaments, dem er so lange und so gut gedient hatte. Sein Sohn löste sich einfach in nichts auf, nachdem er von seiner eigenen Partei, die gegen ihn intrigiert hatte, verstoßen worden war, und verließ das Parlament mit einer über seinem Kopf schwebenden Wolke bösartiger, wenn auch nicht bewiesener Anschuldigungen aufgrund finanzieller Unregelmäßigkeiten.

Nehmen wir zuerst den Vater: Sein Abschied war ein freiwilliger, zu dem ihn ein äußerst seltener Rückschlag in seinem langen, anscheinend von unermüdlicher Vitalität gesegneten Leben, veranlasst hatte. Im Winter des Jahres 1998 fesselte ihn eine schwere Lungenentzündung ans Bett, und die nachfolgenden Komplikationen machten ihn wochenlang arbeitsunfähig. Nach seiner Genesung entschloss er sich, die Arbeit zur Gänze aufzugeben, zumindest was seine Auftritte auf seiner geliebten Straßburger Bühne betraf. Wenn er sich seiner Gesundheit nicht mehr länger sicher sein konnte, so konnte er der Partei, die ihn gewählt hatte, und der Wählerschaft, die für ihn gestimmt hatte, nicht mehr länger seine gebührenden Dienste garantieren. Nachdem sein damaliges Mandat mit Juni 1999 abgelaufen war, stellte ein Rücktritt die logische und ehrenhafte Konsequenz dar. Er führte seinen Plan aus, trotz all der Bereitschaftserklärungen seiner bayrischen Christlichsozialen, ihn für das fünfte Rekordmandat in Serie aufzustellen. Das hätte ihn bis Sommer 2004 in Straßburg gehalten, bis zu seinem 93. Lebensjahr.

Diese Rechnung kann Otto nicht entgangen sein, und obwohl er es in der Öffentlichkeit niemals zugegeben hatte, ging er wahrscheinlich zum ersten Mal in seinem Leben vor Gevatter Zeit ein wenig in die Knie. Dies geht aus einigen privaten Briefen hervor, die er Freunden bezüglich seiner Entscheidung schrieb. So schreibt er in einem von ihnen[290], anscheinend zu einem Zeitpunkt, als seine Batterien wieder vollkommen aufgeladen waren, dass er voller Pläne stecke, als Privatperson bei verschiedenen europäischen Wahlkampagnen mitzuhelfen. Doch in Hinblick auf seine Entscheidung, nicht mehr selbst zu kandidieren, schreibt er, dass „dies schließlich relativ logisch ist für einen Sechsundachtzigjährigen".

Denselben Ton schlug er in seiner vorletzten Rede vor dem Parlament am 16. April 1999 an. Bezeichnenderweise ging es in der Debatte um Diskriminierung aufgrund des Alters oder die verzweifelte Lage der Senioren im 21. Jahrhundert. Sein Beitrag begann auf einer sehr persönlichen Ebene und erntete allgemeinen Applaus:

„Herr Präsident, ich spreche hier von meiner einzigartigen Position als Abgeordneter dieses Hauses, der vor dem Ersten Weltkrieg geboren wurde und darüber hinaus in dieses Parlament gewählt wurde lange nach Erreichung des Pensionsalters. Seit damals habe ich zwanzig wundervolle Jahre des Lebens und der Arbeit hier genossen."

Der Rest seiner Rede gestaltete sich als langer Appell, die „Rechte der Senioren" zu respektieren. Es sollte ihnen erlaubt sein und sie sollten auch dazu ermutigt werden, über das Pensionsalter hinaus zu arbeiten. Das würde den jungen Menschen keine Arbeitsplätze wegnehmen, und außerdem „herrsche manchmal ein unangemessen starker Hang zur Glorifizierung der Jugend". Auf der anderen Seite brächten viele Pensionisten „die Vorteile einer lebenslangen Erfahrung in ihre Arbeit ein". Den Senioren müsse Wahlfreiheit zugestanden werden, die in der Tat auch mithelfen würde, die sich heutzutage verschiebende demographische Pyramide unter Kontrolle zu bringen. Oberstes Ziel müsse es sein, „ihre Freiheit zu schützen". Er kehrte unter abermaligem Applaus, der wenig überraschend von allen Gruppierungen im Saal kam, an seinen Platz zurück.

Zum Zeitpunkt seiner Ansprache sah sich Otto allen voran mit einem schweren Beben konfrontiert, das die politische Pyramide seiner eigenen Familie erschütterte. Es hatte schon Anzeichen für bevorstehende Schwierigkeiten gegeben. Die Habsburger hatten nach dem Fall der Berliner Mauer eine regelrechte politische Attacke aus eigenen Stücken lanciert. Dieser Umbruch hatte neue Hoffnung sowohl für die Dynastie als auch für eine neue Ära der Freiheit für jene Millionen von Menschen aufkeimen lassen, die mehr als 40 Jahre lang unter kommunistischer Herrschaft gelebt hatten. Jenes Picknick in Sopron vor dem Eisernen Vorhang, das von ihren treuen Fußsoldaten in der Paneuropäischen Union inszeniert wurde, war der Höhepunkt der Kampagne. Was die Familie zunächst nicht bemerkte, war die dadurch ausgelöste politische und ideologische Gegenreaktion, vor allem im linksgerichteten österreichischen Lager.

Es herrschte die Stimmung vor, die sich nicht nur auf den harten Kern der „Habsburghasser" beschränkte[291], dass das ehemalige Herrschergeschlecht insgesamt zu groß wurde für seine auf Hochglanz polierten Stiefel und ihm ein paar Dämpfer verpasst werden müssten, bevor es über heiliges, republikanisches Territorium hinwegtrampelte. Dieses Gefühl verstärkte sich, als Karl fünf Jahre nach jenem Coup am Eisernen Vorhang seinem Vater ins Straßburger Parlament folgte. Das Spektakel, den Sohn und den Enkel des letzten österreichischen Kaisers Seite an Seite (und sie trennten sich nur selten) im Sitzungssaal stehen zu sehen, schien die vermeintliche monarchistische Bedrohung zu personifizieren. Doch Otto war unverwundbar. Sein Prestige war unübertroffen inmitten der 616 Abgeordneten des Hauses; seine persönliche Integrität konnte auf keiner Ebene in Frage gestellt werden. Das machte Karl zur einzigen Zielscheibe, auf die man schießen konnte, und unglücklicherweise schien er manchmal die Pfeile geradezu magisch anzuziehen.

Die Tatsache, dass er schon immer viel verwundbarer gewesen war als sein berühmter Vater, hatte ebenso viel mit seiner Generation zu tun als auch mit seinem Wesen. Selbst wenn es in Ottos Jugend Fernsehen gegeben hätte, hätte seine Mutter dafür gesorgt, dass er die Talkshows und Quizsendungen wie die Pest gemieden hätte, welche sein Sohn in Wien monatelang zu moderieren eingewilligt hatte. Hätten die Matriarchin und die starren Grundsätze ihrer Kaste darüber hinaus noch immer Gültigkeit besessen, als sich Karl entschied, ein gewisses Fräulein Francesca von Thyssen zu heiraten, ist es sehr fragwürdig, ob die Hochzeit jemals stattgefunden hätte. Dass die Familie der jungen Dame einige unglückliche Verbindungen mit Nazi-Deutschland während des Krieges unterhalten hatte oder dass sie selbst einst einem ausgesprochen schrillen Lebensstil gefrönt hatte, wäre nicht so sehr ins Gewicht gefallen wie die Tatsache, dass das nächste Oberhaupt des Habsburgerclans die Tochter eines einfachen, ungarischen Barons, noch dazu vor gar nicht langer Zeit geadelt, als seine Braut auserkoren hatte. Der Umstand, dass man von der Braut großen Reichtum erwarten konnte oder sogar, dass sich das Paar wirklich ineinander verliebt hatte (wie das der Fall war), hätte nach altem Maßstab nicht halb so viel gegolten, wie jener eklatante Unterschied in ihrer beider Herkunft. Die neunziger Jahre mit ihren vorherrschenden sozialen Standards konnten jedoch nun einmal nicht mit den Sechzigern verglichen werden, in keiner Familie, selbst nicht in einer einst so großen Dynastie. Otto trug die Situation mit Fassung, obwohl außer Zweifel steht, dass die Hochzeit Karl (und in der Tat auch seinem Vater) in den monarchistischen Zirkeln, die noch immer mit allen zehn Zehen in der Vergangenheit verwurzelt sind, nichts Gutes bescherte.[292] Baron Thyssens eigener Lebenswandel und der erniedrigende und finanziell ruinöse Rechtsstreit über die Verfügungsgewalt über seinen enormen Reichtum störte weit mehr Leute als nur die Ultra-Loyalisten. Hierbei handelte es sich um gesellschaftliche Rückschläge, die Karl und seine Frau, die sich glücklich um ihren Nachwuchs kümmerten, nicht provoziert hatten und gegen die sie auch wenig unternehmen konnten. Doch politisch gesehen halfen Karl und seine Freunde mit, sein eigenes Grab zu schaufeln.

Im Winter 1998 war bereits klar, dass seine österreichische Volkspartei (in deren Reihen er sich viele Feinde geschaffen hatte, vor allem durch seine Weigerung in Straßburg, ihren Diktaten aus Wien zu gehorchen) entschlossen war, ihn fallen zu lassen. Zur Weihnachtszeit wurde ihnen dazu der Grund geliefert: der Aufschrei über die vermeintliche Veruntreuung von Geldern, die für die Katastrophenhilfe „World Vision" gesammelt wurden. Die Summe von etwa 44.000 Euro) sollte umgeleitet worden sein, und zwar zuerst in die Geldbeutel der Paneuropäischen Union und dann, in verringertem Ausmaß, in Karls eigene Wahlkassa.

Es gab keine Beweise, dass er persönlich in die Affäre verwickelt gewesen war, und er stritt jegliches Mitwissen ab – ein Dementi, das niemals widerlegt wurde. Auch über die involvierten Summen wurde gestritten. Nichtsdestotrotz handelte es sich um keinen schönen Anblick. Die zwei betroffenen Hauptfiguren, ein verheiratetes Paar, waren seit langem Freunde und Kollegen Karls gewesen, und ihre Positionen machten sie damals automatisch verdächtig. Wolfgang Krones war der Generalsekretär der österreichischen Paneuropäischen Union, während seine Frau Tina die „World-Vision"-

Bewegung anführte. Beide wurden von der Polizei in Untersuchungshaft genommen, obwohl es letzten Endes zu keinem Prozess gegen sie kam. Der rechtliche Ausgang und ebenso der wahre Schuldanteil waren für Karls Sache irrelevant. Dank einer intensiven Medienkampagne, sowohl von seinen ideologischen Gegnern aus dem linken Lager als auch von seinen Rivalen aus dem eigenen rechten Flügel initiiert, wurde sein Name lediglich aufgrund seiner Kontakte in dieser Affäre besudelt. Der baldige Rückzug seines europäischen Mandats sollte von vornherein feststehen. Die Art und Weise, wie er seine parlamentarische Karriere in Straßburg beendete, war ebenso fraglich wie die Wahl seiner Freunde in Wien. Als es zur großen Kraftprobe, der Korruptionsabstimmung, kam, lauteten die Befehle seiner Volkspartei, die Kommission zu unterstützen, deren eigene Missetaten sie anscheinend billigte. Stattdessen stimmte er als Einziger in seiner Gruppe mit der Gegenpartei, nämlich mit der österreichischen Freiheitlichen Partei aus dem rechten Flügel, welche ebenso wie die Christlichsozialen seines Vaters einstimmig für eine Ablehnung stimmte. Durch eine einfache Stimmenthaltung hätte Karl sein Ziel vollkommen erreicht. Sich jedoch auch nur hinsichtlich irgendeines Themas mit der Bewegung zu verbünden, die von Jörg Haider angeführt wurde, bescherte ihm einen undankbaren Abgang von der politischen Bühne. Es nährte nur weitere schädliche Gerüchte, dass er, nur um seinen Parlamentssitz um jeden Preis zu behalten, verzweifelt nach einem Mandat für die Freiheitlichen angelte.

Wie verzweifelt die Suche tatsächlich geworden war, zeigte sich bei der nationalen Wahl des neuen Europäischen Parlaments im Jahr 1999, deren Wahlkampagne für Österreich im Frühling gestartet wurde. Es gab einen Neuling auf der sonst so vertrauten Parteiliste: die so genannte „Christlichsoziale Allianz" wurde als eine unabhängige, idealistische und stark katholische Alternative zur verkümmerten Volkspartei aufgestellt. Ihr Geldgeber und Sprecher war der 41-jährige Adelige Carl Albert Waldstein, dessen Reichtum (aus Familienbesitzungen, die von den Tschechen restituiert wurden) seinen politischen Grips bei weitem überragte. Schon bald wurde klar, dass sein Hauptziel der ernüchternde Plan war, den

Spitzenkandidaten der Partei, Karl Habsburg, wieder zurück nach Brüssel zu entsenden.

Um das zu erreichen, hätte die Allianz etwa 160.000 Wählerstimmen oder 4,5 Prozent der Wählerschaft erreichen müssen. Als jedoch die Wahlurnen am 13. Juni 1999 geleert wurden, hatten sich nur 42.438 Österreicher für den jungen Erzherzog ausgesprochen, was knapp 1,5 Prozent der 5,850.000 Wahlberechtigten ausmachte.

Sein Vater und seine Mutter, deren öffentliche Unterstützung während der „World-Vision"-Affäre niemals ins Wanken geraten war (was auch immer innerhalb der privaten Familiensitzungen besprochen wurde), entschlossen sich, bei der Kampagne mitzuhelfen. Hier ging es um Loyalität und Ehre. Doch Ottos politische Sensoren waren zu fein eingestellt, um zu verkennen, dass er in diesem besonderen Rennen auf einen hoffnungslosen Außenseiter setzte. Schon bald darauf gab die Allianz jegliche Hoffnung auf einen Platz an vorderster Front auf und löste sich einfach in jenem Nebel auf, aus dem sie einst aufgetaucht war. Mit ihr verschwand auch Karl als politische Kraft in seinem eigenen Land von der politischen Bühne. So weit das Auge reichte, würde es für ihn keinen Platz auf den Parlamentsbänken weder in Straßburg noch in Wien geben, und auch sonst konnte er sich nirgendwo umsehen.

Für den Vater war dies ein schwerer, persönlicher Schlag. Er hätte sich in der Tat gewünscht, dass ihn selbst die Niederlage getroffen hätte und nicht seinen Sohn. Sie hatte den vorgesehenen Höhepunkt seiner langen politischen Karriere – nämlich den parlamentarischen Taktstock seinem ältesten Sohn zu überreichen – in eine ziemlich bittere Enttäuschung verwandelt. Handelte es sich um eine unbewusste Kompensationshandlung für beide von ihnen, dass er sein geliebtes Straßburg mit dem Gedanken verließ, dass das Parlament und auch die Union nicht mehr ausreichten, um seine Vision für die Zukunft erfüllen zu können?

KAPITEL VIER

Königliche Endspiele

Mag der Abschied von Straßburg für die Familie auch ein nüchterner, ja sogar ernüchternder gewesen sein, so gab es schon bald etwas, auf das sie sich wirklich freuen konnten. Im Mai 2001 fand Ottos und Reginas goldene Hochzeit statt, und mit den Vorbereitungen für die Feierlichkeiten wurde schon lange im Voraus begonnen. In erster Linie handelte es sich um eine persönliche Angelegenheit: eine Danksagung für 50 Jahre einer Ehe voll Harmonie und Glück, aus der bis zu diesem Zeitpunkt 20 Enkelkinder von ihren zwei Söhnen und fünf Töchtern hervorgegangen waren. Doch zwangsläufig handelte es sich auch um eine Selbstdarstellung der Dynastie und ihrer Rolle, die sie noch immer in Europa zu spielen bemüht war, und der Vorteile der traditionellen, christlichen Werte, die sie selbst in der heutigen Welt hochhielt. All das kam sehr stark zum Ausdruck in der ersten und bedeutsamsten der drei Feierlichkeiten, welche am 10. Mai in Nancy, der Hauptstadt der Herzöge von Lothringen, über die Bühne ging, in jener Stadt, in der das Paar genau ein halbes Jahrhundert zuvor geheiratet hatte.

Die Bezeichnung „Inszenierung" ist nicht übertrieben, da jedes kleinste Detail die Bedeutung der Familie, so wie auch ihre offensichtliche Resonanz hervorzuheben schien. Letztere spiegelte sich in der Gästeliste wider, auf der nicht nur die katholischen Königshäuser Europas und jene Verfechter der Monarchie, wie z. B. die Tiroler Schützen, aufschienen, sondern auch der Bürgermeister von Nancy, André Rossinot, der in der Tat mehr als Gastgeber denn als Gast fungierte. Nach der öffentlichen Messe in der Kapelle „Les Cordeliers", in der die Trauung im Jahr 1951 stattgefunden hatte, war er es, der den offiziellen Empfang im Namen der Stadt gab.

Hier wurde auch der Habsburger beständiger Beitrag zu Europas Wohlbefinden, selbst aus dem Exil, hervorgehoben. Das Rathaus war solcherart dekoriert, dass diese Kontinuität zum Ausdruck kam. Die Blumendekorationen waren alle in Rot und Weiß gehalten (einst die Farben der Dynastie, doch noch immer von der österreichischen Republik gehisst). Vom Balkon hing die Fahne mit den 15 Sternen der Europäischen Union, in deren Parlament Otto 20 Jahre lang gedient hatte. Wie der Bürgermeister in seiner Willkommensrede unterstrich, hatte Otto beständig „gegen die Nazi-Barbarei und die stalinistische rote Ordnung" gekämpft, lange bevor er ins Parlament eintrat. Nachdem er seinen Sitz in Straßburg eingenommen hatte, war Otto von Habsburg „in hohem Maße in den Aufbau eines dynamischen Europas involviert gewesen, das sich weit über seine eigene Familie und seine historischen Wurzeln hinaus erstreckte". Es handelte sich um einen Tribut an eine Persönlichkeit, die niemals den Kontakt zur Jetztzeit verloren hatte, wie lange und dunkel der Schatten der Vergangenheit auch gewesen sein mag. Die große Menge, die sich auf dem Stanislavplatz unter dem Balkon des Rathauses versammelt hatte, schien beiden glücklich zuzujubeln. Otto beschränkte sich darauf, zu betonen, dass er immer „ein treuer Sohn Lothringens" bleiben würde.[293]

Es folgten weitere Feiern in Österreich und Ungarn, den Rumpfstaaten der ehemals ausladenden Hälften der Habsburgermonarchie. Die freudigste von ihnen fand in Mariazell statt, jener steirischen Wallfahrtskirche, die solch geheiligte Bedeutung für die Dynastie hatte. Die Dynastie selbst trat im Zuge der sorgfältig inszenierten Zeremonie sehr stark in Erscheinung. Auf den Straßen der kleinen Ortschaft sah man zahlreiche Uniformen aus der verschwundenen Monarchie: ungarische Husaren mit ihren Umhängen und hohen Stiefeln, Matrosen in der alten kaiserlichen Marinetracht und zwangsläufig, einmal mehr, jene farbenprächtigen, nostalgischen Bühnenrequisiten, die Tiroler Schützen. Alles in allem wurden die traditionellen Uniformen aus sieben Ländern des alten Kaiserreiches vorgeführt: Böhmen, Mähren, Galizien, Friaul und Südtirol, so wie auch Österreich und Ungarn. Wären da nicht die Motorräder der österreichischen Polizei gewesen, man hätte meinen können, Mariazell habe an diesem Tag eine Reise in die Vergangenheit angetreten. An der Prozession nahm sogar ein altes Gräf-und-Stift-Automobil teil, das einst Österreichs letztem Kaiser gehört hatte, während bei der Messe im Inneren der riesigen Kirche mit ihren zwei Türmen sich das Paar auf das lange Gebetskissen stützte, auf welchem schon der Monarch gebetet hatte. Jene Polizeimotorräder waren jedoch nicht der einzige Beitrag der österreichischen Republik der Nachkriegszeit. Die Bofors-Kanonen eines Wiener Artillerieregiments feuerten einen Salut von 21 Kanonenschüssen ab; eine Blaskapelle aus Wels spielte die alte Kaiserhymne; und sogar die Republik selbst war offiziell vertreten, wenn auch nur in bescheidener Form durch Vizekanzlerin Dr. Riess-Passer.[294] Es war kein erfreulicher Tag für den österreichischen linken Flügel, dem es über so lange Zeit gelungen war, Otto von seiner Heimat fernzuhalten.

Auch in Ungarn brachten die Feiern Vergangenheit und Gegenwart zusammen, obwohl die Verbindung hier tiefer ging. Der gewählte Schauplatz war das am Rand der Hauptstadt gelegene alte Kaiserschloss Gödöllő. Viele Jahre lang hatte es Kaiserin Elisabeth, Franz Josephs rastloser und melancholischer Ehefrau, als Lieblingsrefugium innerhalb der Monarchie gedient. Doch dies war nicht die Erinnerung, die in Otto am 24. Mai 2001 hochkam, als er und seine Frau die lange Schlange von Gratulanten am obersten Ende der Festtreppe[295] empfingen, die wie der Rest des Gebäudes in ihrem ursprünglichen Glanz erstrahlte. Das letzte Mal, als er sich innerhalb dieser Mauern befunden hatte, lag mehr als 80 Jahre zurück, als er als verängstigter kleiner Kronprinz auf seine Rettung aus einem durch die Revolution in Flammen stehenden Budapest wartete. Dass er damals in Windeseile weggebracht worden war, geschah zur relativen Sicherheit seiner belagerten Familie in Wien, und jetzt sprach er in seiner strikt unpolitischen Rede nur über ein Thema: die Familie. Wie er seinen Gästen mitteilte, war sie das wahre Fundament des Lebens, und das Wiederaufleben einer Nation konnte nur mit dem Gedeihen familiärer Werte erreicht werden. Hierbei handelte es sich um eine unaufdringliche Rede für einen Mann, dem beim ersten Besuch im postkommunistischen Budapest „Éljén a Király!" („Lang lebe der König!") von der Menge zugerufen worden war, die sich außerhalb jener Kathedrale versammelt hatte, in der er einst der Krönungszeremonie seines Vaters beigewohnt hatte. Nichtsdestotrotz hatte sich nun ein Kreis in seinem Leben auf glückliche Art geschlossen, und mit ihm verhallten auch die letzten öffentlichen „Hurra"-Rufe, mit denen die Familie rechnen konnte.

Otto von Habsburg war nicht das einzige exilierte Mitglied eines ehemaligen Königshauses, das während dieses Sommers in einem seiner alten Paläste abermals willkommen geheißen werden sollte. In der Tat wurden im Juli 2001 dem jugoslawischen Kronprinzen Alexander, der während des Krieges als Flüchtling in London zur Welt gekommen war[296], beide ehemaligen königlichen Paläste in Belgrad als permanente Wohnsitze für ihn und seine Familie zurückgegeben.[297] Obwohl er sich inmitten seines Volkes und seiner Paläste quasi wieder an der Macht befand, war Prinz Alexander noch immer weit davon entfernt, jemals, wenn überhaupt, seinen Thron zurückzubekommen. Das war ein Thema, dem er klugerweise aus dem Weg ging.

Näher dem Weg zu einer Restauration befand sich der spektakulärste aller königlichen Heimkehrer dieses Sommers, Kronprinz Simeon von Bulgarien. Er hatte seine eigene Partei gegründet, die „Nationalbewegung für Simeon II.", die bei den allgemeinen Wahlen in Bulgarien an die Macht katapultiert wurde, und welcher nach langer Überlegung überredet werden konnte, das Amt des Präsidenten zu übernehmen. Das war an sich schon genug des Wagnisses. Noch riskanter war die Bedingung, die er einem Referendum über die Rückkehr der Monarchie vorausgeschickt hatte. Er wollte nichts Geringeres erreichen, als innerhalb eines sonderbaren Zeitrahmens von 800 Tagen die Wirtschaft seiner beinahe bankrotten Heimat wiederherzustellen, eines Landes, das durch Misswirtschaft und Korruption gelähmt war, und zwar in einem Ausmaß, welches selbst die auf dem Balkan üblichen Standards in den Schatten stellte. Otto kannte Simeon schon seit 30 Jahren gut und bewunderte ihn sehr dafür, dass er seine bulgarische Identität auch während seiner Karriere als Bankier in New York beibehalten hatte. Er hatte seinen Freund schon lange vor dem Sommer 2001 zu einer politischen Karriere gedrängt, musste jedoch zugeben, dass der Kurs, für den sich Simeon schließlich entschieden hatte, ein sehr riskanter war.

Als er gefragt wurde, welche Bedeutung Simeons Rückkehr für seine eigene Familie hätte, erwiderte Otto schlicht: „Nein, es wird sich nicht auf unsere Position auswirken, obwohl wir erfreut sind, dass, wenn Bulgarien den richtigen Weg einschlägt, andere Nationen vielleicht folgen werden."[298] Er wusste, besser als irgendjemand anderer, dass alles eine Frage der Größe war. Die riesigen historischen Paläste in Wien und Budapest waren die Sitze der seit langem etablierten Kaiser gewesen, und nicht jener, die erst kürzlich als unbedeutende, deutsche Könige importiert wurden, wie z. B. die Sachsen-Coburg-Gothas aus Sofia. Es bestand wenig Hoffnung, dass sie jemals wieder von jemand anderem als von Touristen bevölkert würden, die in Massen herbeiströmten, um die österreichisch-ungarische Vergangenheit zu sehen. Wien war nie eine Krönungsstadt gewesen und war nun in eine republikanische Form gegossen worden. Karl, der einzig mögliche Kandidat für die Leitung einer konservativ-monarchistischen Bewegung innerhalb der Republik, war von der politischen Szene verschwunden.

Budapest war hingegen historisch gesehen für die Habsburger sehr wohl eine Krönungshauptstadt. Von den ersten Jahren der Nachkriegsära an hatte Otto jedoch erkannt, dass das Allerhöchste, auf das seine Familie realistischerweise hoffen konnte, nicht das Königsamt, sondern die Präsidentschaft über das Land war – und das nur auf Basis eines Volksvotums. Es gab Zeiten, da er auf seinen frühen Besuchen ins postkommunistische Ungarn tatsächlich beinahe wie ein Staatsoberhaupt auf der Warteliste behandelt worden war.[299] Obwohl das herzliche Willkommen nie ausblieb, ging doch die euphorische Stimmung zurück, und zwar in wahrlich magyarischem Stil. Zu dem Zeitpunkt, als die Republik den Beitritt zur Europäischen Union anvisierte, verspürte sie nicht das Bedürfnis, ihrer Kandidatur durch umstrittene politische Experimente zu schaden. Mittlerweile war Otto sowieso schon zu alt für irgendeines dieser langfristigen Vorhaben geworden.

Wie sieht nun, im Rückblick betrachtet, die Bilanz seines Lebens aus, nach Niederlegung seines öffentlichen Amtes? Jene 20 Jahre in Straßburg waren die Krönung seiner politischen Karriere gewesen, und er war glücklich, einige der von ihm getroffenen Initiativen – wie z. B. die Einführung eines gemeinsamen Passes – verwirklicht zu sehen.[300] Doch er sorgte sich weiterhin, dass die Europäische Union zu schnell und zu bald in Richtung einer Fusion auf breiterer Basis marschieren könnte:

„Ich persönlich habe mich immer gegen die Idee einer niedergeschriebenen europäischen Verfassung gestellt. Ich hatte das Gefühl, dass dies noch verfrüht wäre und auch noch für lange Zeit bleiben würde. Ich hielt mich demnach stärker an de Gaulles Auffassung und an seinen Aufruf für ‚l'Europa des patries‘ […] Die Vaterländer sind in der Tat die ersten nationalen Machtbasen. Mit Entwicklung der Dinge werden sich sicherlich andere Formen finden (und eine Föderation ist schließlich nur eine Konföderation, die funktioniert). Aber vom ersten Moment an, aufgrund meiner eigenen Erfahrungen, war Europa für mich etwas, das wie ein Baum wachsen muss und nicht einfach wie ein amerikanischer Wolkenkratzer aus dem Boden gestampft werden sollte!"

„Darüber hinaus hatte ich bald nach dem Krieg durch meine Arbeit mit Robert Schuman an seiner Vision für Europa gelernt, dass es der größte Fehler war, den man begehen konnte, den zweiten Schritt vor dem ersten zu machen. Als wir über seine anfängliche Idee für eine Gemeinschaft für Kohle und Stahl diskutierten, bat ich ihn von Beginn an, auf etwas Ehrgeizigeres abzuzielen. Ich danke dem Herrn noch heute dafür, dass er nicht auf mich gehört hatte!"[301]

Ottos Ideen zur Erweiterung der Europäischen Union folgen derselben Schritt-für-Schritt-Taktik. Abgesehen von der Aufnahme der kleineren mittel- und osteuropäischen Staaten, die sich bereits um eine Mitgliedschaft anstellen, wird die Gesamtstruktur in seinen Augen erst durch die Einbindung Russlands vollkommen sein.[302] Doch diese Ausweitung bis jenseits des Urals würde nur unter einer Bedingung geschehen. Für ihn ist Russland das letzte jener Kolonialreiche, das die Geschichte fallen gelassen hat. Wenn es sich um eine Mitgliedschaft bemühte, müsste es erst seinen Völkern, wie z. B. den in Gefangenschaft gehaltenen Tschetschenen, die Freiheit zurückgeben.

Tatsächlich hatte Otto gegen Ende seiner Amtszeit in Straßburg die Idee ventiliert, dass die Union nie aufhören dürfe, immer vorauszuschauen und voranzugehen, selbst wenn sie sich schließlich vom Atlantik bis zum Pazifik erstreckte. Seine allerletzte Rede vor dem Parlament am 7. Mai 1999 enthielt folgende Passage: „Faktum ist, dass wir es uns nicht länger leisten können, nur innerhalb der Europäischen Union zu operieren: Wir müssen Europa auch in eine Welt hinaustragen, die, ob wir das wollen oder nicht, zunehmend globalisiert wird und in welcher Partnerschaften im Fernen Osten von immenser Wichtigkeit für uns sind [...] Die Asiaten sind schließlich unsere natürlichen Partner."[303] Die Rede endete mit einem Appell, die europäische Kultur in die ganze Welt hinauszutragen. Es handelte sich um einen seltsamen Schwanengesang, von dem einige Noten, wie z. B. die alten Prämissen einer wirtschaftlichen und politischen Union, anscheinend durch andere ersetzt worden waren.

Es überraschte nicht, dass sich die Paneuropäische Union, jenes ehrwürdige und treue Instrument seiner Mission, noch vor seiner Abschiedsrede an den neuen Kurs angepasst hatte. Mit offenbar sorgfältig synchronisierter Einfühlung hatte sie ihren Namen in „Paneuropa International" umgeändert, als ob das Thema der Union schon von höheren Mächten abgehandelt worden wäre. Darüber hinaus hatte sie ihren Aufgabenbereich erweitert, und ihr Hauptziel entsprach nun ganz Ottos Vorstellungen. Indem sie sich in eine „Non-Governmental Organisation" (kurz NGO; im Deutschen „[gemeinnützige] Nichtregierungsorganisation" oder „Non-Profit Organisation", Anm. d. Übers.) umgewandelt hatte, war sie in jenen Dschungel der NGOs eingetreten, der sich mit seinem Knäuel aus wohltätigen, medizinischen, wissenschaftlichen, wirtschaftlichen und religiösen Fäden um den ganzen Globus spinnt. Dadurch wurde ihr nicht nur ein leicht wieder erkennbarer, wenn auch verschwommener Status zuteil, sondern auch die Gelegenheit, durch erhöhte Teilnahme an internationalen Treffen die eigenen Kontakte auszuweiten. Da die Politik für die Organisation nun ein Tabu darstellte, konzentrierte sie sich von nun an auf die Präsentation der europäischen kulturellen Werte – genau auf jene von Otto vorgeschlagene Formel.[304] Weiters trug sie ihre Botschaft auch nach Asien, jenem Erdteil, den er für europäische Partnerschaften auserkoren hatte. Indem sie die kulturelle Fahne hisste, bemühte sie sich um die Eröffnung einer Zweigstelle in Tokio[305] und wurde – aus irgendeinem unerklärlichen Grund – sogar von der kubanischen Bevölkerung in Florida unterstützt.

Den größten Vorteil, den sie sich von dieser Umwandlung versprach, war die Langlebigkeit. Europäische Kultur kann noch gefördert werden, lange nachdem die europäische Einheit erreicht worden ist. Der Schritt aus der Politik hieß jedoch auch einen Schritt weg vom Etikett der Habsburger. Otto diente der Organisation noch weiterhin als internationaler Präsident. Doch es wird daran erinnert, dass er der offenkundigsten, politischen Inszenierung Paneuropas (das Massenpicknick vor dem Eisernen Vorhang) vorsichtigerweise fernblieb, um zu verhindern, dass dem Ereignis etwas Dynastisches anhafte.

Seine äußerst fähige Tochter Walburga, die lange als treibende Kraft hinter der Bewegung gestanden hatte, legte eine ähnliche Besonnenheit an den Tag. Nach ihrer Heirat mit dem schwedischen Adeligen (schottischer Abstammung) Graf Douglas, übernahm sie offiziell lediglich die Rolle und den Titel einer Generalsekretärin. Dies verhinderte, dass der Name Walburga von Habsburg gleich nach jenem Otto von Habsburgs auf den Werbeschriften der Bewegung aufschien.[306] Die Familie war trotz ihrer Zeitlosigkeit mit der Zeit gegangen.

Es mutet ironisch an, wenn man bedenkt, dass Ottos Leitung der paneuropäischen Bewegung über mehr als ein halbes Jahrhundert hinweg kaum oder gar keine Erwähnung in den Geschichtsbüchern finden dürfte. Diese werden hauptsächlich den Namen ihres Gründers und ersten Präsidenten, Graf Richard Coudenhove-Kalergi, nennen, da er die Vision und die Initiative gehabt und auch ergriffen hatte, zu einem Zeitpunkt, als diese Vision noch maßlos utopisch erschien. Dies kann quasi symbolisch für Ottos ganzes

Leben gesehen werden. Er besaß nie privates Vermögen, also gab es auch keinen Spitalstrakt oder eine Wohltätigkeits- oder Universitätsstiftung, welche von seinem Geld eingerichtet wurde und seinen Namen trug. Noch hatte er jemals ein Ministeramt inne, und so gibt es auch kein internationales Abkommen, auf dem seine Unterschrift prangt.

Die einzige große öffentliche Schlacht, die er je auf der Weltbühne ausgetragen hatte, war sein Kampf zur Rettung seiner österreichischen Heimat aus Hitlers Würgegriff. Und selbst dieser war beinahe von Anfang an durch das schwankende Selbstvertrauen seiner Landsleute und dem gleichermaßen schwankenden Willen der europäischen Mächte angesichts der Nazi-Bedrohung zum Scheitern verurteilt. Der Kampf, den er im darauf folgenden Krieg austrug – um Ungarn, die andere Hälfte der alten Monarchie, vor der Roten Armee zu retten –, war ein privater und geheimer von Washington aus. Auch er endete mit einer Niederlage, hauptsächlich aufgrund eines ähnlichen Mangels an Einheit und Entschlossenheit innerhalb der westlichen Demokratien. Er erlebte die Implosion des sowjetischen Donaureiches, das die Rote Armee herausgestanzt hatte. Dennoch konnte er nicht bei den entscheidenden Maßnahmen mitwirken, die den Kollaps beschleunigt hatten, wie z. B. die Schaffung der NATO-Allianz, die militärisch die russische Expansion eingrenzte, oder das nukleare Wettrüsten, das so viel zur Bankrotterklärung der sowjetischen Wirtschaft beigetragen hatte.

Es verhielt sich ähnlich mit seinen schriftlichen Werken. Obwohl er mehr als ein Dutzend Bücher geschrieben hatte, bemühte er sich nie und erhob auch keinerlei Anspruch darauf, ein bedeutender Schriftsteller des 20. Jahrhunderts zu werden. Es gab drei beachtenswerte Biographien, alle über die größten seiner habsburgischen Vorfahren, die somit einer weiteren Darstellung der Dynastie dienten. Abgesehen davon, wiederholten und reproduzierten die Bücher oftmals die Themen und Texte aus den tausenden von Zeitungsartikeln, Vorträgen, Interviews und Fernsehauftritten, die er über die Jahre hinweg veröffentlicht und absolviert hatte. Die Botschaft war immer dieselbe und wurde wieder und wieder eingebläut: die Wichtigkeit eines starken, freien und selbstsicheren Europas (er tendierte dazu, das Wort „demokratisch" zu vermeiden)[307]; die Schlüsselrollen von Christentum und traditionellen Werten als Basis für die westliche Gesellschaft; und, bis die kommunistische Tyrannei mit ihrer Selbstzerstörung begann, natürlich die Notwendigkeit, den Kommunismus mit allen erdenklichen zur Verfügung stehenden Mitteln zu bekämpfen und den Spalt zu kitten, den er quer durch den europäischen Kontinent aufgerissen hatte.

Er überbrachte dieselbe Botschaft – die er gelegentlich der sprachlichen Form anpasste – auch all den Staats- und Regierungsoberhäuptern, die er in seiner mehr als ein halbes Jahrhundert währenden Reisetätigkeit nach dem Krieg kennen gelernt hatte und mit denen er gesprochen hatte. Als er gefragt wurde, ob er aus seinem Gedächtnis eine Liste seiner Gesprächspartner aufzählen konnte, gab er nach mehr als 60 Namen auf. Sie reichte von Chiang Kai-shek, Chou En-lai, Pandit Nehru, Abd el Nasser und Kaiser Hirohito in früheren Jahren, bis zu Jelzin, Gorbatschow, Ronald Reagan und Helmut Kohl in jüngerer Zeit. Als außenpolitischer Sprecher in Straßburg traf er selbstverständlich mit allen Oberhäuptern der 15 Mitgliedsstaaten zusammen, doch in vielen Fällen reichten seine Kontakte noch viel weiter. Jene in Paris hatten mit dem Vorkriegs-Premierminister und unerschütterlichen Feind Hitlers, Edouard Herriot, begonnen, während er in Ankara mit allen türkischen Premierministern seit dem Krieg zusammengetroffen war. Dennoch wurden keine Erklärungen veröffentlicht, keine Notizen gemacht (zumindest nicht von seiner Seite), und es existieren kaum Fotos, auf denen diese privaten Treffen festgehalten sind.[308]

Es gibt demnach in all den Jahren von ihm keinen einzelnen Sprung nach vorne, der die Gestalt der Ereignisse geändert hätte. Seine politischen Bemühungen sind vielmehr eine lange Serie von Appellen und Denkanstößen zur konservativen und europäischen Sache hin. Die Auswirkungen letzten Endes lassen sich nicht verleugnen, sind jedoch ebenso unmöglich zu quantifizieren.

Zu seiner Freude und Überraschung (und eher zur Bestürzung seiner Frau) brachte sein Ausscheiden aus der öffentlichen Politik jedoch nicht mehr Ruhe in sein Privatleben. Die Kandidatenländer für den Beitritt zur EU, mit denen er in spezieller Verbindung stand, wie z. B. mit Ungarn, Polen und der Tschechischen Republik, bemühten sich alle um seinen Rat und seine Hilfe, wie sie ihre Aufnahme sicherstellen und beschleunigen konnten. Dazu kamen private Einladungen zu Parteitreffen in seiner Heimat, internationale Kongresse im Ausland und die noch immer rege Nachfrage der Medien nach Interviews. Als Folge verbrachte er weiterhin viel Zeit in Flugzeugen. Regina, die sich auf eine ruhigere und häuslichere Phase in ihrer Ehe gefreut hatte, akzeptierte die Situation gelassen, wie sie es schon immer getan hatte. Sie wusste, dass das Adrenalin in den Adern ihres Mannes einfach weiter fließen musste – wenn er weiter leben und sich obendrein verwirklicht fühlen sollte.

Im Jahr 1972 wurde er als frisch gewählter Abgeordneter des Europäischen Parlaments über seine Ziele und Ambitionen interviewt. Als er gefragt wurde, welches politische Amt er am liebsten ausüben würde, kam als Antwort „Außenminister". Am nähesten war er diesem Wunsch als außenpolitischer Sprecher seiner Parteigruppe in Straßburg gekommen. Als er gefragt wurde, was er sich vom Leben am meisten wünschte, lautete die ungewöhnliche Antwort: „Noch im hohen Alter aktiv engagiert zu sein." Dieser Wunsch wurde ihm zur Gänze erfüllt.

.

Anmerkungen

1 Er hatte Recht. Sogar im Jahr 1912 gab es erst 1275 motorisierte Fahrzeuge in Wien, während sich die zwei Provinzen Bukowina und Dalmatien weniger als 100 teilten.

2 Hier hatte er wohl an Italien als den bei weitem schwächsten der fünf Hauptstaaten der alten europäischen Ordnung gedacht und an Deutschland, Britannien und Frankreich als die drei stärksten.

3 „Der Mann ohne Eigenschaften", Band I, S. 32–34.

4 Tomáš Masaryk, der nationalistische tschechische Führer, der schließlich zum Präsidenten der tschechoslowakischen Republik wurde.

5 In Wien wurden nur die Auslands-, die Militär- und die Finanzpolitik als kaiserliche Angelegenheiten gemeinsam ausgehandelt. Alle zehn Jahre mussten Kontrollberichte erstellt werden, die immer im Streit endeten.

6 Zitiert in der *Neuen Freien Presse* vom 1. Januar 1900.

7 1875 überzeugte er 19 Studentenkollegen an der traditionalistischen Kaiserlichen Kunstakademie, diese „en bloc" zu verlassen und ihre eigene modernistische Gruppe zu bilden.

8 Laut Volkszählung des Jahres 1910, der letzten, die in der Monarchie durchgeführt werden sollte, waren weniger als 10 Millionen dieser westlichen Hälfte Deutschsprachige, im Vergleich zur Gesamtzahl von etwa 18,5 Millionen Anderssprachigen.

9 Schnitzlers „Reigen" erlebte seine jüngste Reinkarnation im Stück „The Blue Room", das fast ein Jahrhundert später, im Jahr 1999, inszeniert wurde.

10 Johann Strauß, der im Sommer 1899 starb, wurde in chronologischer Reihenfolge und ohne weiteres Aufhebens eingetragen. Eine separate Anmerkung wurde jedoch dem Tod des etwas weniger berühmten Komponisten Karl Millöcker beigefügt: Dieser wartete die allerletzten Stunden des Neujahrsabends ab, um sich dem „Walzerkönig" anzuschließen, als ob er sich beeilt hätte, den Trauerzug einzuholen. Es wurde angemerkt, dass mit dem Tod Franz von Suppés vor fünf Jahren nun alle der drei Wiener Unterhaltungsmusikkomponisten verschwunden waren. Es schien, als ob das neue Jahrhundert nichts mehr für die Operette übrig hatte, welche eine so große Rolle im alten Eskapismus gespielt hatte.

11 Am 10. September 1898 wurde seine schöne, aber rastlos neurotische Gemahlin, Kaiserin Elisabeth, am Ufer des Genfer Sees erstochen – von einem geistig verwirrten italienischen Anarchisten.

12 Nur widerwillig stimmte er im März 1908 dem Festumzug zu und trug den Organisatoren damit eine hektische Aufgabe auf.

13 Zum Zeitpunkt seiner Rede standen sich die sechs europäischen Mächte schon feindlich gegenüber. Sie waren in zwei Gruppen zu jeweils drei Staaten aufgeteilt: Italien hatte sich mit Deutschland und Österreich verbündet, um die Tripelallianz zu gründen; Frankreich, Russland und England waren in der so genannten Tripelentente zusammengeschlossen.

14 Innerhalb von 72 Stunden wurde eine Nachricht über die Entscheidung in alle Hauptstädte Europas gesandt, doch die Benachrichtigung für den König traf spät ein. Selbst jene Mächte, die erst in letzter Minute unterrichtet wurden, wurden zu keiner Konsultation eingeladen.

15 Es ist möglich, dass der Kaiser noch nicht ganz im Bilde war. Sein Kabinett stimmte der Annexion erst am 19. August bei.

16 Ironischerweise verspürte er sogar einen noch größeren Drang, sein soziales Image aufzubessern, da er als rangniedriges Mitglied des mongolischen Kalmückenstammes geboren wurde.

17 Als älterer Sohn des rechtmäßigen Erben (später George V.) war der Herzog der direkte Thronfolger. Welchem Schicksal die Dynastie möglicherweise entgangen war, zeigten die grausigen Spekulationen, die ihn als Jack the Ripper vermuteten, den Mörder der Londoner Prostituierten, der in den Achtzigern des 19. Jahrhunderts sein Unwesen trieb und niemals gefasst werden konnte.

18 Der Ehe entsprang nur ein Kind, eine Tochter, die nach der Kaiserin Elisabeth getauft wurde.

19 Die Zustimmung der ungarischen Herrscher zu diesem Pakt war besonders wichtig. Da die morganatische Ehe laut alt-magyarischem Gesetz nicht verboten war, wäre es theoretisch möglich gewesen, Sophie als Königin von Ungarn zu krönen, während sie aber niemals Kaiserin der Doppelmonarchie hätte werden können.

20 Es befand sich früher über viele Jahre hinweg im Besitz der Familie Lobkowitz, gefolgt von den Medicis, einem Trio deutscher Herzöge, dem König von Bayern und zuletzt dem Großherzog von Toskana. Von diesem Schloss ging auch das „Herzogtum Reichstadt" aus, jener kurzlebige „Staat", der von Napoleon für seinen unglückseligen und einzigen Sohn geschaffen wurde.

21 Der Kaiser kreierte den Namen „Prinzessin von Hohenberg", ein alter habsburgischer Titel, als Hochzeitsgeschenk. Acht Jahre später erhob er sie in den Rang einer Herzogin, wohl teilweise bedingt durch den unaufhörlichen

Druck ihres Mannes, doch hauptsächlich als Belohnung für ihr vorbildliches Benehmen und ihren Charakter.

22 Herzog Roberts erste Frau, Maria Pia von Bourbon-Neapel, starb 1882 im Wochenbett. Sie hatte ihm zwölf Kinder in dreizehn Jahren geboren, von denen drei bald nach der Geburt verstorben waren, was zweifellos von der Blutsverwandtschaft der Eltern herrührte. Die zwölf Kinder aus zweiter Ehe, von denen Zita als fünftes zur Welt kam, erreichten alle ein mittleres bis extrem hohes Alter.

23 Die höchste Zahl an Kindern, die gleichzeitig am Leben waren.

24 Dieses Motto kam während der zahlreichen Gespräche mit dem Autor oft über ihre Lippen.

25 Sein Taufpate war der Kaiser, doch aufgrund dessen Aufenthalts in Budapest wurde er von seinem Onkel, Franz Ferdinand, vertreten.

26 *Neue Freie Presse*, 20. November 1912.

27 Memorandum an den Autor vom 4. August 1999, welches auch als Quelle für alle weiteren Zitate in diesem Kapitel dient.

28 Wenn die Menge nur gewusst hätte, dass der alleinige Grund dafür, dass Vater und Sohn Seite an Seite gingen, einer unerwartet schroffen Entscheidung des neuen Kaisers zu verdanken war. Als ihm gesagt wurde, dass er laut Protokoll allein hinter dem Sarg gehen müsse, gefolgt von den Erzherzögen und erst hinter diesen seine Frau und der Thronerbe, entgegnete er seinen Höflingen: „Ich bin es, der das Protokoll bestimmt", und arrangierte den Trauerzug dementsprechend neu.

29 Im Prinzip hätte die Zeremonie innerhalb von sechs Monaten abgehalten werden können. Die Monarchie befand sich aber inmitten eines Krieges und dringende Wirtschaftsgesetze mussten in Budapest verkündet werden – eine Aufgabe, die Karl jedoch nur nach Ablegen des Krönungseides erfüllen konnte.

30 Der gebürtige Koburger wurde zum neuen König von Bulgarien gewählt, nachdem das Land aufgrund der Flucht des früheren Monarchen, eines unbedeutenden deutschen Prinzen namens Alexander von Battenberg, in eine Art Niemandsland verwandelt worden war. Im Jahr 1908 empörte Ferdinand seine Monarchenkollegen, indem er sich selbst zum Zaren seines winzigen Königreiches ausrief.

31 Adelheid wurde im Jahr 1914 geboren, gefolgt von Robert (1915), Felix (1916) und Karl Ludwig (1918).

32 Österreich war als Partner Deutschlands, mit dem es seit 1879 auf militärischer Ebene verbündet war, in den Krieg eingetreten. Nachdem sie monatelang nur Zaungäste gewesen waren, konnten Bulgarien und die Türkei im Jahr 1915 überredet werden, den Zentralmächten beizutreten.

33 Eine der Attraktionen für die Kinder war der kleine See im Park, auf dem

sie im Sommer Bootsfahrten unternehmen konnten. In der Zwischenzeit wurden Audienzen und manchmal Kronratssitzungen im Inneren des Schlosses abgehalten.

34 Den Slowaken als Bratislava bekannt und den Ungarn als Poszony, der alte Sitz ihrer Könige.

35 Vergeblich hatte er 1917 versucht, die deutsche Oberkommandatur davon abzubringen, Lenin aus seinem Schweizer Exil zurück nach Russland zu schleusen, um das Land in eine unberechenbare Anarchie zu stürzen.

36 Die Emigranten hatten klugerweise eine „Tschechische Legion" aufgestellt, um für die alliierte Sache in Russland zu kämpfen. Dadurch verwandelten sie die Emigrantenbewegung in einen militärischen Miniaturpartner.

37 Namentlich in der so genannten „Sixtus-Affäre" im März 1917, in welcher Karl mit Hilfe seines französischen Schwagers versucht hatte, einen separaten Friedensvertrag mit den Westmächten auszuhandeln.

38 Mit der ihm typischen Dreistigkeit hatte er zunächst beabsichtigt, in Österreich um Schutz anzusuchen, doch Karl schnitt der Flucht des Königs den Weg ab und schickte seinen Zug energisch weiter nach Deutschland.

39 Nachdem er geschworen hatte, die Integrität der Länder der Krone des heiligen Stephan zu erhalten, fühlte sich Karl nicht imstande, sein Dekret auf Ungarn anzuwenden.

40 Károlyi, der vor dem Krieg seine liberale Gesinnung unter Beweis gestellt hatte, indem er fast alle seine ausgedehnten Besitzungen unter der Bauernschaft verteilt hatte, unterschätzte den Geist, den er da aus der Flasche ließ. Am 31. Oktober 1918 wurde er zum Premierminister einer Regierung, die im Prinzip noch immer royalistisch war. Vierzehn Tage später wurde er Präsident der ersten ungarischen „Volksrepublik". Drei Monate danach rissen die Kommunisten für kurze Zeit die Macht an sich.

41 Und bis zu ihrem Tod im Jahr 1973, nach 55 Jahren ununterbrochenem Dienst im Exil.

42 Wie es der Prinz schaffte, zu diesem kritischen Zeitpunkt eine Beurlaubung zu bekommen, wo sich die Monarchie in einer militärischen Notlage befand, ist wahrlich ein Rätsel.

43 Später erfuhren sie, dass die Rote Garde, ein paar Stunden nach ihrer Flucht, in Gödöllő nach ihnen gesucht hatte.

44 Besagte ungarische Truppen gehorchten tatsächlich einem Befehl von Ex-Oberst Béla Linder, der in Graf Károlyis neuem Regime zum Kriegsminister ernannt wurde. Er gelangte zu gewissen lächerlichen Ehren, als er bei seiner Amtsübernahme erklärte: „Ich möchte keinen weiteren Soldaten mehr sehen."

45 Zunächst behauptete der Kommandant, dass es keinen Grund für den Verbleib seiner Soldaten gäbe, da der Kaiser nicht länger anwesend war und

somit keines Schutzes mehr bedurfte. Als Karl sich zeigte, gab es lediglich Achselzucken, und die Einheit zog nichtsdestotrotz ab.

46 In Hinblick auf das, was über den Identitätsmangel unter den Einwohnern von „Cisleithanien" geschrieben wurde, soll angemerkt werden, dass diese sich nun selbst Deutsch-Österreicher nannten – eine Bezeichnung, die später von den siegreichen Alliierten verboten wurde. Diese zwangen sie auch dazu, einfache Österreicher zu sein.

47 Die einzige praktische Hilfe, die Karl zu dieser Zeit bekam, war von Wiens Polizeipräsident Johannes Schober, der eine kleine Schutzeinheit in den Palast entsandte. Er wurde später zum Bundeskanzler des rechten politischen Lagers.

48 Anm. d. Übersetzerin: Das deutsche Wort – „Scheiß" – wollte der Autor im Englischen jedoch nicht verwenden.

49 Als er während der Revolution in Budapest gefragt wurde, was nun mit der Krone geschehen sollte, wurde einem ihrer Wächter, Graf Ambrózy, von Károlyi mitgeteilt: „Bringen Sie sie zu einer Bank oder stecken Sie sie in Ihre Tasche. Das ist mir völlig egal."

50 Der loyale Wiener Polizeipräsident Dr. Schober hatte seine politische Karriere aufs Spiel gesetzt, als er eine mit Karabinern und Revolvern bewaffnete Einheit von zehn Polizisten zur Bewachung des Kaisers entsandte.

51 Es wurde festgestellt, dass die schwerste Grippewelle des Jahrhunderts von 1918–1919 mindestens 20 Millionen Menschen das Leben kostete; das sind mehr als alle Opfer des Ersten Weltkrieges zusammen.

52 Renners sanfter Übergang zum Republikanismus war nur die erste vieler Handlungen politischer Fügsamkeit im Laufe seiner Karriere. Später sollte er Hitlers Anschluss unterstützen und dann die sowjetische Einnahme, die das Nazi-Regime ablöste – all das, um seine Haut zu retten und seine Chancen zu erhöhen.

53 Die Nachricht wurde von Zitas Bruder, Prinz Sixtus, überbracht, der sich zunächst in Paris und dann in London für die Belange des Kaisers eingesetzt hatte.

54 Die ersten beiden Offiziere, die auf Eckartsau eintrafen, waren Oberst Sir Thomas Cunningham, Leiter der britischen Militärmission in Wien, und Oberst Summerhayes vom Medizinischen Korps der Königlichen Armee, welcher mit der zeitweiligen Verantwortung betraut wurde.

55 Eckartsau war einst eines von vielen Jagdschlössern des Erzherzogs, aus dessen Wildbestand er die Rekordsumme von 3000 Hirschen erlegte, bevor er selbst vom Revolver des Attentäters niedergestreckt wurde.

56 London hatte sich entschieden, mit der endgültigen Ernennung seines Gesandten auf Nummer sicher zu gehen. Dass die königliche Familie von irgendeinem Mitglied der britischen Militärmission bewacht würde, erach-

tete man als undurchführbar hinsichtlich der Tatsache, dass Wien nun die Hauptstadt einer Republik war. Der britische Kommandant in der Alliierten Armee für den Orient wurde dementsprechend angewiesen, einen Offizier zu nominieren, wobei seine Wahl sofort auf Strutt fiel.

57 Schon bald nach der Thronbesteigung hatte die Kaiserin Weißbrot als Einschränkungsmaßnahme in Kriegszeiten ganz bewusst vom Speiseplan im Palast gestrichen.

58 Memorandum vom 4. August 1999. (Die Beschwerde über die britische Regierung rührt wahrscheinlich von ihrem Versagen her, dem Kaiser während seines letzten Exils auf Madeira finanzielle Hilfe zukommen zu lassen.)

59 In total falschem Verständnis, welche Macht König Georg wirklich besaß, hatte Karl ihn ersucht, eine anglo-französische Truppe ins Donaubecken zu entsenden, um dort ein Aufflammen des Bolschewismus zu unterdrücken und um eine Donau-Föderation unter der Leitung der Habsburgdynastie zu schaffen. Es war nicht verwunderlich, dass keine Antwort folgte.

60 Renners dreifache Forderung des Verzichtes führte spätere Behauptungen ad absurdum, dass der Kaiser bereits im November-Manifest auf seine Ansprüche verzichtet hätte.

61 Sie stammten aus einer Einheit der „Ehrenhaften Artilleriekompanie", die auf dem Pass ihren Dienst versahen.

62 Der Erzherzog wurde von seiner furchterregenden Gemahlin Isabella beherrscht. Sie litt ein Leben lang unter der Enttäuschung, ihre Tochter Maria Christina nicht mit dem unglückseligen Erzherzog Franz Ferdinand vermählt zu haben, um sie so – bis Sarajevo! – zur Kaiserin auf der Warteliste zu machen. Die Stephanskrone erschien nun der beste Trostpreis für die Familie zu sein.

63 Und nicht nur Deutschland. Briand wusste, dass die italienische Regierung plante, den schwachsinnigen Sohn Erzherzog Josephs mit Prinzessin Jolanda von Italien zu vermählen und somit einen dynastischen Stützpunkt in Budapest zu errichten.

64 Sixtus' lebhafte Fantasie hatte sogar eine Reiseroute vorgeschlagen, für die man keinen Pass gebraucht hätte. Hierbei wäre man über die unwegsamen Berge des Unteren Engadin nach Österreich gekommen. Strutt hatte es ausprobiert, befand aber, dass es für ihn als erfahrenen Kletterer schwierig genug gewesen war und somit für den zarten Kaiser nicht in Frage käme.

65 Des Kaisers Bruder und enger Verbündeter, Erzherzog Max, hatte ähnliche Befürchtungen geäußert, als er Ende Februar zum ersten Mal vom Plan erfahren hatte.

66 Graf Teleki war von Szombathely aus vorausgegangen, um, wie er versprach, „die nötige Vorarbeit zu leisten". Tatsächlich hatte er jedoch nichts vorbereitet, und er behauptete später, dass er nicht rechtzeitig in Budapest

sein konnte, weil sein Auto eine Panne hatte (oder, was noch unwahrscheinlicher war, „verloren gegangen war").

67 Eine detaillierte Beschreibung der Begegnung diktierte Karl an seine Frau unmittelbar nach seiner Rückkehr. Sie wurde 1925 in Berlin unter dem Titel *Aus Kaiser Karls Nachlass* für den limitierten Privatgebrauch herausgegeben.

68 Unter ihnen vor allem die Tschechoslowakei und Jugoslawien, zwei künstliche Gebilde, die im Zuge des Friedensvertrages geschaffen wurden, indem man den Kadaver der Habsburgmonarchie zerstückelte.

69 Ein Alternativplan, den Horthy vorgeschlagen hatte, sah vor, dass Karl mit seiner winzigen loyalistischen Armee gegen Westen marschierte und den Doppeladler ins republikanische Wien verpflanzte; ein wahrhaft unüberlegter Einfall, aber einer, der die Illusion schuf, dass es etwas gab, worüber man reden konnte.

70 Offiziell waren alle drei Mächte (England, Frankreich und Italien) gegen jegliche Restaurationsbestrebungen. In der Tat hatten sie gerade erst ihre Deklaration vom 1. Februar 1920 bekräftigt, in der sie vor einer Bedrohung der europäischen Stabilität gewarnt hatten, ließe man einen Habsburger zurück auf den Thron.

71 Nach dem peinlichen Fehlschlag des Restaurationsversuches von Ostern hatten die Schweizer Behörden begonnen, auf Karl Druck auszuüben, sich ein neues Asylland zu suchen. Wie sich herausstellte, war die Habsburgerkrone – auch ohne ihr Szepter – aber zu schwer, um in Eile entsorgt zu werden. England und Schweden weigerten sich auf der Stelle; Holland verhielt sich ausweichend, und Spanien konnte sich nicht entscheiden. Schließlich genehmigte man Karl, das nette kleine Schloss Hertenstein in der Nähe von Luzern für die Dauer eines Jahres zu mieten.

72 Eine genaue Beschreibung der verhängnisvollen „Oktober-Bemühung" und des darauf folgenden Schicksals des Königspaares findet sich auf den Seiten 298–354 in „Um Krone und Reich" (Brook-Shepherd, Wien 1968). Diese Kapitel basierten auf Kaiserin Zitas eigenen Berichten und Tagebucheinträgen, die dem Autor zur Verfügung gestellt wurden.

73 Grund zur Eile war dadurch gegeben, dass ein Extrabataillon an Truppen nach Westungarn gesandt wurde, während eine Volksabstimmung über die Zukunft der Region um Sopron abgehalten wurde. Für ihren Kommandanten, Major Ostenburg, der ein Freund und politischer Verbündeter Lehárs war, bedeutete dies eine Stärkung der Anhänger des Königs. Horthy hatte dem Bataillon aber nun befohlen, spätestens bis zum 23. Oktober nach Budapest zurückzukehren.

74 Siehe Public Records Office C20162/180/21 und C21686/180/21. Diese Telegramme basierten auf der Resolution vom 3. April 1921 der Pariser Frie-

denskonferenz (nach dem fehlgeschlagenen Restaurationsversuch von Ostern) und spiegelten den Druck der „Nachfolgestaaten" – vor allem der Tschechoslowakei – wider, die ihre Territorien retten wollten, welche aus dem alten Habsburgerreich herausgehauen wurden.

75 Die Offiziere dieses Budapester Garnisonregiments hatten sich ursprünglich für den König erklärt, ein Zeichen dafür, wie fein ausgewogen die ganze Sache war. In seinem ersten Telegramm über die Krise (siehe z. B. PRO C20177/180/21 und C20178/180/21) hatte Hohler berichtet, dass der Reichsverweser nervös und seiner nicht sicher sei.

76 Bereits am 24. Oktober, als Karl seiner Niederlage ins Auge zu sehen schien, hatte der französische Premierminister, wie schon oftmals zuvor warnend angekündigt, seinem heimlichen Protegé die unterstützende Hand entzogen. Tatsächlich war M. Briand der Vorsitzende der Pariser Botschafterkonferenz, die in den letzten fünf Tagen über die Krise diskutiert hatte. Nun schickte er ein Telegramm nach Budapest, um des Königs „Beseitigung aus Ungarn" sicherzustellen.

77 Durch einen seltsamen Zufall hatte Maitland die *Bellerophon* kommandiert, die den französischen Kaiser auf sein Inselgefängnis brachte.

78 Erst siebzig Jahre später konnte Otto – nun eine anerkannte politische Persönlichkeit in Europa, wenn auch nicht mehr der Thronfolger – persönlich eine Rekonstruktion des schicksalhaften Gefechts seines Vaters in Buda-Örs betrachten.

79 Documents on British Foreign Policy, Band XXII, Nr. 569.

80 Ihnen wurde ein paar Stunden „Ausgang" erlaubt, um ihre Mutter im Nonnenspital *Paracelsus* zu besuchen, doch sie mussten am selben Tag wieder in Wartegg eintreffen.

81 Sein erster offizieller Besitzer war Karl der Kahle von Burgund, der den Edelstein als Talisman mit in die Schlacht nahm. Er gelangte zu den Medicis in Florenz und dann ins Haus Lothringen, von wo aus er in der Schatzkammer der Habsburger landete, als Kaiserin Maria Theresia im Jahr 1736 Graf Robert heiratete.

82 Steiner kam vor dem Krieg zum ersten Mal in die Dienste der Habsburger, als ihn Erzherzog Franz Ferdinand in der Verwaltung der riesigen Este-Besitzungen, die er geerbt hatte, einstellte.

83 Zitas Bruder, Prinz Xavier von Bourbon-Parma, stöberte Steiner schließlich in seinem Unterschlupf in Wiesbaden auf. Steiner versicherte dem Prinzen, dass die Juwelen nun sicher in einer Frankfurter Bank untergebracht wären, und versprach, diese am nächsten Morgen auszuhändigen. Über Nacht verschwand er mit seiner Familie – und hinterließ keine Nachsendeanschrift.

84 Die ganze Episode wird detailliert wiedergegeben in Documents on British Foreign Policy, Band XXII, Nr. 528, 540 und 595.

85 Was das besorgte Mädchen nicht wusste, war, dass Karl am 13. Februar angehalten wurde, über seinen Verwaltungsbeamten in Wien, Baron Schager,
an die Entente-Mächte mit einer Bitte um finanzielle Unterstützung heran-
zutreten. Nach Konsultation mit den „Nachfolgestaaten" schickte die Pariser Konferenz ein höfliches Antwortschreiben nach Madeira, in dem sie die
schwierige Lage anerkannte, aber einen genauen Bericht von allen
Vermögenswerten des Kaisers verlangte, bevor eine Summe festgelegt werden konnte. Diese Verzögerung war der Traum eines jeden Rechtsanwaltes
und war sicherlich beabsichtigt gewesen.

86 Originalbrief, abgedruckt in Werkmann, op. cit.

87 Dieses und alle folgenden Zitate über Madeira stammen aus zwei Memoranden an den Autor vom 4. August 1999 und vom 15. Februar 2000.

88 Wie bei anderen ungarischen Namen wurde der Vorname vorangestellt, obwohl sein eigentlicher Platz hinter dem Familiennamen wäre.

89 *Die Presse*, 2. April 1921.

90 *Arbeiter-Zeitung* vom 2. April 1921.

91 Tatsächlich wurde in Ungarn eine Trauerphase von 14 Tagen eingehalten, in
der Unterhaltung jeglicher Art verboten war. In Budapest wurden am Tag
des Begräbnisses alle Geschäfte geschlossen und in Schwarz gehüllt.

92 Die Geschichte kann nachgelesen werden in Foreign Office, 371, File 7623.

93 Obwohl der Palast nicht bewohnt war, hatte sein Besitzer, Graf Torregrossa,
erklärt, dass er ihn zurückhaben möchte, und zwang die königliche Familie,
den Winter im nahe gelegenen Urlaubsort San Sebastian zu verbringen.
Daraufhin berief die Gemeinde von Lequeitio ein Sonderkomitee zur
Auftreibung von Geldmitteln ein, welches das Gebäude kaufte und es Zita
übergab, ohne Miete zu verlangen, solange sie es brauchte. Der Palast wurde
in den erbitterten Kampfhandlungen des Spanischen Bürgerkrieges dem
Erdboden gleichgemacht.

94 Die folgenden Berichte stammen zum Großteil aus seinem Memorandum an
den Autor vom 4. August 1999 und aus einem früheren Brief vom 30. August
1990.

95 Beide haben mit Kaiser Karl um die Krone von Ungarn gewetteifert.

96 Eine Entscheidung, die später von Otto als Familienoberhaupt revidiert
wurde, als Teil eines allgemeinen Versuchs, die Vergangenheit zu begraben.

97 Im April 1931 verließ König Alfons XIII. Spanien. Unmittelbar danach
wurde die Republik proklamiert.

98 Unter diesem Namen war sie zeit ihres Lebens bekannt gewesen. Sie war
eine geborene Prinzessin Victoria Eugénie, Tochter der verwitweten Prinzessin Beatrice von Battenberg, der jüngsten Schwester König Edwards VII.

99 Der Haushalt umfasste nun Graf Heinrich Degenfeld, der in Lequeitio zu
ihnen gestoßen war und über viele Jahre hinweg als Ottos rechte Hand

dienen sollte, Baron Gudenus und seine Frau, Gräfin Mensdorff und den Benediktinerpriester Pater Weber. Es gab weiters einen Sekretär für die Korrespondenzen, eine Gouvernante, einen Chauffeur und mehrere österreichische oder ungarische Dienstboten. Die finanziellen Mittel für die Erhaltung des Haushaltes kamen hauptsächlich vom ungarischen Kronbesitz in Ráckeve, unterstützt durch freiwillige Beitragszahlungen von einigen der führenden Familien der alten Monarchie.

100 Aus einem langen Memorandum an den Autor, 8. Oktober 1999.

101 Als er Jahre später zurückblickte, kam Otto zu der Überzeugung, dass der Sieg durchaus zu verhindern gewesen wäre. Eine Koalition zwischen den Konservativen, der Zentrumspartei, den Sozialdemokraten und den abtrünnigen Nazis unter Gregor Strasser hätten Hitlers Erfolg vereiteln können; ebensolche Wirkung hätte ein Wahlsystem gehabt, das nicht auf einer proportionalen Vertretung basiert. All diese Überlegungen waren aber letzten Endes überflüssig.

102 Sie waren seit dem berühmten Ausgleich vom Jahr 1867 in die ungarische Hälfte der Doppelmonarchie eingebunden gewesen.

103 Die Ironie lag darin, dass Otto Planetta, der Mann, der die tödlichen Schüsse abgegeben hatte, einst im selben Tiroler Landesschützen-Regiment gedient hatte, in dem sein Opfer während des Ersten Weltkrieges zum hochdekorierten Offizier aufgestiegen war.

104 Die Geschichte der Schritte, die in Italien gesetzt wurden, werden dargelegt in Habsburg-Archiv, Kassette Nr. 24, Akte Nr. 814 und 536.

105 Einer der beliebtesten Titel der Familie für Inkognito-Reisen. Sie konnten immerhin aus mehr als hundert Namen wählen.

106 Der Briefwechsel befindet sich in den Royal Archives, GV PS 36107, wiedergegeben mit großzügiger Erlaubnis Ihrer Majestät der Königin.

107 Memorandum an den Autor, 10. August 1999.

108 Erzherzog Otto im Gespräch mit dem Autor, Pöcking, 18. September 1992.

109 Die königliche Familie hielt diese und andere ähnliche Urkunden in Ehren und nahm sie auf alle Etappen ihres Exils mit.

110 Vier Monate später, am 8. April 1932, wurde Major Kaltenhauser mit seinem Gemeinderat auf Schloss Ham vorstellig, „um als Bauern vor Seiner Majestät zu erscheinen".

111 Memorandum an den Autor vom 25. Juli 2000.

112 Ebd.

113 Bis zum Zeitpunkt der Unruhen im Juli 1934 hatte er der Regierung als Unterrichtsminister gedient.

114 Als Armeekommandant hatte Gömbös jene stümperhafte Nottruppe zusammengestellt, die die königlichen Truppen im Oktober 1921 aus den Außenbezirken von Budapest vertrieben hatten, und somit Horthys Haut gerettet.

Später führte er die Bewegung der „Liberalen", die sich für eine öffentliche Abstimmung über das Königtum einsetzten.

115 Der Vorwand für den „inoffiziellen" Besuch war ein Vortrag über politische Ökonomie. Interessanterweise war es die Deutsche Industriellenvereinigung in Prag, die ihn eingeladen hatte.

116 Die gesellschaftlichen und kulturellen Bande des ehemaligen gemeinsamen Reichs hatten sich nie aufgelöst. Die Tschechen waren noch immer in allen gesellschaftlichen Schichten der Wiener Gesellschaft zu finden, vom Händler und Hausdiener in der untersten Schicht bis zum höheren Beamten an der Spitze.

117 Österreich galt für die Tschechoslowakei als „mutatis mutandis". Signifikanterweise hat Beneš seinem Besucher gegenüber angemerkt, dass der Anschluss sowohl ein tschechisches als auch ein österreichisches Problem darstellte.

118 Dollfuß hatte gezeigt, was der Gang an die Öffentlichkeit gegen Hitler im Januar 1934 erreichen konnte, als er der deutschen Regierung drohte, dass er die Angelegenheit vor den Völkerbund bringen würde, wenn sie ihre subversiven Aktivitäten in Österreich nicht „mit sofortiger Wirkung" einstellte. Berlin reagierte, indem es jeglichen Konflikt zwischen den zwei Ländern abstritt, und Dollfuß stellte sicher, dass seine Demarche und die Antwort der Deutschen in der Weltpresse veröffentlicht wurden.

119 Und beinahe ihre Auslöschung im kurzen, aber blutigen Februaraufstand im Jahr 1934, als die Streitkräfte des Republikanischen Schutzbundes (der später verboten und in den Untergrund verbannt wurde) gegen die Regierungstruppen kämpften.

120 Dasselbe widerfuhr Schuschniggs viel kleinerem Tiroler Wehrverband, den er nun schweren Herzens auflösen musste. Sein Name – „Die Ostmärkischen Sturmscharen" – offenbarte den angeborenen Germanismus seines Anführers. Die „Ostmark" war einst die Grenzprovinz des Frankenreichs Karls des Großen im 9. Jahrhundert gewesen. Es sollte schon bald der Name werden, den Hitler Österreich erneut gab.

121 Starhemberg erstattete verdrießlich Bericht über Gespräche bezüglich einer möglichen Restauration, die er mit einer Reihe von Persönlichkeiten des öffentlichen Lebens in London geführt hatte. Alle sprachen sich dagegen aus und verwiesen auf die bekannte Floskel des Außenministeriums von der „Aufrechterhaltung der Stabilität". (Ottos Memo an den Autor, 16. Januar 2001.)

122 HA Kassette 25, Akte Nr. 375.

123 Alle Bitten, den Leichnam des Kaisers in der Gruftanlage der Habsburger zu bestatten, wurden von den Mühlen der Bürokratie und der Politik in den Sand gesetzt. Während dieses Buch geschrieben wird, ruhen seine sterb-

lichen Überreste noch immer in der kleinen Kirche über Funchal, wo er 1922 beigesetzt worden war. Eine der vielen Hinderungsgründe für eine Überführung soll angeblich Madeiras Abneigung sein, sich von seinem Platz in der Geschichte zu trennen.

124 HA Kassette 25, Akte Nr. 375.

125 Am 10. Oktober 1935 wurde Italiens Handlungsweise fast einstimmig in einer Plenarsitzung des Völkerbundes verurteilt. Österreich tat sich mit Ungarn und Albanien zusammen und gab die einzigen Gegenstimmen ab.

126 Pflügls Bericht befindet sich in einem Memorandum des Erzherzogs an den Autor vom 8. Oktober 1999.

127 Der glücklose Dr. Kurt Rieth, damaliger deutscher Gesandter in Österreich, hatte sich und seine Regierung kompromittiert, indem er freies Geleit für die Rebellen aushandeln wollte. Er wurde unverzüglich nach Berlin zurückbeordert.

128 Der österreichische Kanzler hatte sich noch mehr zurückgezogen, nachdem seine Frau 1935 auf tragische Weise bei einem Autounfall ums Leben gekommen war.

129 Hitler hatte sich um dessen Ernennung als Sonderbotschafter bemüht, der nur ihm persönlich unterstehen sollte. Das war rechtlich aber nicht durchführbar, weil Österreich als Kleinmacht nur Gesandtschaften in Wien hatte. Dennoch wurde von Papen schon bald inoffiziell anerkannt.

130 Damals wie heute beinahe gegenüber der britischen Botschaft gelegen.

131 Die Hauptinformanten waren die monarchistischen Führer Baron Wiesner vom Außenministerium und der Direktor des Pressebüros des Kanzlers, Edmund Weber, der eher als Kurier denn als Berater fungierte.

132 Sein Hochverratsprozess im Wien der Nachkriegsjahre, dem der Autor beiwohnen durfte, symbolisierte die Schuld – oder auch Unschuld – des österreichischen Volkes in der Nazizeit. Passenderweise war die Antwort zweideutig. Der Beschuldigte wurde freigesprochen, ihm wurde jedoch eine Entschädigung für seine Haftzeit verweigert.

133 Eine Situation, die drei Monate später durch die Schaffung der so genannten „Achse Berlin–Rom" zum Abschluss gebracht wurde.

134 Das Original des Memorandums von Papen an Hitler findet sich in Schuschniggs *Im Kampf gegen Hitler*, Wien 1969, S. 192.

135 Aus Ottos Memorandum vom 25. Juli 2000.

136 Der folgende Bericht über die Kontakte zwischen dem Thronfolger und dem Kanzler basiert auf Ottos Memorandum an den Autor vom 20. Juli 2000, welches in Gesprächen auf Pöcking am 18. November 2000 ergänzt wurde. Auch in den Familienarchiven findet sich dazu einzigartiges, dokumentarisches Material.

137 FA Kassette Nr. 33, Akte 805.

138 Später kommentierte er ironisch gegenüber dem Autor (Brief vom 25. Juli 2000), dass er zu dieser Zeit überzeugt gewesen war, dass jede Nation, die Hitlers Aggression zum Opfer fiel, letztlich nur wieder aufgebaut werden konnte, wenn sie sich verteidigt hätte – ein Glaube, der sich, wie er zugab, im Fall Österreich als falsch herausgestellt hatte.

139 Ottos Memorandum an den Autor vom 25. Juli 2000.

140 Dieses Gespräch findet sich in Documents on German Foreign Policy, Reihe D, Band 1, Nr. 215.

141 Das Protokoll des Treffens, das den Krieg in den Nazi-Archiven überlebt hatte, wurde von einem gewissen General Hoßbach verfasst. Alle Kommandanten von Hitlers Streitkräften, darunter Göring, nahmen daran teil.

142 Beide Berichte werden in HA Kassette 30, Akte 173, zitiert. (Detaillierte Schilderung der Situation, die vom Thronfolger persönlich am 6. März 1928 auf Schloss Ham verfasst wurde.)

143 Er schaffte es jedoch nie bis zum Gauleiter. Josef Bürckel, Hitlers ehemaliger Gauleiter im Saarland, übernahm sechs Wochen nach dem Anschluss im Namen des Führers offiziell die Leitung über Wien.

144 Durch Zeugenaussagen sowohl bei den Nürnberger Prozessen als auch beim Hochverratsprozess gegen Schmidt in Wien.

145 Der von Seyß gewählte Bote war ein gewisser Dr. Kajetan Mühlmann: von Beruf Kunstkritiker, ein ergebener, gemäßigter Nazi und von Natur aus ein unheilbarer, politischer Wichtigtuer. Er traf um 7 Uhr am Morgen des großen Tages in Berchtesgaden ein und erzählte Hitlers Beratern, darunter auch Außenminister Ribbentrop, seine Geschichte.

146 Der vollständigste Bericht war derjenige, den er bei seiner Rückkehr auf österreichischen Boden mit Worten wiedergab und der sowohl in seinem *Requiem in Rot-Weiß-Rot* als auch in *Im Kampf gegen Hitler* wiederholt wurde. Die Tatsache, dass er seine Unzulänglichkeiten ziemlich offen darlegte, spricht für die Genauigkeit der Aufzeichnungen. Der wesentliche Inhalt wurde überdies durch die Aussagen mehrerer Angeklagter bei den Nürnberger Prozessen bestätigt.

147 Hitler hatte gerade erst eine weitreichende Säuberungsaktion in den höchsten konservativen Reihen des Militärkommandos und des diplomatischen Dienstes abgeschlossen, indem er die Aussortierten durch Radikale oder, wie im Fall Keitel, durch völlig unterwürfige Personen ersetzte.

148 Getätigt vom „Botenjungen", Dr. Mühlmann, im Hochverratsprozess gegen Schmidt.

149 Demnach wurde es dem tapferen General Zehner erlaubt, sein Amt als Kriegsminister weiter auszuüben, obwohl sein Chef des Generalstabes, General Jansa, in Pension gehen musste (er hatte eine Strategie ausgearbeitet, derzufolge die österreichische Armee einer groß angelegten deutschen Invasion eine

Woche lang standhalten hätte können). Gleichermaßen musste Schuschnigg den notorischen, verkappten Nationalsozialisten, Dr. Wilhelm Wolf, aufnehmen, obwohl ihm erlaubt wurde, seinen Pressechef, Eduard Ludwig, zu behalten.

150 Aus dem Versuch der Franzosen, in Berlin eine überzeugende anglo-französische Protestnote gegen die Berchtesgadener Affäre einzureichen, wurde nichts, da Außenminister Anthony Eden diesen Moment für seinen Rücktritt wählte, als Geste gegen die generelle Beschwichtigungspolitik.

151 Memorandum an den Autor, 25. Juli 2000.

152 Dargelegt in HA Kassette 32, Akte Nr. 172.

153 HA Kassette 30, Akte 173.

154 Das unterzeichnete Original des letzten Entwurfes für den Brief und Schuschniggs Antwortschreiben befinden sich beide in HA Kassette 30, Akte 173.

155 Aus einem Briefwechsel mit dem Autor vom Februar 1962, dem Treffen in Salzburg und New York im September 1960 vorausgingen.

156 Dies trotz seines Versprechens von Einsiedeln zwölf Monate vorher, das Problem im kommenden Jahr zu lösen.

157 HA Kassette 32, Akte Nr. 172.

158 HA Kassette 30, Akte Nr. 173.

159 Die Propagandamaschinerie in Berlin war durch diesen impliziten Angriff gegen die Nazis alarmiert und drängte die Pressebehörden in Wien, diesen herunterzuspielen. Um eine vorzeitige Provokation Hitlers zu vermeiden, sahen sie sich zu diesem Schritt genötigt.

160 Nach Berchtesgaden wurden die Kontakte zwischen Wiens konservativem Bürgermeister Richard Schmitz und Friedrich Hillegeist, dem Anführer der noch immer als illegal geltenden „Freien Gewerkschaften", intensiviert. Am 7. März einigten sich die Führer aller verbotenen Bewegungen aus dem linken Lager praktisch einstimmig auf eine gemeinsame Unterstützung Schuschniggs.

161 *Im Kampf gegen Hitler*, S. 292 ff.

162 Dieses Wort hatte auch eine starke Konnotation zum Wort Rasse.

163 „Männer, es ist Zeit!"

164 Text wiedergegeben in Schmidt Prozessprotokolle, S. 576–577.

165 Schließlich schickten sowohl Großbritannien als auch Frankreich am Abend des 11. März ihre Schreiben separat nach Berlin (und nicht gemeinsam, wie sich das Frankreich gewünscht hatte). Sie protestierten „aufs Entschiedenste gegen den Einsatz von Waffen und Streitkräften gegen einen unabhängigen Staat", beließen es jedoch außer vagen Warnungen vor möglichen künftigen Schwierigkeiten dabei.

166 Er verübte in seiner Gefängniszelle in Nürnberg im Jahr 1946 Selbstmord, während er auf seine Hinrichtung aufgrund von Kriegsverbrechen wartete.

167 Seine vollständige Zeugenaussage befindet sich in I. M. T. Band 9, S. 333 ff.

168 Er war einer jener Kandidaten, die von Bundespräsident Miklas für die Übernahme des Kanzleramtes vorgeschlagen wurden. Der General erwiderte, dass er „nur ein Soldat" sei. Dr. Skubl, Wiens loyaler Polizeipräsident, hatte gleicherart festgestellt, dass er „lediglich ein Polizist" sei. Die dritte angesprochene Person, der ehemalige Kanzler des rechten Flügels, Dr. Otto Ender, antwortete mit entwaffnender Ehrlichkeit, dass er genug von der Politik habe.

169 Des Erzherzogs Bericht über diese Ereignisse wurde teilweise Memoranden und Gesprächen vom August 1990 entnommen, als der Autor eine deutschsprachige Fernsehsendung über sein Leben zusammenstellte, und teilweise einer Diskussion in Pöcking am 18. November 2000.

170 Der Königlich Belgische Fliegerclub, bei dem alle seine Brüder Mitglieder geworden waren, hätte die Maschine zur Verfügung gestellt.

171 Wie der Autor gegenüber dieser wunderbaren Matriarchin einst höflich bemerkte, ließ dieses Sprichwort die Tatsache außer Acht, dass der Jäger oftmals schießen und nicht treffen, oder, was sogar schlimmer wäre, seine Beute nur verletzen könnte.

172 Bis zuletzt suchte er nach dieser Basis. Sein letzter Kontakt mit einem freien Österreich war ein Anruf nach Osttirol zwischen 1 und 2 Uhr früh am 13. März. Er hoffte, in letzter Minute eine „Alpine Festung" des Widerstandes ins Leben rufen zu können, welcher er selbst auch beitreten wollte. (Memorandum vom 30. August 1990.)

173 Erzherzog Otto an den Autor, Pöcking, 18. November 2000.

174 Alle Schulen blieben an diesem Tag geschlossen und einige tausend Kinder der Hitlerjugend wurden auf dem Platz versammelt.

175 Österreichische Ingenieure hatten Pläne entworfen, nach denen das Inntal als erste Verteidigungslinie überflutet hätte werden sollen. Nun halfen an allen Grenzübergängen die österreichischen Zollbeamten entgegenkommenderweise mit, die Grenzpfosten zu demontieren (manchmal schon bevor die deutschen Truppen anrückten.)

176 Göring, der nun in Hitlers Abwesenheit als Regierungsoberhaupt agierte, gab vor dem beklagenswert leicht zu beeinflussenden britischen Gesandten, Sir Nevile Henderson, diese unwahrscheinliche Erklärung ab.

177 Görings Bericht über diese Geschehnisse vom 12. März wird in seiner Nürnberger Zeugenaussage (IMT Band 9, S. 505 ff.) und in der Zeugenaussage in den Schmidt-Prozessprotokollen, S. 201, wiedergegeben.

178 Es soll beiläufig angemerkt werden, dass die Stadt ihre leidenschaftliche Loyalität bis zum letzten Atemzug des Führers und seines Regimes beibehalten hatte. Als Wien Ende April 1945 bereits an die Rote Armee gefallen war und der endgültige Zusammenbruch des Reiches unmittelbar vor der

Tür stand, hatte Generaloberst Rendulic, Hitlers letzter Schützengraben-Kommandant in der Ostmark, 65 brandneue Tiger- und Panther-Panzerfahrzeuge erhalten, die gerade erst vom Fließband in Linz gerollt waren.

179 Seyß-Inquart, dem eine nicht näher genannte Rolle in der Zukunft und für die nächsten sechs Monate versprochen worden war, kämpfte vergebens um seine Nominierung als Kultusminister in der Ostmark. Hitler ernannte ihn schließlich zum Reichskommissar für die besetzten Niederlande, und für seine Verbrechen in dieser Funktion wurde er bei den Nürnberger Prozessen vor Gericht gestellt und hingerichtet.

180 In Österreich bekannt als „Adabeis", verkürzt für „Auchdabeis".

181 Zahl genannt im *Rot-Weiß-Rot-Buch. Gerechtigkeit für Österreich! (Teil eins)*, Wien 1946.

182 In der unmittelbaren Nachkriegszeit diente der Autor als Generalstabsoffizier im britischen Hochkommissariat in Wien und konnte so den Ereignissen als Zeuge beiwohnen, mit ungehindertem Zugang zu den Geheimdienstermittlungen der Alliierten.

183 Alle hier genannten Personen überlebten. Obwohl Wiesner aufgrund seiner angegriffenen Gesundheit schon bald nach Kriegsende starb, konnten die anderen ihre amtlichen oder politischen Karrieren fortsetzen. Figl wurde der erste Kanzler der neuen Republik.

184 Präzise Tagebucheinträge über die Ereignisse gibt er in *Im Kampf gegen Hitler* (op. cit.), S. 377f.

185 Zeugenaussage in Schmidt-Prozessprotokolle, op. cit., S. 220.

186 Etwa dreißig österreichische Armeeoffiziere, die als politisch verdächtig galten, kamen während des Krieges wie ihr Kanzler in Konzentrationslager. Von denjenigen österreichischen Offizieren, die von der Wehrmacht absorbiert wurden, stiegen immerhin mehr als 200 in den Rang eines Generals auf, während von den österreichischen Soldaten nicht weniger als 326 die höchste Tapferkeitsauszeichnung, das Ritterkreuz, erhielten – mehr als vierzig von ihnen für ihre Verdienste um die Waffen-SS.

187 Lose Akte in HA Kassette Nr. 32.

188 Veröffentlicht im *Wiener Tagblatt* vom 3. April 1938.

189 Dieses Ergebnis übertraf selbst das Abstimmungsergebnis von 99,8 Prozent zugunsten des Führers Außenpolitik vor zwei Jahren, nach seiner erfolgreichen Wiederbesetzung des Rheinlandes.

190 Text in HA Kassette Nr. 21, Akte 361.

191 Bauer starb im Juli 1938 in Paris.

192 Papst Gregor XIII. weihte ihn 1573 zur Erinnerung an die Seeschlacht von Lepanto zwei Jahr zuvor, die im Sieg über die osmanische Flotte endete. Die Schiffe der „Heiligen Liga", aus denen sich die christliche Flotte zusammensetzte, wurden von Juan d'Austria befehligt.

193 Brief an den Autor vom 26. Februar 2001.

194 In eine der ersten katholischen Widerstandsbewegungen, die von einem gewissen Karl Roman Scholz, einem 26-jährigen Priester vom Stift Klosterneuburg nahe Wien, gegründet wurde, wurde schon bald ein Nazi-Agent eingeschleust. Im Juli 1940 hob die Gestapo diese und zwei andere verbündete Gruppen aus. Scholz war einer von elf unter den 127 Beschuldigten, die die Todesstrafe erwartete. Das Urteil wurde nicht vor dem Sommer 1944 vollstreckt. Als er im Wiener Zentralgefängnis zur Guillotine geführt wurde, rief Scholz aus: „Für Christus und Österreich!"

195 Er war seit 1921 durch Kinderlähmung von der Hüfte abwärts gelähmt gewesen und sollte in seinem Amt am 12. März 1945 sterben, kurz bevor der endgültige Sieg der Alliierten gegen Hitler feststand.

196 Otto in einem Gespräch mit dem Autor in Pöcking, 18. September 1992.

197 Memorandum vom 24. Januar 2001.

198 Otto schilderte seine letzten Tage in Paris in einem Brief an den Autor vom 23. April 2001.

199 Aus dem Memorandum an den Autor vom 24. Januar 2001.

200 De Sousa Mendes musste lange auf seine Anerkennung warten. Erst 1994 wurde ihm zu Ehren eine Büste von den Stadtbehörden von Bordeaux errichtet, die, wie der Rest Frankreichs auch, auf ihre Kriegsvergangenheit aufmerksam gemacht werden mussten. Der Diplomat, der 1954 völlig verarmt in einem Franziskaner-Armenhaus in Lissabon starb, wurde erst 1988 von seiner eigenen Regierung offiziell rehabilitiert (von den Hochverratsanschuldigungen). (Siehe *Le Juste de Bordeaux* von José-Alain Fralon, Paris 1998.)

201 Als das es auch 60 Jahre später noch gilt, mit seinen Hausspezialitäten „Foie gras de canard" und „pigeonnau en bécasse".

202 Otto erinnerte sich in seinem Brief vom 23. April 2001, dass er mit fast allen von ihnen gesprochen hatte, wie auch mit Admiral Darlan, der als Kommandant der französischen Flotte eine Schlüsselrolle in diesem Tauziehen spielte.

203 Seine Verhaftung ging auf das Konto eines unteren Beamten der neuen Regierung, nämlich des fanatischen Judenhassers Raphael Alibert. Er wurde später erneut verhaftet und von Pétains Miliz im Jahr 1944 ermordet.

204 Das Original befindet sich in HA Kassette Nr. 29, Akte Nr. 642.

205 Die Geschehnisse an der Grenze wurden dem Autor zum ersten Mal in einem Gespräch mit Otto am 30. Juni 1990 bekannt und sind genauer in dessen Memorandum vom 24. Januar 2001 ausgeführt.

206 Die Pétain-Administration hatte den Deutschen versprochen, alle Personen auf der Fahndungsliste der Gestapo auszuliefern. Ottos Name rangierte ganz oben.

207 Aus Ottos Memorandum an den Autor, 24. Januar 2001.

208 Karl Ludwig und Rudolf hatten sich bereits freiwillig zum Dienst als Kadettenoffiziere in der freien polnischen Armee gemeldet. Otto tat das Gleiche, unter dem Vorbehalt, dass er, falls nötig, vom Dienst suspendiert würde, um sich dringenden politischen Aufgaben widmen zu können. Tatsächlich wurde er niemals einberufen.

209 Schließlich waren vier von ihnen zusammen am Werk: Felix war mit Otto von Anfang an dabei gewesen. Die zwei jüngeren Brüder, Karl Ludwig und Rudolf, waren aus Kanada zurückgekehrt, um sich ihnen anzuschließen, sobald sie ihre Studien an der Laval-Universität in Quebec beendet hatten. Die Kaiserin war im Oktober 1940 dorthin gezogen (in eine sehr spartanische Unterkunft), nachdem sie erfahren hatte, dass nun zwei Professoren von Louvain an der Universität unterrichteten.

210 HA New York, Schrankkoffer Nr. 2, Akte 222, Brief vom 26. März 1943.

211 Aus einem Brief an den Autor, 23. April 2001.

212 Auch dabei, aber nur für kurze Zeit, war Ferdinand Czernin, der Sohn des selbstsüchtigen Außenministers, der gegen Ottos Vater in den letzten Phasen des Krieges intrigiert hatte und wegen Verrates, wie es der Kaiser bezeichnete, entlassen wurde. Der Sohn wollte Rache und hatte einen zerstörenden Einfluss auf das Komitee, das sich schließlich von ihm trennte.

213 Eine deutsche Übersetzung des Briefes findet sich in Feigl, op. cit., S. 101. Obwohl es sich beim englischen Original nur um ein authentisches Dokument aus Roosevelts Archiven handeln kann, wird es mit keiner Quellenangabe oder Verweisnummer näher bezeichnet.

214 Cordell Hull für die Vereinigten Staaten, Anthony Eden für Großbritannien und Wjatscheslaw Molotow für die Sowjetunion.

215 Das vollständige Gespräch findet sich in Edens Memoiren, *The Reckoning*, S. 289–290 (offizielles Protokoll des Treffens vom 16. Dezember).

216 Feigl, op. cit., S. 106, entpuppte sich als schlimmster Übeltäter bei dieser „Ente".

217 Letzten Endes sollten sich die Österreicher für das Zuckerbrot und gegen die Peitsche entscheiden.

218 Erstklassige österreichische Alpendivisionen, die in Tirol aufgestellt wurden, nahmen noch immer einen prominenten Platz bei der schrecklichen Belagerung von Stalingrad ein, die mehr als einer Million Russen das Leben kosten sollte. Drei der 20 deutschen Armeedivisionen, die in Stalingrad zu Beginn des Jahres 1943 ausradiert wurden, waren auf österreichischem Boden ausgebildet worden und bestanden zu 80 Prozent aus „Ostmärkern".

219 Notiz des Premierministers an den Außenminister, aufgezeichnet auf S. 810, Appendix C, in *The Second World War*, Band IV.

220 Dargelegt in einem Papier des britischen Außenministeriums vom 11. Juli

1943 über „Die Zukunft Österreichs", welches vom Außenministerium in Washington angenommen wurde.

221 Er kam tatsächlich im März 1943 in die USA. Saldanha hatte Otto im Namen von Kállay und des ungarischen Legitimistenführers, Graf Sigray, eine Nachricht überbracht, die die Möglichkeit des Beitritts Ungarns zur konservativen Donauföderation nach dem Krieg andeutete, vielleicht sogar unter der Schirmherrschaft der Habsburger. Die Nachricht wurde ans Weiße Haus weitergeleitet. (Siehe McCartney, op. cit., S. 143.)

222 Memorandum an den Autor vom 1. Dezember 2000.

223 Gespräch mit dem Autor in Pöcking, 18. November 2000. Es sollte angemerkt werden, dass der Reichsverweser mittlerweile nur mehr an sich selbst denken musste. Der Tod des geliebten Sohnes István bei einem mysteriösen Flugzeugabsturz an der Ostfront im August 1942 hatte seines Vaters Traum von einer „Horthy-Dynastie" ein jähes Ende bereitet. Des Reichsverwesers zweiter Sohn, Miklós, war ein politisches Leichtgewicht.

224 Der Text findet sich in McCartney, op. cit., S. 185.

225 Diese unglückliche und sinnlose Formel ging auf das Konto von Roosevelt, der sie ohne vorherige Beratung mit Churchill auf der Konferenz in Casablanca im Januar 1943 gebraucht hatte.

226 Tatsächlich stand es niemals zur Debatte, da Ungarn letzten Endes zunächst von der Wehrmacht und dann von der Roten Armee einfach niedergewalzt wurde.

227 *The Second World War*, Band V, S. 72 ff.

228 Otto hatte auch (Brief an den Autor vom 1. Dezember 2000) zusammen mit Churchill und Eden zu Mittag gegessen. Er beschrieb die „offensichtliche, tiefe Diskrepanz" zwischen den beiden in der Donaufrage. Im Beisein Churchills blieb Eden seiner Linie einer mitteleuropäischen Nachkriegsföderation treu. Doch sobald der „alte Gentleman" den Raum verlassen hatte, kehrte Eden zu seiner ablehnenden Haltung zurück.

229 Nach der Einnahme des großen italienischen Luftwaffenstützpunktes von Foggia Ende September konnte die alliierte Luftwaffe Ziele in Mitteleuropa erreichen.

230 Tagebücher von Lord Moran, Eintrag vom 21. August 1944.

231 Die Eingliederung des slowenischen Randgebietes von Kärnten in seinen eigenen jugoslawischen Staat – mit so viel Fläche des südlichen Bundeslandes, wie er nur schlucken konnte. Diese Ambition führte im Frühling 1945 fast zu einem Frontalzusammenstoß mit britischen Truppen.

232 Nun General Lakatos. Kállay war im März jenes Jahres zum Rücktritt gezwungen worden, auf Bestehen der Deutschen, die gerade ihre militärische Übernahme durchführten.

233 Otto Habsburg im Gespräch mit dem Autor, Pöcking, 18. November 2000.

234 Im November arbeitete Wilson neue Pläne für die Landung auf Istrien aus, mit Februar 1945 als vorgesehenem Termin. Zu diesem Zeitpunkt befand sich Budapest allerdings schon in den Händen der Roten Armee.

235 Erst Ende Oktober gelang ihm die Überfahrt. Die transatlantischen Luftverbindungen waren für Wochen im Voraus ausgebucht. Erst nach einer persönlichen Vorsprache bei einer guten Freundin im Weißen Haus, des Präsidenten Sekretärin Miss Grace Tully, wurde ihm ein Sitzplatz vorrangig auf einer Clipper zugewiesen. Wie so viele andere Unterstützer des Erzherzogs war auch Miss Tully eine leidenschaftliche Katholikin.

236 Ein Thema, das dem Autor gegenüber zum ersten Mal in Diskussionen in Pöcking am 18. September 1992 erwähnt und seitdem bei zahlreichen Gelegenheiten weiterentwickelt wurde.

237 Horthy wurde als Gefangener nach Bayern gebracht und durch die widerwärtige Nazi-Marionette Ferencz Szálasi ersetzt, der jedoch nur als stellvertretender Reichsverweser angelobt wurde.

238 Die Initialen des deutschen Titels des „Provisorischen Österreichischen Nationalkomitees".

239 Später wurde aus ihm Sir Frank Roberts und nach dem Krieg der britische Botschafter in Belgrad, bei der NATO, in Moskau und Bonn.

240 Er stieg im Innsbrucker Hotel Kreith ab, das sich im Besitz der Anreatta-Familie befand, die seit der Zwischenkriegszeit als seine Unterstützer fungiert hatte.

241 Ernst Fischer, Franz Honner, Johann Koplenig und Friedl Fürnberg.

242 Die Genossen Honner bzw. Fischer. Renner, wie immer der Pragmatiker, hatte die Zustimmung der Russen zur Ernennung zweier gemäßigter Sozialisten zu Staatssekretären unter beiden Ministern sichern können. Sie besaßen jedoch praktisch nur Aufpasserfunktion.

243 Otto in einem tagelangen Gespräch mit dem Autor, Pöcking, 19. September 1992.

244 Dies schließt den Autor mit ein, der sich mittlerweile mit dem britischen Hochkommissariat im Schloss Schönbrunn niedergelassen hatte und, neben anderen dienstlichen Pflichten, einen Posten als Sekretär des streng geheimen „Joint Intelligence Committee" innehatte. Dieses ehrwürdige Organ, dem eine Fülle von Quellenmaterial der Alliierten zur Verfügung stand, hatte bis zu 25 Sitze für die Kommunisten vorausgesagt.

245 Franz Olah, der Präsident des Österreichischen Gewerkschaftsbunds, nahm eine Schlüsselrolle in diesem Widerstand ein. Ein weniger lobenswerter Faktor war das geschlossene antikommunistische Votum von Österreichs Ex-Nazis. Obwohl etwa 670.000 von ihnen mit einem Wahlverbot belegt wurden, waren etwa eine Million Menschen aus dem Kreis ihrer Familien und Freunde zur Stimmabgabe berechtigt.

246 Offensichtlich war ein weiterer prominenter Habsburg-Sympathisant der Sicherheitsdirektor (d. h. Polizeichef) von Tirol, Dr. Winkler, gewesen, da dieser sofort ausgetauscht wurde.

247 Die Situation sollte sich verkehren, als Leopolds Sohn Baudouin 1951 zum König der Belgier gekrönt wurde.

248 Brief an den Autor, 1. Dezember 2000.

249 Aus einem Brief an den Autor, 1. November 2000.

250 Die berühmte Pragmatische Sanktion wurde im Jahr 1713 erlassen, um das alte salische Gesetz der männlichen Erbfolge zu ändern und ihr, dem einzigen Kind Kaiser Karls VI., die Thronbesteigung zu ermöglichen.

251 Erzherzogin Regina an den Autor, Pöcking, 18. November 2000.

252 Aus seinem Brief an den Autor, 24. Januar 2001.

253 Andrea, 1953; Monika und Michaela (beide 1954); Gabriela, 1956, und Walburga, 1958.

254 Dies geschah aufgrund des gemeinsamen Drucks, der von den österreichischen Sozialisten und Großdeutschen ausgeübt wurde, welche im Hintergrund von der Sowjetunion, einer der Besatzungsmächte, unterstützt wurden.

255 Er hatte damit gerechnet – was sich als richtig herausstellte –, dass das Verbot nicht auf irgendeines seiner Kinder ausgeweitet würde.

256 In Bezug auf seinen bourbonischen Onkel, den Comte de Chambord, der das Angebot der Republik auf die Krone ausgeschlagen hatte, außer seine eigene Familienflagge mit den drei Lilien und nicht die französische Trikolore würde zur Restauration wehen.

257 Die Erzherzöge Felix und Karl Ludwig weigerten sich bis zuletzt, die Verzichtserklärung zu unterschreiben, und erzwangen im März 1996 von der Regierung erfolgreich deren Aufhebung, indem sie einfach unangemeldet in Wien erschienen waren.

258 Otto im Gespräch mit dem Autor, Pöcking, 18. Oktober 1992.

259 Mehr als einmal erzählte er dem Autor, der zum persönlichen Freund wurde, dass er sich selbst als Brücke zwischen Österreichs Vergangenheit und Gegenwart sah.

260 Erzherzog Otto im Gespräch mit dem Autor, Pöcking, 18. September 1992.

261 „Centre of European Documentation and Information" (Zentrum für europäische Dokumentation und Information).

262 Brief an den Autor, 8. Oktober 1999.

263 Unter ihnen befand sich auch der Autor, der in den siebziger Jahren einem solchen Treffen als Mitglied einer konservativen Parteigruppe beiwohnte, der ersten, die in das ungewohnte Terrain vorstieß. (Ebenfalls dabei war eine chinesische Delegation von Kommunisten, die Strauß als möglichen Hilfsgenossen gegen die Sowjetunion überprüften!)

264 Gespräch mit dem Autor in Pöcking, 18. September 1982.

265 Dieses Vorfalls wurde der Autor Zeuge, der einem seit langem bestehenden Versprechen zufolge Otto einige Tage lang auf seiner ersten Wahlkampagne begleitete.

266 Andere Fraktionen veränderten sich über die Jahre wie ein wandernder Meeresboden. So wurde aus den Sozialisten in den neunziger Jahren die Partei der Sozialistischen Europäer (PSE); 29 italienische Mitglieder hatten ihre eigene Forza Europa (FE) gebildet; und die französischen Gaullisten, die Grünen, die Liberalen und die Radikalen hatten alle ihre eigenen Fraktionen.

267 Die Bürokraten der Brüsseler Kommission litten unter ähnlich öffentlichen Verdächtigungen, die sich schockierenderweise bewahrheiteten, als schwere Fälle von Vetternwirtschaft und unverhohlener Korruption in den späten neunziger Jahren aufgedeckt wurden.

268 Otto Habsburg an den Autor, 1. Dezember 2000.

269 Später sollte er sich für Tschetschenien in seinem Unabhängigkeitskampf gegen Russland einsetzen. Für seine Bemühungen wurde er vom tschetschenischen Parlament zum „Ehrenbürger" des ramponierten Landes ernannt.

270 Sitzungsdokumente des Europäischen Parlaments A3-193/90 und A3-0257/92.

271 Ebd.

272 Brief an den Autor, 5. Juli 2001.

273 Weitergeleitet an den Autor, als Andenken ein zehn Zentimeter langes rostiges Stück Stacheldrahtzaun vom Soproner Grenzübergang beigelegt. Sie sandte ähnliche Souvenirs an mehrere ihrer Freunde.

274 In Vorbereitung auf den nun unvermeidlichen Abriss der gesamten Stacheldrahtgrenze hatten die Budapester Behörden bereits die Wahrung ihres Gesichts vorbereitet: Die „Befestigungsanlage" befände sich in einem baufälligen Zustand und die Regierung hätte keine Mittel zur Verfügung, um sie zu renovieren.

275 Ein Argument, das Otto vorbrachte, war, dass die Anerkennung der Araber die Moslems beschützen würde, welche im Konflikt gefangen genommen wurden. Das Massaker von Srebrenica, bei dem tausende von ihnen den Tod fanden, zeigte, dass sie vergebens gehofft hatten.

276 Die offiziellen kroatischen Aufzeichnungen belegen, dass die Anerkennung durch die Marokkaner zehn Tage später, am 27. April 1992, erfolgte. Andere arabische Staaten folgten in unregelmäßigen Abständen innerhalb der nächsten zwei Jahre. Doch Ägypten hatte Marokko geschlagen: Zusammen mit Israel verkündete es die Anerkennung am 16. April 1992, demselben Tag, an dem Ottos Gespräche stattfanden.

277 Aus einem langen Memorandum an den Autor vom 1. Dezember 2000.

278 Sie wurden dem Autor „in toto" zugänglich gemacht, dank des exzellenten Entlehnservice des Archivs des Europäischen Parlaments.

279 Er war der Ansicht – die von allen Fischern, gleich, ob sie kommerziellen oder sportlichen Fischfang betrieben, willkommen geheißen worden wäre –, diese Vögel hätten sich zu einer übergeschützten Spezies entwickelt und gefährdeten somit den Fischbestand.

280 Alle, außer die Letztgenannte, beherrschte er in Schrift und Wort meisterlich.

281 Europäische Parlamentsdebatten, 14. November 1995, Nr. 4 – 47036.

282 Europäische Parlamentsdebatten, Nr. 3 – 411/104.

283 Europäische Parlamentsdebatten, 16. Januar 1986, Nr. 2 – 334/189.

284 Europäische Parlamentsdebatten, Nr. 4 – 457/3.

285 Rede vom 6. April 1995, Europäische Parlamentsdebatten, Nr. 4 – 461/194.

286 Rede vom 13. Juni 1995, Europäische Parlamentsdebatten, Nr. 4 – 464/76.

287 Europäische Parlamentsdebatten, Nr. 4 – 461-4 (Kursivsetzung durch den Autor).

288 Europäische Parlamentsdebatten, Nr. 4 – 469/204.

289 Schließlich wurde auch eine Frau, Inga-Britt Ahlenius, die Präsidentin des schwedischen Nationalen Rechnungshofes, miteinbezogen, um jegliche Vorwürfe von Frauendiskriminierung zu vermeiden. Ihre Referenzen als unabhängige Richterin waren makellos.

290 An den Autor, datiert vom 26. Februar 1999.

291 Einer ihrer Anführer war der österreichische Industrielle Heinrich Turnauer. Otto war vor der Gefahr gewarnt worden.

292 Der Autor befand sich auf einem privaten Abendbankett, das bald nach der Hochzeit in Wien gegeben wurde. Er saß zwischen zwei Damen tadellosen Charakters und ebensolcher Abstammung, von denen jede den begehrten Sternkreuzorden verliehen bekommen hatte, der von der Frau des Oberhaupts des Hauses Habsburg aufbewahrt wurde. „Wie kann der Kaiser [d. h. Otto] uns das antun?" beklagten sie sich. „Nach Regina wird sie das Oberhaupt unseres Ordens sein!" In der Tat eine andere Welt.

293 Eine ausführliche Beschreibung der Zeremonie findet sich im *Le Figaro* vom 11. Mai 2001.

294 Durch ihre mitreißende Rede machte sie ihren niedrigen Rang mehr als wett. „Otto von Habsburg", erklärte sie, „hat mehr für Österreich getan als einige seiner 150-Prozent-Republikaner."

295 Unter ihnen befanden sich der ehemalige Präsident eines freien Ungarn, Árpád Göncz, und ein ehemaliges Mitglied der jetzigen Regierung, Peter Harrach, Minister für Soziales und Familie. Wie in Nancy und Mariazell wurden die offiziellen Repräsentationen auf republikanische Dimensionen zurechtgeschnitten.

296 Winston Churchill, der damalige britische Premierminister, hatte eine Suite im Londoner Claridge-Hotel an seinem Geburtstag zu jugoslawischem Territorium erklärt.

297 Einen von ihnen, den so genannten Weißen Palast, bewohnte erst kürzlich der in Ungnade gefallene ehemalige Präsident Jugoslawiens, Slobodan Milosević. Er musste dessen Kronleuchter mit den Glühbirnen seiner Gefängniszelle in Den Haag tauschen, wo ihm der Prozess als Kriegsverbrecher gemacht wird.

298 Brief an den Autor vom 1. Juli 2001.

299 Der Autor erinnert sich an eine solche Gelegenheit im Winter 1992, als er und seine Frau unter vielen Gästen einer speziellen Gedenkfeier für den König/Kaiser Karl in der Abteikirche von Tihany beiwohnten, dem Schauplatz seiner Verhaftung durch die Entente-Mächte nach dem Scheitern des zweiten Restaurationsversuchs. Der Letzte, der sich in der überfüllten Kirche einfand, war Otto – er fuhr in einem Dienstwagen vor, der von sechs Polizisten auf Motorrädern eskortiert wurde.

300 Der „Freitag-Club", mit dem er am engsten verbunden gewesen war, löste sich jedoch bald nach seinem Ausscheiden auf, und Straßburg kehrte erleichtert zu seiner Viertagewoche zurück.

301 Aus einem langen Memorandum an den Autor, 1. Dezember 2000. Er führt das schon früh lancierte Projekt für eine europäische Armee als Paradebeispiel für übereiltes Planen an.

302 Eine Umkehr seines früheren Denkens, als er Russland als „zu asiatisch" für eine Mitgliedschaft befunden hatte.

303 Europäische Parlamentsdebatten, Nr. 4 – 539/355.

304 Seine allerletzten Worte an das Straßburger Parlament lauteten: „Wir sind ein kultureller Kontinent, und wir sollten uns daran erinnern, dass dies das beständigste Merkmal ist, das Europa aufzuweisen hat."

305 Zum Zeitpunkt, als dies geschrieben wurde, zählte die „Pan-Europa International" wahrscheinlich nicht mehr als 15.000 Mitglieder, doch sie umfasste dennoch nicht weniger als rund vierzig Organisationen in 27 Ländern.

306 Ihr Bruder, der glücklose Karl von Habsburg, war jedoch noch immer Präsident der österreichischen Bewegung.

307 Typische Beispiele waren „Entscheidung für Europa", 1958, und „Europa – Großmacht oder Schlachtfeld", 1965.

308 Einer der Gründe, warum er sich immer vor dem Verfassen seiner Autobiografie gedrückt hatte, war, dass es für ihn trotz seines beeindruckenden Gedächtnisses unmöglich war, auseinander zu halten, was unter dem Verbot der Veröffentlichung diskutiert wurde und was nicht.

Personenregister

Abranches, Amaral 233
Adler, Viktor 26
Aehrenthal, Aloys Freiherr von 36
Aigner, Heinrich 285f., 291
Albert, König von Belgien 127, 130
Albrecht, Erzherzog 95
Alexander, Harold 261
Alexander, Kronprinz von
  Jugoslawien 318
Alfons XIII., König von Spanien
  122f., 125, 127, 138-141
Allina, Heinrich 222
Almeida, Dom Joao d´ 108
Alvensleben, Wichard von 213
Andrássy, Gyula d. J. 67
Apponyi; Albert Graf 67
Arafat, Yassir 298
Arkan (d. i. Zeljko Raznjatovic) 298
August Wilhelm, Prinz von Hohenzol-
  lern 131
Azaña y Díaz, Manuel 125

Bárdoss, Remig 124
Batard, Mademoiselle 94
Battyány, Graf 67
Bauer, Otto 223f.
Beethoven, Ludwig van 175
Bellegard, Gräfin 93
Belper, Lord 81
Beneš, Eduard 112f., 123, 149f., 223,
  228, 244-248
Bénouville, General de 273
Berchtold, Leopold Graf 111

Bethlen, Stefan 121
Béthouard, General 272
Bismarck, Otto Fürst von 22, 32,
  176, 211
Bjerregaard, Ritt 301
Bloom, Sol 245
Blum, Léon 163
Bock, Fedor von 193f.
Boroević von Bojna, Svetozar 74
Borsinger de Baden, Beamter 92
Bourbon, Dynastie 93, 122, 126
Bourbon-Bosset, Graf 166f.
Bourbon-Parma, Dynastie 46, 92,
  101
Braganza, Dynastie 46, 93, 107, 110,
  113
Briand, Aristide 96
Brittan, Leon Sir 301
Brockeville, Graf de 127
Buchard, Bürgermeister 33
Bullitt, William Christian 226f.
Bullock, Calvin 246
Bunker, Susan 16

Campbell, Ronald Sir 235, 255
Carlos (VII.), König der Karlisten 48
Chamberlain, Neville 198
Chambord, Graf 47f.
Charles von Flandern, Regent von
  Belgien 273
Charlotte, Großherzogin von
  Luxemburg 127, 232
Chiang Kai-shek 324

Chotek, Bohuslaw Graf 47
Chotek, Sophie Gräfin 43-47, 52
Chu En-lai 324
Churchill, Winston 235, 239, 249-252, 256-261
Clarence, Herzog von 40
Colloredo-Mansfeld, Graf 137
Coudenhove-Kalergi, Richard 283, 322
Cresson, Edith 308
Croix, Jean Marquise de 128
Csernoch, Janos 57, 76
Curzon, George Lord 107, 112f.
Cziráky, Graf 102
Czuber, Berta (Milly) 40, 43

Daladier, Edouard 221f.
Dankl, Viktor Graf 74, 142
de Gaulles, Charles 231, 237f., 268, 283, 320
Degenfeld, Heinrich Graf 128, 167f., 231, 239
Delbos, Yvon 163, 187, 198
Delug, Leibarzt 117
Dessewffy, Graf 76
Dollfuß, Engelbert 15, 135f., 143, 145, 147, 151, 154f., 168, 184f., 187, 199, 210, 216, 223, 244, 281
Douglas, Graf 322

Eberharter, Herman P. 245
Eckhardt, Tibor 253f., 257
Eden, Anthony 163, 249, 255
Edward VII., König von England 36, 42, 58
Elisabeth von Bayern, Königin von Belgien 127
Elisabeth, Kaiserin von Österreich 33, 40, 67, 123, 317
Eltz, Heinrich Graf 182

Ena, Königin von Spanien 126
Englisch-Poparle, General 142
Enver Pascha, Ismail 60
Erdödy, Thomas Graf 97
Esterházy, Nikolaus Fürst 76
Eugen, Erzherzog 125, 282

Farnese, Familie 46
Felix von Bourbon-Parma, Prinz 60, 68, 127
Ferdinand, Erzherzog (Ferdinand Burg) 40, 44, 46
Ferdinand, König von Bulgarien 58f., 64ff.
Fergusson, Adam 15, 292
Figl, Leopold 211
Filali, Außenminister 297
Franco y Bahamonde, Francisco 236
Franz Ferdinand, Erzherzog, Thronfolger 41f., 44f., 50ff., 81, 141, 149, 298
Franz I. Stephan, Kaiser 276
Franz Joseph I., Kaiser von Österreich 9, 15, 20f., 25, 30-34, 36f., 39ff., 44, 49, 53f., 71, 123, 132, 145, 158, 276, 281, 317
Franz Salvator, Erzherzog 21
Freud, Sigmund 24, 28, 30
Friedrich August, König von Sachsen 33
Friedrich II. der Große, König von Preußen 176
Friedrich, Erzherzog 95, 125
Fuchs, Martin 221, 245
Furness, Avis 15

Galen, August Graf 131
Garner, John 230
Georg V., König von England 10, 80, 84, 138f., 157

Georg, Herzog von Sachsen-Meiningen 275
Geza I., König von Ungarn 56
Glaise-Horstenau, Edmund von 162, 194-197, 199
Gömbös, Julius 148f.
Gorbatschow, Michail 324
Göring, Hermann 131,170f., 173, 183, 194, 196, 198ff., 207f., 230
Gottfried, Pater Guardian 158
Graber, Rudolf 225, 27
Gruscha, Anton Joseph 44
Gusev, Botschafter 267
Gustav V., König von Schweden 37
Gutheil-Schoder, Maria 37

Haagerup, Niels 292
Haakon VII., König von Norwegen 222, 238
Habsburg, Adelheid, Erzherzogin 62, 72, 116f.
Habsburg, Elisabeth 123, 125, 274
Habsburg, Felix, Erzherzog 117, 239, 242f., 264
Habsburg, Karl 278, 308, 311-314, 319
Habsburg, Karl Ludwig, Erzherzog 73, 77, 117, 231ff., 238, 242, 251, 272, 274
Habsburg, Paul Georg 278, 295
Habsburg, Regina, geb. von Sachsen-Meiningen 13, 275ff., 282, 314f., 317, 324f.
Habsburg, Robert, Erzherzog 109f., 117, 128, 222, 266, 272f.
Habsburg, Rudolf 93, 110, 238, 266, 272
Habsburg, Walburga 15, 287, 295f., 322
Hadik, Graf 67

Haider, Jörg 313
Hartl, Karl 222
Hassan II., König von Marokko 297, 300
Hassel, Ulrich von 189
Hegedüs, Paul 105
Heinrich, Prinz von Liechtenstein 274
Helena von Montenegro, Königin von Italien 137
Henyey, General 275
Herriot, Edouard 139, 324
Heseltine, Michael 304
Hildebrand, Franz von 245
Himmler, Heinrich 206, 209, 212
Hindenburg, Paul von 131f.
Hiro Hito, Kaiser von Japan 324
Hitler, Adolf 11, 120, 129-135, 139, 143, 145, 147, 149ff., 155, 159-162, 164f., 167-179, 185-189, 191, 193-212, 214-218, 220, 225, 227-230, 234, 242, 244, 248, 250ff., 255, 257, 261, 264f., 269, 271, 286f., 323f.
Hodža, Milan 149
Hofer, Andreas 190
Hofmannsthal, Hugo von 25
Hohenberg, Maximilian Herzog von 141
Hohenlohe-Schillingsfürst, Chlodwig Fürst zu, Prinz 21
Hohenzollern, Dynastie 22, 131, 144
Hohler, T. B. 104, 109
Honnigg, Kuno 120
Hopkins, Harry 260
Hornbostel, Beamter 211
Horthy, Nikolaus Graf 74, 95f., 98-101, 104ff., 121, 134, 148, 151, 157f., 183, 203, 229, 252ff., 264
House, Edward 226
Hueber, Franz 196

Hull, Cordell 229
Hunyády, Josef Graf 75, 79

Innitzer, Theodor 216f.
Isabella, Erzherzogin 43
Israel, Gérard 292
Iswolski, Alexander 36

Jaime (III.), König von Spanien 48
Jarman, Pete 245
Jelzin, Boris 324
Jordan, Generalkonsul 195
Josef, Erzherzog 95, 125
Jouarre, General 230

Kállay, Miklós 253-257
Kaltenhauser, Josef 140f.
Karl I. der Große, Kaiser 287, 289
Karl I., Kaiser von Österreich 9, 39
    48f., 51-54, 56-65, 67, 70-79, 81-
    89, 92-108, 110-123, 128, 132,
    134, 138, 158, 183, 203, 241, 248,
    254, 268, 271, 275, 279, 283,
    293f., 296f., 311, 317f.
Karl Ludwig, Erzherzog 42
Károlyi, Michael Graf 67f., 76, 95
Karwinsky, Karl Baron 142
Keitel, Wilhelm 174, 176
Kennedy, Joseph 266
Keppler, Wilhelm 188, 206
Kerssenbrock, Gräfin s. Korff-
    Schmising-Kerssenbrock,
    Thérèse
Kinsky, Familie 43
Klimt, Gustav 24, 30
Knatchbull-Hugesson, Hugh Sir 254
Kohl, Helmut 324
Konstantin, Prinz von Bayern 285
Korff-Schmising-Kerssenbrock,
    Thérèse 68, 73, 93, 109, 113, 231
Kraus, Karl 25

Kreisky, Bruno 281f.
Krones, Tina 312
Krones, Wolfgang 312
Kun, Béla 95
Kuprian, Bürgermeister 218

Lakotos, Außenminister 275
Lalier, Monseignieur 276
Langer, Senator 245
Laval, Pierre 146, 148, 231, 234f.
Lebrun, Albert 234
Ledóchowski, Graf 92f.
Léhar, Anton Baron 98f., 102f.
Lenin, Wladimir Iljitsch Uljanow 63,
    226f., 269
Leopold III., König von Belgien 230,
    273
Leroux, Politiker 125
Liechtenstein, Dynastie 46
Ligne, Yolanda de 274
Lippe, Dynastie 33
Lobkowitz, Zdenko Prinz 70
Loos, Adolf 24, 51
Löwenstein, Prinz 45
Luce, Clare Booth 232
Ludwig von Bourbon-Parma, Prinz
    137
Ludwig XIV., König von Frankreich
    46
Ludwig XVI., König von Frankreich
    74
Luitpold, Prinzregent von Bayern 33
Lukács, Szabó 295

Mahler, Gustav 30
Maitland Wilson, Henry Sir 261
Maitland-Kirwan, Lionel 106f.
Makart, Hans 24
Mandel, Georges 139, 221, 230ff.,
    234ff.

Maria Antonia von Braganza, Herzogin von Bourbon-Parma 46, 48, 129
Maria Christina, Erzherzogin, Königin von Spanien 125
Maria Josefa von Sachsen, Erzherzogin 39, 122, 128, 133
Maria Theresia, Monarchin 65, 73, 185, 268, 276, 278
Maria von Savoyen 137
Marie Antoinette, Erzherzogin, Königin von Frankreich 74
Marin, Louis 139, 221
Marquet, Andrew 234
Martin-Artajo, Alberto 283
Mary von Teck, Königin von England 138
Masaryk, Tomáš 149, 223f., 244
Maximilian, Erzherzog 122, 125, 128
Michelangelo 46
Miguel, Thronprätendent von Portugal 48
Mikes, Graf 97
Mihailović 296
Miklas, Wilhelm 156, 177, 179, 184, 189, 197, 199, 201, 205, 208
Milosevic, Slobodan 298
Mirbach, Franz Baron 182
Monzie, Anatole de 139, 221
Muckermann, Pater 225
Murphy, Frank 245
Musil, Robert 18ff., 31
Mussolini, Benito 127, 134-137, 145-148, 155, 157-161, 163, 189, 197f., 213, 250

Napoleon I. Bonaparte, Kaiser der Franzosen 32, 107, 114, 145, 210
Nasser, Gamal Abdul 324
Nehru, Pandit 324
Neideracher, Professor 124

Netzer, Ing. 142
Neurath, Constantin Baron 168, 183
Nietzsche, Friedrich 27
Nikolaus II., Zar von Russland 63, 80
Nostitz, Graf 45

Ostenburg 103
Otto, Erzherzog 39ff., 49

Paisley, Ian 12
Palisa, Johann 50
Papen, Franz von 160ff., 164ff., 171, 174, 176ff., 195, 216
Paul III., Papst 46
Pejacsevic, Mark Graf 15
Pepper, Claude 245
Perreira, Baron 131
Pery, Vorsitzende 306
Pétain, Philippe 231, 234-237
Pflügl, Imre 159f.
Pfundner, Martin 15
Phillip, Monarchist 214
Piffl, Friedrich Gustav 71, 120
Pittermann, Bruno 281
Pourtes, Hélène de Gräfin 234f.
Propper y Callejon 233, 237

Raab, Julius 279
Radetzky, Johann Josef Wenzel Graf von 288
Rakovsky, Stefan Graf 129
Reagan, Ronald 324
Reichenau, Walther von 174
Reichlin-Meltegg von 142
Reither, Josef 142, 201
Renaud, Paul 231f., 234f.
René von Bourbon-Parma, Prinz 60, 68f.
Renner, Karl 79f., 83f., 86f., 217, 268-272, 279, 281
Reverta, Nikolaus Graf 137

Ribbentropp, Joachim von 177, 198
Riess-Passer, Susanne 317
Robert von Bourbon-Parma, Herzog
46f.
Roberts, Frank 267
Rochat, Charles 221, 236
Rommel, Erwin 232
Roosevelt, Franklin Delano 11,
227–230, 242f., 246f., 251, 259ff.,
264ff., 270
Rossinot, André 315
Rothschild, Robert Baron 224
Rott, Hans 222f., 245
Rudolf, Erzherzog 40f., 43
Rumerskirch, Baron 52

Salazar, António 238
Saldanha da Gama, José Graf 238,
253
Sanchez-Bella, Alfred 283
Schaumberg-Lippe, Dynastie 33
Schilhawsky, Sigismund 199, 214
Schiller, Friedrich 27
Schmidt, Guido 163, 167,170-172,
174, 176, 179
Schmitz, Richard 179, 201f.
Schnitzler, Arthur 25, 28
Schober, Johannes 83, 120f.
Schönberg, Arnold 37f.
Schönerer, Georg Ritter von 144
Schonta, Emmerich von 93
Schonta, Zeno von 80, 83
Schuman, Robert 320
Schuschnigg, Kurt 11, 143-151, 154,
156ff., 160-169, 171-179, 181-
202, 204f., 211-216, 218, 222f.,
244f., 251, 281
Schuschnigg, Vera 212
Schuschnigg, Walter 245
Sépibus, Lehrerin 124
Sering, Max 130, 132

Serschen, Major 142
Seydl, Bischof 72, 87, 93f.
Seyß-Inquart, Arthur 172f., 177, 179,
188, 191-199, 203, 205f., 208,212
Sigray, Graf 98f.
Sikorski, General 239
Silvester, Papst 56
Simeon, König von Bulgarien 318f.
Sixtus von Bourbon Parma, Prinz 61,
93, 96f., 127, 137ff., 221
Skubl, Michael 179, 195
Sophie, Gräfin Chotek, Fürstin von
Hohenberg s. Chotek, Sophie
Sosnowski, General 239
Sousa Mendes, Aristide de 233
Spears, Edward Sir 235
Spellman, Kardinal 245
Stalin, Iossif 249ff., 259f., 267, 269,
271
Starhemberg, Ernst Rüdiger Fürst
154-157, 160
Steiner, Bruno 111
Stepan, Karl Maria 142, 211
Stephan I., König von Ungarn 56f.
Stephanie von Belgien, Erzherzogin
41, 43
Strauß, Franz Josef 285ff.
Strauß, Johann Vater 288
Strauss, Richard 25, 27, 38
Street, Lehrerin 124
Stritzl, Baron 127, 157f.
Strutt, Edward Lisle 10, 81-89, 96f.,
108, 111, 118, 272
Stuckhart, Wilhelm 206, 208

Taft, Robert 229, 245
Tavs, Leopold 172, 176
Teleki, Paul Graf 98
Thatcher, Margaret 303
Theunis, M. 273
Thyssen, Baron 311f.

Thyssen, Francesca von, verehel.
   Habsburg 311f.
Tisza, Stefan Graf 56, 76
Tito, Josip Broz 259
Trotzki, Leo 269
Truman, Harry S. 270ff.

Ursel, Graf 127

Vass, Josef 98
Veneto, Vittorio 70
Veress, László 254f.
Vetsera, Marie 41
Victoria, Königin von England 42
Viktor Emanuel III., König von Italien
   137
Vollgruber, Beamter 211

Wagner, Richard 38
Waldendorff, Karl Franz Graf 74
Waldstein, Carl Albert 313
Walker, Frank 247
Weber, Hofrat 165
Weber, Pater 124
Weiss, Louise 289
Werkmann, Karl Baron 93
Wiesner, Friedrich Baron 142, 181f.,
   201, 211
Wilde, Oscar 27
Wilhelm I. dt. Kaiser, König von
   Preußen 22, 33

Wilhelm II., dt. Kaiser, König von
   Preußen 21, 33, 63
Wilhelm II., König von Württemberg
   33
Wilson, Thomas Woodrow 64, 66, 71,
   226, 228
Winant, John G. 266f.
Windsor, Dynastie 81
Winter, Ernst Karl 143
Witasse, M. 273
Wittgenstein, Ludwig 24
Wodianer, M. 253, 255
Wolff, Karl 142

Xavier von Bourbon-Parma, Prinz
   61, 93, 127, 232

Zehner, Wilhelm 156, 201f., 214
Zernatto, Guido 191
Zessner, Hans Karl Baron 142
Zita von Bourbon-Parma, Kaiserin
   von Österreich 9, 14, 39, 46-55,
   57ff., 62f., 72, 77f., 82f., 85,
   101ff., 107-110, 112-115, 117f.,
   121-130, 136-139, 166ff., 181f.,
   202f., 230, 232, 236f., 239f., 246,
   276, 279f., 283, 311
Zsámboki, Paul 94, 116, 118
Zweig, Stefan 19

Bibliografie

So weit mir bekannt ist, liegt in keiner Sprache eine zufriedenstellende Biografie über Otto von Habsburg vor. Mit „zufriedenstellend" meine ich eine umfassende Studie, die sein langes Leben in Kontext mit jenem folgenschweren Umbruch in Europa bringt, von welchem sein ganzes Leben geprägt war.

Der einzige Versuch wurde von Erich Feigl in seinem Buch „Protokoll eines politischen Lebens" (München 1987) unternommen. Hierbei handelt es sich jedoch um ein kurzes und etwas verworrenes Buch, dessen Stil eher hagiographisch als biografisch anmutet. Andere Veröffentlichungen konzentrierten sich auf bestimmte Abschnitte seiner Karriere, wie z.B. seine zwanzigjährige Amtszeit als deutscher Abgeordneter zum Europäischen Parlament in Straßburg. Doch hier handelt es sich um ein Leben, das zwei Weltkriege, die Kämpfe gegen die Nazis und die sowjetischen Tyranneien umfasst, die dann seinen ehemaligen Erbländern, deren Kronprinz er einst war, auferlegt wurden – all dies geschah, noch bevor er mit seinen Bemühungen um den Aufbau eines vereinten Europas begann. Allein der Umfang seiner Lebensgeschichte lässt daher jede konventionelle Biografie scheitern.

Im Laufe der letzten fünfzig Jahre muss ich wohl mehr als tausend Bücher über europäische Geschichte im 20. Jahrhundert in den verschiedensten Sprachen zur Hand genommen haben, und ich habe achtzehn eigene zum Stapel beigetragen. Dies alles hier abermals auszubreiten, wäre eine unnötige Papierverschwendung. Deshalb führe ich nur eine kleine Auswahl jener Bücher an, welche sich direkt mit Ottos Leben und seiner Zeit beschäftigen.

Berichte über seine Kindheitsjahre finden sich in zwei meiner Bücher („Um Krone und Reich", Wien 1968, und „Zita, die letzte Kaiserin", Wien 1993). Beide stützen sich sehr stark auf unveröffentlichtes Material aus den Familienarchiven und auf die persönlichen Erinnerungen der letzten Kaiserin.

In Bezug auf die frühen Jahre im Exil, die von den gescheiterten Restaurationsbemühungen überschattet wurden, liefern zwei zeitge-

nössische Werke von Karl Werkmann – „Aus Kaiser Karls Nachlass"
(Berlin 1925) und „Der Tote auf Madeira" (München 1923) – wertvolle
Hintergrundinformationen. In den Dreißigerjahren wurde Otto volljährig und seine lange Karriere als äußerst aktiver politischer Thronfolger
konnte beginnen. Seine erste Phase war der erbitterte und letztlich ver-
lorene Kampf, seine österreichische Heimat vor Hitlers Würgegriff zu
retten.

Unter den ersten Berichten über jenen Kampf, die in der Nachkriegszeit geschrieben wurden, befanden sich zwei weitere meiner
Werke, „Dollfuß" und „Anschluß", die beide vom Verlag Styria in deutscher Übersetzung veröffentlicht wurden (1962 und 1963). Ulrich
Eichstadts „Von Dollfuß zu Hitler" (Wiesbaden 1955), ein noch früheres
Werk, ist eine objektive Studie der gesamten Periode von 1933–38. Die
monarchistische Bewegung und Ottos Einfluss spiegeln sich in all diesen Publikationen wider, wie auch im 700 Seiten umfassenden Protokoll des Hochverratsprozesses Guido Schmidts (Wien 1947), einer der
wichtigsten Quellen über den Anschluss.

Eine wertvolle Dokumentation (jedoch unglücklicherweise ohne
Quellenangabe) über die Exiljahre des Erzherzogs in den Vereinigten
Staaten während des Krieges findet sich auch bei Feigl. Die Kriegs-
memoiren aller großen westlichen Führer befassen sich mit dem Kampf
für eine Donau-Föderation der Nachkriegszeit, den Otto auch hinter
den Kulissen führte, obwohl sein Name in den Berichten nur selten vor-
kommt. Erst viel später hatte er erfahren, wie die Vorherrschaft Stalins
im Rat und die Rote Armee auf dem Schlachtfeld seine Vision zunichte
machten. Teil Zwei aus C. A. Macartneys wegweisendem Buch „October
Nineteenth" (Edinburgh 1957) liefert eine exzellente Analyse dieses
Kampfes aus ungarischer Sicht.

Der Höhepunkt seiner politischen Karriere – seine Zeit als Abgeordneter zum Europäischen Parlament – lässt sich am besten mit seinen
eigenen Worten studieren. Der Text von hunderten seiner Reden, Anfragen und Anträge (so wie seine Sonderberichte) sind vollständig in den
parlamentarischen Protokollen erhalten. Sie zeugen von einem weitreichenden Interesse an anstehenden Problemen und einem leidenschaftlichen Glauben an das Potential des Parlaments, diese lösen zu können.
Ohne sein Verschulden sollte dieses Potential im Laufe seiner Dienst-
zeit bedauerlicherweise ungenützt bleiben.

Der Autor

Gordon Brook-Shepherds lebenslanges Interesse an der Habsburg-Monarchie wurde als Student an der Universität in Cambridge geweckt, wo er kurz vor dem Krieg mit „summa cum laude" promovierte. Dieses Interesse vertiefte sich im Nachkriegs-Wien, wo er zunächst als Oberstleutnant im Hochkommissariat der Alliierten (mit Büro im Schloss Schönbrunn) und später für den „Daily Telegraph" als Chefkorrespondent in Mittel- und Südost-Europa arbeitete. Für diese Zeitung und für den „Sunday Telegraph", dessen stellvertretender Herausgeber er wurde, bereiste er die ganze Welt. „Otto von Habsburg" ist sein achtzehntes Buch.

Als erster britischer Offizier während der Besatzungszeit heiratete er eine Wienerin, und das Paar, das einen Sohn und eine Tochter hat, feierte bereits vor einiger Zeit sein goldenes Hochzeitsjubiläum.

Gordon Brook-Shepherd ist Träger hoher britischer und ausländischer Orden, darunter eines österreichischen.